Das Reich der Azteken

Berthold Riese

Das Reich der Azteken

Geschichte und Kultur

C.H.BECK

Mit 50 Abbildungen und 5 Karten

Karten © Peter Palm, Berlin
nach Vorlagen von Christian Prager

© Verlag C. H. Beck oHG, München 2011
Gesetzt aus der Dante MT und der Lithos
bei Fotosatz Amann, Aichstetten
Druck und Bindung: Kösel, Krugzell
Gedruckt auf säurefreiem, alterungsbeständigem Papier
(hergestellt aus chlorfrei gebleichtem Zellstoff)
Printed in Germany
ISBN 978 3 406 61400 2

www.beck.de

INHALT

Vorwort 9

I. **MEXIKO VOR DEN AZTEKEN** 13
   1. Umwelt 15
   2. Kulturgeschichte 17

II. **SOZIALE ZEIT, SPRACHE, SCHRIFT UND ÜBERLIEFERUNG DER AZTEKEN** 29
   1. Kalender und Festkreise 31
   2. Aztekische Sprache und ihre Verschriftung 41
   3. Die Überlieferung 47
   4. Stadtarchäologie 61

III. **DIE VORDYNASTISCHE ZEIT (1064–1366)** 75
   1. Die Herkunft der Azteken 77
   2. Die Einwanderung nach Zentralmexiko 78
   3. Die ersten festen Wohnsitze am Heuschreckenberg und am Kreidewasser 83
   4. Das Monatsfest Tlācaxīpēhualiztli 86
   5. Wo der Adler auf dem Kaktus steht 92

IV. **DIE FRÜHDYNASTISCHE ZEIT (1367–1428)** 95
   1. Der legendäre Beginn der Dynastie 97
   2. Das Leben eines Azteken 101
   3. Ācamāpīchtli: Erster Tlahtoāni 115
   4. Vasallen der Tepaneken 119

V. Befreiungskrieg und Dreibund (1428–1440) **133**
1. Itzcōātl, Befreier vom Joch der Tepaneken **135**
2. Das aztekische Kriegswesen **139**
3. Außenpolitische Neuordnung Zentralmexikos nach dem Sieg über die Tepaneken **149**
4. Itzcōātls Innenpolitik **153**

VI. Konsolidierung und Expansion (1440–1502) **157**
1. Ilhuicamīna **159**
2. Tempel und Priester **165**
3. Versorgung der Bevölkerung und Umweltprobleme **174**
4. Höhepunkt und Ende der Herrschaft Ilhuicamīnas **179**
5. Āxāyacatl, der rastlose Krieger **185**
6. Gesundheitsfürsorge und Heilkunde **194**
7. Gesang und Tanz am aztekischen Hof **202**
8. Letzte Taten und Tod Āxāyacatls **205**
9. Tizocic. Ein Feigling auf dem Thron? **209**
10. Der große Opferstein **217**
11. Tizocics unerwartetes Ende **219**
12. Die Arroganz der Macht **222**
13. Ausweitung des Fernhandels **228**
14. Sexualmoral in der aztekischen Gesellschaft **234**
15. Chālchiuhnenetzin wird wegen Ehebruchs hingerichtet **238**
16. Der gescheiterte Versuch, den Ācuecuexātl zu kanalisieren **241**
17. Āhuitzōtls letzte Jahre **246**

VII. Das Reich zerbricht (1502–1521) **249**
1. Motēuczūma **251**
2. Vorzeichen nahenden Unheils und versuchte Weltflucht des Herrschers **258**
3. Ankunft der Spanier unter Hernán Cortés **264**
4. Motēuczūmas Gefangenschaft und Tod **272**
5. Die «Noche triste». Flucht der Spanier aus Tenochtitlan **277**
6. Erfolgreicher Kampf der Azteken unter Cuitlahuāc gegen die Spanier **280**
7. Quāuhtemōcs Kapitulation und Ende **291**

VIII. Muster einer Herrschervita 297
1. Kindheit und Jugend **299**
2. Der Tlahtoāni **305**
3. Etikette und Symbole der Macht **314**
4. Fürsorge und Leutseligkeit **316**
5. Genuss und Kurzweil **318**
6. Der Tod des Herrschers **322**

IX. Unter spanischer Verwaltung (1521–1650) 325
1. Nachfahren aztekischer Herrscher **327**
2. Nichtregierende Mitglieder des Hochadels **333**
3. Heerführer und andere hochrangige Amtsträger **341**
4. Das Volk **345**

Epilog: Nachruhm der aztekischen Dynastie 353

Anhang 365
Quellen- und Literaturverzeichnis **367**
Zeittafel 1064–1650 **377**
Register **395**

VORWORT

Das Reich der Azteken im vorspanischen Mexiko ist dem deutschsprachigen Publikum seit langem vertraut. Doch kennzeichnet alle Darstellungen, auf die der Leser zurückgreifen kann, mögen sie noch so große literarische Meriten haben, dass sie aus eurozentrischer Sicht geschrieben sind. Im negativsten Fall ist es die der erobernden Spanier oder die nicht minder verzerrende der europäischen Gegner Spaniens, die die Gräueltaten ihrer Konkurrenten um die Weltherrschaft kräftig überzeichnet haben. Im besten Fall ist es die Sicht des um Verständnis für die fremde untergegangene Kultur ringenden Europäers, der für die ihm rätselhaften oder auch schockierenden Phänomene wie den Kannibalismus oder die Menschenopfer und die glatte Niederlage der Azteken gegen eine kleine Gruppe Spanier nach Erklärungen sucht, sie nicht findet und dann zu weithergeholten Spekulationen greift.

Diesen dem modernen Menschen so fremdartig anmutenden Staat und seine Kultur können wir jedoch nur aus dem Blickwinkel der Azteken selbst, unterstützt von einem von Empathie getragenen Verständnis, in seinen grundlegenden Strukturen wirklich nachvollziehen. Herangezogen wurden also weniger die hinlänglich bekannten europäischen Eroberungsberichte, sondern vornehmlich aztekischsprachige Quellen, aztekische Kunstwerke, Bilderhandschriften sowie lebenspraktisches Wissen. Zusammenfassungen, Überleitungen und kulturvergleichende Exkurse sollen das Bild abrunden und relativieren, indem sie aus kulturvergleichender Sicht Anstöße für kritische Gedanken zur politischen und kulturellen Entfaltung, zu Fehlentwicklungen und offensichtlichen Sackgassen, von denen auch die Azteken nicht verschont geblieben sind, geben.

Historie kann lebendig am besten nachvollzogen werden, wenn der handelnde und leidende Mensch im Mittelpunkt steht. Auch für die Azteken und ihre Chronisten war Geschichte, zumal die politische, immer an das Leben und Agieren von Personen gebunden, seien es Götter wie

Huītzilōpōchtli, der die Azteken auf ihrer langen Wanderung führte, mythische Kulturheroen wie Quetzalcōātl, an dessen Wiederkehr sie womöglich glaubten, oder die weltlichen Stammesführer und späteren Herrscher wie Itzcōātl, Tizocic oder Motēuczūma. Die Lebensläufe der elf offiziellen aztekischen Herrscher gliedern daher den zentralen Teil der Untersuchung. Ihnen ordne ich Schilderungen des Alltags, der Feste und der Auseinandersetzungen mit der Umwelt sowie ihre kulturellen Errungenschaften zu.

Die Azteken sind nicht mit der Kapitulation des letzten Herrschers Quāuhtemōc am 13. August 1521 in ihrer zerstörten Hauptstadt Mexiko vernichtet worden. Tatsächlich haben die meisten Indianer, selbst einige Angehörige der Herrscherhäuser und ranghohe Offiziere ihrer Truppen, diese traumatische Zäsur überlebt. Sie haben sich schnell an die neuen Verhältnisse der spanischen Kolonialgesellschaft angepasst und diese bald schon ihrerseits mitgeprägt, wenn auch nur als Untertanen der Vizekönige in Mexiko und des spanischen Königs im fernen Europa. Aztekisches Leben ging neben und zum Teil vermischt mit der spanischen Kolonialgesellschaft weiter. Dies darzustellen ist ein weiteres Anliegen, denn es erscheint mir unangemessen und willkürlich, wie es viele Romane, Sachbücher oder Filme tun, mit der spanischen Eroberung einen Schlussstrich zu ziehen. Nicht die Eroberung 1519–1521 unter Hernán Cortés, sondern erst die verheerenden, von Europa eingeschleppten Seuchen wie Pocken, Masern und Erkältungskrankheiten, die in mehreren Schüben seit 1520 die eingeborene Bevölkerung dezimierten, und die allmähliche Durchsetzung der spanischen Kultur haben langsam um sich greifend bis zur Mitte des 17. Jahrhunderts indianischen Traditionen ihr Ende bereitet. Die 1524 einsetzende katholische Mission franziskanischer Mönche und die straffe spanische Verwaltung taten ihr übriges. Der Tod des bereits in spanischer Sprache schreibenden mestizischen Historikers mit aztekischen Vorfahren, Hernando de Alva Īxtlīlxōchitl, im Jahre 1650 markiert den von mir gewählten Zeitpunkt, um die Darstellung abzuschließen. Das Buch überspannt also von 1064, dem Jahr des legendären Aufbruchs der Azteken aus ihrer Urheimat, bis 1650, dem Todesjahr des eben genannten indianischen Chronisten aus königlich-tetzcuhkanischem Geschlecht, fast 600 Jahre indianischer Kultur, indianischen Lebens und aztekischer politischer Geschichte. Abschließend folgt noch ein Blick auf die Rezeption der Azteken in Europa und ihre Instrumentalisierung im Rahmen des modernen Selbstbildes Mexikos. Denn hier liegen die Ursprünge von Stereotypen und Klischees, die kritisiert werden müssen, um ein unverstelltes Bild der altindianischen Kultur zu erhalten.

Eine umfassende und quellennahe Darstellung war nur möglich, weil mir als Hochschullehrer und Forscher in Hamburg, Mexiko, Madrid, Berlin, Santa Monica und Bonn Spezialbibliotheken, Museen und Archive zur Verfügung standen und ich in Vorlesungen, Sprachkursen und Ausstellungen die Geschichte und Kultur der Azteken unter verschiedensten Gesichtspunkten thematisieren konnte. Das daraus erwachsene Wissen und Verständnis haben persönliche Gespräche mit Kollegen entscheidend bereichert. Dankbar nenne ich daher meine akademischen Mentoren Günter Zimmermann (†), Peter Tschohl (†) und die Kollegen Ulf Bankmann, Kirsten von Sydow, Frauke Sachse, Hanns J. Prem, Gordon Whittaker, Ulrich Köhler, Iris Gareis und Christian Feest. In der entscheidenden Phase der Konzipierung des Buches haben Gespräche mit Raimund Bezold vom Verlag C.H. Beck zu größerer konzeptioneller Klarheit verholfen. Ihm und der Verlagsleitung verdanke ich letztlich auch die Möglichkeit, das Buch in der von mir gewünschten Form mit zahlreichen Zitaten und Abbildungen zu veröffentlichen, was, wie ich hoffe, der Rezeption der aztekischen Geschichte eine neue, unmittelbare und authentische Richtung eröffnet. Für bibliographische Hilfestellungen in Mexiko danke ich Sarah Albiez und für die entscheidende redaktionelle Unterstützung im letzten Jahr vor der Drucklegung Harald Grauer.

Unterpfaffenhofen, im Herbst 2010   Berthold Riese

Kapitel I
Mexiko vor den Azteken

Itechpa tlatoa in nepapan tlaca in novian tlaca
in onoque in njcan tlalli ipan
in ecoque in tlacapixoco in tlaaltepetilico

Hier wird von den verschiedenen Menschen erzählt, von den Menschen, die überall hier in diesem Land lebten, die herkamen, um andere Menschen zu beaufsichtigen und um Städte zu gründen.

(Sahagún, Historia General, Buch 10, Kapitel 29)

KARTE 1 Mesoamerika

1. Umwelt

Wo der nordamerikanische Halbkontinent sich am nördlichen Wendekreis trichterförmig verengt und nur noch von Gebirgen und Hochflächen geprägt wird, beginnt einer der größten Wüstengürtel der Erde mit Hochplateaus und tief eingeschnittenen Canyons. Er liegt zum Teil im Südwesten der heutigen USA und dehnt sich bis in den Norden Mexikos aus. Das Land ist unwirtlich und nur dünn besiedelt. Weiter südlich, in West- und Zentralmexiko, erhebt sich die Kordillere zu gewaltigen Gipfeln von über 5000 Metern. Diese bieten den Wolken, die der Monsun über den Himmel treibt, genügend Widerstand, damit sie sich stauen, in die Höhe steigen und abregnen können. Die jährlichen Regen werden deswegen ergiebiger, auch weil die Landmasse sich zunehmend verengt, so dass der maritime Einfluss sich überall durchsetzen kann. Sie reichen aus, um in den Tälern und Hochebenen Landwirtschaft ohne künstliche Bewässerung zu betreiben, weswegen die Besiedlungsdichte hier höher ist als im ariden Norden. Der Isthmus von Tehuantepec, auf 16°–18° nördlicher Breite in Mexiko gelegen, die nach Panamá schmalste Landenge Amerikas, gilt als die geographische Grenze *Nordamerikas,* das also den größten Teil des heutigen Staates Mexiko umfasst.

Daran schließt sich *Mittelamerika* mit dem Hochland von Chiapas, dem vulkanisch aktiven Gebirgsland Guatemalas und der großen, nach Norden in Richtung Kuba ins Meer ragenden Kalksteinfläche von Yukatan an. Mittelamerika endet seinerseits an der weniger ausgeprägten Landenge beim Golf von Izabal im heutigen Guatemala. Jenseits beginnt *Zentralamerika,* das aus den heutigen Republiken Honduras, El Salvador, Nicaragua, Costa Rica und Teilen Panamás gebildet wird.

Das Gebiet des zentralen und westlichen Mexiko und Mittelamerikas war im Gegensatz zu seiner geographischen Zweiteilung und der Zugehörigkeit zu verschiedenen modernen Staaten in der indianisch geprägten Vergangenheit eine kulturelle Einheit und wird von der Forschung *Meso-*

amerika genannt. Der kulturgeschichtliche und geographische Begriff Mesoamerikas sollte weder mit dem modernen Staat Mexiko noch mit dem geographischen Begriff Mittelamerika verwechselt oder gleichgesetzt werden, denn die drei Begriffe decken sich nicht. Mesoamerika ist ein kulturgeschichtlicher Begriff, wohingegen die beiden anderen geographische bzw. politische Begriffe sind. Aber auch die Bezeichnung «Kulturkreis», den man auf Mesoamerika angewendet lesen kann, führt in die Irre, denn damit verbindet sich die längst überholte Theorie einer angeblich weltweit gültigen historischen Abfolge solcher Kulturkreise, die zum Beginn des 20. Jahrhunderts von Leo Frobenius, Fritz Gräbner und Wilhelm Schmidt entwickelt wurde und lange Zeit die kulturwissenschaftliche Forschung in Europa geprägt hat. Hingegen bezieht sich der Begriff «Kulturareale», unter den wir Mesoamerika einordnen, zwar ebenfalls auf erkennbare Kulturelemente und deren Verbreitung, neben ihrer historischen Entstehung wird jedoch auch ihre Umweltabhängigkeit berücksichtigt, und der Begriff enthält keinerlei kulturhistorische Spekulationen.

2. Kulturgeschichte

Beim Namen *Mexiko* und Mexikaner gilt es zu berücksichtigen, dass diese Bezeichnungen ursprünglich nur das Volk der Azteken und ihr Siedlungsgebiet in Zentralmexiko meinten. Sie wurden aber bald auf die ganze spanische Kolonie, die offiziell Neuspanien («Nueva España») hieß und auch die nicht-indianischen Einwohner umfasste, ausgeweitet. Um Verwechslungen zu vermeiden, verwende ich für die indianischen Bewohner vornehmlich den Ausdruck *Azteken*, obwohl sie sich zur Zeit ihrer ersten Begegnung mit den Spaniern selbst «Mexikaner» *(Mēxhicah)* nannten. Azteken *(Aztecah)* ist eine ältere Selbstbezeichnung, die schon in vorspanischer Zeit außer Gebrauch geraten war und später nur noch zur Bezeichnung ihrer nicht-sesshaften Vorfahren diente.

Für alle großen Kulturareale der Welt ist die Wissenschaft bemüht, ihre Geschichte nach historisch sinnvollen Epochen und Perioden zu gliedern. Soweit es keine schriftliche Überlieferung gibt, geschieht das nach archäologisch erkennbaren Eigenschaften in Abhängigkeit von ihrer räumlichen Ausdehnung. Man versucht dabei Blüte- und Niedergangszeiten zu kennzeichnen oder man gliedert die Geschichte einfach formal nach einem Dreiperiodenschema von Alt, Mittel und Jung. So kennen wir in Europa die Alt-Steinzeit (Paläolithikum), die Mittlere Steinzeit (Mesolithikum) und die Jung-Steinzeit (Neolithikum) oder auch die uns näher stehenden Epochen des klassischen Altertums, des Mittelalters und der Neuzeit.

Stehen schriftliche Überlieferungen zur Verfügung und bilden Staaten die politische Organisationsform der Bewohner, versucht man die Geschichte nach Dynastien zu gliedern. Berühmt und hochoffiziell ist die kulturgeschichtliche Gliederung Chinas, die mit ihren fünfzehn Dynastien nahezu 4000 Jahre umfasst, oder die eine kürzere Zeitspanne von «nur» rund 1000 Jahren umfassende Römerzeit in Republik, Frühe und Späte Kaiserzeit, wobei Letztere oft noch nach den regierenden Familien untergliedert werden. Ein komplexes Schema, das von allen geschilderten Elementen Komponenten enthält, gliedert auch die Kulturgeschichte des indianischen Amerika vor der europäischen Landnahme, wie ich sie im Folgenden schildern werde.

Die Paläoindianische Epoche

Unstrittig ist in der Wissenschaft, dass Amerika erst sehr spät in der Menschheitsgeschichte, die vor über einer Million Jahren in Afrika begann, besiedelt wurde. Die Ausbreitung des Frühmenschen aus Afrika erfolgte zunächst in den Vorderen Orient, von dort aus nach Europa und Asien; und erst danach wurden die südostasiatischen Inseln und Australien besiedelt. Amerika soll sehr viel später, vor kaum mehr als 40 000 Jahren, als letzter Kontinent erstmals von kleinen Gruppen von Jägern aus Nordasien betreten worden sein, die sich dann allerdings rasch über den ganzen Doppelkontinent ausgebreitet haben.

In den letzten Jahrzehnten entstanden vermehrt ernstzunehmende Zweifel an dem einfachen Modell der ausschließlichen Besiedlung Amerikas zu Fuß, dem Jagdwild folgend über eine damals bestehende breite Landbrücke zwischen Sibirien und Alaska. Eine alternative Route der Einwanderung aus Nordasien hätte in Booten entlang dem Küstensaum verlaufen können, der heute durch den gestiegenen Wasserspiegel überschwemmt ist und daher mögliche Zeugnisse menschlicher Anwesenheit, wie Rast- oder Siedlungsplätze, nicht wieder preisgegeben hat. Die Einwanderung aus Süd- oder Ostasien oder sogar von der Südsee direkt in Booten über den Pazifik ist ebenfalls erwogen worden, ohne dass dafür bisher Beweise vorgelegt wurden. Argumentiert wird stets nur mit indirekten Indizien. Als neueste These, ergänzend zu der unbestrittenen Hauptbesiedlung aus Asien, werden aufgrund von genetischen Übereinstimmungen zwischen indianischen Bewohnern des östlichen Nordamerika und Westeuropas Menschen der Magdalénien-Epoche Europas für zusätzliche frühe Einwanderer gehalten. Sie wären in Booten entlang dem Rand des nördlichen Polareises nach Labrador und Neufundland gelangt, was technisch vielleicht schon damals möglich war, wobei ihnen die Inseln nördlich von Schottland, dann Island und schließlich die Südspitze Grönlands, wenn sie nicht unter Gletscher- oder Packeis verborgen waren, als Stützpunkte gedient haben könnten. Die Wikinger, die nachweis-

Kulturgeschichte **19**

KARTE 2 Die «Beringia» genannte Landbrücke zwischen Asien und Nordamerika, über die frühe Jäger nach Amerika eingewandert sind.

lich um 1000 n. Chr. Nordamerika auf dieser, jetzt nicht mehr durch einen polaren Eisschild begrenzten Route erreichten, und Kolumbus, der 1492 Amerika als letzter «entdeckte», wären also gar nicht die ersten Europäer gewesen, die Amerika von Osten aus erreichten.

Es sieht also so aus, als ob die Einwanderung des Menschen nach Nordamerika zu verschiedenen Zeiten, auf verschiedenen Wegen und aus ganz verschiedenen Regionen der Alten Welt vonstatten gegangen sein könnte. Man muss diese Frage beim derzeitigen ungefestigten Stand der Wissenschaft offenhalten, da alle vorgeschlagenen Routen, mit Ausnahme der höchst unplausiblen Thesen der direkten Besiedlung über den Pazifischen Ozean, noch nicht zweifelsfrei nachgewiesen oder in ihrem Ausmaß und Beitrag zur späteren amerikanischen Population abgeschätzt werden können.

Kleine Gruppen arktischer Jäger, woher und wann genau sie auch gekommen sein mögen, waren es also, die als erste Menschen Amerika besiedelten. Ihre technische Ausstattung war derjenigen ähnlich, die wir ethnographisch von den Eskimo kennen. Sie war aber wahrscheinlich in den Waffen und der Bekleidung noch nicht so vollkommen. Diese frühen Einwanderer haben mit ihren Hunden und mit Speerschleudern und Speeren bewaffnet in Verfolgung von Großwild und anderen Nahrungsquellen den ganzen Kontinent durchmessen. Modellrechnungen lassen es möglich erscheinen, dass ihre Nachkommen schon 1000 Jahre nach der Ankunft der ersten Gruppen in Alaska die Südspitze Amerikas in Feuerland erreicht haben könnten. Und nur unter der Annahme der schnellen Durchdringung Amerikas ist verständlich, dass von den heute bekannten archäologischen Fundorten die bisher frühesten in Südamerika liegen.

Die archaische Epoche

Von solchen kleinen jagenden Gruppen, deren bedeutendste nach einem Fundort in Nordamerika als Clovis-Menschen bezeichnet werden, leiten sich alle amerikanischen Indianer ab, letztlich also auch die Azteken. Im späteren Mesoamerika haben sich zwar noch keine spektakulär frühen Spuren von Clovis- oder Vor-Clovis-Menschen gefunden, es ist aber sicher, dass sie da waren, denn sowohl in Nord- als auch in Südamerika gibt es zahlreiche Spuren dieser frühen Menschen: Feuerstellen, Orte, wo sie das erjagte Wild schlachteten, und sogar Fußspuren im Schlamm, der später von Vulkanasche verdeckt wurde.

Die berühmten Funde von Geschossspitzen in Zusammenhang mit urzeitlichen Mammuts in Tepexpan, wenige Kilometer nordöstlich von Mexiko-Stadt, und anderswo im zentralmexikanischen Hochland, die der deutsche Geologe Helmut de Terra [1900–1981] in den 1940er Jahren machte, sind allerdings nicht so früh, dass sie für diesen Nachweis dienen können. Es scheint, dass sich in Zentralmexiko die urtümliche Großfauna wegen der günstigen Lebensbedingungen im damals sehr viel feuchteren Hochland mit vielen Seen und üppigem Pflanzenbewuchs noch sehr lange gehalten hat. Die archaischen Jäger konnten großen Tieren dort länger nachstellen als in Nordamerika, wo man sich schon viel früher auf die Jagd von Kleintieren umstellen musste, weil das Großwild ausgerottet oder ausgestorben war. Und zu solchen relativ späten Großwildjägern gehören die Tepexpan-Funde.

Das Frühformativum

Nach einer langen Zeit, in der die Menschen ausschließlich von der Jagd lebten und nicht sesshaft waren, hat sich vor etwa 7000 Jahren an mehreren Stellen in Mesoamerika die Entwicklung zur Hochkultur mit Sesshaftigkeit, Pflanzendomestikation, Töpferei und anderen Kulturtechniken angekündigt. Diese Entwicklungen bildeten sich zunächst zeitlich und örtlich getrennt heraus. Sie sind dann um 3000 v. Chr. in Zentralmexiko zusammengekommen und haben synergetisch, wie man es in der modernen Unternehmenssprache ausdrücken würde, die Kulturentwicklung beschleunigt. Damit verbreitete sich auch die Sesshaftigkeit, die anfangs nur auf wenige günstig gelegene Kleinräume an Küsten, vor allem im Grenzgebiet des heutigen mexikanischen Bundesstaates Chiapas und Guatemalas und in gut bewässerten Tälern in Zentralmexiko, zum Beispiel im Tal von Tehuacán, beschränkt gewesen war.

Schon in dieser frühen Zeit wurden Mais, Kürbis, Tomate, Bohnen, Avocado und Baumwolle angebaut – so wie über mehrere tausend Jahre bis in die Gegenwart. Und die immer ertragreichere Züchtung, verbunden mit geschicktem Mischanbau, hat zu Nahrungsmittelüberschüssen geführt, die es den Menschen ermöglichten, einen Großteil ihrer Energie für andere, nämlich zivilisatorische Ziele einzusetzen.

Die Wissenschaft hat diese Epoche der Kulturentwicklung «(Früh)formativum» genannt, um damit anzudeuten, dass bedeutende Entwicklungen begonnen wurden, die die späteren Hochkulturen präformierten.

Das Spätformativum: Die Olmeken

Auf der Grundlage einfacher, aber ertragreicher Landwirtschaft frühformativer Dorfgesellschaften haben Olmeken an der atlantischen Golfküste im heutigen mexikanischen Bundesstaat Veracruz und Frühzapoteken im Hochtal von Oaxaca im gleichnamigen mexikanischen Bundesstaat ab 1500 v. Chr. erstmals monumentale Steingebäude in groß angelegten Kultzentren errichtet. Damit begründeten sie eine öffentliche repräsentative Kunsttradition, die ihre Wurzeln in bescheidener Kleinkunst aus Ton hatte, die aber seither vornehmlich monumentale Steingebäude und -skulpturen umfasste. In dieser Zeit sind auch einige Dörfer so stark gewachsen, dass man sie mittels Infrastrukturmaßnahmen zu veritablen Städten ausgebaut hat. San Lorenzo Tenochtitlán, La Venta und Monte Albán waren die bedeutendsten. Komplexe arbeitsteilige Gesellschaften, die durch produktive Landwirtschaft so viel Überschuss produzierten, dass sie sich den Luxus der Stadtentwicklung, der Kunst und der Errichtung von Monumentalbauten erlauben konnten, bezeugen das.

Mit monumentalen Porträtköpfen von Herrschern – bisher sind 16 bekannt, die meist mehrere Tonnen wiegen und mühsam aus den Steinbrüchen in den Bergen an ihre in der Ebene gelegenen Aufstellungsorte gebracht werden mussten – zeigen die Olmeken in San Lorenzo Tenochtitlán, dass hier auch eine geschichtete, staatsähnliche politische Verfassung entwickelt worden war, die in der Lage war, Arbeitskräfte für ihre Zwecke einzuspannen. Dass diese Herrscher auch Kriege führten und sich damit brüsteten, beweisen die bei den frühen Zapoteken gefundenen Steinreliefs getöteter Gefangener. Sie wurden früher in der Literatur irreführend als «Tänzer» (span. *danzantes*) bezeichnet (Abb. 1). Was früheren Archäologen als idyllische oder berauschte Tänze erschien, verstehen wir heute eher als Darstellung von Geopferten und Verstümmelten im Todeskampf.

Damit einher gingen komplexe religiöse Systeme, die wir allerdings kaum direkt fassen können, weil sie sich nur indirekt und symbolisch in

ABB. 1 *Ein Danzante aus San José Mogote (Oaxaca, Mexiko).* Archäologen fanden diese skulptierte Steinplatte als Schwelle eines Eingangs in ein bescheidenes Bauwerk in der formativen Siedlung San José Mogote und datierten sie aufgrund des baulichen Zusammenhangs auf etwa 600 v. Chr. Auf ihr ist ein Mann reliefiert, dessen Gliedmaßen nach allen Seiten ausgestreckt bzw. gebeugt und abgespreizt sind. Seine Augen sind geschlossen, der Mund ist leicht geöffnet. Aus seinem Leib quellen die Gedärme hervor, begleitet von einem Blutstrom. Dadurch wird deutlich, dass dies ein Geopferter ist, dem vermutlich das Herz aus dem Leib gerissen wurde, was auch später in bestimmten Opferritualen üblich war. Es handelt sich also nicht um einen Tänzer, wie der spanische Name «Danzante» suggeriert. Zwischen seine Beine ist aus zwei einfachen Hieroglyphen sein Name geschrieben. [Bildarchiv B. Riese].

erhaltenen Artefakten, wie jaguar- und schlangenartigen Wesen, Altären und zeremoniellen Opferdepots manifestiert haben.

Diese frühen Hochkulturen haben auch auf Zentralmexiko ausgestrahlt. Der große Friedhof von Tlatilco aus dieser Periode, der heute von der auswuchernden Hauptstadt Mexikos überbaut ist, ist indirektes Zeugnis für eine dichte bäuerliche Besiedlung und ihren Grabkult auch dieser Zwischenregion zur damaligen Zeit. Wir finden im Hochtal von Mexiko aber auch spektakulärere Zeugnisse zeitgenössischer Zivilisation, zum Beispiel die gestufte Rundpyramide in Cuicuilco, am Südrand der modernen Stadt Mexiko. Die damit begründete Tradition von Tempelbauten erhielt sich durch alle späteren geschichtlichen Epochen, wurde aber mit runden Formen auf Bauten zur Verehrung des Windgottes eingeschränkt, während für andere Göttern Pyramiden mit rechteckigem Grundriss errichtet wurden. Die bedeutende zu Cuicuilco gehörige Siedlung und die Kultanlage fielen im 1. Jahrhundert v. Chr. einem Ausbruch des Vulkans Xitle zum Opfer. Er hat die Siedlung und das Kultzentrum vollständig mit Lavaströmen begraben. Möglicherweise führte das aber nicht zu einer menschlichen Katastrophe, da die Mehrheit der Bevölkerung sich in ein nördliches Seitental rettete, wo sie zum Aufblühen der später Bedeutung erlangenden Siedlung Teōtihuahcān beitrug.

Die Hochkulturen des olmekischen Horizontes und ihre örtlichen Ableger in den zentralen Hochtälern waren längst vergangen oder, wie Cuicuilco, sogar unsichtbar unter Vulkanablagerungen begraben, als die Azteken das Land betraten. Sie waren schon so lange vergangen, dass nicht einmal Mythen der ansässigen Bevölkerung den aztekischen Neuankömmlingen von ihnen berichten konnten. Daher ist über sie mündlich oder bilderschriftlich nichts überliefert.

Das Klassikum: Teōtihuahcān

Ganz anders war es mit der Überlieferung zu der seit etwa Christi Geburt aufblühenden Kultur von Teōtihuahcān und der noch späteren der Tolteken, die beide ihre Zentren im nördlichen Hochtal von Mexiko hatten. Ihre Bauten und die damals noch aufrecht stehenden steinernen Götterbilder beeindruckten die neuankommenden aztekischen Siedler und regten sie zum Nachdenken über die Erbauer und ehemaligen Bewohner an. Schon der Name der älteren dieser beiden Kulturen, die bis etwa 600 n. Chr. bestand, Teōtihuahcān, birgt in sich einen aztekischen Mythos, der besagt, dass ‹dort die Götter entstanden sind›, denn genau das bedeutet der Name. Die Azteken konstruierten ihr Bild von dieser Kultur so:

> Und von dort in Tamoanchan, von wo sie aufgebrochen waren, machten sie Opfer am Ort namens Teōtihuahcān. Und jedermann errichtete dort Pyramiden für Sonne und Mond. Dann stellten sie alle kleinen Pyramiden her, wo sie Opfer darbrachten, weswegen man den Ort Teōtihuahcān nennt. Und dort ließen sich ihre Anführer nieder, so dass man den Ort Teōtihuahcān nennt. Und wenn die Herrscher starben, begruben sie sie dort. Dann errichteten sie über ihnen Pyramiden. Die Pyramiden sind heute noch da, wie kleine Berge, jedoch von Hand gemacht. Höhlungen sind dort, von wo sie die Steine genommen haben, um die Pyramiden zu

errichten. Und sie errichteten die Pyramiden der Sonne und des Mondes sehr groß, gewissermaßen wie Berge. Es ist aber unglaubwürdig, wenn man sagt, dass sie von [Menschen]Hand gemacht sind, denn damals lebten noch Riesen [die das leisteten].
(Sahagún, Historia General, Buch 10, Kapitel 29)

An diesem Bericht zeigt sich, dass die Azteken den Ort genau kannten und studiert haben. Steinbrüche werden erwähnt und dass in den Pyramiden Herrscher bestattet wurden. Beides trifft zu, wie die moderne Archäologie herausgefunden hat. Beim Wunsch, diese monumentalen Bauten und ihre Funktion zu erklären, ist der Autor des zitierten Berichtes, ein Azteke der Nacheroberungszeit, der dies dem Franziskanermönch Bernardino de Sahagún erzählte, allerdings schnell bei der Hand, sie «Riesen» zuzuschreiben, die es angeblich in der Vorzeit in Mexiko gab. Ob er damit auf Funde von vorzeitlicher Megafauna Bezug nimmt, die man nicht erst bei modernen wissenschaftlichen Ausgrabungen gemacht hat, sondern schon in der Kolonialzeit und vielleicht auch schon in altaztekischer Zeit, oder ob die Erklärung durch «Riesen» als archetypischer Topos zu verstehen ist, wie wir ihn allenthalben in den Mythen der Völker finden, mag dahingestellt bleiben. Die Deutung von prähistorischen Knochenfunden als Gebeine von Riesen blieb in Mexiko auch weiterhin verbreitet. Anlässlich von Kanalgrabungen im Norden des Tales im Jahr 1608, wo viele tausend Indianer zwangsverpflichtet wurden, hat man auch solche Funde gemacht und darüber berichtet:

Und sie haben dort Knochen von Toten herausgeholt. Es sind einzelne Gebeine derer, die irgendwann einmal hier in diesem Land gelebt haben, die die Alten, unsere Großmütter [und] unsere Großväter als Riesen bezeichnen [und] benennen. Es waren große Leute. Und diese vereinzelten Gebeine, die sie dort bei der Kanalgrabung herausgeholt haben, brachten sie dorthin nach San Pablo, damit der Vizekönig sie sehe.
(Chimalpahin, Tagebuch, Jahr 1608,g)

Auch die Bezeichnungen der nordsüdlichen Wegachse in Teōtihuahcān als ‹Straße der Toten› (*Miccaohtli*) stammt von den Azteken und knüpft an die früher zitierten Vorstellungen, dass der Ort Begräbnisstätte von Herrschern sei, an.

Die Kulturepoche, in der Teōtihuahcān der führende Staat in Mesoamerika war, nennt die Forschung «Horizont», weil der kulturelle Einfluss, vielleicht sogar die politische Macht Teōtihuahcāns um 600 n. Chr.

fast in ganz Mesoamerika spürbar und dominant war. Selbst im ansonsten sehr isoliert und eigenwillig sich formierenden Maya-Gebiet sind in dieser Zeit Einflüsse Teōtihuahcāns zu bemerken; und die örtlichen Maya-Dynastien scheinen sich aus Prestigegründen oder vielleicht sogar aufgrund tatsächlicher dynastischer Zusammenhänge von Teōtihuahcān abzuleiten.

Das Frühe Nachklassikum: Die Tolteken

Ähnliche legendäre und mythisch gefärbte Vorstellungen hatten die Azteken über die Tolteken, die nach archäologischer Datierung etwa um 800–1000 n. Chr. in Zentralmexiko einen mächtigen, wenn auch kurzlebigen Staat bildeten. Über sie haben sich mehr und ausführlichere aztekische Berichte erhalten als über Teōtihuahcān. Freilich sind auch sie in der Überlieferung schon stark zu Legenden und Mythen verformt worden. Toltekische Herrscher wie Quetzalcōātl oder Huemac und die Paläste, in denen sie in ihrer Hauptstadt Tollān lebten, sind kaum mehr mit archäologischen Hinterlassenschaften zu verknüpfen. Und das Ende der Tolteken mit einer Serie göttlich herbeigeführter Katastrophen und der Abwanderung eines Großteils der Bevölkerung hat zwar tiefe Spuren in der Geschichtsüberlieferung bis in die Endzeit der Azteken und räumlich bis nach Yukatan und Guatemala hinterlassen, aber wir können in ihnen Mythos und Geschichte kaum auseinanderhalten, wie folgende kurze Episode aus den Annalen von Quauhtitlan zeigt:

> Schon in ihm, diesem Jahr Eins Rohr, erzählt man, sagt man, kam [Quetzalcōātl] am Götterwasser, am Himmelswasserrand an und stellte sich dann aufrecht hin und weinte. Er nahm, womit er sich als Tracht geschmückt hatte: seinen *Apanecatl*-Federschmuck und seine Türkismaske usw. Und als er sich fertig geschmückt hatte, verbrannte er sich aus freien Stücken, übergab sich den Flammen. Deswegen trägt der Ort, wo sich der Quetzalcōātl verbrannt hat, den Namen ‹Ort des Verbrennens›.
>
> Und es wird gesagt, dass seine Asche, gleich als er verbrannte, emporstieg. Und es erschienen, sie sahen alle möglichen Schmuckvögel zum Himmel emporsteigen. Man sah dort rote Löffelreiher, Türkis-Cotingas, Trogone, Reiher, grüne Papageien, Feuerararas, Papageien, weißhäuptige Papageien und auch alle anderen Schmuckvögel. Und als er dort ganz zu Asche

verbrannt war, stieg sein Herz gleich als Quetzal-Vogel zum Himmel empor. So sahen sie es, so wussten sie es: Er ging zum Himmel, trat in den Himmel ein.

(Annalen von Qauhtitlan, §§ 146a-150b)

Das Späte Nachklassikum: Die unmittelbaren Vorläufer der Azteken

Die Kulturen von Teōtihuahcān und der Tolteken, die in der klassischen und frühen nachklassischen Epoche den Ton angegeben hatten, waren auch schon wieder vergangen, als die Azteken in Mesoamerika einwanderten. Sie hatten also keine direkte Berührung mit diesen Altvölkern. Hingegen trafen sie auf andere, sesshafte oder schweifend lebende Stämme und Staaten: die Otōmih, Totonaken, Matlatzinkaner, Popolūcah, Mixteken und Michhuahkaner. Sie alle waren den aztekischen Neueinwanderern sprachlich und zunächst auch kulturell fremd und zivilisatorisch oft überlegen.

Diese von den Azteken vorgefundenen Völker bildeten ein politisch komplexes Gefüge, in das die Azteken sich zunächst als unbedeutende neue Gruppe einpassten, bevor sie später, etwa 100 Jahre nach ihrer Sesshaftwerdung, selbst eine führende Rolle spielten. Stets aber blieben die Azteken sich dessen bewusst, dass sie Spätankömmlinge waren. Der Stadtstaat von Cūlhuahcān, der sich direkt von den Tolteken herleitete, und die in Āculhuahcān ansässigen Chichimeken mit ihrer Hauptstadt Tetzcuhco galten ihnen als altehrwürdig. Auch die materiellen Hinterlassenschaften längst verschollener Einwohner, vor allem die Pyramiden in Teōtihuahcān, die sie als Kultstätten nutzten, und die Palastruinen in Tōllān, der Hauptstadt der Tolteken, nötigten ihnen große Bewunderung ab. Auch lernten sie in dieser Frühzeit die Andersartigkeit ihrer Nachbarn zu respektieren: Fremde Sprachen, fremde Götter und ihnen unbekannte Kulte sahen sie als etwas ganz Selbstverständliches an und waren bereit, einiges davon zu übernehmen, also von anderen Völkern zu lernen. Fremdenfeindlichkeit im heutigen Sinne oder gar Angst vor Überfremdung kannten sie nicht. Andererseits haben sie jedoch durchaus Unterschiede in Sitten und Bräuchen und in der Kleidung wahrgenommen und zum Teil auch im Vergleich zu ihren eigenen Sitten missbilligt.

Die Tatsache, dass die Azteken späte Einwanderer waren, ist der Grund dafür, dass sich heute noch in entlegenen Gebieten Nachkommen verschiedener voraztekischer Kulturen und Sprachen finden, denn assimiliert wurden die altansässigen Völker in der kurzen Zeit der Vormacht des aztekischen Reiches nicht. Otōmih, Matlatzinkaner, Pohpolūcah, Totonaken in der nächsten Umgebung der Azteken und viele weiter entfernt siedelnde, wie die Mixe, Huaxteken, Mixteken und Zapoteken heben sich zumindest sprachlich auch heute noch von der ländlichen mestizischen Bevölkerung Mexikos ab.

Kapitel II

Soziale Zeit, Sprache, Schrift und Überlieferung der Azteken

Muy reuerendo padre
ca niquittac nicmaviço y mihiyotzin in itechcopa y canin auh yn quiyacan-
tiaya quipeualtiaya yn ueuetque yn ce xiuitl o nitlatlan auh niquittac
yn imamauh in yca conitoa

Sehr verehrter Pater,
ich habe deine Anfrage gesehen und mit Ehrfurcht in Bezug darauf betrachtet, wie die Alten ein Jahr anführten und begannen. Ich habe sie befragt und habe auch ihre Bücher diesbezüglich angesehen.

(Brief des Juan Pedro de San Buenaventura an Bernardino de Sahagún)

1. Kalender und Festkreise

Zeitvorstellungen und deren strukturierende Einflüsse auf das gesellschaftliche Leben zu verstehen und zu erfassen, ist eine Grundvoraussetzung kulturhistorischer Arbeit. Für die Geschichte der Azteken und ihre Kultur genügt es, die Mechanik der beiden Grundsysteme des *Jahreskalenders* und des *Wahrsagekalenders* zu kennen, um die Zyklizität der öffentlichen Feste und die große Rolle der Wahrsagerei in der Gesellschaft zu begreifen. Der Leser braucht sich also keine genaueren Kenntnisse des altindianischen Kalenderwesens mit seinen beiden konkurrierenden, aber verzahnten Festzyklen und den Tutelargottheiten für die Zeitperioden anzueignen; der folgende Abriss sollte genügen.

Der Jahreskalender

Jedes Jahr wird mit einem zweiteiligen Namen bezeichnet, der aus dem Nebeneinanderherlaufen der Zahlen 1 bis 13 und aus fünf Namen von Tieren, Naturerscheinungen und kulturellen Gegenständen gebildet wird. Dadurch entstehen 52 verschieden bezeichnete Jahre. Eine kurze Sequenz solcher Jahre ist zum Beispiel: Das Jahr mit dem Namen «Eins Kaninchen» (*1 Tōchtli*), das darauf folgende mit dem Namen « Zwei Rohr» (*2 Ācatl*), das daran anschließende namens «Drei Feuerstein» (*3 Tecpatl*) und das vierte der Reihe mit dem Namen «Vier Haus» (*4 Calli*). Das Ende eines solchen Zyklus, den die Azteken «Jahresbindung» (*Xiuhmolpilli*) nannten, wurde auf das Jahr «Zwei Rohr» festgelegt, das zweite der oben gegebenen Kurzsequenz. Danach beginnt ein neuer Zyklus mit dem Jahr «Drei Feuerstein». Außer diesem sind andere Jahre nicht besonders hervorgehoben. Sie folgen einfach ununterbrochen aufeinander, und die Namen des vorangegangenen Zyklus wiederholen sich nach 52 Jahren in genau der gleichen Abfolge.

Kulturell interessant ist, dass die Azteken ihr soziales Leben der Mechanik dieses Kalenders angepasst haben. Ein aztekischer Mann tritt daher mit 52 Jahren in den Ruhestand: Zu diesem Zeitpunkt erlischt seine Steuerpflicht und seine Pflicht, sich an kommunalen Arbeiten zu beteiligen. Er hat dann einen ganzen Jahreszyklus als gesellschaftlich aktiver Mensch durchlaufen und sich nun einen unbeschwerten Lebensabend

TAB. 1 Korrelation aztekischer und christlicher Jahre.
[Entwurf B. Riese nach W. Lehmann ²1974.]

1064	1116	1168	1220	1272	1324	1376	1428	1480	1532	1584	1 tecpatl
1065	1117	1169	1221	1273	1325	1377	1429	1481	1533	1585	2 calli
1066	1118	1170	1222	1274	1326	1378	1430	1482	1534	1586	3 tōchtli
1067	1119	1171	1223	1275	1327	1379	1431	1483	1535	1587	4 ācatl
1068	1120	1172	1224	1276	1328	1380	1432	1844	1536	1588	5 tecpatl
1069	1121	1173	1225	1277	1329	1381	1433	1485	1537	1589	6 calli
1070	1122	1174	1226	1278	1330	1382	1434	1486	1538	1590	7 tōchtli
1071	1123	1175	1227	1279	1331	1383	1435	1487	1539	1591	8 ācatl
1072	1124	1176	1228	1280	1332	1384	1436	1488	1540	1592	9 tecpatl
1073	1125	1177	1229	1281	1333	1385	1437	1489	1541	1593	10 calli
1074	1126	1178	1230	1282	1334	1386	1438	1490	1542	1594	11 tōchtli
1075	1127	1179	1231	1283	1335	1387	1439	1491	1543	1595	12 ācatl
1076	1128	1180	1232	1284	1336	1388	1440	1492	1544	1596	13 tecpatl
1077	1129	1181	1233	1285	1337	1389	1441	1493	1545	1597	1 calli
1078	1130	1182	1234	1286	1338	1390	1442	1494	1546	1598	2 tōchtli
1079	1131	1183	1235	1287	1339	1391	1443	1495	1547	1599	3 ācatl
1080	1132	1184	1236	1288	1340	1392	1444	1496	1548	1600	4 tecpatl
1081	1133	1185	1237	1289	1341	1393	1445	1497	1549	1601	5 calli
1082	1134	1186	1238	1290	1342	1394	1446	1598	1550	1602	6 tōchtli
1083	1135	1187	1239	1291	1343	1395	1447	1499	1551	1603	7 ācatl
1084	1136	1188	1240	1292	1344	1396	1448	1500	1552	1604	8 tecpatl
1085	1137	1189	1241	1293	1345	1397	1449	1501	1553	1605	9 calli
1086	1138	1190	1242	1294	1346	1398	1450	1502	1554	1606	10 tōchtli
1087	1139	1191	1243	1295	1347	1399	1451	1503	1555	1607	11 ācatl
1088	1140	1192	1244	1296	1348	1400	1452	1504	1556	1608	12 tecpatl
1089	1141	1193	1245	1297	1349	1401	1453	1505	1557	1609	13 calli

verdient. Dazu gehört auch der freie Genuss des alkoholischen Agaveweins *Octli*, der ihm zuvor streng untersagt war.

Da wir wissen, dass das aztekische Jahr «Drei Haus» (3 calli) dem christlichen Jahr der spanischen Eroberung 1521 entsprach, können wir aztekische Jahre beliebig weit in die Vergangenheit zurück mit christlichen korrelieren, wie es Tabelle 1 zeigt.

1090	1142	1194	1246	1298	1350	1402	1454	1506	1558	1610	1 tōchtli
1091	1143	1195	1247	1299	1351	1403	1455	1507	1559	1611	2 ācatl
1092	1144	1196	1248	1300	1352	1404	1456	1508	1560	1612	3 tecpatl
1093	1145	1197	1249	1301	1353	1405	1457	1509	1561	1613	4 calli
1094	1146	1198	1250	1302	1354	1406	1458	1510	1562	1614	5 tōchtli
1095	1147	1199	1251	1303	1355	1407	1459	1511	1563	1615	6 ācatl
1096	1148	1200	1252	1304	1356	1408	1460	1512	1564	1616	7 tecpatl
1097	1149	1201	1253	1305	1357	1409	1461	1513	1565	1617	8 calli
1098	1150	1202	1254	1306	1358	1410	1462	1514	1566	1618	9 tōchtli
1099	1151	1203	1255	1307	1359	1411	1463	1515	1567	1619	10 ācatl
1100	1152	1204	1256	1308	1360	1412	1464	1516	1568	1620	11 tecpatl
1101	1153	1205	1257	1309	1361	1413	1465	1517	1569	1621	12 calli
1102	1154	1206	1258	1310	1362	1414	1466	1518	1570	1622	13 tōchtli
1103	1155	1207	1259	1311	1363	1415	1467	1519	1571	1623	1 ācatl
1104	1156	1208	1260	1312	1364	1416	1468	1520	1572	1624	2 tecpatl
1105	1157	1209	1261	1313	1365	1417	1469	1521	1573	1625	3 calli
1106	1158	1210	1262	1314	1366	1418	1470	1522	1574	1626	4 tōchtli
1107	1159	1211	1263	1315	1367	1419	1471	1523	1575	1627	5 ācatl
1108	1160	1212	1264	1316	1368	1420	1472	1524	1576	1628	6 tecpatl
1109	1161	1213	1265	1317	1369	1421	1473	1525	1577	1629	7 calli
1110	1162	1214	1266	1318	1370	1422	1474	1526	1578	1630	8 tōchtli
1111	1163	1215	1267	1319	1371	1423	1475	1527	1579	1631	9 ācatl
1112	1164	1216	1268	1320	1372	1424	1476	1528	1580	1632	10 tecpatl
1113	1165	1217	1269	1321	1373	1425	1477	1529	1581	1633	11 calli
1114	1166	1218	1270	1322	1374	1426	1478	1530	1582	1634	12 tōchtli
1115	1167	1219	1271	1323	1375	1427	1479	1531	1583	1635	13 ācatl

Die Geschichtsschreibung, der es nicht auf Tagesgenauigkeit ankommt, sieht davon ab, dass aztekisches und europäisches Jahr nicht am gleichen Tag anfangen und dass auf lange Sicht eine Verschiebung zwischen den beiden Jahresarten dadurch entsteht, dass das aztekische Jahr genau 365 Tage lang ist, während das europäische durch Schalttage alle vier Jahre etwas länger ist. In den 200 Jahren, die wir für geschichtliche Rekonstruktionen vor 1521 zurückrechnen müssen, macht das maximal eine Verschiebung von 50 Tagen aus. Selbst wenn wir noch weiter zurückschauen, zum Beispiel auf den mythischen Anfang der aztekischen Wanderung im Jahre 1064, beträgt die Diskrepanz immer noch weniger als ein Jahr.

Ein gravierenderer Fehler, der schon in der eigenen indianischen Geschichtstradition zur Wirkung kommen kann, ist das fehlerhafte Einschalten oder das Tilgen eines (oder mehrerer) 52-Jahreszyklen. Doch spielt diese Fehlerart in den kurzen Zeitspannen, die uns beschäftigen werden, kaum eine Rolle. Eine gewisse Relevanz hat sie lediglich für die ereignisarme Frühzeit ab 1064 bis zur Sesshaftwerdung in Chapultepēc und für die noch ältere mythische Zeit. Schließlich ist noch eine Eigenheit mexikanischer Datierung für Abweichungen von Zeitangaben um ein bis höchstens zwei Jahre verantwortlich. In den meisten Geschichtstraditionen wird der Regierungsantritt eines neuen und das Regierungsende des alten Herrschers jeweils der Regierungszeit eines der beiden ganz zugerechnet, selbst wenn der Regierungswechsel mitten im Jahr stattfand und also beide während eines Teils des betreffenden Jahres herrschten. Je nachdem, welchem der Herrscher man das ganze Jahr zuschlägt, kann so zwischen zwei Traditionen eine Diskrepanz von einem oder zwei Jahren für die Herrschaftsdauer entstehen.

Mit all diesen Fehlermöglichkeiten und Ungenauigkeiten dürfte klar sein, dass Jahresdaten der aztekischen Geschichte cum grano salis aufzufassen sind, dass sie aber dennoch einen hinreichend genauen Bezugsrahmen für einen Geschichtsabriss bieten.

Der Wahrsagekalender

Der zweite Kalender zählt nicht Jahre, sondern Tage. Auch mit seinen Grundzügen sollte sich der Leser vertraut machen. Es handelt sich um 20 nach Tieren, Naturerscheinungen und Ähnlichem benannte Einheiten, denen jeweils eine der Zahlen 1 bis 13 vorangestellt wird. Diese beiden

Reihen werden permutiert, wie wir es schon vom Jahreskalender her kennen, und ergeben dadurch einen Zyklus von 260 verschieden benannten Tagen. So lautet ein Tag zum Beispiel «Vier Blume» (*4 Xōchitl*), der darauffolgende «Fünf Krokodil» (*5 Cipactli*) und so fort. Ein Fünftel dieser Tagesnamen dient übrigens zur Benennung der Jahre. Doch kann man in der Hieroglyphenschrift der Indianer Jahresnamen von den gleichbezeichneten Tagesnamen dadurch unterscheiden, dass Jahresnamen immer in Rechtecke eingeschlossen sind, während Tagesnamen nicht gerahmt sind.

Die Festkreise

Offizielle Feste gab es bei den Azteken in mehreren Festkreisen, deren Abfolge und Dauer von den eben dargestellten kalendarischen Zyklen strukturiert werden. Zwei Festkreise folgen dem Jahr von 365 Tagen; darunter einer, der die Binnengliederung des Jahres widerspiegelt und ein anderer, der das Vielfache von Jahren zur Grundlage seiner Zyklizität nimmt. Ein dritter Festkreis folgt dem Wahrsagezyklus von 260 Tagen. Es gab außerdem Feste, die anderen Zeitzyklen folgten oder deren Rhythmus und Anlässe uns unbekannt sind bzw. nicht zeitbestimmt, sondern ereignisbestimmt waren. Zu den ereignisbestimmten gehören die Verdienstfeste der Kaufmannschaft, die nach erfolgreichen Fernhandelsreisen ausgerichtet wurden.

Das Jahr von 365 Tagen (*Xihuitl*) war in 19 Monate (*Mētztli*) eingeteilt, von denen 18 jeweils 20 Tage umfassen und einer nur fünf Tage. Der fünftägige Kurzmonat entsteht dadurch, dass bei der Teilung des Jahres von 365 Tagen durch 20 ein Rest von 5 übrigbleibt. Dementsprechend heißt dieser Kurzmonat im Aztekischen *Nemontēmi* mit der Bedeutung ‹was (lediglich) zum Auffüllen (des Jahres) dient›. Diese fünf Tage galten als unheilvoll und wurden nicht für Feste genutzt. Die Monate tragen verschiedene Namen, die, wie fast alle Bezeichnungen der aztekischen Welt, sprechend sind (Tab. 2). Das heißt, sie machen verständliche Aussagen über das Fest, denn jeder der zwanzigtägigen Monate hatte sein eigenes großes öffentliches Fest. Im beschreibenden Charakter der Monatsnamen liegt auch ihre Variation begründet. Man kann die Feste nämlich nach verschiedenen wichtigen Merkmalen beschreiben und benennen oder nach einem jahreszeitlichen Phänomen, das mit dem Fest zusammenfiel. Eine Festlegung auf nur einen Namen, also eine strikte Terminologie, hatte sich offenbar erst bei wenigen Festen herausgebildet. In Tabelle 2 sind die am häufigsten gebrauchten Bezeichnungen aufgelistet.

Die Feste sind zum Teil paarig: Dabei kommt zunächst das ‹kleine› (NN-tōntli) Fest und wird unmittelbar von dem ‹großen› (huēi NN) Fest gefolgt. Was es mit dieser Paarung auf sich hat, ist noch unerforscht. Andere Aspekte dieses Festkreises sind Dauer und Gewichtung einzelner

TAB. 2 Die Namen der Monate des 365-tägigen Jahres

1. *Xīlomanaliztli* (‹Sprießender Mais›) oder *Ātl cahualo* (‹Ende der Regen›) oder *Quahuitl ehua* (‹Stangenaufrichten›) oder *Cihuāilhuitl* (‹Frauenfest›)
2. *Tlācaxīpēhualiztli* (‹Menschenschinden›) oder *Cōāilhuitl* (‹Schlangenfest›) oder *Xīlōpēhualiztli* (‹Maiskolben sprießen›)
3. *Tōzoztōntli* (‹Kleine Wache›) oder *Xōchimanaloyān* (‹Blumenniederlegen›)
4. *Huēi tōzoztli* (‹Große Wache›)
5. *Toxcatl* (‹Trockenes›) oder *Tepopochtli* (‹Weihräuchern›)
6. *Etzalquāliztli* (‹Bohnenessen›)
7. *Tēcuilhuitōntli* (‹Kleines Herrenfest›)
8. *Huēi tēcuilhuitl* (‹Großes Herrenfest›) oder *Xīlōtlaxcalqualoyān* (‹Fladen grünen Maises essen›)
9. *Miccāilhuitl* (‹Totenfest›) oder *Tlaxōchimaco* (‹Überreichen von Blumen›) oder *Xocotl hualahci* (‹Früchte kommen her›, d.h. sie beginnen zu reifen?)
10. *Huēi miccāilhuitl* (‹Großes Totenfest›) oder *Xocotl huetzi* (‹Früchte fallen herab›, d.h. sie sind reif?)
11. *Ochpanaliztli* (‹Fegen des Weges›)
12. *Pachtli* (‹Flechte›) oder *Teōtleco* (‹die Gottheit kommt herab›)
13. *Huēi pachtli* (‹Große Flechte›) oder *Tepēilhuitl* (‹Bergfest›)
14. *Quecholli* (‹Flamingo›)
15. *Panquetzaliztli* (‹Fahnenaufrichten›)
16. *Ātemoztli* (‹Das Wasser kommt herab›)
17. *Tititl* (‹Verschrumpelt›)
18. *Izcali* (‹Großziehen›).

Feste. Die Dauer eines Festes könnte als Korrelat zu seiner Bedeutung angesehen werden. Das Fest *Tlācaxīpehualiztli*, das in Kapitel III genauer geschildert wird, wäre dann eines der bedeutendsten gewesen. Es dehnte sich nämlich über 40 Tage aus, beschränkte sich also nicht auf den nach ihm benannten Monat. Ferner hatten die Feste, die mit den vier Steuerterminen im Jahr zusammenfallen, eine hervorgehobene Bedeutung, was verständlich wird, wenn wir bedenken, dass weltweit Markttage oder Steuertage auch Gelegenheiten für Feste sind, und sich bei solchen Anlässen besonders viel Volk versammelt, also ein besonders großes Fest gefeiert werden kann. Den Höhepunkt, den eigentlichen Festtag, feierte man immer am 20., also dem letzten Tag des Monats, einerlei, wie ausgedehnt die Feierlichkeiten im Übrigen waren.

Als was sind diese Feste zu deuten? Dass sie religiöse Bedeutung haben, ist unstrittig, da das ganze Leben der Azteken von religiösen Bezügen durchdrungen ist. Der religiöse Gehalt beschränkt sich dabei offensichtlich auf Dienst an den Göttern, um sie geneigt zu stimmen, dem Menschen Nahrung und Wohlergehen zukommen zu lassen; zu diesem Gottesdienst gehören ganz wesentlich die verschiedenen Formen des Menschenopfers. Eine naheliegende weitergehende Interpretation dieser Feste ist die, dass sie den witterungsmäßigen und vegetationsmäßigen Lauf des Jahres symbolisieren und feiern, wie man es in allen agrarischen Gesellschaften findet. *Tlācaxīpehualiztli* wird in dieser Interpretation als ‹Frühlingsfest› gedeutet. Und das Fest *Ātemoztli* («das Wasser kommt herab») kann unschwer als Feier des Beginns der Regenzeit, deren pünktliches Eintreffen und ergiebige Niederschläge so wichtig für die Landwirtschaft sind, aufgefasst werden. Schließlich weisen die Alternativbezeichnungen für das Festpaar *Xocotl hualahci* (alias: *Miccāilhuitl*) und *Xocotl huetzi* (alias: *Huēi miccāilhuitl*) auf die allmähliche Reifung der Früchte hin. Diese jahreszeitliche Interpretation, die vor allem im interkulturellen Vergleich viel für sich hat, stößt aber auf ein Problem, wenn man bedenkt, dass die Azteken das Sonnenjahr in ihrem Kalender mit 365 Tagen um ¼ Tag zu kurz ansetzten. Ihre Feste verschieben sich nach diesem 365-tägigen Sonnenkalender folglich im Laufe der Zeit gegenüber den natürlichen Jahreszeiten immer mehr, so dass schon nach 100 Jahren die Feste *Tlācaxīpehualiztli* und *Ātemoztli*, wie auch alle anderen, 20 Tage (also einen ganzen Monat) früher liegen als ursprünglich. Dadurch stimmen sie nicht mehr gut mit den entsprechenden Wetter- und Vegetationsereignissen überein, für die sie eigentlich gefeiert werden. Eine einfache Lösung des Problems bietet sich nicht an. Sollte ursprünglich eine Übereinstimmung der Festthemen mit den Jahreszeiten gegeben gewesen sein, wäre der Festkalender um das Jahr 1000 n. Chr., also in vor-aztekischer Zeit, eingeführt und dann nicht mehr an den wahren Verlauf der Jahreszeiten angepasst worden.

Wir kommen nun zu den Festen, die nicht jedes Jahr, sondern in größeren Jahresabständen gefeiert werden. *Alle vier Jahre* wurde im Monat Izcali ein Übergangsritus für Kleinkinder gefeiert. Den Kindern werden jetzt die Ohrläppchen durchbohrt, damit entsprechend der Sitte der Azteken Schmuck eingehängt werden kann. Sie bekommen außerdem Paten und werden dadurch in den größeren Gesellschaftsverband eingeführt. Es handelt sich offensichtlich um ein typisches Rite de passage-Fest gemäß der Theorie Arnold van Genneps. Seine Studie, die er 1909 veröffentlichte, weist nach, dass alle Völker wichtige Übergänge im gesellschaftlichen Leben feiern. Zu solchen Übergängen gehören vor allem die, die mit dem Wachsen, Älterwerden, der Fortpflanzung und dem Tod verknüpft sind. Aber auch Übergänge im räumlichen Sinne gehören dazu, zum Beispiel Abschiedsfeste vor langen Reisen oder das Fest anlässlich der Rückkehr von einer Reise. Auf einige werde ich in Kapitel VI noch ausführlich eingehen.

Alle acht Jahre fand ein Fest statt, das nach der Festspeise ‹Wasserkrapfenessen› (*Ātamalquāliztli*) genannt wurde. Es wird als Fest geschildert, das den Mais regenerieren soll. Als moderner Forscher denkt man dabei sogleich an die landwirtschaftliche Technik der Brache, dass man also ein Feld nach mehreren Jahren intensiver Nutzung ruhen (brach liegen) lässt, damit es sich regenerieren kann. Die Festbeschreibung legt tatsächlich nahe anzunehmen, dass die Beobachtung sich mindernder Erträge eines Maisfeldes nach mehrjährigem ununterbrochenem Anbau den Anlass für das Fest gibt. Allerdings scheint der Festabstand von acht Jahren etwas hoch gegriffen, denn schon nach drei bis fünf Jahren ist auf den zum Teil kargen Böden im zentralmexikanischen Hochland eine Brache oder ein Fruchtwechsel nötig. Möglicherweise konnten die Abstände bei geschicktem Mischanbau von Mais, Bohnen, Kürbis u.a. aber tatsächlich auf acht Jahre ausgedehnt werden.

Alle 52 Jahre ist ein kalendarischer Jahreszyklus abgeschlossen. Danach kehren dieselben Jahresnamen wie vor 52 Jahren wieder. Das Endjahr eines Zyklus war bei den Azteken zunächst Eins Kaninchen und später das folgende Zwei Rohr. Es ist mit ihm gewissermaßen ein Ende der Zeiten

Kalender und Festkreise **39**

ABB. 2 *Schwangere in Tonkrug.*
Ein Mann mit Agavemaske, Schild und Schwert schützt seinen Haushalt gegen Dämonen (*Tzitzimitl*), während eine hochschwangere Frau, ebenfalls mit Agavemaske geschützt, in einem großen Tonkrug Zuflucht gefunden hat.
[Umzeichnung B. Riese nach Codex Borbonicus, S.34.]

erreicht, und ein Neuanfang ist angesagt. Um das zu kennzeichnen, mussten in spätindianischer Zeit überall im Land und in allen Haushalten die Herdfeuer gelöscht werden, schwangere Frauen wurden in großen Vorratskrügen versteckt, um sie vor bösen Geistern (*Tzitzimitl* u.a.) zu schützen, die in dieser Übergangszeit ihr Unwesen trieben, und der Hausrat wird zerbrochen (Abb. 2). War das alles geschehen, entzündete der höchste Priester des Reiches auf der Brust eines geopferten Mannes nachts auf dem Berg Huixachtēcatl, etwa 10 Kilometer südlich der Stadt Mexiko bei der Seeuferstadt Itztapalāpan, das Feuer von Neuem und verteilte es von dort an die Tempel im Tal und von den Tempeln in jeden einzelnen Haushalt (Abb. 42). Die neun Neufeuerbohrungen, die in altindianischer Zeit von den Azteken zunächst auf ihrer Wanderung an verschiedenen Orten und ab 1403 auf dem Huixachtēcatl gefeiert wurden, sind in der Zeittafel im Anhang verzeichnet.

Der 260-tägige Wahrsagekalender (*Tōnalpōhualli*) bildete auch einen Festkreis. Da der *Tōnalpōhualli* 260 Tage umfasst, könnte dieser Festkreis grundsätzlich ebenso viele verschiedene Feste aufweisen. Das ist jedoch nicht so. Anscheinend bevorzugten die Azteken bestimmte Wahrsagetage ihren Eigenschaften entsprechend zur Durchführung von Festen und mieden andere. Offensichtlich war der erste Tag, der eine 13-tägige Woche eröffnet und immer die Zahl ‹1› führt, der bevorzugte Festtag. Z.B. ist «Eins Blume» der Festtag von Herrschern und Fürsten. Und auch die Götter feiern in diesem Festkreis ihren Geburtstag, der Kulturheros Quetzalcōātl zum Beispiel am Tag «Eins Rohr». Bisweilen waren auch die Feste des Wahrsagekalenders große öffentliche Veranstaltungen, wie das Fest am Tag «Vier Bewegung», an dem man den Sonnengott Tōnatiuh feierte. Oft aber waren diese Feste verglichen mit den Jahresfesten bescheidener. Im Gegensatz zu ihnen waren sie nur Feste einer Berufs- oder Siedlungsgruppe, weil die an ihm gefeierte Gottheit ihr Schutzpatron war. Das Fest am Tag «Sieben Blume» wurde zum Beispiel von den Webern und Malern gefeiert.

2. Aztekische Sprache und ihre Verschriftung

çan ticnehuihuiliya chalchihuitl in acatic in motlatol
a yn toconmaca quetzal huitolli hui yehuaya
oncuicayhuixochiyapipixauhtimani yn mochaua
ohuaya ohuaya

Wir verwandeln deine Worte einfach in Jadeperlen,
wir geben ihm Quetzalfedergirlanden,
Federblumenlieder regnen auf sein Haus,
oh ja, oh ja.

(Cantares Mexicanos, Lied 70)

Die Sprache der Azteken ist dank intensiver Bemühungen früher katholischer Missionare durch Übersetzungen christlicher Texte ins Aztekische, durch Sprachlehrbücher und durch Wörterbücher vorzüglich dokumentiert. Sie kann, wie Latein, Altgriechisch, Sanskrit oder andere Kultursprachen vergangener Zeiten, ohne Probleme erlernt werden. Empfehlenswert hierfür ist das spanische Wörterbuch des Alonso de Molina, das 1555 in einer ersten Auflage und 1571 in einer zweiten, erweiterten in Mexiko gedruckt wurde und auch in neueren Nachdrucken zugänglich ist. Ähnlich umfangreich und nützlich ist das auf ihm aufbauende französische Wörterbuch von Rémi Siméon aus dem 19. Jahrhundert sowie das die aztekische Sprache in Lateinisch und Deutsch erläuternde von Johann Carl Eduard Buschmann. Buschmann war übrigens der erste deutsche Forscher, der sich in Zusammenarbeit mit Wilhelm von Humboldt der aztekischen Sprache zugewandt hat. Sein Wörterbuch, das er im Auftrag Humboldts verfasste, wurde aber erst 150 Jahre nachdem er es erarbeitet hatte, im Jahre 2000 veröffentlicht. Unabhängig von diesen umfassenden Wörterbüchern hat die finnische Linguistin Frances Karttunen 1983 ein knapp gefasstes, modernen sprachwissenschaftlichen Standards entsprechendes englisches Wörterbuch zusammengestellt. Wo immer es auf die genaue Rechtschreibung des Aztekischen ankommt, orientiere ich mich an Karttunens Schreibung, denn nur sie folgt dem gültigen linguistischen Standard. An Grammatiken ist die spanische des vermutlich aus Österreich stammenden Jesuiten Horacio Carochi von 1645 immer noch die genauste. Sie ist in zahlreichen Bearbeitungen und Neuauflagen leicht zugänglich. Daneben gibt es unzählige für das Selbststudium mehr oder minder geeignete, von denen ich persönlich die französische von Michel Launey für die beste halte, während die deutsche von Wilhelm von Humboldt und die spanische von Fernando Horcasitas jeweils nur einen vereinfachten ersten Einblick in den Sprachbau des Aztekischen gewähren. Selbstverständlich werden heute auch im Internet Sprachhilfen für das Aztekische angeboten. Manche sind sogar recht zuverlässig; doch keine reicht an den Standard der genannten gedruckten Werke heran.

Die altindianische *Verschriftung der aztekischen Sprache* hat nicht den Perfektionsgrad der sehr viel älteren Maya-Hieroglyphenschrift erreicht. Sie blieb auf dem Stand einer Partialschrift stehen, mit der man zwar konkrete Dinge, Kalenderdaten und Namen von Menschen und Städten wiedergeben konnte, nicht jedoch einen gesprochenen Text mit allen seinen sprachlichen Feinheiten und seinem Satzbau. In diese Richtung fortzuschreiten hat nur ein anonymer Schreibkundiger im Reich von Ācūlhuahcān versucht, als er den historisch-geographischen Codex Xolotl malte und hieroglyphisch erläuterte. Es ist immer noch strittig, ob das eine genuin indianische Entwicklung darstellt oder eine Anregung durch die spanische Schrift ist, die dieser Indianer, der den Codex in der frühen Kolonialzeit gemalt hat, wohl schon kannte. Solche Anregungen zur Schrifterfindung oder, wie hier, Schriftverbesserung gibt es auf der Welt zahlreiche. Die bekannteste ist die Erfindung der Cherokee-Schrift, mit der Cherokee-Indianer in Nordamerika eine Zeitlang sehr erfolgreich ihre Sprache geschrieben haben. Diesen Prozess der kulturellen Anregung ohne direkte Übernahme nennt die Ethnologie eine Stimulus-Diffusion.

Die aztekische Partialschrift hatte das Aussehen einer mit bunten Bildchen geschriebenen «Bilderschrift». Diese Bildzeichen geben meist einen Wortkern (Lexem), gelegentlich auch ein Suffix oder ähnliche Funktionsbestandteile von Wörtern – man nennt sie in der Linguistik Morpheme – wieder. Da es bei aztekischen Schreibern nicht üblich war, alle Teile eines komplexen Wortes wiederzugeben und es auch keine festen Regeln der Anordnung der Bildzeichen zueinander gab, muss man bereits ein solides Wissen von der Sprache und vom Sachverhalt, über den etwas geschrieben wird, haben, um Zeichen und Zeichenfolgen dieser Bilderschrift zu sinnvollen Wörtern zu verknüpfen und in der richtigen Abfolge zu lesen. Das ist auch deswegen nötig, weil viele Zeichen sprachlich mehrdeutig sind. Zum Beispiel wird das Abbild eines Beines mit Fuß für so verschiedene Wörter wie ‹Bein›, ‹Fuß›, ‹Schenkel›, ‹herkommen›, ‹weggehen›, ‹herabkommen› verwendet. Es sind zwar alles Begriffe und auf die Sprache bezogene Lexeme des Wortfeldes ‹sich bewegen›, aber welches genaue Wort gemeint ist, kann nur der Zusammenhang klären. Wenn das Abbild des Beines außerdem mit Punkten oder Strichen ausgemalt wird, ist die Bedeutung eine ganz andere, nämlich ‹sich selbst kasteien›. Das ist die Bedeutung, die das Bild im Namen des aztekischen Herrschers Tizocicatzin hat (Abb. 32). Ich möchte hier nicht auf weitere Einzelheiten eingehen, da in den folgenden Kapiteln die Namen und Namenshieroglyphen aller aztekischen Herrscher ausführlich analysiert werden.

Dieser ersten, indianischen Verschriftung folgte mit Beginn der Kolonialzeit ein zweite, die nun versuchte, den Lautstand des Aztekischen mittels der Buchstaben des lateinischen Alphabets und der Lautwerte der spanischen Sprache abzubilden. Diese Verknüpfung hat ihre Ursache darin, dass es spanische Geistliche wie die genannten Molina und Carochi waren, die das Aztekische verschriftet haben und denen alle späteren Autoren gefolgt sind. Wer Spanisch lesen kann, braucht daher nur wenige Abweichungen zu beachten. Glücklicherweise ist auch für den deutschen Leser die Aussprache des Aztekischen nicht schwierig zu erlernen. Berücksichtigt man zunächst die spanische Lautung von *ch* als [tsch], von *c* vor *e* und *i* als [s], sonst als [k], bzw. vor *u*, also die Buchstabenfolge *cu* als [qu], wie in Quelle oder Qual, ferner von *hu* und *uh* als [w], kommt einem gelegen, dass *tz* wie deutsch [tz] wie in Nutzen bzw. als [z] wie in Zug ausgesprochen wird und *tl* wie Bayrisch [dl] am Wortende, etwa wie in Kindl oder Madl. Der Amtstitel *Cihuācōātl*, als [siwakoadl] geschrieben, und der Ortsname Tetzcuhco, als [tetzkuko] geschrieben, könnten von jedem Deutschen nahezu korrekt ausgesprochen werden. Die Vokallänge, die durch einen Querstrich über dem entsprechenden Buchstaben gekennzeichnet wird, ist uns aus dem Deutschen als phonologisch relevante Eigenschaft ebenfalls bekannt, denn auch wir unterscheiden kurze und lange Vokale, allerdings nicht mit solchen zusätzlichen Zeichen, sondern auf andere, sehr komplexe Weise. Im Aztekischen macht es einen Unterschied, ob ich *Quauhcalli* oder *Quāuhcalli* schreibe. Ersteres bedeutet ‹Holzhaus›, Letzteres ‹Adlerhaus›, womit die Versammlungsstätte eines Kriegerordens gemeint ist. Auch *Textli* und *Tēxtli* haben ganz verschiedene Bedeutungen: *Textli* bezeichnet das Maismehl, während *Tēxtli* den Schwager eines Mannes meint. Auch bei den beiden an Nomina angehängten Suffixen *-tzin* und *-tzīn* ist die Unterscheidung der Vokallänge wichtig: *-tzin* bedeutet nämlich Höflichkeit oder Zärtlichkeit seitens des Sprechers oder einfach ‹klein›, während *-tzīn* keinerlei emotional positive Konnotation hat und einfach ‹Hintern›, ‹Arsch›, und ‹am Fuß von› bedeutet. Was uns Deutsche etwas irritiert, ist die im Aztekischen fehlende Unterscheidung zwischen den Vokalen /o/ und /u/. Beide Schriftzeichen können ziemlich beliebig zur Bezeichnung eines einzigen Phonems des Aztekischen verwendet werden. Ob ich den Namen der Stadt Tetzcohco, Tetzcuhco oder Tetzcuhcu schreibe, ist daher gleichgültig.

Aztekische Wortwurzeln können durch *Aneinanderfügen* (Komposition) neue komplexe Bedeutungen und Bilder erzeugen, ganz ähnlich wie im Deutschen. Das aztekische *Chālchiuhnenetzin* – aus *Chālchiuh* ‹Edelstein›, *Nene* ‹Püppchen› und *-tzin,* das eben erwähnte Höflichkeitssuffix – ist ein beliebter Name für weibliche Kinder, ihm entspricht genau das deutsche ‹Edelsteinpüppchen›. Obwohl also auch komplexe aztekische Namen ins Deutsche übertragen werden können, verzichte ich meist auf ihre Übersetzung, weil sowohl die populäre als auch die wissenschaftliche Literatur Eigennamen üblicherweise in ihrer aztekischen Form belässt. Allerdings gebe ich an geeigneter Stelle Analysen der Namen der aztekischen Herrscher, weil ihre Bedeutung zum Verständnis der hieroglyphischen Schreibung nötig ist und in einigen Fällen sogar biographische Information verschlüsselt. Auch einige Ortsnamen erläutere ich in ihrer Bedeutung im Text, denn sie spiegeln oft sehr plastisch die Naturwahrnehmung der Azteken wider. Ein noch heute tätiger Vulkan im Osten der Stadt Mexiko heißt daher Pohpōcatepētl ‹rauchender Berg›, während der Nachbarberg, von einer ewigen Schneekappe gekrönt und längst erloschen, Iztāctepētl ‹weißer Berg› heißt. Die Namen spiegeln also Aussehen und Eigenart der beiden Berge gut wider. Weiterführende Informationen zu Wörtern der aztekischen Sprache findet man im Register.

Namen von Orten und Personen, wie in den obigen Beispielen, sind in der Regel sprechende Namen. Sie haben fast alle eine unmittelbar erkennbare direkte oder bildhafte Bedeutung und sind nicht wie bei uns unverständliche Zeichen. Allerdings gibt es auch bei den Azteken Namen, die ihnen selbst unverständlich waren und über deren etymologische Herleitung, also ihre ursprüngliche Bedeutung, sie sich den Kopf zerbrachen, da sie es eigentlich gewohnt waren, Namen zu verstehen. Vermutlich sind solche unverständliche Namen aztekisierte Bezeichnungen aus anderen Sprachen, wahrscheinlich solcher Indianer, die schon vor ihnen in Zentralmexiko gelebt haben und von denen die Azteken sie unverstanden übernahmen. Der Ortsname Teōtihuahcān ist vermutlich ein solches Fremdwort, das die Azteken nachträglich etymologisch zu deuten suchten, wie das einleitende Zitat zeigt. Selbst die Bezeichnung für die Stadt Mexiko, Mēxihco, und für seine Bewohner, Mēxihcatl (pl. Mēxihcah), sind in ihrem Kern keine eigentlich aztekischen Wörter. Ebenso ist der Name der südlichen Hälfte ihrer Hauptstadt, Tenochtitlan, im Kern wohl auch nicht-aztekisch, denn die Etymologie nach Elementen der aztekischen Sprache ergibt für *Te* ‹Stein› und *Noch* ‹Kaktus›, also in der Zusammensetzung ‹Stein-kaktus›. Diese Etymologie wirkt nicht überzeugend, da es einen solchen Kaktus nicht gibt. Lediglich die Endung *-ti-tlan* ist aztekisch und kann als Ortsbezeichnung an Lexeme (also auch Fremdwörter) angehängt werden. Die Etymologie von Tenochtitlan scheint also nachgeschoben oder, wie man auch sagt, eine Volksetymologie zu sein. Darüber kann selbst der Gründungsmythos, mit dem die Azteken den Namen ihrer Hauptstadt erklären wollten und den ich in Kapitel III schildere, den kritischen Forscher nicht hinwegtäuschen. Sonst aber sind fast alle Ortsnamen und viele Personennamen beschreibend und in aztekischer Sprache leicht verständlich. Tōllān, die Hauptstadt der Tolteken, bedeutet ‹bei den Binsen› (*Tōl* ‹Binse› + *-lān* ‹bei›); und in der Tat liegt die Stadt an einem heute zwar ausgetrockneten See, dessen Ufer in vorspanischer Zeit aber von Binsen gesäumt war. Der Eigenname einer aztekischen Prinzessin Āzcaxōchitl (*Āzca* ‹Ameise› + *Xōchi* ‹Blume› + *-tl*, ein abschließendes Morphem, welches das vorangehende Wort als Hauptwort in der Einzahl und als Lebewesen bezeichnet) ist bildhaft. Der Name bedeutet ‹Ameisenblume›, womit die Azteken eine einheimische Lilienart mit scharlachroten Blüten (taxonomisch: Spreckelia formosissima) bezeichnen. Übrigens ist die Wahl von Bezeichnungen von Blumen als Mädchennamen besonders beliebt. Wenn man in einem Text einen Eigennamen identifiziert hat, der das Element *Xōch* (‹Blume›) enthält, kann man ziemlich sicher auf eine Frau als Trägerin dieses Namens schließen.

Die aztekische Sprache verwendet *Suffixe*, um ein Wort mit einer Gefühlsnote zu versehen, die auch bei Eigennamen Verwendung finden, wofür ich mit -*tzin* schon ein Beispiel gegeben habe. Da diese Suffixe den Wortsinn nicht eigentlich verändern, bleiben sie in Übersetzungen meist unberücksichtigt, und ihr Gebrauch schwankt in den aztekischen Texten je nach Gefühlslage des Erzählers oder Schreibers. Es ist daher für den unbeteiligten Leser oder Historiker meist unwichtig, ob ich von dem tepanekischen Herrscher als *Māxtla* (ohne Suffix: wertfrei), als *Māxtla-tzin* (mit dem Höflichkeitssuffix -*tzin*) oder als *Māxtla-tōn* (mit dem Suffix für Geringschätzung -*tōn*) spreche. Ähnlich unwichtig ist es für den Leser, sich darüber Gedanken zu machen, warum Personennamen und andere Hauptwörter im Singular mit oder ohne die Nominalendungen -*in*, -*li*, -*tl*, oder -*tli* geschrieben werden.

3. Die Überlieferung

Yz catqui nican n onpehua
nican ycuiliuhtoc in tlahtollo
in mexica yn huehuetque

Hier ist er, hier beginnt er,
hier liegt der Bericht der alten
Mexikaner niedergeschrieben da.

(Crónica Mexicayotl, § 16)

Mit dem einleitenden Zitat drückt einer der hervorragenden indianischen Historiker, Hernando de Alvarado Tezozomoc, aus, wie wichtig ihm die schriftliche Tradierung der Geschichte seiner Nation ist. Demgemäß sind auch für den modernen Forscher vor allem die schriftlichen Überlieferungen die Hauptquellengruppe. Doch werde ich auch andere Arten der Tradierung kulturellen und historischen Wissens berücksichtigen und hier einführen. Denn eine so glanzvolle, uns aber zugleich so fremde Kultur wie die der Azteken können wir verstehend nur erschließen, wenn wir den Reichtum aller verfügbaren Quellen, also neben den schriftlichen auch bildliche Quellen, Skulpturen, Architektur und archäologische Funde und Befunde auswertend in unsere Rekonstruktionen einbeziehen.

Den europäischen Eroberern und frühen Chronisten standen vor allem mündliche Berichte, altindianische Bücher mit Bildern und Bilderschriftzeichen, die sie sich von kundigen Indianern erläutern ließen, und die noch erhaltenen Bauwerke und Großskulpturen als Anschauungsmaterial zur Verfügung. Zu diesen Quellen, die zum Teil heute noch erhalten sind, kamen im Laufe der Forschung die Ergebnisse archäologischer Ausgrabungen hinzu. Andererseits sind in den vergangenen 500 Jahren viele Originaldokumente verloren gegangen, und es stehen auch keine baulichen Zeugnisse aus aztekischer Zeit mehr unversehrt für unsere unmittelbare Anschauung bereit. Daher schöpfen wir unser Wissen oft nur noch aus zweiter und dritter Hand, nämlich aus frühen schriftlich oder bildlich niedergelegten Beschreibungen. In diesen Tatbeständen liegt die methodologische Notwendigkeit der wissenschaftlichen Quellenkunde (welche Quellen gibt es?), der Quellenkritik (welches sind authentische Quellen?) und der Quelleninterpretation (was sagen uns die Quellen über die indianische Vergangenheit?). Diese methodologischen Überlegungen werden im Hintergrund dieses Buches stets mitklingen, aber, um den Leser nicht zu belasten, meist nicht direkt thematisiert werden.

Mündliche Überlieferungen

Dynastische und kulturelle Traditionen der Azteken wurden vornehmlich als Helden- und Klagelieder im kulturellen Gedächtnis verankert, vergleichbar den babylonischen Überlieferungen über den Kulturheros Gilgamesch und den altgriechischen Versdichtungen der Ilias und Odyssee über den Trojanischen Krieg. Aus unserer eigenen mittelalterlichen Geschichte sind das Hildebrands- und das Nibelungenlied Heldengedichte ähnlichen Inhalts, die jahrhundertelang mündlich überliefert wurden, bevor sie ihre erste Niederschrift fanden. Und zumindest Letzteres hat seit der Neubearbeitung durch Richard Wagner im 19. Jahrhundert eine zentrale Rolle in der deutschen Kultur besetzt. Solche mündlichen Quellen der Azteken wurden im 16. Jahrhundert von unbekannter Hand in zwei Liederhandschriften, den «Cantares mexicanos» («Mexikanische Lieder») und den «Romances de los señores de la Nueva España» («Romantische Dichtungen der Herren von Neuspanien») zusammengestellt. Sie umfassen etwa 50 Gesänge in schwerverständlicher poetischer und anscheinend altertümlicher Sprache. Manche scheinen nicht Einzelgesänge zu sein, sondern in ihrer Struktur altgriechischen Tragödien zu ähneln, indem die Verse wechselnd zwischen einem Chor, einem Protagonisten und einem Kommentator vorgetragen wurden. Sie wären dann also nicht einfache Lieder, sondern der gesprochene Text dramatischer Aufführungen. Anlässe zum Vortrag von Heldenliedern und solchen Sprech- und Gesangsdramen gab es bei den Azteken häufig, und so haben Auszüge aus ihnen sogar Eingang in Prosaquellen der Kolonialzeit gefunden. Dabei war eine der traumatischsten Niederlagen der Azteken in der Zeit vor ihrer Reichsgründung, nämlich die Vertreibung von ihrem Wohnsitz am Heuschreckenberg, eine besonders wehmütig besungene Erinnerung. Das Lied hierüber beginnt folgendermaßen:

> Der Saum der Erde zerbarst, Unheil verkündende Zeichen stiegen über uns auf. Der Himmel über uns zerteilte sich und Der-durch-den-alles-lebt kam auf uns herab am Heuschreckenberg. Ach! Seine Niederkunft vollzog sich, als der Schicksalstag des Jahres 1 Kaninchen sich erhob. Da erhob sich auch sein in ihm Beschlossenes. Weinen hub an, als die Mexikaner verschleppt wurden. Das geschah dort am Heuschreckenberg. Ach!
> (Annalen von Tlatilolco, Teil V, § 233)

Die wissenschaftliche Geschichtsschreibung über die Azteken macht wenig Gebrauch von dieser wichtigen Quellengruppe, wohl vor allem, weil sie von vielen Forschern mehr als literarische und poetische Erzeugnisse angesehen werden, als dass sie ihnen historischen Gehalt zuzubilligen bereit sind, und weil sie äußerlich den damals in die junge spanische Kolonie neu eingeführten christlichen Lobliedern angepasst wurden. Die Skepsis und Abstinenz ihnen gegenüber wurden noch verstärkt, als der nordamerikanische Literaturwissenschaftler John Bierhorst sie in den 1980er Jahren als Geisterlieder, also als Traumbilder, gedeutet hat und ihnen damit jeden direkten historischen Gehalt absprach. Diese Abstinenz ist aber unangemessen verkürzend, vor allem, wenn man vergleichend beurteilt, wieviel an historischem und kulturgeschichtlichem Wissen über das vorgeschichtliche Nordeuropa aus der Einbeziehung der Dichtungen der Edda und anderer Heldenlieder gewonnen werden kann, die ebenfalls erst in christlicher Zeit niedergeschrieben worden sind. Daher werde ich, wo immer es sinnvoll erscheint, auch die überlieferte Heldendichtung der Azteken berücksichtigen.

Indianische Bücher

Die Hauptquellengruppe zur altindianischen Geschichte sind aber nicht Lieder, oder wie bei den klassischen Maya im südlichen Mesoamerika, Steininschriften und Bauwerke oder auch wie im zentralmexikanischen Teōtihuahcān Wandgemälde, sondern Bücher. Schon früh in ihrer Kulturgeschichte haben die mesoamerikanischen Indianer Papier aus dem Bast des Ficus-Baumes hergestellt und daraus oder aus Hirschleder gefaltete

Bücher konfektioniert. Dafür haben sie das Rohpapier oder die Lederstücke zu langen Streifen zusammengeklebt, mit einer dünnen Kalkschicht beschreibbar gemacht, geglättet und dann mit dem Pinsel in verschiedenen Farben beschriftet und bemalt. Nachdem ein solcher Bast- oder Lederstreifen beschriftet war, wurde er zwecks leichterer Aufbewahrung gefaltet, so dass man ein handliches flaches Buch vor sich hatte. Als letztes hat man es zum Schutz vor Beschädigung in Holzdeckel gebunden. In aztekischer Zeit gab es in dieser Buchkultur einen großen Formen- und Inhaltsreichtum, und für ihre Aufbewahrung standen staatliche Archive zur Verfügung. Für ihre Herstellung, Bewahrung und Archivierung waren daher auch besonders ausgebildete Bibliothekare und Schreiber verantwortlich.

Zwei Themenkreise wurden in diesen Büchern gleichgewichtig abgehandelt: der religiöse Kult und die Herrschaftsgeschichte. Letztere schloss Annalen, Genealogien, Kataster, Eroberungslisten, einschließlich der territorialen Ausdehnung des Staates und seiner Steuereinnahmen, ein. Von diesen Büchern sind für unser Thema die Königs- und Eroberungslisten und die Genealogien besonders ergiebig. Sie wurden ursprünglich vor allem mit kalendarischen Hieroglyphen, mit Namens- und Ortshieroglyphen und mit Symbolen für Heiratsbeziehungen, Besuche, Eroberungen und andere wichtige Ereignisse geschrieben. Die geschickte Kombination von Bildern, Ideogrammen, Morphemzeichen und den Symbolen für Zeiteinheiten erlaubte es einem aztekischen Schreiber, einen recht präzisen Bericht festzuhalten, der allerdings, worauf ich schon hingewiesen habe, nur dann voll verständlich war, wenn zusätzliches Wissen zur Verfügung stand, um die Bilder und die Zusammenstellungen zu interpretieren.

Trotz der weitgehenden Vernichtung der indianischen Bücher durch die Spanier haben einige die Zeitläufe überdauert. Die ersten beiden Bücher hatte schon der Eroberer Hernán Cortés 1519 nach Spanien schicken lassen, darunter das heute als «Codex Vindobonensis Mexicanus Primus» bekannte mixtekische Wahrsagebuch (Abb. 3). Andere haben als Verwaltungsakten oder Kuriositäten ihren Weg in Archive in Mexiko, Spanien und Italien gefunden, später auch nach Frankreich, England und sogar nach Deutschland, manche allerdings nicht als Originale, sondern nur in Kopien.

Den unvorstellbar vielgestaltigen Weg eines solchen Buches illustriert die Geschichte des erwähnten «Codex Vindobonensis», die lückenlos

Die Überlieferung **51**

ABB. 3 *Codex Vindobonensis Mexicanus Primus, Ausschnitt aus Blatt 1 der Vorderseite.*
Der Codex Vindobonensis Mexicanus I ist aus mehrfach zusammengeklebten Hirschhäuten zu einem Streifen von 135 cm Länge und 22 cm Höhe verarbeitet. Auf einer dünnen Kalkschicht als Grundierung ist die farbige Bemalung aufgetragen. Auf beide Endseiten sind grob zugeschnittene Kiefernholztafeln als Schutzdeckel aufgeklebt. Die Bilderschrift wird durch rote Führungslinien mäandrierend über den langen Streifen geführt und ist von rechts nach links zu lesen. Historische Personen und Götter sind figürlich abgebildet und mit ihren Kalendernamen, die zugleich ihre Geburtsdaten sind, identifiziert. Orte ihrer Tätigkeiten werden hieroglyphisch und symbolisch dargestellt, und gelegentlich sind Jahresdaten eingestreut, die den historischen Bericht zeitlich verankern. Insgesamt erzählt die Vorderseite, von der hier ein Ausschnitt gezeigt wird, die Geschichte des Ursprungs der Mixteken im heiligen Baum in Apoala (Mixtekisch: *Yuta Tnoho*), einem Ort im heutigen mexikanischen Bundesstaat Oaxaca. Die Rückseite erzählt ohne direkte Verknüpfung mit der Vorderseite Episoden aus dem Leben der mixtekischen Dynastie von Tilantongo und schließt den herausragenden mixtekischen König Acht Hirsch Jaguartatze (1063–1115) in ihren Bericht ein. [Bildarchiv B. Riese.]

bekannt ist. Er war eine von zwei Bilderhandschriften, die Hernán Cortés 1519 als Teil der ersten Sendung von Kunstschätzen von Veracruz an der mexikanischen Küste nach Spanien schickte. Dort kam er am 9. November desselben Jahres in Sevilla an. Kurz darauf erhielt ihn der portugiesische König Manoel der Glückliche, Schwager des jungen spanischen Königs Karl I. (als deutscher Kaiser Karl V.), als Geschenk. Von dort kam dieses indianische Buch vermutlich wiederum als Geschenk in die Hände des Kardinals Giulio de' Medici, der 1523 als Papst Clemens VII. die Christenheit regierte. Von ihm gelangte es nach seinem Tod 1523 in die Hände seines Vetters zweiten Grades, des Kardinals Ippolito de' Medici. Nachdem dieser vergiftet worden war, kaufte Kardinal Capuanus (d.i. Nikolaus von Schönberg) den Codex aus dem Nachlass des Verstorbenen. In Schönbergs Gefolge gelangte er nach Deutschland, wo ihn der Humanist und Orientalist Albrecht Widmanstetter erwarb. Dessen Erben gaben ihn 1558 an die Münchner Kunstkammer des bayerischen Herzogs Albrecht V. weiter. Dort verblieb er einige Jahrzehnte, bis ihn schwedische Truppen verschleppten, als sie 1632 die Münchner Kunstkammer plünderten. Die Schweden deponierten den Codex in Weimar. Dort hat ihn später der berühmte Äthiopist Hiob Leuthoff studiert. 1677 oder 1678 schließlich schenkte Herzog Johann Georg von Sachsen-Weimar-Eisenach ihn Kaiser Leopold I. anlässlich seines Besuchs in Wien. Der Herzog hat sein Geschenk aber nicht selbst überreicht, sondern das tat stellvertretend für ihn sein Botschafter. In Wien hat der Codex dann seine (vorläufig) letzte Ruhestätte gefunden: zunächst in der Kaiserlichen Bibliothek. Dort haben ihn verschiedene Forscher und Bibliophile besichtigen können, bis er nach Abschaffung des österreichischen Kaiserhauses zu Beginn des 20. Jahrhunderts in den Bestand der Wiener Nationalbibliothek übergegangen ist, wo er sich heute befindet und weiterhin für wissenschaftliche Zwecke zugänglich ist. Wie ich eingangs sagte, ist dieser Codex ein mixtekisches Buch. Von den Azteken ist kein einziges vorspanisches Original erhalten. Alle aztekischen Bücher, die wir heute besitzen, sind Kopien oder Zusammenstellungen aus dem 16. Jahrhundert, manche sogar aus noch späterer Zeit, wohingegen von den Mixteken und Maya insgesamt 14 vorspanische Bücher erhalten sind.

In der Kolonialzeit wurden bilderschriftliche Dokumente zunehmend buchstabenschriftlich in spanische oder aztekische Sprache umgesetzt und mit unabhängig mündlich überlieferten indianischen Traditionen und eigenen Kommentaren der meist spanischen Kompilatoren oder Auftraggeber versehen. In solchen nur noch buchstabenschriftlich verfassten Dokumenten sind im Extremfall die Eigenschaften und Beschränkungen der vorspanischen Buchberichte kaum mehr zu erkennen. Auch die Trennung der in Sprache umgesetzten Bildinhalte von mündlich eingeflossener neuer indianischer Information und den Kommentaren kolonialzeitlicher Redakteure ist schwierig. Die Mexikanistik sieht daher eine ihrer Hauptaufgaben darin, diese komplexen Dokumente zu analysieren und möglichst ursprüngliche Bild- und Textversionen zu restituieren, um erst danach aus diesen authentischen Mosaiksteinchen ein Bild der Wirklichkeit nach den altindianischen Überlieferungen zusammenzusetzen. Das ist Aufgabe der Spezialdisziplin Ethnohistorik, also der historischen Quellenforschung mit Dokumenten, die die Erforschten selbst geschrieben haben, im Kontrast zur einfachen Historik, die sich darauf beschränkt, nur Berichte der erobernden und kolonisierenden Europäer in Betracht zu ziehen.

Aus der scheinbar unübersehbaren Zahl solcher ethnohistorischer Dokumente schält sich ein gutes Dutzend Hauptberichte heraus. Der Rest ist von ihnen abgeleitet und daher unerheblich, oder es handelt sich um Schriftstücke anderen Inhalts, in denen nur Einzelheiten historiographisch, biographisch und kulturgeschichtlich relevant sind. Diese Hauptdokumente will ich mit ihren Vorzügen und Problemen nun vorstellen:

Die Königs- und Eroberungsliste von Tenochtitlan war die offizielle Darstellung der aztekischen Dynastie um 1520. Sie dokumentiert rein faktisch die Regierungsjahre, Eroberungen und einige sonstige Ereignisse seit Gründung der Dynastie. Von ihr sind etwa fünf verschiedene bilder- oder buchstabenschriftliche Fassungen erhalten. Der Bericht wird bis zu Motēuczūma, also bis 1520, kurz vor dem Ende der unabhängigen indianischen Herrschaft unter spanischer Hand geführt und bricht dann ab. Alle Ereignisse sind mittels altindianischer Jahresangaben datiert. Ihre Daten in christliche Jahre umgerechnet nehme ich zur Grundlage meiner Darstellung. Das zu betonen ist nicht unwichtig, denn trotz des grundsätzlich jahresgenauen Kalenders der Azteken weichen die Datierungen in den verschiedenen Quellen oft erstaunlich weit voneinander ab, und auch die Korrelation mit der christlichen Jahreszählung ist, wie bereits erläutert, nicht ganz ohne Probleme. Aus der repräsentativsten Fassung, dem ersten Teil der Colección Mendoza, stammen die meisten Bilder und Namenshieroglyphen der aztekischen Herrscher in diesem Buch.

Ein ähnlicher Status von Authentizität und Offizialität kommt dem aus zwei Abschriften rekonstruierten Codex Huitzilopochtli zu, von dem ein Kapitel die Dynastie von Tenochtitlan, ähnlich wie die Königs- und Eroberungsliste, abhandelt. Jener gegenüber zeichnet sich der Codex Huitzilopochtli durch ergänzende ereignisgeschichtliche Hinweise aus, die nicht nur Eroberungen betreffen, und er umfasst außerdem einen einleitenden Teil mit der Wanderung der Azteken vor Gründung ihrer Dynastie und ein kalendarisches Kapitel. Auch er ist in seinen beiden erhaltenen Abschriften, dem Codex Telleriano-Remensis in Paris und dem Codex Vaticanus A in Rom, noch in Bilderschrift überliefert. Ersterer ist in spanischer Sprache von fünf verschiedenen Personen recht flüchtig schriftlich kommentiert worden, was das Verständnis der Kommentare nicht immer erleichtert, da schon zur Zeit, als sie eingetragen wurden, nicht mehr alle bilderschriftlichen Darstellungen richtig gedeutet wurden und somit manche Kommentare schlichtweg irreführend sind. Die Kommentierung im Codex Vaticanus A ist in italienischer Sprache verfasst und nicht minder problematisch, aber in vielen Einzelheiten wohl zutreffender und insgesamt systematischer als die des Codex Telleriano-Remensis. Bei beiden hat die Forschung inzwischen weitgehend Korrektes von Unzutreffendem scheiden können, und so ist die ursprüngliche indianische Grundlage, nämlich der Codex Huitzilopochtli selbst als eine wichtige und weitgehend verlässliche Quelle erschlossen.

Andere bedeutende ereignisgeschichtliche Quellen aus Tenochtitlan sind nur noch in buchstabenschriftlichen Fassungen erhalten. Besonders wichtig ist hier die kurze, aber inhaltsschwere «Historia de los mexicanos por sus pinturas» («Geschichte der Mexikaner nach ihren Bilderschriften»). Sie ist nur in einer um 1540 angefertigten, sehr kondensierten und sprachlich verballhornten Zusammenfassung überliefert. Sobald man aber ihre oft nur skizzenhaften Angaben und vor allem ihre unverstandenen Bildbeschreibungen und naiven Übersetzungen aztekischer Formulierungen erschlossen hat und mit anderen Berichten vergleicht, entpuppen sie sich stets als sehr authentisch. Wie man daran erkennt, ist eine Quelle nicht wegen ihrer bescheidenen oder ihrer prunkvollen Form unbedeutend bzw. bedeutend, sondern die Bedeutung hängt weitgehend von inhaltlichen Aspekten ab, die erst mühsam mit ethnohistorischen Methoden erschlossen werden müssen. Der «Origen de los mexicanos» («Ursprung der Mexikaner») und die eng mit ihm zusammenhängende «Relación de la genealogía y linaje de los señores que han señoreado esta tierra de la Nueva España» («Bericht der Abstammung und Verwandtschaft der Herrscher, die über dieses Land von Neuspanien geherrscht haben») berichten vermutlich ebenfalls aus offiziöser Sicht Tenochtitlans, wenn auch mit partikulären Absichten. Sie sind etwa zur gleichen Zeit wie die «Historia de los mexicanos por sus pinturas» geschrieben worden. Auch sie fassen sich sehr knapp, sind nur in spanischen Übersetzungen erhalten und stellen selbst schon flüchtige Umsetzungen oder gar nur Auszüge aus verschiedenen bilderschriftlichen Vorlagen dar, die durch mündliche Informationen ergänzt wurden. Die im Titel der erstgenannten erwähnte ‹Bilderschrift› war eine solche Vorlage, ist aber vollständig in einen buchstabenschriftlichen Bericht umgesetzt worden, und nur dieser ist erhalten.

Die umfangreichste Quellengruppe aus Tenochtitlan bildet der sogenannte «Crónica X»-Kreis. Dazu zählen die Geschichtswerke und historischen Fragmente des Hernando de Alvarado Tezozomoc, eines Abkömmlings des aztekischen Herrscherhauses, des Dominikanermönchs Diego Durán und des Jesuiten Juan de Tovar, sowie Partien der Geschichte Amerikas des Jesuitenpaters José de Acosta. Schließlich sind auch die ‹Relationen› des altadligen Indianers Domingo Chimalpahin aus der Provinz Chālco und viele kleinere Chroniken, die er zusammengestellt und zum Teil in seinen eigenen Geschichtsabriss eingearbeitet hat, dieser Quellengruppe verpflichtet. Die «Crónica X»-Gruppe speist sich aus verschiedenen Quellenarten, darunter auch bilderschriftlichen. Sehr umfangreich sind ihre mündlichen Berichte, die allerdings durch nachlässige Überlieferung oft entstellt und unverstanden über die altindianische Zeit berichten. Trotz der genannten Mängel ist diese Quellengruppe in ihrem Kern hochinteressant: Hier wird vermutlich aus einer Nebenlinie des Herrscherhauses von Tenochtitlan die offizielle bilderschriftliche Geschichte, die an sich nicht anekdotisch ist, reichlich mit Anekdoten ausgeschmückt; außerdem wird in dreister Weise ein entweder unbedeutender oder vielleicht sogar inexistenter Zwillingsbruder des aztekischen Herrschers Ilhuicamīna namens Tlācayelel als eigentlicher Staatslenker mit dem Amtstitel *Cihuācōātl* für eine große Zeitspanne der Dynastie hervorgehoben. Die meisten Werke des «Crónica X»-Kreises sind in Konzeption, Aufbau und Themenauswahl dem kolonialspanischen Umfeld schon sehr angeglichen. Das gilt auch für ihre bildlichen Komponenten, die nur Tovar und Durán überliefern. In ihnen scheint dann zwar die altindianische Darstellungsweise ihrer Vorlage durch, es sind aber der Form nach erzählende Vignetten, die die europäische Buchkultur zu ihrem konzeptionellen Vorbild haben. Trotz der inhaltlichen und formalen Probleme dieser Quellengruppe wird sie von einigen Fachhistorikern und von den meisten populären Autoren unkritisch als die «wahre» Fassung der aztekischen Geschichte kolportiert und Geschichtsabrissen und Biographien aztekischer Persönlichkeiten unkritisch zugrundegelegt, wie zum Beispiel in dem lesenswerten Buch «The King

Danced in the Marketplace» von Frances Gillmor. Ich verwende diese Quellengruppe wegen der genannten Probleme nur zurückhaltend.

Von Tenochtitlans Schwesterstadt Tlatilolco verfügen wir in Form der fünfteiligen umfassenden Sammelhandschrift in aztekischer Sprache, den «Annalen von Tlatilolco», eine über die Dynastie von Tenochtitlan recht knapp berichtende Quelle, die aber umso ausführlicher von Tlatilolco und als eine der wenigen Quellen auch über das benachbarte Āzcapōtzalco handelt. Tlatilolco war bis 1473 unabhängig und wurde damals nach einem heftigen Krieg von den Azteken aus Tenochtitlan erobert. Diese Annalen von Tlatilolco sind zwar nur buchstabenschriftlich überliefert, stehen uns jedoch in zwei sehr frühen Fassungen, die noch auf einheimischem Agavepapier geschrieben sind, in aztekischer Sprache zur Verfügung. Beide werden heute in der französischen Nationalbibliothek aufbewahrt. Aufbau, Inhalt und Darstellungsweisen sind ganz indianisch, und man erkennt an ihrem aufzählenden und faktenbezogenen Stil allenthalben noch die bilderschriftliche annalistische Vorlage. Auch sie sind durch mündliche Berichte angereichert, aber eben, im Gegensatz zur «Crónica X»-Gruppe, im Rahmen herkömmlicher indianischer Formen und Themen, wie der oben zitierte Auszug aus dem Kriegsgesang über Chapultepēc deutlich macht. Mein Bericht über den General Tēmīlōtzin in Kapitel IX basiert im Wesentlichen auf dieser Quelle.

Schließlich überliefert der mestizische Historiker Fernando de Alva Ixtlīlxōchitl im 17. Jahrhundert in verschiedenen Abhandlungen, Exzerpten und Notizen auf reichhaltigem Quellenmaterial fußend den Gang der politischen Geschichte aus der Sicht des lange Zeit mit Tenochtitlan konkurrierenden und später kooperierenden Staates Tetzcuhco. Was er berichtet, steht zwar meist in Einklang mit den tenochkanischen Quellen, wird aber dankenswerterweise durch genauere Angaben zu den verzweigten Verwandtschaftsbeziehungen ergänzt. Diese Information ist insofern auch für die Geschichtsschreibung von und über Tenochtitlan von Bedeutung, als alle Stadtstaaten Zentralmexikos versippt waren und auch sonst vielfältige Beziehungen pflegten. Hinzu kommt, dass Alva Ixtlīlxōchitl ein im Original nicht erhaltenes Geschichtswerk des Alonso Āxāyacatl, eines Sohnes des vorletzten aztekischen Herrschers, Cuitlahuāc d. J., verarbeitet. Insofern ist zu vermuten, dass selbst bei dem Tetzcuhkaner Alva Ixtlīlxōchitl die Sichtweise Tenochtitlans oft zum Durchbruch kommt. Womit man bei ihm allerdings vor einem Rätsel steht, das sind die großen zeitlichen Diskrepanzen der Herrschaftsdaten

Die Überlieferung 57

gegenüber allen anderen Quellen. Seine Jahresangaben sind meist unplausibel, und ich habe sie daher nicht berücksichtigt. Auch Alva Ixtlīlxōchitl hat reichlich Anekdoten in sein Geschichtswerk eingefügt, die sicherlich von zweifelhafter Historizität sind. Da sie aber meistens den Staat von Ācūlhuahcān betreffen und nicht die Azteken, soll uns das hier nicht weiter beschäftigen.

In den Jahren 1579 und 1580 führte die spanische Verwaltung eine flächendeckende Fragebogenaktion durch, in der von den örtlichen Beamten auch Informationen zur indianischen Geschichte in heute so genannten «Relaciones Geográficas» («Geographische Berichte») erhoben werden sollten. Einige wenige spanische Auftragnehmer habe sich die Mühe gemacht, kompetente Indianer oder Mestizen in die Beantwortung der 49 Fragen einzubeziehen. So sind zwei bedeutende Geschichtsdarstellungen über Zentralmexiko entstanden, die «Relación» des Juan Bautista Pomar über Tetzcuhco und die des Diego Muñoz Camargo über Tlaxcallān, beide mit farbigen Abbildungen illustriert. Letztere wurde von dem Deutschen Ethnologen Klaus Jaecklein in den 1970er Jahren zufällig in einer Bibliothek im schottischen Glasgow entdeckt. Das dadurch erworbene Recht der Erstveröffentlichung hat ihm allerdings ein dreister mexikanischer Kollege entrissen, der 1981 eine schnelle, unkommentierte und schlecht gedruckte Faksimile-Edition herausbrachte, um dadurch völlig unverdient seinen eigenen Ruhm zu mehren. Pomars Bericht ist der Forschung hingegen schon seit dem späten 19. Jahrhundert durch die sorgfältige Edition des mexikanischen Historikers Joaquín García Icazbalceta, in dessen Privatbibliothek sich das Original damals befand, bekannt und zugänglich. Auch andere dieser «Relaciones» enthalten brauchbare, wenn auch meist nur knappe Informationen zur vorspanischen Geschichte des ehemaligen Azteken-Reiches, oder, wie im Falle Tlaxcallāns, Mētztitlans und Michhuahcāns, über unabhängige Nachbarstaaten.

Eine der umfangreichsten und gewichtigsten Quellen zur Kultur der Azteken sind Bernardino de Sahagúns «Historia General de la Nueva España» («Allgemeine Geschichte Neuspaniens») von 1570 und seine Vorstudien dazu, die «Primeros Memoriales» («Erste Notizen»), die er schon 1559 zu Papier gebracht hatte. Sie beruhen auf bildlichen und buchstabenschriftlichen sowie mündlichen Erklärungen gebildeter Indianer aus Tepēāpūlco im ehemaligen Herrschaftsgebiet Tetzcuhcos, aus Tlatilolco und aus Tenochtitlan, wo Sahagún jeweils mehrere Jahre als Missionar tätig war. Sahagún war Franziskanermönch und beherrschte die aztekische Sprache, in der er alles aufzeichnen ließ. Das meiste davon hat er außerdem ins Spanische übersetzt und zum Teil inhaltlich und sprachwissenschaftlich kommentiert. Der im Wesentlichen ethnographische und sprachdokumentarische Charakter seines umfangreichen Werkes bringt es mit sich, dass es in Bezug auf Herrscherbiographien und Ereignisgeschichte wenig ergiebig ist. Zwar ist eines der zwölf Bücher seiner Allgemeinen Geschichte ‹Über die Könige› («De los Reyes») betitelt; es ist aber zugleich eines der schmalsten des monumentalen Werkes und schildert, wie das Gesamtwerk, eher kulturelle Normen, Aufgaben und Privilegien als Ereignisgeschichte oder Ökonomie. Lediglich zur Konzeption des Herrscheramtes und zur Entwicklung und Struktur des Fernhandels ist auch Sahagún eine erstrangige Quelle für die Geschichtsforschung. Andererseits ist Sahagún überall dort, wo es um Religion, Götterglaube, öffentliche Rituale und die kulturellen Normen und Werte geht, die bei weitem ergiebigste und authentischste Quelle. Wer Sahagúns Monumentalwerk direkt studieren möchte, es liegt zu großen Teilen auch in deutschen Übersetzungen vor, sollte sich nicht an der sehr europäischen Einteilung in Bücher und Kapitel stören, die einer ganz anderen kulturellen Tradition angehört als der Inhalt. Sie ändert nichts am indianischen Kern seiner Informationen, bewahrt nur nicht die indianischen Erzählformen.

Aus der am nordwestlichen Rande des Hochtales gelegenen Herrschaft Quauhtitlan berichten die nach ihr benannten Annalen weitgehend unabhängig von der hauptstädtischen Tradition aus eigener Sicht, dabei die Eckdaten der tenochkanischen Quellen bestätigend. Dieses Werk ist eine komplexe Redaktion zahlreicher in anderer Form nicht erhaltener Quellen, vor allem Annalen, Königslisten und Kataster der Herrschaften von Quauhtitlan, Tōllān, Cuitlahuāc und Tōltitlan, und es enthält einige sehr ausführliche Schilderungen historischer Ereignisse aus mündlicher Überlieferung. Sie zu entflechten hatte sich der kürzlich verstorbene Kölner Mexikanist Peter Tschohl zur Aufgabe gemacht. Sein Lebenswerk blieb unvollendet, und ich bemühe mich, es fortzuführen und zu veröffentlichen, mache aber schon hier ausgiebig von dieser gewichtigen Quelle Gebrauch. Der kolonialzeitliche Kompilator und Redakteur der Annalen von Quauhtitlan hat seine diversen Quellen in eine Gesamtchronologie Zentralmexikos eingefügt, die etwa 1000 Jahre umspannt. Meist ist ihm das wohl korrekt gelungen, und er hat alles in ausdrucksstarker aztekischer Sprache überliefert. Leider sind auch hier die ursprünglichen bilderschriftlichen Unterlagen nicht erhalten, sondern nur die in lateinische Buchstabenschrift umgesetzte Fassung.

Besonders auffallend ist das Fehlen historiographischer Quellen aus dem Umkreis der ehemaligen Herrschaft der Tepaneken von Āzcapōtzalco, die bis 1428 die Vormacht in Zentralmexiko waren, deren Geschichtsüberlieferung danach aber von den siegreichen Azteken unter ihrem Herrscher Itzcōātl gründlich vernichtet wurde (Kapitel V). Der Franziskanermönch Juan de Torquemada behauptet um 1600 allerdings, noch tepanekische Quellen besessen zu haben. Doch lässt sich aus seinem im Übrigen sehr sorgfältig geschriebenen und umfassend informierenden Werk ‹Einundzwanzig Ritualbücher zum indianischen Königreich› (meist abgekürzt «Monarquía Indiana» genannt) nicht genau entnehmen, wie die azcapotzalkanischen Städte, darunter vor allem das namengebende Āzcapōtzalco selbst und die südlich von Tenochtitlan gelegenen Städte *Huītzilōpōchco* und *Coyōhuahcān*, die Geschichtsentwicklung eventuell abweichend von den Tenochkanern und Tetzcuhkanern gesehen und dargestellt haben. Auch der Bericht über Āzcapōtzalco in den Annalen von Tlatilolco ist nicht sehr umfangreich, so dass aus und über Āzcapōtzalco wenig Information auf uns gekommen ist.

Felsbilder

Lange Zeit waren Felsskulpturen, für deren Ausführung die Azteken eine Vorliebe hatten, die wichtigste erhaltene archäologische Zeugnisgruppe, die dank einer gründlichen Zusammenstellung des Berliner Museumsmannes Walter Krickeberg seit der Mitte des 20. Jahrhunderts gut erfasst und gedeutet worden ist. Ausschlaggebend für Krickebergs Interesse an Felsbildern war die Entdeckung des vollständig aus dem Fels gehauenen Tempelkomplexes von Malinalco, verbunden mit einer Forschungsreise, die er 1939 unternahm und die ihm die Gelegenheit bot, diese beeindruckende Anlage als einer der ersten nicht-mexikanischen Wissenschaftler zu besuchen. Leider sind zwei andere Felsbildstätten der Azteken, die am Hügel von Chapultepēc, wo sich aztekische Herrscher haben abbilden lassen, und die vom Tetzcuhtzīnco, wo die Tetzcuhkaner ihre Herrscher verewigten, schon in der frühen Kolonialzeit mutwillig zerstört worden. Von den anderen zahlreich erhaltenen weniger spektakulären Felsbildern haben nur wenige historischen Inhalt. Die meisten verherrlichen Götter

ABB. 4 *Chīmalli-Stein von Quauhnāhuac.*
Auf einen Findling aus hartem vulkanischem Gestein, der knapp außerhalb der alten indianischen Stadt Quauhnāhuac auf offenem Feld liegt, hat der aztekische Herrscher Āxāyacatl Symbole der Eroberung: Schild (azt.: *Chīmalli*), Speere und Papierfahne abbilden lassen (oben) und auf der gegenüberliegenden Seite des Steins das Jahr ‹Drei Haus› und den Tag ‹Fünf Bewegung›, an denen er inthronisiert wurde (unten). Da bereits sein Vorgänger Ilhuicamīna Quauhnāhuac erobert hatte, ist dieses Denkmal nicht als Eroberungsbericht Āxāyacatls, sondern als Versicherung und Demonstration fortwährender Herrschaft über diese wichtige Stadt zu verstehen. [Krickeberg, 1949–69, Band II, Tafel XIII, Abb. 24–26.]

und stellen religiöse Riten dar. Doch sind die wenigen historischen Felsbilder bedeutende Zeugnisse der politischen Geschichte, weil sie offiziell, zeitgenössisch und lokalisiert berichten, wenn auch oft nur in abgekürzten emblematischen Symbolen (Abb. 4).

4. STADTARCHÄOLOGIE

Auf 100 000 bis 200 000 Einwohner schätzt man die Bevölkerung der Stadt Mexiko im Jahre 1519, bevor sie, infolge der Kämpfe mit den Spaniern, zerstört und entvölkert wurde. Sie war zu ihrer Zeit eine der größten Städte der Welt (Abb. 5). Nur Paris, Konstantinopel und Beijing sollen Mexiko damals an Einwohnerzahl übertroffen haben. Entstanden war Mexiko aus den beiden unabhängig gegründeten und zunächst getrennt gewachsenen Städten Tenochtitlan im Süden und Tlatilolco im Norden einer Felsinsel im See von Tetzcuhco. Mit dem Sturz des letzten Herrschers von Tlatilolco, Moquihuix, im Jahr 1473 kamen beide unter die einheitliche Verwaltung Tenochtitlans (Kapitel VI). Tenochtitlan gliederte sich in fünf große Stadtteile, Ātzaqualco, Teōpan, Zoquiapan, Mōyōtlān und Cuepōpan. Sie wurden vor allem durch die Vierteilung, die die beiden am Haupttempelbezirk sich kreuzenden Straßenzüge bildeten, voneinander abgegrenzt. Tlatilolco bestand aus etwa 15 sehr viel kleineren Stadtteilen. Die Stadtteile selbst untergliederten sich in beiden Städten weiter in Tlahxilacalli genannte Quartiere. Von ihnen gab es in Tenochtitlan fast 100. Zuunterst in der Siedlungshierarchie folgten einzelne Wohnblocks und Gehöfte. Ein Gehöft grenzt in der Regel vorne mit seinem ummauerten Wohnbezirk an eine Dammstraße, hinten mit seinem Gemüse- und Blumengarten an einen Kanal. Dort befindet sich eine Anlegestelle zum Vertäuen der Einbäume, mit denen man den Lastverkehr bewältigte.

Für allgemeine hauptstädtische Aufgaben gab es besondere Bauwerke: Mehrere Süßwasserleitungen führten Trinkwasser von Quellen auf dem westlich und südlich benachbarten Festland bei Chapultepēc und Huītzilōpōchco in die Stadt. Drei Hauptdammstraßen verbanden die Stadt mit dem Festland: Die nördliche erreichte das Festland bei Tepēyacac, die westliche erreichte das Festland durch Gabelung an zwei Stellen, nämlich bei Tlacōpan und bei Chapultepēc. Ähnlich führte die südliche durch Gabelung auf zwei am Ufer gelegen Städte hin, nach Coyoacān und nach

Itztapalāpan. Eine Bootsanlegestelle im Osten war vor allem für den Verkehr mit Tetzcuhco am gegenüberliegenden Seeufer vorgesehen. Zwei Haupttempelbezirke, jeweils einer in Tlatilolco und einer in Tenochtitlan dienten der staatlichen Religionsausübung. Paläste abhängiger auswärtiger Fürsten, Magazine für die in Naturalien zu entrichtenden Steuern und Tribute, Gästehäuser und Paläste der letzten aztekischen Herrscher Āxāyacatl, Āhuitzōtl und Motēuczūma dienten der Verwaltung und Repräsentation. Der Palast des regierenden Herrschers Motēuczūma war zur Zeit, als die Spanier eintrafen, zugleich Regierungssitz und Gerichtsgebäude mit zahlreichen hierfür vorgesehenen Hallen (Abb. 39).

In der Endphase des fast zwei Jahre dauernden Eroberungskrieges kämpften sich die Spanier unter Hernán Cortés mit ihren tlaxcaltekischen Verbündeten Brücke für Brücke auf den Dammstraßen voran und eroberten dann, ausgehend vom Palast Motēuczūmas, in dem sie sich verschanzt hatten, Haus für Haus die Stadt, bis der letzte Widerstand der Azteken am 13. August 1521 in Taltilolco zusammenbrach. Dieser Eroberungskrieg führte zur völligen Zerstörung der Gebäude und zur weitgehenden Zuschüttung von Kanälen, so dass oberirdisch kaum etwas von der altindianischen Stadt erhalten blieb. Durch die Neuauslegung der Stadt im Schachbrettmuster beim spanischen Wiederaufbau einige Jahre später wurde auch das Straßenbild grundlegend verändert.

In der späteren Kolonialzeit wurden im Zentrum Mexikos, das nun Hauptstadt der spanischen Kolonialprovinz «Nueva España» war, neue öffentliche Gebäude wie der Regierungspalast, die Kathedrale, der Bischofspalast, Klöster der Franziskaner, Dominikaner, Augustiner und anderer Orden, Parroquial-Kirchen, die Universität, die Münze und die Residenzen reicher Kolonial-Spanier auf den Ruinen vorspanischer Gebäude errichtet. Sie wurden unmittelbar auf den zugeschütteten Resten des Haupttempels und der benachbarten Paläste des alten Mexiko hochgezogen und sind heute, in der häufig von Erdbeben erschütterten modernen Stadt mit wenig alter Bausubstanz, schützenswerte Baudenkmale. Sie können folglich nicht abgerissen werden, um die darunterliegenden vorspanischen Siedlungsreste zu ergraben. Auch ihre Innenausschachtung oder Untertunnelung ist wegen der schwierigen Bodenverhältnisse nur in wenigen Fällen, wie zum Beispiel bei der Kathedrale, trotz der hohen Kosten durchgeführt worden. Seit 150 Jahren ist die Bevölkerung Mexikos außerdem über ihren Höchststand in vorspanischer Zeit hinausgewachsen, und sie dehnt sich daher flächenmäßig weiter aus. Heute (2010) soll

ABB. 5 *Sogenannte Cortés-Karte des Hochtals von Mexiko.* Schon 1524 wurde diese Karte in einem schwarzweißen Holzschnitt, wahrscheinlich in Nürnberg gedruckt und als Flugblatt verbreitet. Ihr lag vermutlich eine von Cortés' Expedition angefertigte, heute verschollene Karte zugrunde, denn obwohl sie in der vorliegenden Ausführung sehr europäisch wirkt, stimmen die wesentlichen Einzelheiten, wie Dammstraßen, der zentrale Tempelbezirk von Tenochtitlan und die am Seeufer liegenden Städte, mit der Wirklichkeit gut überein. Selbst der Seedeich ist an der richtigen Stelle eingezeichnet, wenn er auch, mitteleuropäischen Vorstellungen folgend, als geflochtener Zaun dargestellt ist. Über Coyōhuahcān weht die spanische Fahne zum Zeichen, dass Cortés damals von dort aus regierte. [Bildarchiv B. Riese.]

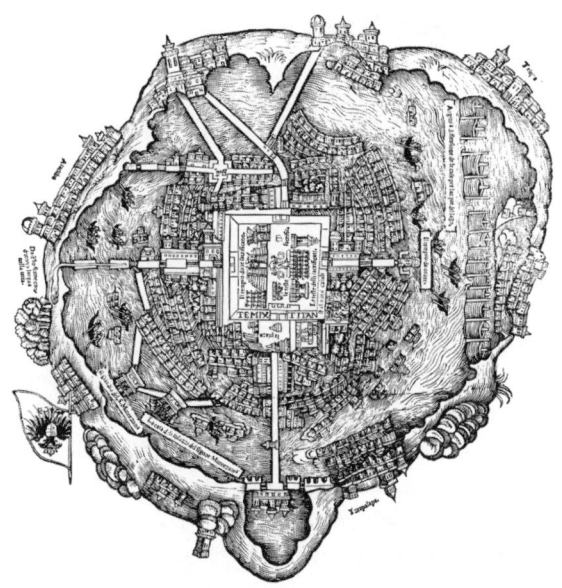

sie über 15 Millionen Einwohner haben, niemand kennt die genaue Zahl. Die moderne Stadt hat inzwischen mit Gebäuden, Straßen und öffentlichen Plätzen alle vorspanischen Siedlungszonen der Schwesterstädte Tenochtitlan, Tlatilolco und auch aller anderen ufernahen Städte im Umkreis von etwa 15 Kilometern, wie Itztapalapan, Coyōhuahcān, Huītzilōpōchco (heute: Churubusco), Tlacōpan (heute: Tacuba) und Āzcapōtzalco restlos zugedeckt. Dennoch ist die Zerstörung des indianischen Mexiko nicht vollständig, wie sich immer wieder an überraschenden Funden zeigt.

Skulpturen aus der zerstörten altindianischen Hauptstadt wurden schon während der letzten drei Jahrzehnte der spanischen Kolonialherrschaft geborgen. Man war damals im städtischen Milieu des bourbonischen Mexiko aufgeklärt, wie gleichzeitig im Königreich Neapel, wo im

18. Jahrhundert die Reste der verschütteten römischen Stadt Pompeji entdeckt und ausgegraben wurden. In dieser Zeit und durch diese Entdeckung angeregt begründete Johann Joachim Winckelmann, der damals in Rom lebte, die klassische Archäologie. In Frankreich nahm die Archäologie etwas später, kurz nach der Revolution unter Napoléon, mit der von ihm angeregten wissenschaftlichen Expedition nach Ägypten einen bedeutenden Aufschwung. Und selbst die damals noch in keiner Hinsicht führenden Nordamerikaner wurden vom Trend der aufblühenden Stadt- und Landarchäologie infiziert, indem Thomas Jefferson, nachmaliger Präsident der Vereinigten Staaten, kontrollierte und zeichnerisch dokumentierte Ausgrabungen in Hügeln der Mississippi-Kultur durchführte.

In Zentralmexiko verdanken wir die erste wissenschaftliche Beschreibung des 1790 wiederaufgefundenen aztekischen Kalender- oder Sonnensteines aus einem Tempel der alten Stadt dem mexikanischen Astronomen Antonio de León y Gama. Diese große Steinscheibe war mit zwei anderen ebenso beeindruckenden Monumenten bei Pflasterarbeiten auf der Plaza Mayor (in Mexico *Zocalo* genannt) zum Vorschein gekommen. In den folgenden Jahrzehnten nahmen die berichteten Funde jedoch wieder ab, denn die 1821 gewonnene Unabhängigkeit Mexikos, anschließende Bürgerkriege und wechselnde Regierungen waren der Beschäftigung mit Altertümern nicht zuträglich. Daher waren es bis etwa 1890 vornehmlich europäische Reisende, die den sporadisch auftauchenden Funden Beachtung schenkten. Sie haben sie zum Teil in ihre Heimatländer verbracht, wo sie heute in England, Deutschland, der Schweiz und Frankreich den Grundstock altmexikanischer Sammlungen bilden. Der englische Unternehmer William Bullock, der Heidelberger Kaufmann Carl Uhde und der Basler Reisende Lukas Vischer legten damals ihre heute berühmten Skulpturensammlungen an. Bullocks Reisebericht von 1822 gibt uns einen Eindruck, wie man mit solchen Altertümern umging und welche kulturelle Bedeutung man ihnen beimaß:

> Die einzigen heute für jeden sichtbaren Kunstwerke der Menschen, die vor der Eroberung in der Stadt Mexiko, dem damaligen Tenochtitlán, wohnten, sind der große Kalenderstein, im Volksmund Montezumas Uhr genannt, und der große Opferstein oder der mächtige Altar, der einst in dem großen Tempel vor dem Hauptgötterbild stand. Der Kalenderstein hat einen Durchmesser von zwölf Fuß und ist aus einem einzigen porösen Basaltblock gehauen. Man nimmt an, dass er am Dach des großen Tempels angebracht war, genau wie der Zodiakus am Tempel von Tentyra in

Oberägypten. Er steht heute an der Nordwestmauer der Kathedrale und ist ein beliebtes Objekt der Altertumsforschung wie auch ein schlagender Beweis für den hohen Stand, den das Volk, dem er gehörte, in manchen Zweigen der Naturwissenschaften erreicht hatte: Selbst in den höchstentwickelten Städten Europas wären auch heute nur wenige Menschen fähig, eine derartige Arbeit auszuführen ... Der Opferstein oder Altar ist hundert Meter vom Kalenderstein entfernt auf dem Platz vor der Kathedrale eingegraben. Von ihm ist nur die Oberfläche zu sehen; und das wohl mit voller Absicht, denn man wollte der Bevölkerung eine Abscheu vor den grässlichen und blutigen Riten einflößen, die einst auf diesem Altar vollzogen worden waren ... Ich habe gesehen, dass auch die Indianer beim Vorübergehen den Altar mit Steinen bewerfen, und einmal sah ich einen Jungen darauf springen, die Faust ballen, mit dem Fuß stampfen und andere Gebärden des größten Abscheus machen. Da man mir gesagt hatte, dass die Seiten mit historischen Skulpturen bedeckt seien, ersuchte ich die Geistlichkeit um die zusätzliche Erlaubnis, ringsum die Erde entfernen zu lassen, was man mir nicht nur zugestand, sondern sogar auf eigene Kosten vornahm. Ich machte von allem Abgüsse. – Der Umfang beträgt 25 Fuß, und es sind fünfzehn verschiedene Figurengruppen dargestellt, Abbildungen der Siege mexikanischer Krieger über mehrere Städte, deren Namen jeweils darüberstehen. Aus diesen Darstellungen kann man über die prunkvollen Gewänder der alten Krieger mehr lernen als anderswo. Während der Zeit, in der die Abgüsse gemacht wurden (was mehrere Tage in Anspruch nahm), drängte sich die Bevölkerung auf dem Platz und gab, obwohl die Leute sich überaus höflich und gesittet betrugen, mehrere Male ihrer Verwunderung Ausdruck, weshalb ich mir so viel Mühe mit dem Kopieren dieser Steine mache. Mehrere wollten wissen, ob die Engländer, die ihrer Meinung nach keine Christen waren, dieselben Götter verehrten wie die Mexikaner vor ihrer Bekehrung. Ich machte mir das allgemeine Interesse für mein Unterfangen zunutze und erbot mich, den Indianern alle Antiquitäten abzukaufen oder jeden zu belohnen, der mir dergleichen nachweisen könne. Die Folge davon war, dass verschiedene Gegenstände ans Licht kamen, die man vorher sorglich verborgen gehalten hatte. Soweit sie sich befördern ließen, kaufte ich sie. Von anderen machte ich Abgüsse und Zeichnungen, um nach meiner Heimkehr in England Nachbildungen davon anfertigen zu können.
(William Bullock, nach Deuel, S.164–5)

Auch nach der Unabhängigkeit Mexikos setzte sich das Interesse an den einheimischen Altertümern fort. Während des kurzlebigen Kaiserreiches unter dem österreichischen Erzherzog Maximilian von Habsburg von 1864 bis 1867 waren es noch vornehmlich Ausländer. Doch dann, wäh-

ABB. 6 *Scheibenförmige Darstellung der getöteten Göttin Coyolxauhqui.*
Dargestellt ist eine unbekleidete Frau in kombinierter Vorder- und Seitenansicht. Kopf und Glieder sind vom Körper abgetrennt. Die Trennkanten am Torso und an den Gliedern sind lappenförmig ausgefranst, als ob die Glieder ausgerissen worden wären. Aus Beinen und Armen ragen die Gelenke der Oberarm- und Oberschenkelknochen hervor. An der linken Körperseite treten aus den Wunden Blutströme mit Tropfen hervor. An dreien dieser Tropfen ist das Zeichen für Juwel angehängt, womit die Kostbarkeit des verströmten Blutes angedeutet wird. Die Frau hat strähniges glattes Haar, dem Baumwoll- oder Daunenfederbällchen – durch Kreise dargestellt – aufgeklebt sind. Um das Haar windet sich eine Schlange. Ihr Kopf lugt hinter der Stirn der Frau hervor. Am Hinterkopf ist ein dreilagiger halbkreisförmiger Federfächer festgesteckt und ragt über den Kopf hinaus. Mittig ragt daraus wiederum ein Büschel langer Federn hervor. Horizontal über Nase und Wangen läuft ein senkrecht gestreiftes und gepunktetes Band. An seinem Ende hängt auf jede Backe eine Schelle (*Coyolli*) herab. Dieser Gesichtsschmuck versinnbildlicht den Namen der abgebildeten Frau, Coyolxauh(qui), denn er heißt ins Deutsche übersetzt: ‹die mit Schellen im Gesicht›. Coyolxauhquis Mund ist leicht geöffnet: beide Zahnreihen sind zu sehen. Ihr Ohrgehänge besteht aus Scheibe, Trapez und spitzem Winkel. Vom Körper der Coyolxauhqui sind die Brüste und zwei Bauchfalten plastisch herausgearbeitet. Mit letzterem ist dezent, aber deutlich das aztekische Schönheitsideal für Frauen angezeigt: Sie sollten beleibt, nicht mager sein. Den Gürtel formt eine zweimal geschlungene doppelköpfige Schlange, die an der Seite geknotet ist. Hinten am Gürtel ist ein großer menschlicher Totenschädel an einer Gürtelwindung dadurch befestigt, dass ihm die Schläfen durchbohrt sind. Diese Befestigungsform gilt auch für die Schädelgerüste (*Tzompantli*), auf denen

rend der Präsidentschaft und anschließenden Diktatur des Porfírio Díaz, dem sogenannten Porfiriat von 1870 bis 1910, waren es neben den zunächst zwar immer noch dominierenden ausländischen Forschern, wie dem Franzosen Désiré Charnay und dem Deutschen Eduard Seler, auch einheimische Archäologen, die Funde bargen, Ausgrabungen in der Hauptstadt durchführten, Restaurierungen veranlassten und Funde für Präsentationen auf internationalen Ausstellungen und in Museen bereitstellten.

Manuel Gamio und der Sohn des erwähnten Diktators Díaz, der ebenfalls Porfirio hieß, machten um 1900 mit allerdings bescheidenen Grabungen im Herzen der Stadt den Anfang. Grabungen im Untergrund der Metropole Mexiko-Stadt haben sich dann beginnend mit der urbanen Erschließung Tlatelolcos (so die etwas andere moderne Schreibung des die Azteken die Schädel Geopferter öffentlich zur Schau stellten. Coyolxauhquis Oberarme und Unterschenkel sind jeweils von einer einfach gewundenen und doppelköpfigen Schlange eingeknotet. Auf Knien und Ellenbogen sowie an den Fersen sind Tlaloc-Köpfe angebracht. Das sind Köpfe der schon in voraztekischer Zeit in Zentralmexiko beliebten Regengottheit. Die

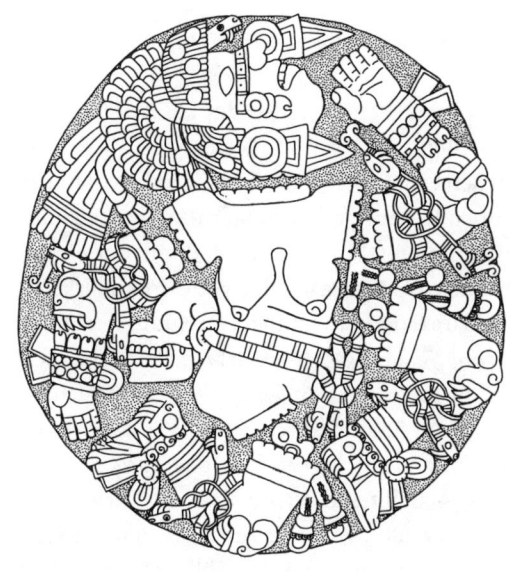

Handgelenke fassen breite Manschetten, die ihrerseits in der Mitte von einer Reihe Perlen und am oberen Rand von Schellen eingefasst sind. Coyolxauhqui trägt einfache Sandalen mit fester Sohle, ihre Fesseln sind mit breiten Stoffstreifen mehrfach umwickelt, denen vorne ein Knoten Halt gibt. Am unteren Rand sind diese Wickelgamaschen mit kleinen Schneckenhäusern besetzt.
[Zeichnung B. Riese]

nördlichen Teils der Hauptstadt) in den 1940er Jahren und dann im Verlauf des U-Bahn-Baus ab 1968 in Vorbereitung auf die Olympischen Spiele, die in Mexiko stattfinden sollten, gehäuft. Ihren vorläufigen Höhepunkt erreichten sie mit umfangreichen Ausgrabungen am Haupttempel von Tenochtitlan, die der Archäologe Eduardo Matos Moctezuma 1978 begann. Der Zufallsfund einer großen Steinscheibe mit dem Abbild der zerstückelten Göttin Coyolxauhqui, einer Halbschwester des aztekischen Stammesgottes Huītzilōpōchtli, löste die Grabungen aus (Abb. 6). Mit der Gründung eines Haupttempel-Museums (Museo del Templo Mayor), dessen Direktor danach lange Zeit Matos Moctezuma war, erreichten sie um 1995 ihren vorläufigen Höhepunkt. Doch werden bis in unsere Tage immer wieder kleinere Grabungen durchgeführt, die hin und wieder reiche Funde hervorbringen.

Der Haupttempel von Tenochtitlan

An verschiedenen Stellen des Haupttempels haben sich insgesamt über 50 Bauopfer in Form von Steinkisten, ausgemauerten Kammern oder einfachen Erdgruben gefunden. Sie waren mit wertvollen und rituell bedeutsamen Gegenständen vollgepackt. Heute kann man einige von ihnen im Haupttempel-Museum bewundern. Eine einzige derartige Opferkammer enthielt 405 Gegenstände: Vom Krokodilskelett bis zu Schmuckstücken der damals längst versunkenen Kultur der Olmeken ist alles vertreten. Die Riten, die diese Opfergaben begleiteten, kennen wir nicht. Daher sind wir für die Interpretation der Opferdepots fast ausschließlich auf den archäologischen Befund angewiesen. Was dabei in Umrissen deutlich wird, ist das Programm der für die Opfer ausgewählten Orte. Sie werden bevorzugt an architektonisch und skulptürlich ausgezeichneten Stellen vorgenommen: an den Ecken und auf den Achsen der Bauwerke und unter Großskulpturen. Unter der Fülle erlesener Handwerksprodukte in diesen Depots fällt die große Zahl bereits in aztekischer Zeit alter Gegenstände auf, die vielleicht durch Plünderung von Ruinen vorangegangener Kulturen gewonnen wurden. Diese Beobachtungen eröffnen eine interessante Möglichkeit, die stilistische Vielfalt aztekischer Kunstwerke zu deuten. Man muss nun nicht mehr ungebrochenes Fortwirken alter Traditionen bis in aztekische Zeit annehmen, was bezüglich der dafür nötigen Zwischenglieder oft auf Beweisschwierigkeiten stößt, sondern man kann bewusste, an Kunstwerken vorangehender Kulturen orientierte Wiederbelebung und Verarbeitung vor-aztekischer Kunst in Rechnung stellen. Dieses sogenannte «Antikisieren» oder, wie die Selbstbezeichnung in der Alten Welt lautet, die «Renaissance» ist ein Phänomen, das sich in allen großen Kunsttraditionen findet. Damit wird aber auch die stilistische Datierung, die Zuweisung zu Künstlerateliers und das Aufzeigen von Entwicklungslinien der aztekischen Kunst um eine Dimension bereichert, die es der Forschung allerdings nicht leichter macht, zu gültigen Einsichten und Aussagen vorzustoßen.

Der Haupttempel selbst war ein Doppeltempel (Abb. 7). Das wird aus den beiden parallel von Westen aufsteigenden Treppen, die zu den heute weitgehend zerstörten Tempelcellen führen, deutlich. Am Fuße des südlichen Aufgangs, der durch einen Abwasserkanal von 1900 stark zerstört ist, liegt eine große Steinscheibe mit der reliefierten Darstellung der zerstü-

Stadtarchäologie 69

ckelten Göttin Coyolxauhqui (Abb. 6). Die Wangen der beiden Treppen enden unten jeweils in Schlangenköpfen, so dass sie selbst gewissermaßen den Leib der Schlangen bilden. Der dem Treppenaufgang westlich vorgelagerte, leicht erhöhte Platz ist seinerseits mit Schlangenköpfen und Froschskulpturen geschmückt. An den Seiten im Norden und Süden wird diese Plattform von lang hingestreckten sich windenden Schlangen umfasst. Solche *Cōātepāntli* genannten Schlangenmauern können in vielfältiger Form erscheinen und schließen oft den ganzen Tempelbezirk ein. Die Ikonographie und Symbolik der Schlangen in ihren vielfältigen Erscheinungsformen als Türkisschlage (*Xiuhcōātl*), Federschlange (*Quetzalcōātl*) und auch als naturalistische Klapperschlange sind ein Erbe der vorangehenden Kulturen von Tōllān und Teōtihuahcān. Die Azteken haben sie zu einem dominierenden Thema ihrer Kunst und Mythologie ausgestaltet.

Für die genaue zeitliche und historische Einordnung des Haupttempels von Tenochtitlan sind wir in der Lage, bilderschriftliche und historische Quellen mit dem archäologischen Befund zu verknüpfen. Wir verfügen vom Haupttempel selbst über sechs Steinplatten mit skulptierten Daten des *Tōnalpōhualli*, die es historisch zu rekontextualisieren gilt. Grundsätzlich können solche Daten chronologisch auf zweierlei Weise interpretiert werden: Als direkte Tagesdaten im *Tōnalpōhualli*, das heißt, als Daten, die sich nach 260 Tagen wiederholen und für eine historische Datierung ausscheiden, da sie zu viele chronologische Alternativen bieten; und zweitens als Daten des *Tōnalpōhualli*, die einzelne Jahre bezeichnen, also als Jahresdaten, die sich erst nach 52 Jahren wiederholen. Nur solche Jahresdaten sind für historisch-chronologische Deutungen sinnvoll zu verwenden. Die Datenplatten werden alle als Jahresdaten gedeutet, obwohl den älteren das diagnostische Rahmen fehlt. Sie waren mit Ausnahme von zweien, deren ursprüngliche Anbringung wir nicht kennen, an verschiedenen Stellen in den Baukörper unterschiedlicher Bauabschnitte eingelassen und datieren diese vermutlich.

Nach dieser ersten noch rein archäologischen Klärung müssen wir Textquellen mit den Datenplatten in Zusammenhang setzen, um vor allem die Alternative-Datierungen alle 52 Jahre einzugrenzen. Das Datum Zwei Kaninchen (1390) fällt wahrscheinlich in die Endzeit des ersten historisch verbürgten offiziellen Herrschers, Ācamāpīchtli. Für seine Regierungszeit gibt es aus schriftlichen und bilderschriftlichen Quellen zwar keine datierten Nachrichten über Bauvorhaben, aber Torquemada erwähnt, allerdings ohne Zeitangabe, die Errichtung des späteren Haupt-

ABB. 7 *Der Haupttempel von Tenochtitlan.*
Deutlich erkennt man den Doppelcharakter des Haupttempels von Tenochtitlan mit seiner linken Hälfte, die rot ausgemalte Zinnen trägt, und der rechten Hälfte, die schneckenförmige blau-gemalte Zinnen trägt. Zu beiden Tempeln führt eine Flucht steiler Stufen hinauf, über die das Blut geopferter Menschen herabströmt. [Ausschnitt aus Codex Telleriano-Remensis, Blatt 39r.]

Stadtarchäologie 71

tempels während Ācamāpīchtlis Regierungszeit. Das Datum Vier Rohr (1431) könnte sich auf die von Chīmalpopōca in seinem letzten Regierungsjahr begonnene und unter seinem Nachfolger Itzcōātl vollendete Erweiterung des Haupttempels beziehen. Itzcōātl konnte den von seinem Vorgänger begonnenen Bau wegen Kriegszügen gegen die Tepaneken erst nach mehrjähriger Unterbrechung vollenden. Größere Probleme macht die Interpretation des Datums Eins Kaninchen (1454). Damals wurde unter Ilhuicamīna zwar am Haupttempel gebaut, doch ist für dieses Jahr kein markanter Einschnitt, wie Beginn oder Ende der Bautätigkeit, überliefert. Es ist also unklar, welchen Grund die Hervorhebung dieses Jahres durch eine Datenplatte hat. Hier brachte ein überraschender Neufund 1989 aber eine mögliche Lösung: Vielleicht wurde damals der große zylindrische Opferstein aufgestellt, der später zufällig im kolonialzeitlichen erzbischöflichen Palast gefunden wurde. Seiner Aufstellung in vorspanischer Zeit sollte mit dieser Datenplatte möglicherweise gedacht werden. Das Datum Drei Haus (1469) (Abb. 8), können wir mangels schriftlicher Berichte überhaupt nicht deuten. Vom damaligen Stand der Bauvorhaben am Haupttempel ist die Beendigung der unter Ilhuicamīna begonnenen Erweiterungsarbeiten aber eine Möglichkeit. Das Jahr ist zugleich das seines Todes.

Ebenfalls ohne baulichen Zusammenhang ist die besonders sorgfältig ausgestaltete Datenplatte Acht Rohr (Abb. 35). Im oberen Register stehen sich die Azteken-Herrscher Tizocic und Āhuitzōtl bei der rituellen Selbstkasteiung gegenüber: Sie stechen sich mit Knochendolchen, so dass Blut fließt, das sie auf einen Grasballen tropfen lassen, der dann auch die blutigen Opferinstrumente aufnehmen wird. Das Jahr Acht Rohr (1487) ist als Einweihungsdatum der Haupttempelerweiterung unter Āxāyacatl überliefert. Die Quellen berichten, dass diese Erweiterung schon von seinem Vorgänger Tizocic, der bis 1486 herrschte, konzipiert und unter ihm begonnen wurde. Wegen seines überraschenden Todes – Giftmord oder Blutsturz durch Zauberei wird von den Chronisten vermutet – konnte sie unter ihm jedoch nicht mehr vollendet werden. Es ist also historisch angemessen, dass auf dem Einweihungsstein dieser Tempelvergrößerung beider beteiligter Herrscher in einer symbolischen Szene gedacht wird.

Ebenfalls ohne baulichen Kontext ist die große und sorgfältig ausgearbeitete Datenplatte Zwei Rohr. Sie wurde im Bauschutt im nördlichen Bereich des Haupttempels gefunden. Wenn sie das Jahr 1507 bezeichnet, ist das wahrscheinlichste Ereignis, das sie datieren könnte, die symbolische

ABB. 8 *Datenplatte ‹Drei Haus› vom Haupttempel in Tenochtitlan.* Das Datum ist in einem erhabenen Rechteckrahmen gefasst, wie es sich für Jahresdaten gehört. Das Jahr selbst ist mit drei Kreisscheiben und darunter einem Tempel in Vorderansicht deutlich als ‹Drei Haus› zu erkennen. [Zeichnung B. Riese.]

Tempelerneuerung (ohne wirkliche Bauarbeiten) anlässlich des beginnenden neuen 52-Jahreszyklus unter Motēuczūma.

Das Prinzip der Datierung von Bautätigkeiten mittels Jahresdatenplatten ist somit geklärt, wenn auch nicht alle Daten befriedigend mit historischen Berichten über solche Aktivitäten verbunden werden können. Das Datierungsprinzip fügt sich in die allgemeinere Gepflogenheit der Azteken, wichtige Ereignisse der öffentlichen Geschichte bilderschriftlich aufs Jahr genau festzulegen, während tagesgenaue Datierungen bei öffentlichen Monumenten und in den offiziellen Annalen unüblich sind. Für die mexikanische Archäologie von großer Tragweite ist die Erkenntnis, die wir aus der Verknüpfung historischer und archäologischer Berichte über die Baugeschichte des Haupttempels gewonnen haben, insofern, als man bisher nämlich in einer gewagten und einfachen Übertragung und Erweiterung von Verhältnissen des bürgerlichen Lebens der Azteken auf die Sakralbauten angenommen hatte, dass ihre Tempel im Rhythmus von 52 Jahren überbaut wurden. So schreibt es selbst die exzellente Kennerin aztekischer Kunst und Kultur Esther Pasztory noch in ihrem 1983 erschienen Buch «Aztec Art». Diese Annahme hatte ihre scheinbare Begründung in zahlreichen bildlichen und schriftlichen Quellen, in denen geschildert wird, dass in diesem Rhythmus, immer am Ende eines mexikanischen «Jahrhunderts», alle Herdfeuer gelöscht, das Küchengeschirr zerschlagen, schwangere Frauen in großen Krügen versteckt und ähnliche endzeitliche Riten durchgeführt wurden, wie oben berichtet (Abb. 2, 42). Nirgends ist jedoch überliefert, dass die großen öffentlichen Tempel und Paläste in den Städten zu eben diesem Zeitpunkt zerstört und neuerrichtet oder überbaut wurden, wie es die Forschung bisher annahm. Am Haupttempel von Tenochtitlan sehen wir, dass Bauvorhaben hingegen viel stärker vom Repräsentationswillen einzelner Herrscher bestimmt werden, zumal wenn es Anlagen im Zentrum der Hauptstädte sind. Die zügige Durchführung oder Unterbrechung solcher Bauvorhaben hängt außerdem von politischen (Kriege), wirtschaftlichen (Verfügbarkeit von Arbeitskräften) und historischen Zufällen (Tod eines Herrschers) ab, nicht jedoch von den unveränderlich ablaufenden Kalenderzyklen, die allerdings als seltener Anlass für ähnliche Zeremonien denkbar bleiben.

Kapitel III
Die vordynastische Zeit (1064–1366)

Nican peoa
yn quenin vallaque Mexica
inic açico nica yn

Hier beginnt [der Bericht],
wie die Mexikaner hierher kamen.

(Annalen von Tlatilolco, Teil II, § 95)

1. Die Herkunft der Azteken

Aus der Frühzeit der späteren Azteken gibt es weder zeitgenössische schriftliche Quellen noch Bodenfunde. Allein sprachgeschichtliche Rekonstruktionen erlauben es, ihre Vorgeschichte in Umrissen zu erhellen. Vor mindestens 2000 Jahren lösten sich die aztekische Sprache und ihre nächsten Verwandten aus dem Verband, zu dem auch Sprachen der Cahuilla und Luiseño, zwei heute fast ausgestorbene Gruppen von Ureinwohnern Südkaliforniens, und das in New Mexico noch heute gesprochene Hopi gehören. Die Menschen, welche diese und weitere dazwischen liegende Sprachen benutzten, werden von der Forschung zusammenfassend nach ihren extremen Mitgliedern, den Ute-Indianern im U.S.-Bundesstaat Utah und den Azteken in Zentralmexiko, «Utoazteken» genannt. Als erste Sprachfamilie der Neuen Welt ist das Utoaztekische um 1850 von Johann Karl Eduard Buschmann, einem Berliner Bibliothekar, Sprachwissenschaftler und Privatsekretär Wilhelm von Humboldts, wissenschaftlich rekonstruiert worden. Seine Rekonstruktion hat im Wesentlichen bis heute Bestand. Aufgrund der Verbreitung der Einzelsprachen dieser großen Familie und ihrer Verwandtschaftsgrade zueinander nehmen wir an, dass die Azteken in ihrer Frühzeit sehr viel weiter nördlich wohnten als dort, wo sie Hernán Cortés 1519 antraf, nämlich in den Wüsten und Steppen an der heutigen Staatsgrenze zwischen Mexiko und den Vereinigten Staaten.

Die Loslösung von den anderen verwandten Sprachen spiegelt die Abwanderung der Azteken nach Süden wider. Während die anfangs mitwandernden Cora, Huichol und Tarahumara sich um etwa 500 n.Chr. von den Azteken abgespalten haben und in den westlichen Bergen und an der Pazifikküste Nordmexikos blieben, sind die Azteken noch lange weitergewandert, bis sie West- und schließlich Zentralmexiko erreichten.

2. Die Einwanderung nach Zentralmexiko

Die eigene Geschichtstradition der Azteken stellt ihren Ursprung und die Einwanderung nach Zentralmexiko aber nicht so abstrakt und prosaisch dar. In bilderschriftlichen Quellen aus sehr viel späterer Zeit weisen sie sich, wie allen später in Zentralmexiko politisch bedeutenden Stämmen, einen Ursprung aus «sieben Höhlen» (Chicōmōztōc) an einem Ort «Groß Cūlhuahcān» (Huēi Cūlhuahcān) bzw. auf einer Insel «Aztlān» in einem Binnensee, zu. Modell für diese Vorstellung war sicher einer der großen Seen West-Mexikos, vielleicht der von Chapala oder der von Pátzcuaro. Die drei Herkunftsorte werden in den Legenden gelegentlich so verknüpft, dass zum Beispiel Groß-Cūlhuahcān am Ufer des Sees liegt, in dem die Azteken die Insel Aztlān besiedelten, und dass Chicōmōztōc, die sieben Höhlen, erst später erreicht und als vorübergehender Aufenthaltsort gewählt wurden. In jeder dieser sieben Höhlen lebte ein Stamm (Abb. 9). In Bilderhandschriften, die den Aufenthalt in den sieben Höhlen nicht darstellen, sind es aber meistens nicht sieben, sondern acht oder neun Stämme, mit denen die Wanderung beginnt. Nach den Berichten im Codex Azacatitlan und in der Tira de la Peregrinación waren es die Mātlatzīncah, die Tepanecah, die Chichimecah, die Malīnalcah, die Cuitlahuācah, die Xōchimīlcah, die Chālcah und die Huexōtzīncah, die gemeinsam auf Wanderschaft gingen. Die großen Abweichungen in den Berichten, nicht nur bezüglich der Zahl der ursprünglichen Gruppen, sondern auch ihrer Namen, deuten darauf hin, dass es sich um Rückprojizierungen handelt, wobei jede politische Einheit der späteren Zeit die Urzeit so darstellt, wie es ihr zweckdienlich erscheint. Aus den sieben Höhlen, aus Aztlān bzw. Huēi Cūlhuahcān sind sie nacheinander im Jahre 1064 (Eins Feuerstein nach indianischer Chronologie) herausgekommen.

Wie wir sahen, setzen manche Quellen nicht die Insel Aztlān oder Groß-Cūlhuahcān, sondern das archetypische Bild der sieben Höhlen

Die Einwanderung nach Zentralmexiko **79**

ABB. 9 *Chicōmōztōc.* In dieser detailreich ausgeführten Wiedergabe der großen Höhle mit sieben Kammern, stellt sie nur einen vorübergehenden Aufenthaltsort verschiedener Stämme dar, wie an den Fußspuren zu erkennen ist, die sowohl in die Höhle hinein als auch aus ihr heraus führen. [Historia Tolteca-Chichimeca, Blatt 16r.]

ganz an den Anfang. Auch andere amerikanische Völker überliefern ihren Ursprung durch ähnliche archetypische Bilder. In den Anden Perus begegnet uns eine Felsenhöhle mit drei Fenstern als Ursprungsort der Inka, und bei den Mixteken in Westmexiko gibt es den mythischen Baum von Apoala, aus dem die Ahnen hervorgekommen sind.

Fast 200 Jahre verbringen die Azteken nach ihrem Auszug aus Aztlān bzw. Chicōmōztōc unstet als Jäger eine nach ihren eigenen Berichten ziemlich ereignislose Zeit, für die die Bilderhandschriften aber gewissenhaft die Orte ihres vorübergehenden Aufenthaltes aufzählen (Abb. 10). Gelegentlich spricht ihr Stammesgott Huītzilōpōchtli zu ihnen und treibt sie weiter auf ihrer scheinbar ziellosen Wanderung.

Die vordynastische Zeit

> Und als sie Quahuitl Ītzintlān erreicht hatten, ließen sie sich dort, wo ein ganz dicker Baum, eine Sumpfzypresse, steht, dort an seiner Wurzel nieder ... Und sie waren schon einige Tage da, als sie für ihn [ihren Gott Huītzilōpōchtli] ihren Imbiss ausbreiteten. Dann wollten sie gleich essen, aber da hörten sie, dass jemand sie rief, der aus dem Wipfel der Sumpfzypresse herab sprach. Er sprach zu ihnen dort: «Ihr, die ihr dort seid, zieht weiter, damit der Sumpfzypressen-Baum nicht auf euch stürzt, denn er wird morgen umstürzen!» Daraufhin ließen sie, was sie gerade aßen, zurück.
>
> (Crónica Mexicayotl, § 27a-e).

Dieser Stammesgott Huītzilōpōchtli wird von manchen Historikern, darunter auch dem indianischen Chronisten Chīmalpahin, als ehemaliger menschlicher Stammesführer gedeutet, der 1116 oder 1122 in Cōātepēc starb und danach zu göttlichem Rang erhoben wurde. Das steht aber im Widerspruch zu einem aztekischen Mythos, nach dem Coātepēc nicht der Todesort Huītzilōpōchtlis, sondern der Ort seiner Geburt ist, wo er voll bewaffnet dem Leib seiner Mutter Cōātl Īcuē entsprang, um seine Stiefschwester Coyolxauhqui zu besiegen, die mit 400 Mann im Gefolge ihrer beider Mutter töten wollte (Abb. 6). Nachprüfen lässt sich an beiden Überlieferungen selbstverständlich nur, was denn nun überliefert und «offiziell geglaubt» wurde, nicht jedoch, was wirklich geschehen ist, denn die eine wie die andere Version sind pure Mythen. Kennzeichnend für alle verschiedenen Überlieferungen ist, dass der Berg Coātepēc, der in allen eine herausragende Rolle spielt, nahe der Hauptstadt des sagenumwobenen Reiches der Tolteken, auf das sich alle späteren zentralmexikanischen Reiche zurückzuführen trachteten, liegt. Die Vergöttlichung historischer Persönlichkeiten der Frühzeit eines Volkes, wie es hier mit Huītzilōpōchtli geschieht, ist übrigens kein seltenes Phänomen, ich erinnere an die chinesischen Urkaiser, von denen sich alle chinesischen Klane herleiten und deren göttliche Existenz sich erst im Laufe der Geschichte herausgebildet hat. Eine ähnliche Umdeutung der Geschichte ist somit auch für die Azteken nicht unplausibel.

Gelegentlich trennen sich die Azteken während der Wanderung von Teilen ihres Stammesverbandes, was nicht ohne Tränen und bedauernde Worte abläuft. Das erste Mal war das während der Rast unter der großen Sumpfzypresse geschehen, wie eben zitiert und in Abb. 10 dargestellt. Später lassen sie noch zweimal andere Stammesabteilungen zurück, und

Die Einwanderung nach Zentralmexiko 81

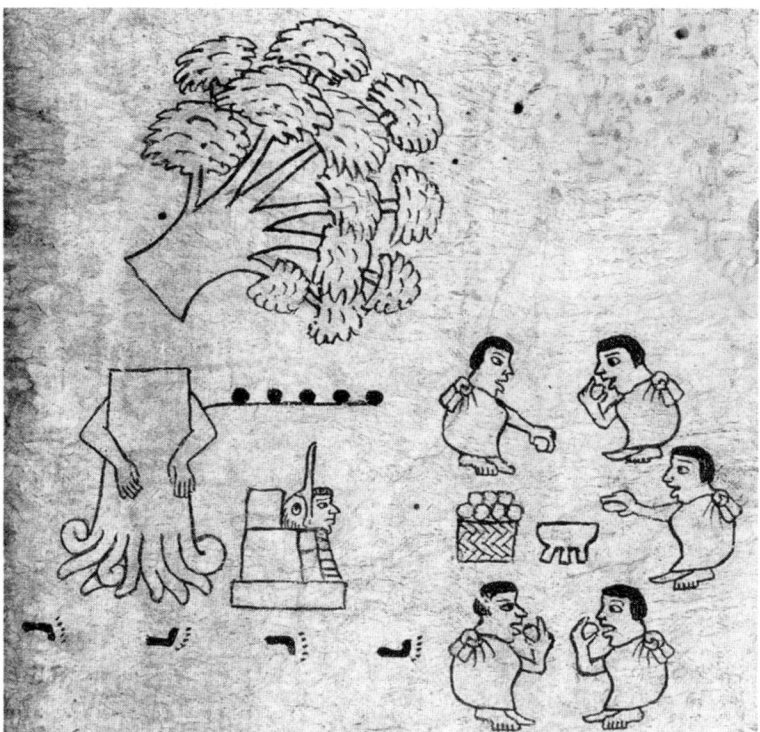

ABB. 10 *Rast der Azteken in Quahuitl Ītzintlān.*
Unter einem mächtigen, dichtbelaubten Baum, hinter dem sich ein menschliches Wesen (Huītzilōpōchtli?) verbirgt – nur die Arme sind zu sehen – haben die gerade angekommenen Azteken (Fußspuren) einen kleinen Altar errichtet und darauf das Abbild ihres Stammesgottes Huītzilōpōchtli niedergelegt. Fünf von ihnen lassen sich zum Vespern nieder, als der Baum über ihnen birst. Die fünf aneinander gereihten schwarzen Punkte geben an, dass sie hier fünf Tage verweilten.
[Umzeichnung B. Riese nach Tira de la Peregrinación, Szene 3.]

zwar am See von Pátzcuaro, wo sie die Michhuahkaner verlassen, die sich beim Baden ungebührlich mit einheimischen Frauen vergnügen:

> Aber die Michhuahkaner ließen sie zurück, weil sich dort am Ort, der Pátzcuaro heißt, Männer mit Frauen im Wasser vergnügten. Sie nahmen ihnen schnell die Mäntel weg und die Lendenschurze, die Röcke und die Blusen der Frauen ... So geschah es, als sie die Michhuahkaner zurückließen.
>
> (Crónica Mexicayotl, § 37h-j)

Später verlassen sie sogar heimlich eine ihrer eigenen Frauen, Malīnalxōch, in der sie eine Zauberin vermuten, die ihnen Böses will. Auch in diesem Fall waren ereignisgeschichtlich gesprochen wahrscheinlich fremde Ortsansässige involviert, die den Azteken feindlich gesinnt waren oder denen die Azteken misstrauten, weswegen sie sie wieder verließen. Diese letzte Trennung spiegelt eine Phase der aztekischen Wanderung wider, in der sie sich in schon dichter besiedelten Gebieten mit sesshaften Bevölkerungsgruppen in der Nachbarschaft Zentralmexikos auseinandersetzen müssen. Auf ihrem Weg berührten die Azteken also auch zunehmend Städte anderer im Hochtal schon ansässiger Völker, zunächst im Norden z. B. Tōllān, die Hauptstadt des damals schon vergangenen Tolteken-Reiches. Dort rasteten sie 20 Jahre lang, und dort geschah nach einer Version ihrer Überlieferung das zuvor Berichtete. Dann kamen sie nach Tzumpānco, Quauhtitlan, Xāltocān und Ehēcatepēc. Die vier waren später, zur Zeit der aztekischen Vormachtstellung, bedeutende Städte mit eigenen althergebrachten Fürstenhäusern. An den beiden letztgenannten Stationen legten sie nur jeweils vier Jahre Rast ein. Die Stationen ihrer Wanderung zu kennen, ist nicht ohne Interesse für die politische Interpretation der Stammesüberlieferung, denn der Bericht legt nahe, dass die Azteken in späterer Zeit damit ihren «uralten» Anspruch auf Oberherrschaft über diese Orte begründen wollten. Wenn das so ist, und dafür gibt es interkulturell viele Parallelen, sind im Laufe der Zeit die Stationen ihrer Wanderung durch Umschreiben der Geschichte wahrscheinlich den jeweils aktuellen politischen Bedürfnissen angepasst worden. Andererseits ist eine Stammessage, wie wir sie auch aus dem jüdischen Alten Testament kennen, eine heilige und ehrwürdige Tradition, die man nicht so ohne Weiteres umschreiben darf. Beide Haltungen werden im Widerstreit miteinander gelegen haben, und jede von ihnen mag in den uns erhaltenen Fassungen der bilder- und buchstabenschriftlichen Sage von der Wanderung ihre Spuren hinterlassen haben.

3. Die ersten festen Wohnsitze am Heuschreckenberg und am Kreidewasser

Mit dem Erreichen des «Heuschreckenberges» (Chapultepēc) im Jahre 1194 beginnt die Legende in historisch detaillierte und in den verschiedenen Überlieferungen gut übereinstimmende «echte» Ereignisgeschichte umzuschlagen. Die Bilderhandschriften ergänzen jetzt die Aufzählung von Orten mit Darstellungen von Personen und Ereignissen, die allerdings zunächst noch recht verwirrend und undeutlich im Nebel der Frühzeit erscheinen.

In der Nähe dieses Bergrückens Chapultepēc, der sich sanft am westlichen Ufer des Sees von Tetzcuhco erhebt und heute, von einem Park umgeben, die bedeutendsten Museen Mexikos beherbergt, wurden die Azteken erstmals für längere Zeit sesshaft. Dort wohnten zwar schon Chichimeken unter ihrem Herrscher Mazātzin, doch gelang es den Azteken mit leichter Hand, ihn und seine Gefolgsleute zu vertreiben, indem sie mit seiner Tochter «ihren Mutwillen» trieben. Kaum 50 Jahre später, im Jahre 1240, wurden sie selbst von anderen, nämlich von den umliegenden Staaten von Cūlhuahcān, Āzcapōtzalco und Xāltocān überfallen. Ihr Anführer Huītzilihhuitl der Ältere musste mitansehen, wie seine beiden Töchter Chīmalaxōch und Āzcaxōch vom Feind ergriffen, ihrer Kleidung beraubt und splitternackt in Gefangenschaft geführt wurden, wo sie unzweifelhaft den Göttern geopfert werden sollten, was dann auch tatsächlich geschah. Die Azteken konnten in ihrer Niederlage nichts dagegen unternehmen, und sie mussten sich sogar unter die Oberherrschaft Cūlhuahcāns begeben. Zwecks besserer Aufsicht siedelte man sie ganz in der Nähe der Stadt in Cōntitlan oder Tizaāpan an. Das hatte für sie trotz des Zwangscharakters den Vorteil, dass sie hinfort Schutz vor weiteren Überfällen genossen. Das Zusammensiedeln mit den Culhuahkanern hat außerdem gegenseitige Heiraten gezeigt, was bei der späteren Gründung der Dynastie für die Azteken noch eine entscheidende Rolle spielen sollte.

In dieser Zeit werden die Azteken von ihren Oberherren auch für deren eigene militärische Ziele eingesetzt. Sie müssen im Jahre 1243, also schon drei Jahre nach ihrer Umsiedlung, gegen die Stadt Xōchimīlco, die 10 Kilometer südlich von Cūlhuahcān am Seeufer liegt, kämpfen. Die Begegnung fand auf halber Strecke zwischen Cūlhuahcān und Xōchimīlco statt, und die Azteken entledigten sich dieser Aufgabe mit Bravour und provokanter Leichtigkeit. Sie töten ihre Gegner nicht einmal oder nehmen sie gefangen, wie es die Culhuahkaner befohlen hatten, sondern sie schneiden ihnen nur jeweils die Nasen ab und liefern die gesammelten Nasen in Säcke gefüllt nach Cūlhuahcān.

Einer der anonymen Chronisten des Codex Aubin schildert diesen Kriegszug folgendermaßen:

> Dort in Cōntitlan bekriegten sich in dem [Jahr] die Culhuahkaner und die Xochimilkaner. Sie gerieten aneinander. Als [die Xochimilkaner] den Culhuahkanern schon Schwierigkeiten machten, sprach ihr Herrscher Coxcoxtli zu den Mexikanern: «Sind sie etwa nicht mehr da? Sie sollen herkommen!» Dann rief man sie. Sie kamen dann vor das Angesicht des Herrschers. Der sprach dann zu ihnen: «Kommt bitte her, die Xochimilkaner sind schon im Begriff uns zu besiegen. Ich weise euch 8000 [Menschen] an, die ihr fangt, die euere Gefangenen werden sollen.» Darauf sprachen die Mexikaner: «Schon gut Herrscher; gönne uns einfache Schilde und einfache Schwerter.» Darauf sagte der Herrscher: «Wir wollen das nicht, ihr sollt nur so gehen!» Aber nachdem sie sich beraten hatten, sagten die Mexikaner: «Was sollen wir [als Waffen] tragen?» Dann sagten sie [auch noch]: «Vielleicht einfach Messer, womit wir unseren Gefangenen die Nasen abschneiden? Denn, wenn wir ihnen die Ohren abschneiden, werden sie sagen: ‹Vielleicht haben sie ihnen [die Ohren] auf beiden Seiten abgeschnitten.› So soll es nicht sein! Wohl denn, ihre Nasen [sollen es sein]! Wohlan, wir wollen uns Säcke anziehen, damit wir [nachher] zählen können, wie viele es sind.» Dann zogen sie sich Säcke an. Dann gingen sie um zu kämpfen. Einige kämpften in Booten. Dort am Schlangenwasser stellten sie sich zum Kampf auf. Das geschah, als einer namens Tetzitzilin Feldherr von Cūlhuahcān war. Der trug als Devise das ausgebreitete Baumwollhemd. Er sprach zu ihnen: «Mexikaner geht!» Als sie schon Gefangene machten, stand er nur furchtsam da und weinte. Er sprach [zu ihnen]: «Geht Mexikaner!» Dann erreichten sie den Rand der Häuser der Xochimilkaner. Danach kehrten die Mexikaner zurück. Dann wurden ihre Gefangenen vor dem Herrscher Coxcoxtli gezählt. Dann sprachen die

Mexikaner [zu Coxcoxtli]: «Herrscher, die alle sind unsere Gefangenen. Es sind viermal achttausend, die wir gefangen haben.» Und darauf rief [der Herrscher] seine Berater herbei und sprach dann zu ihnen: «Die Mexikaner sind keine Menschen. Wie haben sie das [nur] mit [den Xochimilkanern] angestellt?»
(Codex Aubin, Blatt 20v-21r)

Die Namensgleichheit des Staates Cūlhuahcān mit dem Ort des eigentlichen Ursprungs der Azteken, der zu «Groß-Cūlhuahcān» erhöht wurde, gibt dem Historiker ein gutes Indiz an die Hand, dass es sich bei der legendär-mythischen Wandersage in Bezug auf den Ursprungsort um eine Rückprojizierung handelt: Die Ursprungsstadt wurde als ebenso bedeutend gewertet wie die Stätte ihrer ersten Sesshaftigkeit im Hochtal und ihres ersten großen Kriegserfolges, und sie benannten ihren Ursprungsort nach ihm. Die Sage von der Wanderung in der uns überlieferten Form hat also endgültige Gestalt erst nach der Eingliederung der Azteken in den Staat von Cūlhuahcān erhalten.

Die Beziehung der Azteken zu ihren culhuahkanischen Oberherren blieb dennoch oder gerade wegen des überwältigenden Kriegserfolges, den sie für die Culhuahkaner erfochten hatten, gespannt, und immer noch standen den Azteken unerwartete Jahre der Wanderschaft bevor, nicht zuletzt wegen dieser Tat, die ihre Oberherrn ein zu großes Erstarken der Azteken befürchten ließ.

4. Das Monatsfest Tlācaxīpēhualiztli

Auslöser erneuter Auseinandersetzung mit den Culhuahkanern wurde eine unerhörte Provokation seitens der Azteken, die sich direkt gegen den Herrscher von Cūlhuahcān, Achitometl, richtete. Eine scheinbar freundliche Einladung der Azteken an ihn zu einem Tempelfest benützen sie auf Anraten ihres Stammesgottes Huītzilōpōchtli, um einen Priester in der übergezogenen Haut der zuvor geschundenen Tochter eben dieses Herrschers auftreten zu lassen.

> Und dann gingen die Mexikaner die Tochter des Achitometl zu erbitten. Die Mexikaner baten ihn und sprachen: «Mein Kind, Herr und Herrscher, wir bitten dich, wir deine Großväter, deine Untertanen und alle übrigen Mexikaner: Du sollst uns deine Tochter überlassen, deine Halskette, deine Quetzalfeder, deine Enkelin, die Prinzessin, du sollst sie uns geben. Wir wollen sie dort bei den Bergen in Tīzaāpan hüten. Und daraufhin sagte der Achitometl: «Schon gut, Mexikaner, nehmt sie mit!» Dann gab er sie den Mexikanern. Sie nahmen die Tochter des Achitometl mit. Sie brachten sie und führten sie dorthin nach Tīzaāpan ... Und dann töteten sie die Prinzessin gleich und schunden sie. Nachdem sie ihr die Haut geschunden hatten, legten sie sie einem Herrn, einem Opferpriester an. Und dann sagte Huītzilōpōchtli: «Väter, geht bitte und ruft den Achitometl herbei!»... Dann sprach der Achitometl zu seinen Herrschern: «Wir wollen nach Tizaāpan gehen. Die Mexikaner rufen uns zu einem Festmahl.»... Als er, der Achitometl, aber vor seinem Gott Wachteln köpfte, sah er allerdings noch nicht richtig, vor wem er die Wachteln köpfte. Dann brachte er ihm ein Feueropfer dar. Der Feuerlöffel beleuchtete ihn, so dass er dort einen Mann, einen Opferpriester sah, der die Haut angelegt hatte. Als der Achitometl aber richtig sah, dass es die Haut seiner Tochter war, erschrak er sehr und schrie gleich. Er rief seine Herrscher und seine Untertanen und sprach zu ihnen: «Hat denn keiner von euch Culhuahkanern gesehen, dass sie meine Tochter geschunden haben? Die Bösewichte sollen hier nicht bleiben. Wir werden sie töten, wir werden sie vernichten. Hier werden die Bösewichte ein Ende finden!» (Crónica Mexicayotl, §§ 77a-80g)

Das Monatsfest Tlācaxīpēhualiztli **87**

ABB. 11 *Steinskulptur eines Xīpe Totēc-Repräsentanten.*
Mit gekreuzten eng an die Brust gezogenen Beinen sitzt ein junger Mann. Er trägt eine Gesichtsmaske aus Menschenhaut. Sein Blick ist leicht nach oben in eine unbestimmte Ferne gerichtet. Ebenso enganliegend wie die Gesichtsmaske umschließt ein Leibchen aus Menschenhaut seinen Körper. Von den Unterarmen dieses Leibchens hängen die Hände des Geopferten herab, so dass die Hände des Lebenden frei liegen und er sie mit geballten Fäusten auf seinen Knien aufstützten kann. Die Brust seines Leibchens ist verschnürt, denn dort wurde die Haut des noch nicht Geschundenen, die später als Leibchen des lebenden Xīpe Totēc-Repräsentanten dienen würde, mit einem breiten Schnitt geöffnet, um beim Opfer das Herz zu entnehmen. Die Haut des lebenden Repräsentanten ist durch Bemalung des Basaltsteines rot gehalten und kontrastiert mit der fahlen Naturfarbe des Steins, die die übergezogene Haut des Opfers wiedergibt. In der Abbildung nicht zu sehen, ist das Leibchen aus der Haut des Geschundenen auf dem Rücken des Xīpe Totēc-Repräsentanten sorgfältig und stramm geknotet, so dass es körpereng anliegt und man sich vorstellen kann, dass ein so Bekleideter sich unbehindert bewegen kann. [Sammlung Lukas Vischer im Museum für Völkerkunde, Basel.]

In späterer Zeit war das Fest des Menschenschindens, *Tlācaxīpēhualiztli*, das sie hier erstmals zelebrierten, eines der wichtigsten im Kreis des 365-tägigen Jahres. Seinen Ablauf hat Bernardino de Sahagún in aller Ausführlichkeit überliefert:

> Man nennt es *Tlācaxīpēhualiztli*. [Und so] wurde es durchgeführt: An ihm sterben alle Ergriffenen, alle Gefangenen, die ganze Beute, Männer, Frauen [und] alle Kinder.

Schon vierzig Tage bevor das eigentliche Fest stattfindet, während des Monats *Izcali* also, wird ein Sklave als Gott Xīpe Totēc («unser Herr der Geschundene») eingekleidet und bis zum Fest als solcher öffentlich verehrt. Dieser Xīpe Totēc-Repräsentant und die Vertreter der Götter Tōnatiuh, Huītzilōpōchtli, Quetzalcōātl, Mācuīlxōchitl, Chililico, Tlacahuepan, Īxtlīltōn und Mayahuel – jeder vertritt einen Stadtbezirk – werden auf der Hauptpyramide durch Herzopfer getötet:

> Und nachdem sie so vor das Angesicht Huītzilōpōchtlis hinaufgebracht worden sind, legt er sie, einen nach dem anderen auf den Opferstein. Er übergab sie gleich zuhanden der Opferpriester. Sechs waren es. Die legen sie mit der Brust nach oben und schneiden ihnen die Brust mit einem dicken, breiten Feuersteinmesser auf. Und sie, die Gefangenen, die starben, nannte man Adlerleute ... Danach rollte man sie herab, stürzte sie (die Stufen des Tempels) hinab. Sie klappern, sie kugeln gleich Kürbissen, sie schlagen auf, sie wälzen sich um und um, bis sie unten auf der Vorterrasse ankommen.

Das Volk versammelt sich am Ort Zacapān, wo die sterblichen Überreste der Geopferten ausgestellt sind, und bringt Opfergaben dar. Die toten Körper der Geopferten werden zunächst mit Knüppeln durchgewalkt, damit sich die Haut besser vom Fleisch löst. Danach werden sie geschunden und ihr Fleisch ohne die Haut wird verteilt.

> Und dort nimmt er sie entgegen. Und er übergibt sie zuhanden der verehrten Alten, der *Quaquacuiltin*, der Gemeinde-Ältesten. Die bringen sie dorthin zu ihrem Gemeindehaus, dorthin, wo der Besitzer der Gefangenen es gelobt und bestimmt hatte. Dort nehmen sie [ihr Fleisch] entgegen, um es nach Hause zu bringen und zu verzehren. Dort zerteilt, zerschneidet und zerlegt er es. Zuvörderst gibt er dem Motēuczūma seinen privilegierten Anteil: Einen Oberschenkel bekommt er, den bringt man ihm.

Andere Gefangene kleiden sich dann in die Häute und den Götterschmuck der soeben Geopferten und ziehen in die vier Himmelsrichtungen in Gruppen durch die Stadt (Abb. 11). Anschließend werden sie, nachdem sie die Nacht über aneinandergebunden gewacht haben, von ihren Fängern zum Quāuhxīcalco geführt.

> Dann beginnt das Streifenmachen. Die Gefangenen sind in Reihen aufgestellt. Der Fänger, der sie hergebracht hat, steht neben ihnen.

Es finden sich dort auch zwei Adler-Krieger und zwei Jaguar-Krieger ein,

Das Monatsfest Tlācaxīpēhualiztli **89**

und Priester in verschiedenen Göttertrachten kommen unter Musikbegleitung herbei.

Der Anführer, der als Jaguar herkommt, geht voran, führt sie an. Er lässt seinen Schild sehen und hebt ihn und sein Schwert [zur] Sonne [empor]. Zum anderen Mal kommt der Adler[krieger] jetzt hinten hervor, bewegt er sich hinten ... Abermals geht er hinter ihm und folgt ihm schon, folgt ihm als zweiter, geht ihm als zweiter zu folgen. Ebenso hebt er seinen Schild zur Sonne [empor] und sein Schwert. Abermals kommt auch noch ein Jaguar herbei. Er kommt als dritter, er kommt an dritter Stelle hervor. Ebenso machte er es und kam rasch herbei. Weiters kommt noch einer herbei, ein Adler[krieger]. Das gleiche tut er. Kämpfend kamen alle vier herbei. Sie heben ihre Schilde und ihre Schwerter zu Sonne empor. Nicht mehr lange gehen sie hintereinander. Sobald sie hereingekommen sind, fangen sie an zu tanzen, sich zu greifen, tun, als ob sie sich auf dem Boden legten, also ob sie auf dem Boden kröchen; legen sich flach hin; blicken nach der Seite, springen auf und kämpfen. Mit Sang und Schall von Schneckenhörnern ziehen die Cozcateken in Ordnung herein. Auf den Schultern tragen sie Reiherfederfahnen. Sie umrunden den Opferstein. Sie holen einen Gefangenen. Am Schopf hält ihn der Fänger, der Besitzer des Gefangenen, um ihn zum Opferstein zu bringen. Nachdem sie ihn hingebracht haben, gibt er ihm Wein. Und viermal hebt er den Wein vor dem Gefangenen. Und danach trinkt er mit einem Röhrchen. Dann nimmt er das Lebensmittelseil, das festhält, das festbindet. Er bindet es dem Gefangenen um den Leib. Und er gibt ihm ein Holzschwert, das mit Federn beklebt, aber nicht mit Obsidianklingen besetzt ist. Und vor ihm legt er vier Holzklötze nieder, seine Wurfgeschosse, mit denen er auf [den Gegner] werfen und sich verteidigen soll. Und nachdem der Fänger seinen Gefangenen am Opferstein zurückgelassen hat, geht er gleich und stellt sich dort wieder auf, wo er [zuvor] gestanden hatte. Er tanzt, blickt nach allen Seiten und betrachtet seinen Gefangen. Dann fing man an einander zu bekämpfen, zu kämpfen. Man schaute, wo man einander an einer empfindlichen Stelle verwunden könnte, eine Wunde schlagen könnte: vielleicht an ihren Waden oder ihren Oberschenkeln oder an ihrem Kopf oder an ihrem Rumpf. Wenn aber ein Gefangener mutig und beherzt ist, können es [alle] vier nicht zuwege bringen. Er hält den Jaguaren und Adlern stand, er täuscht sie. Und wenn sie ihn nicht ermüden konnten, kam ein Linkshänder. Er lähmt ihm den Arm und wirft ihn zu Boden.

Sobald der ermüdete oder verwundete Opferkrieger niedergekämpft ist, wird er ergriffen und rücklings auf dem benachbarten Opferstein ausgestreckt:

Und dann kam der Yohuallāhuān, der in der Gestalt [Xīpe] Totēcs auftritt. Er schneidet ihm die Brust auf, nimmt ihm das Herz heraus, (und) hebt es zur Sonne empor. Die Opferpriester legten es in die Adlerschale. Und noch ein anderer Herr, ein Priester, bringt das Adlersaugrohr. Er stellt es in die Brust ihres Gefangenen, dort wo sein Herz gewesen war. Sie saugen es voll Blut, tauchen es ganz in das Blut. Dann heben sie es auch noch zur Sonne [empor]. Man sagt, sie badeten sie damit. Und der Fänger nimmt sich nun das Blut seines Gefangenen. In eine grüne, am Rande mit Federn beklebte Schale schütten es ihm die Töter. In ihm befindet sich ein Röhrchen, das auch mit Federn beklebt ist. Und dann erhebt er sich, die Teufel [gemeint sind die aztekischen Götter] zu speisen. Überallhin geht er, an jedem Ort erscheint er, keine Stätte lässt er aus, keine Stätte übergeht er, weder das *Calmecac*, noch das Versammlungshaus [der Priester]. Auf die Lippen ihrer Steinbildnisse bringt er das Blut des Gefangenen mit dem Röhrchen auf. Er geht und lässt sie davon kosten ... Und seinen Gefangenen lässt er nach dem Gemeindehaus bringen, wo sie die ganze Nacht gewacht hatten. Dort schindet man ihn. Danach lässt er ihn in sein Haus bringen. Dort zerschneidet er ihn, um ihn zu essen, um ihn jemandem anzubieten, und, wie man sagte, ihm damit Kraft zu verleihen ... Und der Besitzer des Gefangenen durfte nicht vom Fleisch seines Gefangenen essen. Er sagt: «Soll ich denn mich selber essen?» Denn wenn er ihn fängt, sagt er: «Das ist gleichsam mein Kind.» Und der Gefangene sagt: «Das ist mein Vater.» Aber von einem anderen beschenkt, durfte er von dem Gefangenen des anderen essen.

Arme oder kranke Bürger leihen sich von den Gefangenenbesitzern die Häute der Geopferten aus, streifen sie sich über und ziehen dann im Monat *Tozoztōntli* zwanzig Tage lang um Almosen bettelnd, durch ihre Stadtteile. In der Volkskunde nennt man das einen «Heischegang», und es gibt dafür weltweit Beispiele, auch in europäischen Kulturen. Die Bürger, die die Häute erhalten haben, heißen *Xīpemeh* («Hautbesitzer»). Ihnen folgen Horden von Buben und Mädchen:

> Wenn sie einen Tag lang getragen worden war, von dem der sich die Haut überzieht, teilt er alles, was ihm bei den Heischegängen geschenkt wird, alles was er sammelt, schenkt er dem Fänger. Später teilt er es an die anderen aus. So verdient er etwas mit seiner Haut.
> (Sahagún, Historia General, Buch 2, Kapitel 21)

Die am eigentlichen Fest Beteiligten zeigen ab dem dritten Tag nach dem Fest ihre Menschenhäute öffentlich, und allgemeines Tanzen und Singen beginnt. Es wird in der Nacht im *Cuīcacalli* («Gesangshaus») fortgesetzt, bis das Fest *Tozoztli* naht. Jetzt legen die Heischegänger die Menschenhäute nach und nach ab, die Träger waschen sich; und bei festlichem Gelage und in Anwesenheit von alten Soldaten werden die Häute schließlich in einer Höhle im Xīpe Totēc-Tempel im Stadtbezirk Yopico vergraben.

Dieses Fest des Menschenschindens haben die Azteken von altansässigen Bewohnern übernommen. Wie wir sahen, datieren sie in ihrer eigenen Geschichtsüberlieferung diese Innovation auf die Zeit, als sie in Tīzaāpan bei Cūlhuahcān siedelten und Hörige der Culhuahkaner waren.

5. Wo der Adler auf dem Kaktus steht

Es gelingt den von den Culhuahkanern nach dieser Provokation vertriebenen Azteken nur knapp, sich ins Binsendickicht am Seeufer zu retten und von dort schwimmend zu entkommen. Nachdem sie sich in Acolco wieder gesammelt haben und die auf der Flucht am jenseitigen Ufer zurückgelassenen Kleinkinder nachgeholt haben – wir schreiben jetzt das Jahr 1243 oder 1246 – vollziehen sich ihre weitere Wanderungen kleinräumig am südlichen Ufer des Sees und auf den kleinen Inseln dort. Erst Jahrzehnte später, im Jahre 1325, werden sie, wiederum einer Anweisung Huītzilōpōchtlis folgend, auf einer der Inseln sesshaft, nämlich dort, wo ein Adler mitten im Röhricht und Binsendickicht auf einem Kaktus sitzt und seine Beute verspeiste (Abb.12). Zunächst hatten sie zwei Kundschafter ausgeschickt, einen geeigneten neuen Siedlungsort zu finden. Ihnen zeigte Huītzilōpōchtli den von ihm vorbestimmten Platz.

> Und dort, wo sie im Röhricht hervorkamen, stand der Steinkaktus noch, den sie dort an der Höhle gesehen hatten. Auf ihm befand sich, auf ihm, dem Steinkaktus, stand aufgerichtet der Adler ... Und als er, der Adler, die Mexikaner sah, verbeugte er sich sehr ... Und dort gebot der Teufel [gemeint ist Huītzilōpōchtli] ihnen, er sprach zu ihnen: «Mexikaner, dort soll es schon sein!» ... Und dann weinten die Mexikaner, sie sprachen: «Wir haben erlangt, wir haben erreicht, [was wir wollten], denn wir haben den Ort bewundert, wo unsere Stadt sein wird.»
> (Crónica Mexicayotl, §§ 91b-92c)

Daraufhin holten die Kundschafter ihre Stammesgenossen nach, und sie ließen sich alle zusammen dort ‹beim Steinkaktus› (Tenochtitlan) nieder. Damit hat sich die Heilsgeschichte, über die ihr Gott Huītzilōpōchtli gewacht hatte, erfüllt, und er greift in Zukunft nicht mehr aktiv in das politische Geschehen seiner Azteken ein. Den religionsgeschichtlich beschlagenen Leser wird die Tatsache, dass ein Volk den immanenten Sinn seiner Geschichte von der Gottheit in einer Zielvorgabe gesetzt bekommt, sehr an die Geschichte der Juden des Alten Testamentes erinnern. Es handelt sich hier um eine der vielen ethnographischen Parallelen zwischen zwei Völkern, die nachweislich keine Kenntnis voneinander hatten. Menschen kommen eben zu allen Zeiten und in allen Weltgegenden immer wieder auf grundlegend ähnliche Gestaltungen ihres Lebens und der entsprechenden Sinngebung, wie hier auf das Prinzip der Suche nach dem «gelobten Land». Die Gründungsepisode der Azteken mit dem Adler auf dem Kaktus ist heute noch heraldisch im Wappen und auf der Staatsfahne Mexikos abgebildet. Tenochtitlan war bei seiner Gründung freilich noch keine Stadt, sondern nur eine Ansammlung strohgedeckter Häuschen mit einem ebenso armseligen Tempel für Huītzilōpōchtli. Diese bescheidenen Anfänge haben die Azteken auch später nicht verleugnet, sondern mit Stolz in ihrer offiziellen Geschichtsschreibung bildlich dargestellt.

Aber selbst diese bescheidene Episode ihrer Geschichte ist in mancher Hinsicht geschönt. Denn der archäologische Befund und die historischen Traditionen anderer Bevölkerungsgruppen machen deutlich, dass die Azteken nicht als erste und nicht alleine auf diesen Inseln lebten. Schon vor ihnen oder gleichzeitig siedelten sich dort die Tlatilolkaner an; und es hatte dort bereits vor Ankunft dieser beiden Einwanderungsgruppen eine altansässige Bevölkerung gegeben, mit der sie sich vermutlich auseinandersetzen mussten oder die ihnen Zuflucht gewährte. Doch darüber berichten die aztekischen Quellen nichts. Dass die Vorbesiedler verschwiegen werden, dient der Betonung der Einmaligkeit und des herausragenden Status der eigenen Stammesgruppe. Die Azteken organisierten sich in Tenochtitlan nun, indem sie ihre Siedlung in vier Stadtteile, entsprechend ihren vier Stammesabteilungen gliederten. Diese Stadtteile hießen fortan Mōyōtlān, Teōpan, Ātzaqualco und Cuepōpan und werden symbolisch durch vier sich kreuzende Kanäle getrennt, wie es Abb. 12, ein Auschnitt aus Colección Mendoza, Blatt 2r, zeigt:

Die Seitenränder des Blattes säumt ein fast geschlossenes türkisfarbenes Rechteckband von 51 Jahren, beginnend mit Zwei Haus und mit Dreizehn Rohr endend. Ob diese Abfolge von Jahren die Herrschaftsdauer des in der Mitte mit schwarzem Gesicht abgebildeten Stammesführers Tenoch anzeigen soll, ist ungewiss. Es könnte sich auch um ein inhaltsleeres Kalenderschema, gewissermaßen als dekorative Umrahmung des eigentlichen Bildes handeln. In derselben Türkisfarbe ist dem Jahresrahmen ein Rechteck mit eingeschriebenen Diagonalen als schematischer Grundriss der Hauptstadt Tenochtitlan eingefügt. Die leicht gewellten Ränder des

ABB. 12 *Heraldische Darstellung von Tenochtitlan.* [Ausschnitt aus Colección Mendoza, Teil I, Blatt 2r.]

Rechtecks und seiner Diagonalen bezeichnen die Kanäle, die die Stadt durchziehen. In der Mitte, an der Kreuzung der Diagonalkanäle, steht auf einem Stein ein rot blühender Kaktus mit darauf ruhendem Adler. Es ist das emblematische Sinnbild der Stadt Tenochtitlan und zugleich der Versuch, den Namen der Stadt hieroglyphenschriftlich darzustellen. Darunter ist, diese Identifikation bestärkend, ein Rundschild mit Daunenfedern beklebt dargestellt. Er symbolisiert den kriegerischen Aspekt des Gemeinwesens. Jeder durch die sich kreuzenden Kanäle gebildete Sektor repräsentiert einen der vier Stadtteile. Die Einwohner werden durch insgesamt zehn Stammesführer vertreten, die jeweils mit ihren hieroglyphischen Namen identifiziert sind. Unter dieser Stadtallegorie sind die Eroberungen von Cūlhuahcān und Tenānyūcān dargestellt, an denen die Azteken, allerdings nur als Vasallen der Tepaneken, beteiligt waren. Ganz unten am Jahresband ist das Jahr der Neufeuerbohrung durch Drillbohrer und Feuerbrett hervorgehoben.

Kapitel IV
Die frühdynastische Zeit (1367–1428)

2 calli xihuitl 1325 ypan in
yn acico ynic mocentlallico
yn toltzallan acatzallan tenochtitlan
yn teochichimeca huehuetque mexica

Das Jahr Zwei Haus, 1325, in ihm war es,
dass die alten Teochichimeken, die Mexikaner
im Röhricht, im Binsicht in Tenochtitlan ankamen
und sich gemeinsam niederließen.

(Chimalpahin, Historia, § 168)

1. Der legendäre Beginn der Dynastie

Die Azteken lebten auf ihren kleinen Inseln im See als unbedeutende, politisch und gesellschaftlich noch weitgehend egalitär verfasste Gruppe in beständiger Furcht vor mächtigeren Stadtstaaten am westlichen Seeufer: Āzcapōtzalco, Coyōhuahcān, Cūlhuahcān und anderen. Trotz ihrer Insellage können sie sich erneuter Abhängigkeit nicht lange entziehen. Ohne dass in den Quellen ein Zeitpunkt oder ein markantes Ereignis, wie z. B. ein Krieg, genannt wird, werden sie Vasallen der Tepaneken von Āzcapōtzalco, das kaum 5 Kilometer von ihren Inseln entfernt in westlicher Richtung auf dem Festland liegt. Heute ist Āzcapōtzalco ein Bezirk der Stadt Mexiko. Die Geschichte von Dominanz und Abhängigkeit hat sich mittlerweile also umgekehrt.

In dieser Situation strebten die Azteken danach, ihrerseits eine legitime und anerkannte eigene Dynastie zu begründen. Sicher war es ihr langfristiges Ziel, sich dereinst aus der Abhängigkeit von fremden Oberherren zu befreien und im Gefüge der zentralmexikanischen Staaten als gleichrangig anerkannt zu werden. Ein erster Schritt dahin, die Gründung einer eigenen Dynastie, gelingt ihnen durch die Ausnutzung früherer Heiratsverbindungen mit ihren ehemaligen Oberherren in Cūlhuahcān. Diese waren als direkte Nachkommen der legendären Tolteken eine der prestigeträchtigsten Dynastien im Hochtal und daher eine besonders gute Wahl. Das ist der ideologische, machtpolitische und in vielem zugleich fiktive Hintergrund der etwas unklaren und in den Quellen vermutlich verfälscht dargestellten Investitur Ācamāpīchtlis als erster offizieller Herrscher der Azteken. Einige zentralmexikanische Geschichtstraditionen setzen vor Ācamāpīchtli noch einen oder zwei Herrscher, so dass Ācamāpīchtli nicht der erste gewesen wäre, wie es die spätere offizielle Geschichtsschreibung behauptet. Diese nichtaztekischen Quellen betonen auch, dass die Gründung Tenochtitlans nicht ein einzelner hervorgehobener Akt war, sondern dass gleichzeitig Ähnliches auch mit den

ABB. 13 *Namenshieroglyphe Ācamāpīchtlis.* Der Name Ācamāpīchtli ist direkt aus seinen beiden Gliedern zu verstehen: *āca* bezeichnet das ‹Rohr›, im Sinne des harten geraden Stängels einer Pflanze und dann auch übertragen den ‹Rohrschaft eines Pfeiles› und den ‹Pfeil› als ganzen, während *mā-pīch-tli*, in sich nochmals zusammengesetzt ist. *Mā* bedeutet ‹Hand›, *pīch* ist eine Ablautung des Verbes *pīqui*, das ‹zusammenpressen›, ‹ballen› bedeutet. *Mā-pīqui* bedeutet also ‹die Faust ballen›, woraus ein Nomen *māpīch* ‹die geballte Faust› abgeleitet wird. Schließlich ist das ganze Kompositum noch mit dem Suffix für Hauptwörter *-tl* versehen. Das Ganze bedeutet also ‹eine Handvoll Pfeile› oder ‹mit der geballten Faust gepackte Pfeile›. Das hieroglyphenschriftliche Bild gibt genau das wieder: eine Hand mit Unterarm, die ein Bündel Pfeile gepackt hält. [Ausschnitt aus Colección Mendoza, Teil I, Blatt 2v.]

Tlatilolkanern, die später ihre nördlichen Nachbarn wurden, geschah. Hieran zeigt sich wiederum deutlich, dass die offizielle aztekische Geschichtstradition politische Ziele verfolgte und dass sie für diesen Zweck das historische Geschehen zu zielgerichteter Geradlinigkeit vereinfachte und durch Verschweigen anderer Gruppen zu Gunsten der Azteken verfälschte.

Der Ursprung der aztekischen Dynastie von Tenochtitlan mit Ācamāpīchtli ist historisch also ungesichert, und das spiegelt sich auch in den Berichten über ihn persönlich. Alle, selbst die ausführlichsten und zuverlässigsten Quellen, z. B. Alva Īxtlīlxōchitl und Durán, berichten nur bruchstückhaft und verworren, ja zum Teil geradezu unwahrscheinlich über Ācamāpīchtli, seine Herkunft und seinen Weg zum Thron. Seit aber im Jahre 1982 die in aztekischer Sprache überlieferte Umschrift einer ‹Bilderschrift von Coyoacan› von der Hand des indianischen Geschichtsschreibers Chīmalpahin in der British and Foreign Bible Society in London zu Tage kam, können wir uns ein konsistentes Bild von der Frühgeschichte der Azteken zur Zeit ihres ersten Herrschers machen.

Ausgangsort des Geschehens ist der Staat von Cūlhuahcān unter seinem Herrscher Coxcoxtli. Zeitlich bewegen wir uns um das Jahr 1320. Coxcoxtli hatte einen Sohn namens Ācamāpīchtli, der später mit dem Zusatz «der Ältere» versehen wurde, und eine Tochter Ātotoztli. Beide verheiratete er standesgemäß: Ācamāpīchtli mit der Prinzessin Ilancuēitl aus Cōātl Īchan, einer Teilherrschaft des Staates von Ācūlhuahcān, und Ātotoztli mit dem hochrangigen aztekischen Krieger Ōpōchtli Īzquitēcatl.

Ācamāpīchtli der Ältere trat im Jahre 1324, wenn wir dem Bericht einer anderen Quelle, dem «Orígen de la Genealogía», trauen dürfen, die Nachfolge des im selben Jahr verstorbenen Coxcoxtli als Herrscher von Cūlhuahcān an. Die Hauptquellen berichten allerdings im Widerspruch dazu von einem kurzen Interregnum. Ācamāpīchtlis Ehe mit Ilancuēitl blieb anscheinend kinderlos. Deswegen nahmen er und seine Frau großen Anteil daran, als sich bei seiner Schwester Ātotoztli und ihrem Ehemann Ōpōchtli Īzquitēcatl im Jahre 1335 Nachwuchs einstellte. Ācamāpīchtli der Ältere und Ilancuēitl kamen aus Cūlhuahcān zur Taufe des Neugeborenen nach Mexiko, das man in einer halben Tagesreise mit dem Boot über den See leicht erreicht. Auch willigten sie in den Namen Ācamāpīchtli für das Neugeborene ein. Bei den Azteken ist es nicht ungewöhnlich, dass ein Neffe den Namen seines Onkels bekommt, wenn auch die Namensweitergabe vom Großvater auf einen Enkel beliebter war. Ganz offensichtlich wollte in diesem Fall Ātotoztli ihrem kinderlos gebliebenen Bruder Ācamāpīchtli dem Älteren einen Gefallen tun, indem sie ihren Sohn nach ihm nannte. Das neugeborene Kind wird zur Unterscheidung von seinem Onkel Ācamāpīchtli der Jüngere genannt.

Da die politischen Beziehungen zwischen Mexiko und Cūlhuahcān gespannt waren und die leibliche Mutter des Jungen, Ātotoztli, möglicherweise schon nicht mehr am Leben war, vielleicht auch weil Ācamāpīchtli der Ältere 1336 in Cūlhuahcān ermordet worden war und nun sein Mörder Achitometl regierte, verlies Ilancuēitl ihre Heimatstadt Cūlhuahcān, holte ihren kleinen Neffen mit seinen Schwestern aus Tenochtitlan weg und floh mit ihnen nach Cōātl Īchan, wo sie selbst herkam und sich daher freundliche Aufnahme versprach. Dort kümmerte sich eine Amme um den kleinen Ācamāpīchtli.

Als sich die politischen Verhältnisse beruhigt hatten, waren nunmehr die Mexikaner bestrebt, den herangewachsenen Ācamāpīchtli, dessen Vater ja einer der Ihren gewesen war, nach Tenochtitlan zurückzuführen, mit der Absicht, ihn zu ihrem Herrscher zu machen. Sie wenden sich daher zunächst nach Cūlhuahcān, wo sie ihn vermuten, da seine Ziehmutter Ilancuēitl die Ehefrau und spätere Witwe des dortigen Herrschers war. Von dort werden sie aber nach Cōātl Īchan verwiesen, wohin sich Ilancuēitl mittlerweile zurückgezogen hatte. Dort finden sie das Kind Ācamāpīchtli dann auch und führen es als ihren zukünftigen Herrscher heim. Seine Tante und Ziehmutter Ilancuēitl begleitet ihn. Hierin stimmen nun wieder alle Quellen überein. Allerdings bleibt eine Unklarheit insofern bestehen, als der junge Ācamāpīchtli anscheinend während seines Aufenthaltes in Cōātl Īchan geheiratet hatte, weswegen einige Quellen seine Tante und Ziehmutter Ilancuēitl mit seiner Ehefrau verwechseln. So entsteht der Anschein einer inzestuösen Ehe, während vielleicht nur der merkwürdige Fall vorlag, dass zwei nichtverwandte Frauen in seinem nächsten Umkreis, nämlich seine Tante und seine Ehefrau, denselben Namen trugen.

2. Das Leben eines Azteken

Jede menschliche Gesellschaft legt Stationen im Leben des Einzelnen fest, denen besondere Bedeutung als Abschluss eines Lebensabschnittes und gleichzeitiger Beginn eines neuen beigemessen wird. Sie werden deshalb öffentlich gefeiert. Wir nennen solche Feste Übergangsriten oder mit dem französischen Ausdruck «rites de passage». Arnold van Gennep, ein in Frankreich wirkender, in Ludwigsburg bei Stuttgart geborener Völkerkundler, hat den Begriff 1909 in seinem grundlegenden Buch «Les rites de passage» entwickelt. Er stellte bei weltweit kulturenvergleichenden Studien fest, dass Übergangsriten immer die gleiche Grundstruktur haben. Sie verlaufen nämlich in drei Phasen in der Abfolge von Trennung vom alten Zustand zu einem Übergangsstadium und alsbald danach dem Eintritt ins neue Stadium. Innerhalb dieses Schemas können die Riten noch weiter gegliedert sein. Das Übergangsstadium wird immer als besonders gefährlich angesehen und deshalb am häufigsten und am ausgiebigsten gefeiert.

Den ersten Schrei, den ein neugeborenes Azteken-Kind von sich gibt, fassen die Erwachsenen als Kriegsruf auf; denn sie begreifen Geburt und Krieg als gleichbedeutend bis hin zu der Vorstellung, dass die im Kindbett verstorbene Frau mit den im Felde gefallenen Kriegern gleichrangig ist und wie jene die Sonne auf ihrem Lauf am Himmel begleitet. Die Hebamme (Tīcitl) nimmt das Neugeborene auf und richtet eine formvolle und ausführliche Rede an das Kind. Danach schneidet sie seine Nabelschnur ab, wickelt sie in die Nachgeburt und lässt beides trocknen. Dabei ruft sie das Himmelsgötterpaar Yohualtēuctli und Yohualcihuātl an. Ist das Neugeborene ein Mädchen, wird die Nabelschnur später unter der Herdstelle im Haus begraben; ist es ein Bub, findet sie ihren Aufbewahrungsort auf einem Schlachtfeld. Es handelt sich hier also offensichtlich um Kontaktmagie: Man hofft, dass der physische Kontakt eines Teils des Neugeborenen mit dem Ort seiner späteren Tätigkeit die Einhaltung dieser Rollenerwartung absichert. Jetzt wird das Kind gewaschen. In einem Gebet wird dabei die Hilfe der Wassergöttin Chālchiuhtlīcuē angerufen. Auch an die Wöchnerin richtet die Hebamme eine lange Ansprache. Danach kommen Verwandte und Freunde zu Besuch. Vor dem Betreten des Hauses streichen sie ihre Gelenke mit Asche ein, und, nachdem sie eingetreten sind, richten sie ihrerseits gesetzte Worte an die Wöchnerin. Während der ganzen Zeremonien und der Besuche, in der Regel vier Tage lang, darf das Herdfeuer im Haus der Wöchnerin nicht erlöschen.

Eine der ersten Elternsorgen nach der Geburt ist es zu erfahren, ob das Kind unter einem glücklichen Kalenderzeichen (*Tōnalli*) geboren ist. Deshalb lässt man möglichst bald einen Wahrsager (*Tōnalpōuhqui*) kommen oder befragen. Der bestimmt den Tag der Geburt im Wahrsagekalender (*Tōnalpōhualli*) und stellt fest, ob es ein glückverheißender oder ein unglückverheißender Tag war. Denn jeder Tag hat im aztekischen Wahrsagekalender Eigenschaften, die er auf den an ihm Geborenen in der Art überträgt, dass dessen Schicksal, ja sogar seine soziale Rolle und sein Beruf davon mitbestimmt werden. Doch gibt es Möglichkeiten, ein unglückliches Schicksal durch Opfer und guten Lebenswandel und durch die Wahl eines glückverheißenden Tauftages zum Guten zu wenden.

Ist das Kind an einem guten Tag geboren, wird der übliche Abstand von vier Tagen nach der Geburt für die Taufe eingehalten, oder die Taufe wird sofort vollzogen. Geburt und Taufe bilden in der Regel eine verzahnte Abfolge von Ritualen. War er unglückverheißend, wurde für die Taufe ein günstigerer innerhalb der nächsten 20 Tage seit der Geburt gewählt. Für die feierlichen Handlungen der Taufe bereitete man symbolische Gegenstände vor, die dem Kind seinen künftigen Beruf, den es als Mann oder Frau im Leben zu erfüllen haben wird, vorzeichnet. Für Buben formt man einen kleinen Schild aus Teig vom Samen des Fuchsschwanzes (*Huāuhtli*) und einen kleinen Bogen mit vier Pfeilen, die nach den vier Himmelsrichtungen ausgelegt werden. Pfeil und Bogen stehen metonymisch für den späteren Krieger; und das Auslegen von vier Pfeilen in die vier Himmelsrichtungen mag an die Frühzeit der Azteken erinnern, in der sie neues Land durch das Schießen von Pfeilen in die vier Himmelsrichtungen in Besitz nahmen. Wohlhabende Eltern fügen noch eine Decke (*Tilmahtli*) und ein Lendentuch (*Māxtlatl*), also die Kleidungsstücke des Mannes, hinzu. Für das Mädchen werden in kleinem Maßstab die Gerätschaften hergestellt, die ihm im späteren Leben zum Spinnen und Weben dienen: Spindel (*Malacatl*), Spinnwirtel (*Temalacatl*), die Tonschale

(*Caxitl*), in der die Spindel gedreht wird, ein Webholz (*Tzōtzopāztli*) und eine geflochtene Schilfmatte (*Petlatl*), auf der die Spinnerin und Weberin kniend ihre Arbeit verrichtet. Auch hier kann man Kleidung beigeben: Eine Bluse (*Huīpīlli*) und einen Rock (*Cuēitl*). Dieser sinnfällige Ritus findet sich auch in anderen Kulturen. Bei den traditionell lebenden Maya von Yukatan wird er heute noch praktiziert und heißt dort «*Hedzmek*».

Für die Gäste und die Nachbarn werden jetzt Speisen vorbereitet: Eine Pfeffertunke (*Chīlmōlli*), gerösteter Mais und Maiskrapfen (*Tamalli*). Man holt dann abermals die Hebamme herbei, die die Taufe durchführen soll. Sobald sie eingetroffen ist, benetzt sie Lippen und Brust des Kindes und spricht zu ihm. An diese Wassertaufe frühmorgens im elterlichen Haus schließt sich die Weihe an die Himmelsgötter an. Viermal hebt sie das Kind zum Himmel empor, dann auch seine Geräte und spricht dazu kurze Gebete. Als Abschluss wird dem (männlichen) Kind mit folgendem Spruch sein Name verliehen:

> «*Yāōtl*, Tapferer, empfange den Schild, nimm den Pfeil, dir zum Ergötzen und der Sonne zur Freude.»
> (Sahagún, Historia General)

Die aztekische Namengebung folgt in Bezug auf die Wahl des Namens zwei Grundprinzipien: Die Eltern und der Priester, die hier die Entscheidung treffen, können einen bildhaften, etwas Schönes, Gutes oder als zukünftige Eigenschaft des Kindes Erwünschtes durch die Wahl eines Ausdrucks bzw. eines ganzen Satzes ihrer Sprache wählen, z. B. *Chīmalpahin* («er eilte wie ein Schild») als Bezeichnung eines aktiven Kriegers. Das zweite Prinzip ist das uns vor allem von den antiken Römern bekannte, dass man das Kind mit der Bezeichnung seines Rangplatzes in der Abfolge der Geschwister als, erstes (*Tiyacapan*), mittleres (*Tlahco Yehua*), jüngstes (*Xocoyōtl*) bezeichnet. Bei dieser Form der Namengebung stellt sich allerdings das Problem, woher die Eltern so kurz nach der Geburt wissen können, ob ein Kind das mittlere oder jüngste sein wird, wenn sie noch gar nicht wissen, wie viele Kinder sie noch haben werden. Eine Lösung, für die wir aber nicht über genaue Quellenbelege verfügen, könnte sein, dass Eigennamen in verschiedenen Altersstufen gewechselt wurden und bei der Geburt eines weiteren Kindes ein solcher Wechsel für die früher geborenen anstand. Das Wechseln des Eigennamens im Verlauf des Lebens ist eine bei amerikanischen Indianern verbreitete Sitte gewesen und daher auch für die Azteken nicht ganz von der Hand zu weisen. Ein nachgeordnetes, uns aber wichtig erscheinendes Prinzip, dass der Name das Geschlecht seines Trägers anzeigen soll, ist bei den Azteken nur schwach ausgeprägt. So ist der Eigenname Xōchitl (‹Blume›) nicht nur Mädchen vorbehalten, während Yāotl (‹Krieger›), wie im oben zitierten Beispiel, allerdings nur ein Bub heißen kann. Ein viertes, mesoamerikanische Indianer insgesamt charakterisierendes Prinzip ist das der Namengebung nach dem Tag der Geburt. Es ist zwar bekannt und für Götter auch verbreitet, doch bei aztekischen Menschen werden solche Namen in den Quellen nicht verwendet, hingegen ist dies die bei den benachbarten Mixteken überwiegend gebrauchte Namensform.

Nach der eigentlichen Taufe kommen Buben der Nachbarschaft, nehmen die vorbereiteten Speisen, tragen sie im Viertel herum, bieten jedem davon an und rufen laut den Namen des getauften Kindes aus. Diese öffentliche Verkündigung des Namens wird nur von Buben als Täuflingen berichtet. Ob das eine Vernachlässigung der Mädchenrolle seitens des männlichen Ethnographen Sahagún ist oder ob es eine Asymmetrie in der aztekischen Gesellschaft spiegelt, in der Frauen keine öffentlichen Rollen zukommen, sei dahingestellt. Mit der öffentlichen Namensausrufung und der Bewirtung der Nachbarn ist das getaufte Kind ein vollwertiges Mitglied der Gemeinde geworden.

Wenn das Kleinkind, Bub oder Mädchen, zum ersten Mal verständlich sprach, wurde das unter Aufsicht eines Priesters des Tēzcatl Īpōca-Tempels mit Opfergaben dankbar registriert. Auch dies ist ein deutliches Zeichen, wie wichtig den Azteken die verschiedenen Stufen der gesellschaftlichen Integration der heranwachsenden Kinder war.

Alle vier Jahre veranstaltet man im Monat Izcali ein Weintrinken (Pillāhuānaliztli) für die Kinder, die in den verstrichenen vier Jahren geboren wurden bzw. an dieser Zeremonie beim letzten Mal noch nicht teilgenommen haben. Es ist also ein Fest für Kleinkinder. Manche können noch nicht einmal laufen, und die meisten sind der Mutterbrust noch nicht entwöhnt. Das Weintrinken bezieht sich also eher auf die erwachsenen Festteilnehmer als auf die Kinder. An diesem Fest werden von den Eltern auch Pate und Patin für das Kind bestimmt. Es sollen erfahrene und öffentlich anerkannte Mitglieder der Gesellschaft sein (Kapitel II). Frühmorgens oder sogar noch während der Nacht durchbohrt man den Kindern mit einem spitzen Knochen die Ohrläppchen und die Nasenscheidewand, damit hier später Schmucksteine eingefügt werden können; vorerst tut es ein roter Baumwollfaden. Die Paten tragen die Kinder, die noch nicht gehen können, während sie die anderen an der Hand nehmen, führen sie um ein Feuer und zerren ihren Kopf nach oben, damit sie gut wachsen. Diesem Elternwunsch entsprechend ist der Name des Monats *Izcali* gewählt, in dem das Fest abgehalten wird, denn er bedeutet ‹groß werden lassen›. Jedes Jahr wird man durch ihn an dieses Fest erinnert, das aber selbst nur alle vier Jahre gefeiert wird. Nun wird auch schon gesungen und getanzt. Am Abend begeben sich alle in den Tempel des Herrn der Nacht (Yohualtēuctli) zum Weingelage. Man säuft Pulque (*Octli*), man tanzt, man umarmt sich, wälzt sich am Boden. Es ist eine Orgie, vielleicht sogar mit freizügigem Sexualverkehr, wozu sich die Quellen allerdings nicht äußern.

> Dann gibt man allen kleinen Kindern und denen, die schon etwas größer sind, und denen die noch in der Wiege liegen, Wein zu trinken. Alle lässt man vom Weine trinken (die Kleinkinder allerdings nur zum Schein). Alle sind trunken, auch die Erwachsenen. Ganz offen trinkt man Wein. Man fürchtet sich nicht, wenn der Wein aufschäumt. Man beachtet es nicht, wie er in glänzendem Strom zur Erde kommt. Wie Wasser floss der Wein. Und ihre Weinschalen haben sie bei sich, das sogenannte *Tzicuil*-Gefäß, dreifüßig und mit Ohren an den vier Seiten. Sie sind ganz rot im Gesicht, sie lärmen, sie keuchen, sie mischen sich untereinander, man greift sich gegenseitig an; sie wälzen sich einer über den anderen. Es herrscht allgemeine Verwirrung ... Man sagt: Das ist das richtige Weinfest. Das ist das Weintrinken der Kinder.
> (Sahagún, Historia General, Buch 2, Kapitel 38)

Auf diese wüste Art wird das heranwachsende Kind wieder um eine Stufe mehr in die Gemeinschaft integriert. Mit den Paten hat es eine soziale Stütze bekommen, die es etwas unabhängiger vom Schicksal der eigenen Eltern macht. Die Vorbereitung von Nase und Ohren für Schmucksteine weist darauf hin, dass das Kind später verschiedene soziale Ränge erklimmen kann, deren Abzeichen eben solcher Körperschmuck sein wird. Mit dem Weintrinken symbolisiert man dramatisch das Ende des Stadiums, in dem dem Kind noch keine sozialen Zwänge auferlegt sind, denn es wird in seinem jetzt beginnenden sozialen Leben bei hoher Strafandrohung nie mehr Alkohol trinken. Das Trinken ist erst wieder mit dem Ausscheiden aus dem aktiven Leben im Alter von 52 Jahren erlaubt (Diagramm 1).

Schon früh müssen die Eltern ihre Kinder, Buben und Mädchen, den öffentlichen Schulen *Tēlpōchcalli*, *Calmecac* und anderen, zur weiteren Erziehung überantworten (Diagramm 1). Der einfache Azteke tritt mit

Die frühdynastische Zeit

ALTER	ALTERS-STUFE	ORT				TÄTIGKEIT	ALTER
1		**calpūlli** Haushalt der Orientierungsfamilie					1
2		*macehualli*		*pilli*			2
3						ziellos tätig	3
4	piltōntli / conetōntli						4
5						Wasser tragen Spinnen	5
10	tēlpūchtōntli / ichpūchtōntli (ablenkbar, respektvoll)	tēlpūchcalli	calmecac		Gehilfe im Fernhandel –> Fernkaufmann	Lasten tragen Fegen Fischen Mais mahlen Bootstrans- Backen porte Weben	10
15	tēlpūchtli / ichpūchtli (bescheiden, folgsam)		cuicacalli			Familie gründen	15
20				Tempel (Hamacazqui) Zivilverwaltung Militärverwaltung		Markthandel Gartenarbeit Kleidung herstellen Essen zubereiten	Kinder gebären / aufziehen	20
25	tlapalihui	Eigener Haushalt				Landarbeit Handwerk Handel	25
30	omacic oquichtli / cihuātl						30
35						Öffentliche Arbeiten	35
40	yōllco oquichtli / cihuātl				Kaufmannsvorsteher	Abgaben erwirtschaften	40
45							45
50							50
							52
52	huēhueh / ilama					Calpūlli-Rat Staatsrat	
55			Staatspensionär			Ende der Steuer- u. Abgabepflicht (Verbale) Kinder- und Jugenderziehung Freigabe von Alkohol u. Drogen	55
60							60
65							65
70	huel huēhueh / ilama						70

vier Jahren in die Schule ein. Bei den Kindern des Herrscherhauses findet die Einschulung später statt. In Tetzcuhco, der führenden Kulturnation im Hochtal von Mexiko, die Tenochtitlan sicher auch in Erziehungsdingen voraus war, wurden Buben und Mädchen des Adels in getrennten Schulen unterrichtet. Den Schulen für die Buben standen die obersten Priester des Staates vor, die Schulen der Mädchen wurden von alten adligen Damen geleitet. Neben dem eigentlichen Unterricht waren zunächst das Dienen und Ertragen von Entbehrungen die Lerninhalte. Die Kinder mussten frühmorgens im Dunkeln aufstehen, Holz holen im Wald, den Tempel fegen und ähnliche einfache Dienste verrichten. Dann wurden sie zum Frühstück mit wenigen Maisfladen gespeist. Anschließend fand der Unterricht statt, der wiederum durch eine kärgliche Mahlzeit in Vormittags- und Nachmittagsunterricht geteilt war. Vormittags waren, anscheinend für alle gleich oder ähnlich, Moral, Ethik, Rhetorik und soziale Verhaltensnormen Unterrichtsthemen. Am Nachmittag gab es für die Buben Ausbildung in Spezialkenntnissen, wobei die Schüler nach Klassen getrennt wurden. Die einen lernten Kampftechniken mit Schwert, Schild, Blasrohr und Steinschleuder; andere wurden in den Kunsthandwerken des Steinschneidens, der Goldbearbeitung und des Federwerkes ausgebildet. Wieder andere erhielten eine musische Ausbildung in Gesang und Instrumentalmusik (Trommel und Rasseln). Dass dieser Unterrichtsstoff besonders wichtig war, zeigt sich darin, dass es eine eigene Musikschule (*Cuīcacalli*) als Institution und Gebäude gab. Schließlich wurde auch Spezialunterricht in Himmelskunde und Religion und, ganz bodenständig, in Land- und Gartenwirtschaft erteilt. Bei den Mädchen war die Ausbildung weniger differenziert: Hauswirtschaft, textile Techniken (Spinnen, Weben) und Nahrungszubereitung waren die Fachinhalte, die allen gleichermaßen beigebracht wurden. In Tetzcuhco kamen alle 80 Tage Schüler und Schülerinnen zusammen, um sich eine Ansprache des Herrschers anzuhören. Sicher dienten diese Zusammenkünfte der Kontrolle des Lernerfolges und der weiteren Motivierung.

Wenn das Mädchen sich dem heiratsfähigen Alter nähert und bald aus der Schule entlassen wird, um zu heiraten, oder wenn der heranwachsende junge Mann als Krieger ins Feld ziehen soll, finden sich die Eltern in der Schule ein und überreichen dem Vorstand der Erziehungsanstalt (*Tēlpōchtlahtoh*) Geschenke, darunter eine Kupferaxt, und die Schule richtet zu diesem Anlass ein Abschlussfest aus. Auch bei dieser Gelegenheit werden lange und gesetzte Reden gehalten, und der Heranwachsende erhält von den Eltern und seinen ehemaligen Lehrern Ratschläge für den weiteren Lebensweg. Die Schulentlassung fällt in die Zeit der Pubertät und ist daher in doppelter Hinsicht als Übergangsritus charakterisiert. Die Azteken haben ihn in überwiegend verbaler, «intellektueller» Form gestaltet und erweisen sich dadurch als Kulturnation hohen Grades. Inhalt der sehr formellen und langen Reden ist immer die Aufforderung, gottesfürchtig, bescheiden, produktiv und enthaltsam zu leben. Diese Lebensmaximen erinnern an das altgriechische Ideal des κάλλος κ'αγαθός («gut und schön») oder auch an das altdeutsche ritterliche Ethos der «*maze*», was nach heutigem Sprachgebrauch etwa ‹maßhalten› bedeutet. Die Schwerpunkte dieser Ethik sind freilich in allen genannten Kulturen etwas anders. Bei den Azteken war zum Beispiel die Sexualmoral davon bestimmt, dass man nur in der Zeit der körperlichen Reife und Kraft sexuell aktiv sein sollte. Wobei soziobiologisch gesehen die Azteken eine dem Sexualtrieb der Geschlechter besser angepasste differentielle Erwartung pflegten als die modernen europäischen Gesellschaften mit ihrer Frauen und Männer gleichbehandelnden Sexualmoral: Aztekischen Männern war vor der Ehe eine Zeit der sexuellen Freizügigkeit erlaubt. Danach sollten sie allerdings, wie ihre Ehefrauen, treue Ehegatten ein. Für alle gab es aber gelegentliche Feste, an denen sie sich erotisch und sexuell ungestraft ausleben konnten, wie zum Beispiel das soeben geschilderte *Pillāhuānaliztli*-Fest; und Polygynie war grundsätzlich erlaubt, wenn auch unter einfachen Menschen unüblich.

Junge Frauen heiraten mit etwa 14 Jahren, also gleich nach der Geschlechtsreife. Männer lässt man erst sehr viel später, mit 20 bis 30 Jahren, heiraten. Der Grund dafür könnte sein, dass sie zunächst Kriegsdienst leisten und andere öffentliche Tätigkeiten ausüben mussten, bevor sie ein häusliches Leben führen durften. In Bezug auf den hierbei fälligen erneuten Übergangsritus ist die aztekische Gesellschaft recht freizügig. Jeder kann nach Situation und Familienhintergrund eine von drei Formen der Eheschließung wählen: Bei der formellen Heirat geht die Wahl der Partner von den Eltern aus. Sie bedienen sich einer Heiratsvermittlerin, deren Hauptaufgabe es ist, mit den Eltern der prospektiven Braut zu verhandeln. Den Eltern der Brautleute sowie der engeren Verwandtschaft kommt im Vorfeld der Eheschließung eine wichtige Rolle bei der Entscheidungsfindung zu. Diese Form der Ehe hat, aufgrund ihrer festen sozialen Einbindung, das höchste Prestige. Stattdessen können zwei junge Leute aber auch aus eigenem Entschluss die Ehe anstreben. Sie teilen das dann ihren Eltern mit, und die Hochzeit wird ähnlich festlich begangen, nur fehlt ihr ein guter Teil der umständlichen Vorvereinbarungen und des zeremoniellen Gabenaustausches zwischen den Familien. Das Prestige einer so geschlossenen Ehe ist geringer als das einer arrangierten. Schließlich können Mann und Frau ganz ohne Aufwand eine vorläufige Ehe eingehen, indem sie ohne jedes Zeremoniell und ohne ausdrückliche Einwilligung der Eltern zusammenziehen. Solange aus dieser Gemeinschaft kein Kind geboren wird, können sich die Partner ohne Formalität wieder trennen, was bei formell vollzogener Ehe nicht möglich ist. Erst wenn ein Kind geboren wird, gilt die formlose Partnerschaft auch als fest geschlossene Ehe und sollte Bestand haben. Die Korrelation zwischen höherer Formalisierung und höherem gesellschaftlichem Ansehen ist offensichtlich und ausgeprägt.

Die Eheschließung mit festlicher Feier wird seitens der Eltern des Bräutigams stets von der Konsultation eines Wahrsagepriesters eingeleitet, der einen günstigen Tag bestimmt. Als solche gelten *Ācatl* (Rohr), *Ozomahtli* (Affe), *Cipactli* (Krokodil) und *Quāuhtli* (Adler). Bis einer dieser Tage eintritt, werden Verwandte, Freunde und Repräsentanten des öffentlichen Lebens eingeladen und das Festessen wird vorbereitet, oft in ununterbrochener Tag- und Nachtarbeit, denn es müssen viele Gäste reichlich und über mehrere Tage hin verköstigt werden. Am Tag der Hochzeit selbst wird die Braut im Hause ihrer Eltern gebadet, festlich eingekleidet und auf eine Matte (*Petlatl*) neben das Herdfeuer gesetzt. Erst abends, nachdem eine Delegation den Weg bereitet hat, trägt eine ältere Frau sie in einem Tuch auf dem Rücken ins Haus des Bräutigams. Den Weg säumen Fackelträger. Dort angekommen werden die Brautleute von ihren (Schwieger)Eltern neu eingekleidet, und die Bluse (*Huīpīlli*) der Braut wird von einer alten Hebamme (*Tīcitl*) mit dem Umhang (*Tilmahtli*) des Bräutigams verknotet, während sie gemeinsam auf der Matte vor dem Herdfeuer sitzen, die Braut links, der Bräutigam rechts. Die Verknüpfung der Kleidung der Eheschließenden und das gemeinsame Sitzen am häuslichen Herd sind sinnfälliges Symbol der künftigen Ehe; und so wird dieser wichtige Übergangsritus auch in allen Bilderhandschriften Zentralmexikos dargestellt (Abb. 14).

Auch aus diesem Anlass sind ermahnende und orientierende Ansprachen fällig, wobei zu beachten ist, dass im folgenden Zitat an einigen wenigen Stellen bereits der christliche Einfluss der frühen Kolonialzeit durchscheint:

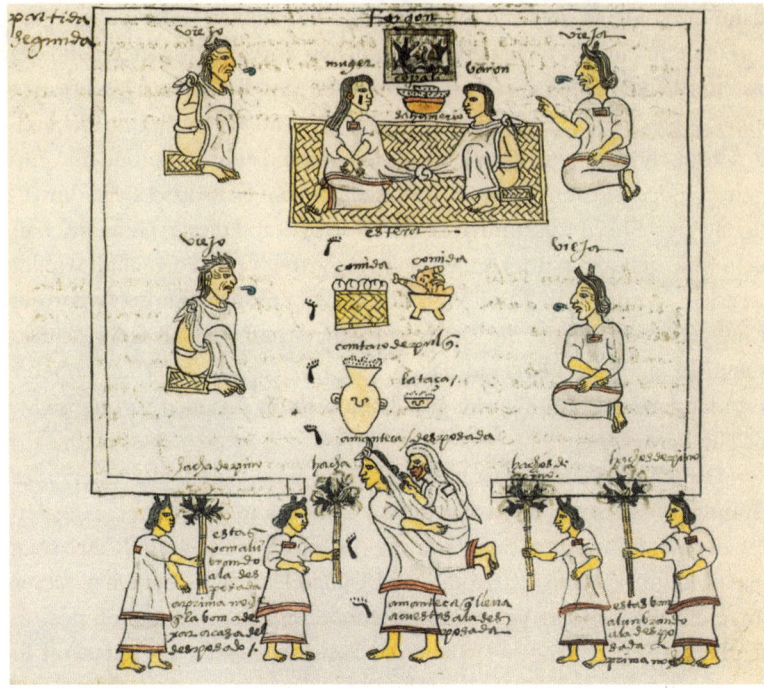

ABB. 14 *Heirat*.
In dieser Bilderfolge sind die wichtigsten Phasen des Heiratszeremoniells dargestellt. Früh am Morgen, noch in der Dunkelheit, kommt die Heiratsvermittlerin mit der Braut auf dem Rücken von vier fackeltragenden Frauen begleitet zum Haus des Bräutigams. Im Hof werden sie von dessen Eltern begrüßt und bewirtet. Später lassen sich Braut und Bräutigam im Haus auf einer Matte vor dem Herdfeuer nieder, und ihre Oberkleider werden zum Zeichen der geschlossenen Ehe verknüpft. Es folgen Ansprachen der Eltern. [Ausschnitt aus Colección Mendoza, Teil III, Blatt 61r.]

[An beide gerichtet:]

Oh meine Jüngsten! Einen Gefallen hat euch der Herr, unsere Herrschaft, getan und unsere Mutter, die Heilige Kirche, die uns trägt, die uns regiert, dadurch, dass sie euch verbunden, euch vereint hat. Möget ihr in Ruhe, möget ihr in Frieden einander begleiten, einander vorangehen. Möge das Wort, das Gebot Īpalnemoānis, sein Sakrament, das er euch zum Besitz, das er euch zur Gabe gemacht hat, erfüllt werden, möge es eingelöst werden. Nehmt all eure Kraft zusammen, meine Kinder, dient eurem Gott und eurem verehrten Herrscher! Seid nur nicht nachlässig, folgt nur nicht dem Weg des Kaninchens, des Hirsches, stürzt euch nicht in den Abgrund, stürzt euch nicht in den reißenden Strom.

[An den Bräutigam gerichtet:]

Du, der du ein junger Mann bist, du bist fürwahr der Kopf, der Brustkorb dieses Mädchens, das dir der Herr, unsere Herrschaft, zur Gabe gemacht hat. Du wirst leben, du wirst arbeiten für das, was man braucht: für Trank und Speise, für die Lebensmittel, die uns Knochen, die uns Fleisch geben. Du sollst nicht daliegen und schlafen. Du sollst nicht behaglich daliegen. Vielmehr sollst du die Augen offenhalten, sollst dich um alles kümmern an deiner Schlafstelle, auf deinem Ruheplatz. Daliegend sollst du dir ausdenken, daliegend sollst du dir jeden Morgen erträumen, was in deinem Heim, in deinem Haus gebraucht wird. Denn dies ist nicht nur irgendeine Last, die dir aufgebürdet worden ist.

[An die Braut gerichtet:]

Und du, meine Tochter, sollst auch so sein, wenn du Tür und Hof für den Herrn, unsere Herrschaft bewachst. Du sollst dich nicht mehr Kindereien, Spielereien hingeben. Vielmehr sollst du dafür die Augen offenhalten. Du sollst dich darum kümmern, was du in deinem Haus tun sollst, welchen Dingen du nachgehen sollst. Wenn es noch Nacht ist, sollst du dich erheben, sollst du fegen, sollst du Wasser versprengen vor dem Haus, auf dem Hof des Gebieters, unseres Herrn. Ferner das, was man braucht, den Kakao-Trunk, die flachgedrückten Maisfladen, ferner die Spindel, das Webschwert, so dass du deinen Mann glücklich machst, den dir der Herr, unsere Herrschaft zur Gabe gemacht hat. Deshalb sollst du dich als vornehme Frau in deinem Heim, in deinem Haus um alles kümmern, sollst du alles verwahren. Nichts sollst du vergeuden. Und du sollst auf dich achtgeben. Du sollst nicht in Staub und Schmutz leben. Denn das ist es, weswegen du geschätzt und geachtet werden wirst.

[Wieder an beide gerichtet:]

Oh ihr meine Jüngsten, meine Kinder, bietet all eure Kraft dafür auf! Vielleicht wird euch der Gebieter, unser Herr ein langes Leben lassen, oder vielleicht kommen hier schon sein Stein, sein Holz (das ist die Strafe). Denn wir wissen nicht, wie wir in fünf oder in zehn Tagen auf der Erde leben werden.

(Discursos en Mexicano, §§ 12–25)

Anschließend bringt man die Jungverheirateten in die Brautkammer, verschließt sie von außen und stellt Wächter vor die Tür. Vier Tage lang dürfen die Jungvermählten das Brautgemach nicht verlassen, werden aber mit Essen und Trinken reichlich versorgt. Die Verwandten und Freunde feiern derweil in anderen Räumen des Anwesens und im Hof weiter. Am vierten Tage holt man die Jungvermählten aus der Kammer. Die Ehe ist vollzogen und auch sozial geschlossen.

Mit der Eheschließung ist eine Stufe der gesellschaftlichen Integration erklommen, die fortan die stabile Grundlage des weiteren Lebensweges bildet: Die beiden jungen Leute sind jetzt aus ihren Herkunftsfamilien entlassen und bilden eine eigenständige Wirtschaftsgemeinschaft. Die weiteren Stationen im Leben sind beim Mann nur noch der persönliche Aufstieg im Beruf, während bei der Frau Schwangerschaften und Geburten weitere wichtige und sich wiederholende Stationen in den folgenden Lebensjahren darstellen.

Sobald die Schwangerschaft festgestellt ist, werden lange ermahnende und aufbauende Reden an die werdende Mutter gehalten und ähnlich dann wieder im siebten bis achten Monat. Beide Male geschieht das im Rahmen eines Festes, auf dem die Gäste gut beköstigt werden. Naht die Stunde der Geburt, prüft eine Hebamme zunächst die Lage des Foetus im Mutterleib durch Abtasten und rückt ihn notfalls zurecht. Ist die Geburt für Mutter und Kind glücklich verlaufen, kommen der Wöchnerin und dem Säugling die Fürsorge der Frauen ihrer Familie und Nachbarschaft zugute.

Der Altersruhestand tritt bei den Azteken bereits mit 52 Jahren ein, wenn der Mensch eine volle Runde von Jahren durchlaufen hat. Der neue Status zeichnet ihn durch das Privileg aus, sich jetzt betrinken zu dürfen. Auch muss er keine Steuern mehr zahlen oder öffentlichen Dienstpflichten nachkommen. Im Haushalt spielt er aber nach wie vor eine wichtige Rolle, weniger zwar durch aktives Handeln als durch seinen lebensweisen Rat. Wenn das auch praktische Maßnahmen sind, die diese Altersstufe deutlich vom aktiven Leben des Erwachsenen absetzen, wissen wir dennoch nicht, ob der Eintritt in den Ruhestand auch rituell gefeiert wurde.

Stirbt ein Herrscher oder ein anderer hochgeborener und im öffentlichen Leben bedeutender Mann, so packt man seinen Leichnam in Decken, schnürt ihn fest ein und gibt ihm seinen Schmuck bei. Dann wird er auf einer Sänfte zum Ort seiner Verbrennung getragen, begleitet von seinen engsten Angehörigen und den Regierungsmitgliedern. Die Totenrede hält ein Mitglied des Staatsrates:

> Gebieter, Herrscher, lange hast du dein Amt ausgeübt! Eingelöst, erfüllt worden ist die Regentschaft, die Regierung über deine Stadt, die in deinem Tragetuch, die in deiner Kraxe lag. Nicht behäbig, nicht untätig hast du deine Stadt in die Arme genommen und regiert. Denn ganz bis ans Ende bis zum Äußersten gingen die Pein, der Schmerz, weil du dich für sie abgemüht, dich erschöpft hast. Ruhig und in Frieden hast du deine Stadt zurückgelassen, ruhig und in Frieden, so wie du dich auf der Matte, auf dem Thron niedergelassen hattest. Behutsam hast du dort alles für Ipalnemoāni geregelt und entschieden. Und wirklich ist dein Atem bis ans äußerste Ende gegangen, wirklich hast du dich der Stadt ganz gewidmet. Gekommen bist du, dich vor unserem Herrn ganz einzusetzen. Du hast nicht deine Hände, deine Füße bei dir eingezogen. Aber jetzt ist es in deiner Stadt schon ganz still, ganz dunkel geworden. Vor Tränen und Trauer winden sich deine Untertanen. Und die adligen Nachkommen hast du verwaist zurückgelassen. Bereits lässt der Gebieter, unser Herr, den Zeitpunkt eintreten, da sie unglücklich zurückgelassen sind. Bist du nicht zu denen fortgegangen, bist du nicht denen gefolgt, bist du nicht bei denen angelangt, die deine Urväter, deine Vorfahren sind? Doch, du bist unserer Mutter, unserem Vater gefolgt, du bist bei ihnen angekommen. Man geht doch nicht einfach bloß irgendwohin! Wirst du von dort vielleicht noch zurückkommen, noch umkehren? Wird deine Stadt dich etwa noch in 5 oder in 10 Tagen erwarten? Und deine Kinder? Nein, nie mehr! Denn vorbei ist es, denn aus ist es, denn ein für allemal bist du fortgegangen. Denn ausgegangen, denn erloschen ist die Fackel, das Licht. Schon ist die Stadt des Tloqueh Nāhuaqueh still, schon ist sie dunkel. Mögen die Untertanen, die Kinder und die adligen Nachkommen weinen und trauern. Mögen ihre Tränen vergossen werden, mögen sie herabstürzen, mögen sie in Trauer Ipalnemoāni, Tloqueh Nāhuaqueh anrufen. Möge man sagen: «Oh weh, unglücklich sind wir, verwaist sind wir hinterlassen worden.» Möge man weinen, möge man trauern, möge man seufzen, mögen die Tränen vergossen werden, mögen sie hinabstürzen. Und mögest du ausruhen, mögest du dich wohlfühlen bei deinen Urgroßvätern, bei deinen Großvätern, denen du gefolgt bist und bei denen du angekommen bist, dort in Ximohuayān, in Tocenchan. Das ist alles, womit ich dich grüße, womit ich mich vor dir verneige. Damit trete ich vor die Öffentlichkeit, oh unser Herr, Gebieter und Herrscher.
>
> (Discursos en Mexicano, §§ 126–138)

Ein hoher Scheiterhaufen nimmt das Totenbündel auf, und wenn er abgebrannt und ausgekühlt ist, wird die Asche mit Menschenblut von Opfern vermengt, in einer Steinkiste verwahrt und bestattet. Tote hohen Ranges können aber auch in Grabkammern als Leichname bestattet werden, wie sie uns archäologisch von den Zapoteken und Mixteken bekannt sind. Wir wissen nicht, was die Kriterien für die eine oder andere Bestattungsart waren. In beiden Fällen können dem Toten Freiwillige seines Gefolges ins Jenseits folgen. Diese Sitte, weitverbreitet auf der Welt, nennt man Totenfolge, und sie ist bis in die moderne Zeit in der Form der Witwenverbrennung im hinduistischen Indien Brauch gewesen.

80 Tage nach dem Tod und dann vier Jahre lang jährlich einmal findet ein Totengedenken statt. Die 80-Tage-Frist ist die Zeitspanne, die der Tote an seinem vorläufigen Aufenthalt in der Unterwelt nimmt. Danach verlässt er sie und geht in das ihm aufgrund seines diesseitigen Lebens zukommende Paradies ein. Dafür wird ein Scheinmumienbündel mit Beigaben ausgestattet und verbrannt (Abb. 45). Auch hierin ähneln die Azteken zahlreichen anderen Völkern, wobei sie sich eher durch eine knappes Totengedenken auszeichnen im Vergleich zu den sehr viel elaborierteren, häufigeren und langandauernden Totengedenken zum Beispiel im ländlichen China der Vor-Moderne. Für im Krieg Gefallene wird der Totenritus kollektiv und öffentlich vom Herrscher veranstaltet.

3. Ācamāpīchtli: Erster Tlahtoāni

Ob der Tod von Ācamāpīchtlis Ziehmutter Ilancuēitl und seine eigene Inthronisation in Tenochtitlan im Jahr 1376 zufällig zusammenfielen, oder ob es da einen inneren Zusammenhang gab, etwa in der Form, dass sie lebenslang Regentin für ihr zunächst noch unmündiges Ziehkind war, wissen wir nicht. Ācamāpīchtlis Inthronisation wird nicht besonders geschildert. Es heißt nur, dass sie im Konsens der Mexikaner geschah. Später gab es für solche Gelegenheiten einen Staatsrat, der die früher anscheinend allgemeinere und damit basisdemokratischere Form der Wahl auf eine Gruppe Privilegierter beschränkte. Das von Ācamāpīchtli bekleidete Amt eines Tlahtoāni von Tenochtitlan war zu seiner Zeit allerdings nur halbsouverän. Er war direkt den Weisungen des Herrschers von Āzcapōtzalco unterstellt, regierte also nur ein Fürstentum zweiter Rangstufe.

Ācamāpīchtli hat dann, eingedenk der Wichtigkeit einer breiten verwandtschaftlichen Vernetzung, zielstrebig Frauen aus mehreren bedeutenden Herrscherhäusern der Umgebung genommen, darunter aus Āzcapōtzalco, Tlacōpan, Cōātl Īchan und Chālco. Außerdem hat er die sechs aztekischen Calpūlli-Vorstände und die vier Gottesträger bei der Wahl seiner Ehefrauen berücksichtigt, so dass sie sich alle in die neubegründete Dynastie einbezogen fühlen durften. Da er mit allen seinen 21 legitimen Frauen Kinder zeugte, sahen sie auch ihr eigenes Fortleben in der Dynastie gesichert, waren zufrieden und verhielten sich ruhig. Übrigens hatte er neben diesen legitimen Ehefrauen noch mindestens eine Konkubine.

Um es nun auch in äußerlich sichtbaren Statussymbolen den umliegenden Herrschaften gleichzutun, begann Ācamāpīchtli mit dem Bau eines steinernen Tempels für die beiden Gottheiten Huītzilōpōchtli und Tlāloc im Herzen seines noch kleinen Gemeinwesens. Bei Ausgrabungen in der Nähe der heutigen Kathedrale von Mexiko-Stadt sind die später überbauten Reste auch dieses ersten Tempels einschließlich einer Datenplatte, die das Jahr Zwei Kaninchen (1390) nennt und die wahrscheinlich Ācamāpīchtlis Bautätigkeit dokumentiert, gefunden worden (Abb. 8).

Das einzige ernsthafte Problem, das aus Ācamāpīchtlis Regierungszeit berichtet wird, ist die zweimalige Erhöhung der Abgaben, die Tenochtitlan an seinen Oberherrn, den tepanekischen Herrscher Tezozomoc nach Āzcapōtzalco zu liefern hatte. Die Crónica X, berühmt-berüchtigt für ihre überspannten Anekdoten, stellt dieses Problem als reine Schikane seitens des «Tyrannen» Tezozomoc dar und behauptet, dass sie von Ācamāpīchtli und den Seinen nur durch Beistand ihres Stammesgottes Huītzilōpōchtli erfüllt werden konnte.

> Er [Tezozomoc] wünschte die Steuern [der Mexikaner] zu erhöhen, weil er seine Stadt ausbauen und verschönern wollte. [Die Mexikaner] sollten also zusammen mit den üblichen Abgaben von Fischen, Fröschen und Gemüse jetzt noch große Sevenbäume und Weiden liefern, die er in seiner Stadt anpflanzen wollte, und sie sollten ein Floß liefern, auf dem sie alle Gemüsesorten des Landes, insbesondere Mais, Chīlli, Bohnen, Kürbisse, Erbsen usw. gepflanzt hatten.
> (Durán, Historia, Kapitel 6, Abschnitt 15)

Die Mexikaner vernehmen diesen Befehl mit Schrecken, doch hilft ihnen Huītzilōpōchtli aus der Klemme. Das erstaunt Tezozomoc sehr, und er legt ihnen erneute und noch schwieriger zu erfüllende Lieferpflichten auf, indem er befiehlt:

> Es ist mein Wunsch, wenn ihr mir die Steuern, zu denen ihr verpflichtet seid, bringt, auf dem Floß, das mit sprießendem Mais und den übrigen sprießenden und erlesenen Gewächsen und Gemüsesorten bepflanzt ist, zwischen dem Gemüse eine brütende Ente und einen brütenden Kranich liefert, deren Gelege just an dem Tag schlüpfen, an dem [das Floß] hierher kommt. Wenn nicht, seid ihr des Todes.
> (Durán, Historia, Kapitel 6, Abschnitt 19)

Die Lieferung von Bäumen für die Verschönerung von Tezozomocs Hauptstadt mag noch zumutbar gewesen sein. Unmöglich erschien jedoch die Forderung, schwimmende Pflanzbeete mit nistenden Enten und Kranichen zu liefern, deren Gelege zum Zeitpunkt der Anlieferung in Āzcapōtzalco schlüpfen sollten. Aber auch hier half den Mexikanern ihr Gott aus der Verlegenheit.

Im Hintergrund dieser unwahrscheinlichen Anekdote werden reale Wirtschaftsinteressen gestanden haben, wahrscheinlich in der Weise, dass das wachsende Gemeinwesen von Tenochtitlan in den Augen seines Oberherrn Tezozomoc entsprechend mehr Abgaben erwirtschaften und nach Āzcapōtzalco abführen konnte und / oder solche Mehrproduktion aus den im folgenden dargestellten Eroberungen am Südufer des Sees unschwer abzuzweigen waren.

Sonst sind aus Ācamāpīchtlis Leben nur die üblichen Kriege und Eroberungen überliefert. Letztere fallen in der Staatschronik mit den vier Orten Quauhnāhuac, Mizquic, Cuitlahuāc und Xōchimīlco recht schmal aus, und selbst wenn wir verstreut in den Quellen erwähnte weitere Eroberungen einbeziehen, erhöht sich ihre Zahl nur auf knapp zehn. Aus der Lage der eroberten Orte geht hervor, dass Ācamāpīchtli zunächst den südlichen Rand des Hochtales seiner Herrschaft unterwerfen wollte und dass ihm das mit Siegen über die drei Städte Mizquic, Cuitlahuāc und Xōchimīlco, vermutlich zum Teil von Tlatilolco und Tetzcuhco unterstützt, auch gelang. Die Wahl der zu erobernden Orte, also die strategische Zielrichtung war naheliegend: Es ist ein dichtbesiedelter Raum mit besonders fruchtbarer Seeufer-Landwirtschaft in direkter Nachbarschaft zu Tenochtitlan. Dort konnte man im Uferbereich des Sees auf Beeten, die mit Seeschlamm gedüngt wurden, jährlich bis zu drei Ernten einholen. Eroberungen in dieser Region waren also wirtschaftlich besonders lohnend und konnten territorial leicht konsolidiert werden, denn es war kein feindliches Gebiet zwischen ihnen und Tenochtitlan zu überbrücken.

Wenn wir uns erinnern, dass die Azteken schon einmal einen Sieg über eine dieser Städte, nämlich Xōchimīlco, errungen hatten, darf die erneute Eroberung dennoch nicht verwundern, weil die erste Eroberung ja im Auftrag Cūlhuahcāns geschehen war, so dass Xōchimīlco damals nicht den Azteken untertan wurde. Erst jetzt, unter Ācamāpīchtli, gelang diese direkte Unterwerfung im Rahmen des Zerfalls des Reiches von Cūlhuahcān, den Ācamāpīchtli mit seinen Eroberungen am Südufer des Sees beschleunigte und für sich ausnutzte. Die behauptete Eroberung von Quauhnāhuac fällt hingegen aus dem Rahmen. Der Ort ist relativ weit entfernt, nur über eine hohe Bergkette zu erreichen, und Krieg gegen ihn wird erst für den folgenden Herrscher Huītzilihhuitl gemeldet, wo ich dann näher darauf eingehen werde.

Von einem so frühen und persönlich noch gar nicht aus dem Schatten der pauschalen und stereotypen Geschichtsberichte heraustretenden

Herrscher ein Charakterbild entwerfen zu wollen, wäre vermessen. Dennoch will ich es in Ansätzen versuchen. Der Franziskanermönch Bernardino de Sahagún schildert auf Aussagen aztekischer Gewährsmänner gestützt Ācamāpīchtlis Regierungszeit als friedlich. Dem kann man in Anbetracht der auf 20 Regierungsjahre verteilten wenigen Eroberungen durchaus zustimmen, wenn auch Sahagúns Behauptung, dass es in Ācamāpīchtlis Regierungszeit keine Kriege gegeben habe, wohl nicht zutrifft. Wegen seiner Heiratspolitik kann man auf Ācamāpīchtli vielleicht das für die Habsburger Dynastie gemünzte und besonders gern auf Maria Theresias Herrschaft in Österreich angewandte geflügelte Wort «bella gerant alii tu felix austria nube» (sinngemäß: ‹Kriege mögen andere führen; du, glückliches Österreich, binde dich politisch durch Heiraten deiner Töchter›) anwenden. Immerhin ergibt sich ein stimmiges Bild seiner Politik zum Wohle Tenochtitlans, insofern als er sein unmittelbares Umfeld durch Heiratspolitik und ergänzend durch Eroberungen befriedete, sein politisches Gewicht vermehrte und sich so unter dem Dach der Obermacht der Tepaneken etwas Freiraum und beträchtliches Ansehen verschaffte. Inwieweit er die ursprüngliche demokratische Verfassung der Azteken zu einer mehr den umliegenden bedeutenderen Staatswesen ähnelnden aristokratischen verändert hat und ob er das bewusst tat, können wir aus den spärlichen Quellenberichten nicht erschließen.

4. Vasallen der Tepaneken

Huītzilihhuitl hieß ein vordynastischer Anführer der Azteken in der Zeit, als sie in Chapultepēc sesshaft waren. Dieser vordynastische Huītzilihhuitl war 1299 mit seinen beiden Töchtern in Kriegsgefangenschaft geraten und anschließend von den siegreichen Culhuahkanern ehrenvoll geopfert worden. Der spätere Huītzilihhuitl der inzwischen etablierten Dynastie, um den es uns zu tun ist, wird daher, um ihn von seinem vordynastischen Namensvetter zu unterscheiden, auch Huītzilihhuitl II. oder «der Jüngere» genannt.

Das Wort *Huītzilihhuitl* setzt sich aus *huītzil* ‹Kolibri› und *ihhui-tl* ‹Feder› zusammen und bedeutet ‹Kolibri-Feder›. Mit diesem Namen und seinem Sinn geht eine prestigeträchtige Konnotation einher, denn der Stammesgott, der die Azteken seit ihrem Auszug aus Aztlān begleitet und beschützt hatte und den sie in ihrem Haupttempel in Tenochtitlan verehrten, trug einen ähnlichen Namen, nämlich *Huītzilōpōchtli*, was ‹Kolibri zur Linken› bedeutet. Die partielle Namensübereinstimmung mit dem Namen des aztekischen Hauptgottes verlieh dem Herrscher Huītzilihhuitl also zusätzliche Würde.

Huītzilihhuitls Vater war, wie alle Quellen übereinstimmend berichten, der vorangegangene Herrscher Ācamāpīchtli. Da dieser viele Frauen und dazu noch Konkubinen hatte, ist sich die Überlieferung nicht darüber einig, welche von ihnen Huītzilihhuitls Mutter war. Die wahrscheinlichste Kandidatin ist Zocatlamiyāhuatl, Tochter eines vordynastischen Anführers der Azteken. Es wird aber auch überliefert, dass es eine Sklavin aus dem Stadtteil Quāuhcalco von Āzcapōtzalco gewesen sei, mit der Ācamāpīchtli seinen Sohn und Nachfolger gezeugt habe. Er wäre trotz der niederen Herkunft seiner Mutter nicht illegitim, da sich die Legitimität aus der Vater-Sohn-Beziehung ableitet und die Mutter keine wesentliche Rolle für die Bestimmung der Erbfolge spielt. Huītzilihhuitls Geburt wird in das Jahr 1377 datiert.

Zwar waren die Azteken in der Frühzeit ihrer Königsherrschaft eine noch weitgehend egalitäre, ungeschichtete Gesellschaft, dennoch waren zur Wahl eines Tlahtoāni nur die Vorstände der vier Stadtbezirke und die Priester des Stammesgottes Huītzilōpōchtli berechtigt. Sie teilten ihre Wahl dann dem wartenden Volke mit, das applaudierte. Nach seiner also noch recht informell abgehaltenen Wahl bestieg Huītzilihhuitl 1391 den Thron. Er war fast noch ein Kind, was nicht störte, da man sich in politisch ruhiger Zeit befand. Die Oberherrschaft der Tepaneken mit ihrem mächtigen Herrscher Tezozomoc an der Spitze hatte die Mexikaner fest im Griff.

Huītzilihhuitls jugendliches Alter zum Zeitpunkt des Todes seines Vaters Ācamāpīchtli mag der Grund dafür gewesen sein, dass in zwei Quellen von einem drei- bis vierjährigen Interregnum vor seiner Inthronisation die Rede ist. Das hieße, dass man ihn wegen seiner Jugend für noch nicht regierungsfähig hielt und daher einen Regenten bestellte oder die Regierungsgeschäfte von einem Kollektiv versehen ließ. Die offizielle Reichschronik unterschlägt diesen möglichen Bruch in der dynastischen Abfolge. Das hat sie übrigens mit altweltlichen Chroniken der Päpste oder diverser europäischer Fürstenhäuser gemein. Zweck solcher Geschichtsbereinigung ist es in allen Fällen, den Anschein vollkommener, eindeutiger und ungebrochener Legitimität vom Beginn der Dynastie an im Sinne von Max Webers Konzept der traditionalen Herrschaft darzustellen, denn eine solche Herrschaft legitimiert sich ganz wesentlich durch ununterbrochene Regentschaft einer Fürstenfamilie. Die Legitimität würde unter der Darstellung zeitlicher Brüche oder vorübergehender Regentschaften leiden.

Auch in den Augen der Azteken ist eine der wichtigsten Handlungen eines jungen Herrschers oder Kronprinzen die Sorge für dynastische Kontinuität durch Heirat und Zeugung von Nachkommen. Huītzilihhuitl wurde daher sogleich standesgemäß mit der Prinzessin Āyauhcihuātl aus dem azcapotzalkanischen Herrscherhaus verheiratet. Allerdings schwanken die Quellenangaben beträchtlich, sowohl was den Namen als auch die genaue Herkunft dieser Ehefrau betrifft. Der Zweck dieser Ehe, einen potentiellen Nachfolger zu zeugen, wurde aber erfüllt: Chīmalpopōca hieß der Prinz, der aus dieser Verbindung hervorging.

Interessanter und legendenumwobener war eine andere Brautschau Huītzilihhuitls. Sie fand bald nach seiner Inthronisation statt und führte ihn nach Quauhnāhuac, einer Stadt in einem Mexiko westlich benachbarten Tal. Man erreicht sie von Tenochtitlan aus in einem strammen Tagesmarsch über einen 3100 Meter hohen Pass. Wegen der großen zu überwindenden Höhe teilt man sich die Reise aber tunlichst auf zwei Tage auf. Quauhnāhuac liegt etwa 1600 Meter über dem Meer, also wesentlich tiefer als Mexiko, und genießt daher bereits ein gemäßigteres Klima. Außerdem öffnet sich das Tal, über das die Stadt gebietet, ins Tiefland, so dass hier auch schon begehrte tropische Produkte wie Baumwolle und Kakao erhältlich sind. Solche wirtschaftlichen Aspekte mögen Gründe für das Bestreben Huītzilihhuitls gewesen sein, seine Herrschaft auf Quauhnāhuac auszudehnen. Die Überlieferung sieht aber, vergleichbar mit unserer Regenbogenpresse, viel romantischere und persönlichere Gründe am Werk. Danach soll Huītzilihhuitl, obwohl schon mit etlichen Ehefrauen und Konkubinen versehen, noch unerfüllt gewesen sein. Er ließ daher Späher und Brautwerber in alle Richtungen ausschwärmen, um nach weiteren geeigneten Ehefrauen Ausschau zu halten. Selbstverständlich waren das politische Aufträge, so dass die Brautwerber nur an Fürstenhöfen vorzusprechen hatten, mit denen sich der Tenochkaner politisch vorteilhaft verbinden könnte. Unter zahlreichen Vorschlägen und Angeboten fand lediglich Miyāhuaxihuitl, eine Prinzessin von Quauhnāhuac, bei ihm Gefallen. Sie hatte jedoch den Nachteil, dass ihr Vater, Ozomahtzintēuctli, alle Brautwerber abwies und seine Tochter im Palast einsperrte:

> Er aber, der Ozomahtzintēuctli, so sagt man, war ein Zauberer. Alle rief er: Die Spinne, den großen Hundertfüßler, die Schlange, die Fledermaus und den Skorpion, um ihnen allen zu befehlen, dass sie seine Tochter Miyāhuaxihuitl hüten sollten, weil sie sehr schön war. Damit niemand zu ihr eintrete und kein Bösewicht ihr eine Schande zufüge, war das Mädchen dort eingesperrt und wurde sehr gut bewacht. Überall auf dem Vorplatz des Palastes bewachten all die wilden Tiere sie.
> (Crónica Mexicayotl, § 141a-c)

Huītzilihhuitl konnte diese Prinzessin auf dem normalen Weg der Brautwerbung also nicht gewinnen. Daher griff er, vom Gott Yohualli im Traum beraten, zu folgender List: Er schmückte einen Pfeil besonders schön und steckte einen Edelstein in den Schaft. Den so präparierten Pfeil schoss er über die Palastmauer in den Hof, wo er die Prinzessin in langweiliger Gefangenschaft wusste. Der prächtige vom Himmel herabfallende Pfeil weckte sofort ihre Neugier. Sie brach ihn auf und entdeckte

Die frühdynastische Zeit

ABB. 15 *Namenshieroglyphe Huītzilihhuitls.*
Hieroglyphenschriftlich wird Huītzilihhuitl mit dem Kopf eines Vogels mit langem, manchmal leicht gebogenem und stets spitzem Schnabel gezeichnet. Er lässt sich von der Abbildung her nicht als Kolibri (*huītzil*) erkennen, obwohl diese kleinsten Vögel Mexikos tatsächlich einen langen spitzen Schnabel haben, den sie benötigen, um an den Nektar in den Blüten zu gelangen. Man muss, und das gilt für das Lesen der aztekischen Bilderschrift allgemein, schon ungefähr wissen, was man aus dem Bild herauslesen soll, um die Namenshieroglyphe richtig zu lesen. In diesem Fall muss man also schon wissen, welcher spitzschnabelige Vogel gemeint ist. Um den Vogelkopf herum sind Kreise mit Häkchen im Innern gemalt. Solche Kreise sind das bilderschriftliche Symbol für Federn (*ihhuitl*) und zwar für Daunenfedern. Schwanz- oder Deckfedern stellt man anders dar. [Ausschnitt aus Colección Mendoza, Teil I, Blatt 4v.]

den Edelstein im Schaft. Ähnlich wie es Menschen in der alten Welt früher mit Gold- und Silbermünzen zwecks Echtheitsprüfung taten, ging auch sie vor: Sie biss auf den Edelstein, um seine Härte zu prüfen, verschluckte ihn dabei versehentlich und wurde davon schwanger. Nach entsprechender Zeit gebar sie einen Sohn, den nachmaligen Herrscher Ilhuicamīna. Soweit die Legende, wie sie die Crónica Mexicayotl erzählt.

Aus Andeutungen in derselben Chronik und ausführlicher aus anderen Quellen wissen wir, dass Huītzilihhuitl auch einen langwierigen Krieg gegen Quauhnāhuac führte, dessen glücklicher Ausgang 40 Jahre später, Huītzilihhuitl war schon lange tot, den Azteken schließlich Zugang zu den begehrten Luxusprodukten tropischer Zonen gewährte. Der Leser wird sich allerdings erinnern, dass Quauhnāhuac schon von Ācamāpīchtli als erobert behauptet wurde. Vielleicht war diese frühere Eroberung nicht von Dauer, und die Azteken mussten es nochmals versuchen.

Kann man die Berichte über Brautschau und Krieg in Einklang bringen und daraus einen plausiblen Geschichtsverlauf rekonstruieren? Vielleicht war es so: Wegen der Abweisung seiner Brautwerbung brach Huītzilihhuitl Krieg gegen Quauhnāhuac vom Zaun, in dessen Folge er als Sieger die Tochter des unterlegenen Herrschers zur Ehefrau bekam. Das würde dem üblichen, weltweit verbreiteten Muster entsprechen, dass Krieg und Eheschließung eng verflochten sind. Diese Rekonstruktion ist aber im Lichte der Berichte, die von einem 40 Jahre währenden Krieg sprechen, unwahrscheinlich. Es scheint daher plausibler anzunehmen, dass er die Fürstentochter von Quauhnāhuac mit dem Hintergedanken heiratete, später Ansprüche auf ihr Heimatfürstentum notfalls mit Gewalt durchzusetzen, was dann in den langwierigen Krieg mündete, dessen siegreichen Ausgang er selbst nicht mehr erlebte. Das scheint der politische Kern der Legende zu sein. Alles andere ist romantische Ausschmückung und damit Folklore. Folklore allerdings durchaus mit dem Ziel der Erhöhung des Ansehens der Hauptpersonen, in diesem Falle also des Herrschers Huītzilihhuitl. Denn jeder Azteke, der diese Geschichte hört, versteht sofort, dass das Pfeilschießen und die Schwängerung durch einen Edelstein ein ähnlicher Vorgang war, wie er auch bei der Zeugung ihrer Götter und Heroen der Vorzeit, vor allem der des legendären Herrschers von Tōllān, Quetzalcōātl, und bei ihrem Stammesgott Huītzilōpōchtli geschehen war. Die Legende rückt also zwei ihrer Herrscher in die Nähe der Götter. Vielleicht enthält die Legende aber auch schon Einflüsse spanischer Folklore. Das Auf-den-Stein-Beißen könnte, wie ich schon angedeutet habe, ein Motiv aus der Alten Welt sein, denn überliefert ist die Legende schriftlich erst vom Ende des 16. Jahrhunderts und nur in dem in dieser Hinsicht hochverdächtigen Crónica-X-Kreis. Der Kern der Legende ist aber ohne Zweifel vorspanisch, wie wir bei der Biographie Ilhuicamīnas, von dessen Zeugung sie handelt, noch sehen werden. Dies waren also die dynastisch wichtigsten Verbindungen, die Huītzilihhuitl eingegangen ist. Aus beiden entsprossen Nachfolger auf den Thron Tenochtitlans.

Zwei andere politisch-militärische Unternehmungen Huītzilihhuitls waren weniger romantisch. 1399 führte er den ersten überlieferten Krieg Tenochtitlans gegen Chālco, wo er übrigens auch Brautschau gehalten hatte. Der Krieg muss erbittert und für die Tenochkaner verlustreich gewesen sein, denn es wird berichtet, dass in ihm Huītzilihhuitls Bruder Quāuhtlecōātzin fiel, der immerhin Tlācatēccatl, also kommandierender General, war. Die in der offiziellen Staatschronik gemeldete Eroberung der chalkanischen Hauptstadt hatte nicht lange Bestand. Die Chalkaner waren offenbar nicht zur Unterwerfung bereit und eroberten ihre Hauptstadt bald wieder zurück. Solche ungesicherten Eroberungen waren in der aztekischen Reichsgeschichte nicht selten. Sie sind die Hauptursache dafür, dass viele Orte im Laufe der Zeit mehrmals als erobert berichtet werden. Die buchstabenschriftlichen Berichte sprechen dann beschönigend von Rebellion, die niedergeschlagen wurde, wenn es sich davor vielleicht nur um einen ersten oder auch zweiten erfolglosen Angriff gehandelt hatte ohne wirkliche Eroberung und erst im zweiten oder gar dritten Anlauf der endgültige Sieg gelang. Die Auseinandersetzung mit Chālco sollte die nächsten 80 Jahre immer wieder aufbrechen und erst 1465 unter Huītzilihhuitls Sohn Ilhuicamīna durch endgültige Eroberung abgeschlossen werden.

Huītzilihhuitl hat sich als Vasall von Āzcapōtzalco auch schrittweise und meist erfolgreich um die Erweiterung des gemeinsamen Territoriums am Nordrand des Hochtales bemüht. Diese Zielrichtung ist geopolitisch konsequent gewählt, wenn man bedenkt, dass seinem Vater am Südrand des Tals Eroberungen bereits gelungen waren. Huītzilihhuitl begann außerdem im Verein mit dem Herrscher Tlahcatēōtl von Tlatilolco 1414 auf Ersuchen der Tepaneken einen Eroberungskrieg gegen Tetzcuhco. Die Verbündeten erreichten nach vier Jahren einen Sieg, der zur vorübergehenden Besetzung von Tetzcuhco durch die Allianz führte, während sich der tetzcuhkanische Herrscher Īxtlīlxōchitl durch Flucht retten konnte. Nach einigen Jahren wurde er schließlich doch noch gefasst und getötet. Das geschah aber erst, nachdem Huītzilihhuitl nach 20 Jahren erfolgreicher Regierung 1415 selbst eines natürlichen Todes gestorben war.

Wenn wir von Huītzilihhuitl auch, wie bei allen frühen Herrschern, kein deutliches Charakterbild entwerfen können, weil aus seinem Leben kaum individuelles Verhalten überliefert ist, so scheint er doch als homo politicus ein treuer Verbündeter Āzcapōtzalcos und als solcher ein Machtpolitiker mit Augenmaß gewesen zu sein. Er hat sich eines geradlinigen, seinen bescheidenen militärischen und politischen Kräften angemessenen Handelns befleißigt und ist so zu den erfolgreichen Azteken-Herrschern zu rechnen.

Der nächste Tlahtoāni, Chīmalpopōca, wurde als Sohn des vorangegangenen Herrschers Huītzilihhuitl und einer seiner Ehefrauen, wahrscheinlich einer Prinzessin aus Āzcapōtzalco, der Hauptstadt des Tepaneken-Reiches, oder aus dem tepanekischen Teil-Staat von Tlacōpan-

Tiliuhcān geboren. Doch weder über das Jahr seiner Geburt noch über Namen und Identität seiner Mutter herrscht Einigkeit in den Quellen. Ich finde für den Namen seiner Mutter in den Hauptquellen vier verschiedene, nämlich *Miyāhuaxōchitl*, *Tetzihuatl*, *Āyauhcihuātl* und *Tzihuacxōchitl*, alle unterschiedlicher Herkunft. Hier scheint die Überlieferung verderbt zu sein. *Miyāhuaxōchitl* wurde sie vielleicht versehentlich genannt, weil man sie mit einer Tochter Motēuczūmas verwechselt hat, die zur Zeit der Umsetzung dieser Information in lateinische Schrift dem Schreiber als zeitgenössische Prinzessin gedanklich näherstand. *Tetzihuatl* ist vielleicht eine Verballhornung von *Tēcihuatl* und bedeutet dann einfach ‹Frau oder Tochter von Jemandem›, wäre also gar kein Eigenname, sondern würde nur die Unkenntnis ihres Namens kaschieren. Es blieben dann aber immer noch zwei Alternativen übrig. Das Problem extrem widersprüchlicher Informationen durchzieht Chīmalpopōcas ganze Biographie. Bei seinem Geburtsjahr gehen die Angaben zum Beispiel bis zu 25 Jahre auseinander. Über keinen anderen aztekischen Herrscher berichten die Quellen so widersprüchlich und zugleich so dürftig. Der Grund dafür dürfte in seinem unrühmlichen Ende zu suchen sein, das Chronisten veranlasste, wenig und ohne die gebührende Sorgfalt über ihn zu schreiben und das Wenige nachträglich zu entstellen.

Chīmalpopōca scheint als erster aztekischer Prinz die spätere Standardlaufbahn in öffentlichen Ämtern eingeschlagen zu haben. Zunächst wurde er Statthalter des von seinem Vater Huītzilihhuitl unterworfenen Stadtstaates von Cūlhuahcān. Das war sicher einer der prestigereichsten Posten, den der noch junge aztekische Staat zu vergeben hatte. Denn, wie wir uns erinnern, leitetet sich die aztekische Dynastie selbst von Cūlhuahcān und ihrem alteingesessenen Herrscherhaus ab. Danach folgte 1404 die Ernennung zum obersten Heerführer (*Tlācatēccatl*). Von dieser Position aus war seine Wahl zum Nachfolger des regierenden Herrschers vorgezeichnet. Warum nach dem Tod seines Vaters Huītzilihhuitl die «Annalen von Tlatilolco» ein vierjähriges Interregnum behaupten, ist unklar, denn, wie gesagt, hatte Chīmalpopōca die optimale Vorbereitung für die Wahl zum Herrscher durchlaufen und er war als Sohn des vorangegangenen *Tlahtoāni* auch unter genealogischen Gesichtspunkten erste Wahl. Möglicherweise war er, als sein Vater starb, noch minderjährig, so dass einige Jahre zu überbrücken waren, bevor er inthronisiert werden konnte. Seine Inthronisation geschah dann 1415 oder, wenn wir ein Interregnum ansetzen, 1418.

ABB. 16 *Namenshieroglyphe Chīmalpopōcas.*
Der dritte Herrscher, ein Sohn Huītzilihhuitls, trägt einen beliebten und scheinbar leicht verständlichen Namen: Chīmalpopōca. Er bedeutet ‹rauchender Schild›, denn *chīmal* ist der ‹(Krieger)schild› und *pōca* heißt ‹rauchen›. Die Verdopplung zu *popōca* kennzeichnet das beständige oder wiederholte Aufsteigen von Rauch. Seine Namenshieroglyphe gibt einen scheibenförmigen Kriegerschild wieder, von dem Rauchwölkchen aufsteigen. Welche Vorstellung mit diesem Bild verknüpft wurde, ist unbekannt. In der Mythologie trägt die Gottheit Tēzcatl Īpōca einen rauchenden Spiegel an einem Beinstumpf anstelle eines Fußes. Die Forschung vermutet, dass der vom Spiegel aufsteigende Rauch als Metapher für ein Trugbild steht, das man im Spiegel sieht. Spiegelnde Flächen, sei es die Wasseroberfläche in einer Schale oder die glattgeschliffene Oberfläche eines Obsidian-Steins, dienten aztekischen Wahrsagern nämlich als Mittel, in die Zukunft zu schauen. Diese Vorstellung lässt sich aber nicht gut auf den ‹rauchenden Schild› übertragen, und so bleibt der Name des dritten Herrschers der Azteken, Chīmalpopōca, in seiner esoterischen Bedeutung unklar. [Ausschnitt aus Colección Mendoza, Teil I, Blatt 4v.]

Chālco, ein Verband von Stadtstaaten an dem Mexiko gegenüberliegenden südöstlichen Ufer des Sees von Tetzcuhco, war damals einer der bevölkerungsreichsten und politisch mächtigsten Konkurrenten Tenochtitlans. Um 1420 scheinen sich die Chalkaner eine Provokation als Anlass für einen Krieg gegen Tenochtitlan ausgedacht zu haben, ein Verhalten, das nicht sehr viel anders immer wieder in der Weltpolitik zur Umdeutung einer Aggression als Verteidigungskrieg herhalten muss: Die Chalkaner zertrümmerten vier mexikanische Boote und töteten die aus fünf Mann bestehende Besatzung. Die mexikanische Straf- und Racheaktion unter dem Oberbefehl Chīmalpopōcas blieb nicht aus. Allerdings berichten die Quellen nichts Genaues. Vielleicht war diese unbedeutende Episode nur der Anfang der eigentlichen Auseinandersetzung, die erst fünf Jahre später eskalierte. Chīmalpopōca plante damals nämlich, den Haupttempel in Tenochtitlan zu vergrößern. Die Azteken, die für die Ausschmückung des Tempelbezirks den Rohling eines Opfersteines in einem chalkanischen Steinbruch zu brechen wünschten, wurden abgewiesen, und Chīmalpopōca hat das Vorhaben deshalb nicht mehr selbst zu Ende führen können, da die Chalkaner von ihm nicht unterworfen wurden. Der so wieder angeheizte Krieg zog sich mit wechselnden Erfolgen mal der einen, mal der anderen Seite 40 Jahre lang hin und beschäftigte außer Chīmalpopōca noch seine beiden Nachfolger Itzcōātl und Ilhuicamīna. Erst letzterer konnte die Chalkaner 1465 endgültig besiegen und als Demonstration seiner nun unumstrittenen Macht den begehrten Opferstein endlich beschaffen.

Der Krieg gegen Chālco war gewiss nicht Chīmalpopōcas größte Sorge. Problematischer war nach der Darstellung einiger Quellen, wie er sein Verhältnis zu der Vormacht im Hochtal, Āzcapōtzalco, gestalten sollte. Er selbst war mit dem tepanekischen Herrscher Tezozomoc als dessen Enkel in einer generational untergeordneten Stellung nahe verwandt und durch Heirat mit den Tepaneken auch noch verschwägert. Daher lagen ihm gute persönliche Beziehungen zum tepanekischen Herrscher Tezozomoc am Herzen, und er besuchte ihn häufig in dessen nur fünf Kilometer von Tenochtitlan entfernter Residenz. Vermutlich verhielt Chīmalpopōca sich nicht nur wegen der familiären Bande unterwürfig und beflissen gegenüber Tezozomoc, sondern auch, wie schon sein Vorgänger Huītzilihhuitl, weil er die Übermacht der Tepaneken realistisch in Rechnung stellte.

Allerdings blieben Konflikte dennoch nicht aus. Chīmalpopōca, um das Wohl seiner wachsenden Untertanen auf den Inseln im See besorgt, wollte vom Festland eine Trinkwasserleitung nach Tenochtitlan bauen und musste dazu die Einwilligung der Tepaneken einholen, in deren Territorium die Quellen gefasst werden und die Leitung ihren Anfang nehmen sollte. Dies wurde ihm aber von Āzcapōtzalco ohne nachvollziehbare Gründe verweigert. Anscheinend musste Tezozomoc, der einen eher kooperativen Standpunkt einnahm, seinen Söhnen, die als Könige von Teilfürstentümern des Reiches bereits großen Einfluss auf die Staatsgeschäfte nahmen und offensichtlich im Gegensatz zu ihrem Vater die Konfrontation mit Tenochtitlan suchten, nachgeben. Solange Tezozomoc selbst noch am Leben war, brach dieser Konflikt jedoch nicht offen aus.

Als Tezozomoc dann aber 1426 hochbetagt und nach langer Herrschaft – die Angabe einer Quelle von 138 Regierungsjahren ist natürlich nicht zutreffend – starb, sollte ihm nach seinem letzten Willen sein Sohn Quetzalāyātl nachfolgen. Doch es gab noch weitere Söhne, die nach der Macht im Tepaneken-Reich strebten. Chīmalpopōca verhielt sich loyal gegenüber dem letzten Willen des verstorbenen Tezozomoc und unterstützte Quetzalāyātls Thronanspruch. Damit hatte er aber auf den falschen Kandidaten gesetzt, denn ein anderer Sohn Tezozomocs, Māxtla, der damals in Coyōhuahcān regierte, übernahm handstreichartig die Nachfolge seines verstorbenen Vaters in der Hauptstadt Āzcapōtzalco und damit im ganzen tepanekischen Reich. Selbstverständlich blieb ihm nicht verborgen, dass Chīmalpopōca seinem Bruder den Rat gegeben hatte, ihn, Māxtla beiseitezuräumen. So folgte seine Rache an Chīmalpopōca auf dem Fuße.

Eine Geschichtstradition schreibt, dass Meuchelmörder Chīmalpopōca in einer Steinmetzwerkstatt überfielen, wo er sich um das Vorhaben des Tempelneubaus für Tenochtitlan kümmerte, und dass sein Sohn Teutlehuac sich wenig später aus Angst vor den azcapotzalkanischen Häschern das Leben nahm. Eine andere Version behauptet, dass Māxtla Vater und Sohn im Schlaf ermorden ließ. Dies ist die Überlieferung aus Sicht unbeteiligter Dritter aus der Herrschaft von Quauhtitlan. Sie ist als historische Erzählung unter dem Namen «Königssterben» in die kolonialzeitlichen und nur buchstabenschriftlich überlieferten Annalen eingefügt. Ihr Titel «Königssterben» ist insofern euphemistisch, als die Erzählung nicht vom natürlichen Tod von Königen handelt, sondern davon, wie Māxtla die Herrscher zentralmexikanischer Stadtstaaten einen nach dem anderen töten lässt oder vertreibt. Eine dritte Version über das Ende Chīmalpopōcas findet sich buchstabenschriftlich ebenfalls im Crónica-X-Kreis und sogar noch in altindianischer Bilderschrift im Codex Xolotl, einer aculhuahkanischen Quelle, verzeichnet. Nach ihr provozierte und demütigte nicht erst Māxtla, sondern schon sein Vater Tezozomoc die Azteken, indem er unerfüllbare Steuerabgaben forderte. Darüber habe ich schon oben unter der Herrschaft von Ācamāpīchtli berichtet. Es handelt sich also um eine erneute Schikane nach altem Muster. Māxtla trieb die Provokationen dann auf die Spitze, als er die an seinen Hof geladenen Ehefrauen des Chīmalpopōca ohne Umstände vergewaltigte und sie danach perfiderweise nach Tenochtitlan zurückschickte, wo sie von ihrem Unglück berichteten. Chīmalpopōca wird in diesem Zusammenhang als orientie-

ABB. 17 *Chīmalpopōca im Gefängnis.*
In einem großen Haus, das die Stadt Āzcapōtzalco repräsentiert, ist ein Holzverschlag aufgestellt. Darin sitzt der gefangene Chīmalpopōca (Namenshieroglyphe hinter seinem Kopf) und spricht mit Nezahualcoyōtl außerhalb des Käfigs. Eine Reihe von Hieroglyphen (hier nicht reproduziert) gibt den Inhalt des Gespräches wieder: Māxtla hat beschlossen ihn, Chīmalpopōca, am Tag Zehn Blume umzubringen. [Nachzeichnung von B. Riese nach Codex Xolotl.]

rungslos, entscheidungsschwach und ängstlich geschildert, und es ist nicht verständlich, warum er sich selbst nochmals nach Āzcapōtzalco begab, wo er dann umgehend gefangengesetzt wurde.

Der Codex Xolotl bildet ihn danach in einem typischen aztekischen Gefängnis ab, das aus einem Käfig aus Balken besteht, wie wir ihn für den Transport von Großwild kennen (Abb. 17). Dort soll Chīmalpopōca nahezu dem Hungertod überantwortet worden sein. Weil er an den ihm angekündigten ehrenvollen rituellen Tod auf dem Opferstein der Tepaneken nicht mehr glaubte, soll er schließlich seinem Leben selbst ein Ende gesetzt haben. In der Nacht zuvor hatte er bereits seinem Sohn Teutlehuac den Selbstmord befohlen. Ein vierte Version behauptet, dass Chīmalpopōca im Auftrag seines obersten Heerführers und Onkels,

Itzcōātl, umgebracht worden sei, weil der ihn für feige und zu nachgiebig gegenüber den Tepaneken hielt, ein Topos, der auch beim Tod des späteren Herrschers Tizocic angeführt wird.

Das quellenkritisch Interessante an den vier verschiedenen Versionen sind die partiellen Übereinstimmungen, die zeigen, dass, was immer die Phantasie der Erzähler und die Überlieferung daran ausschmückend angefügt oder weggelassen haben, ein ereignisgeschichtlicher Kern unstrittig ist: Chīmalpopōca und sein Sohn Teutlehuac kamen im Zusammenhang mit dem politischen Druck, der von Āzcapōtzalco ausgeübt wurde, gewaltsam ums Leben; und das soll im Jahr 1426 geschehen sein.

Wenn diese Berichte in ihrem übereinstimmenden Kern historisch zutreffen, und dafür sprechen viele Indizien, finden wir hier tatsächlich den Keim der politisch wichtigsten Umwälzung im spätindianischen Zentralmexiko: Das Ende des Tepaneken-Reiches und in seiner Folge die völlige Umverteilung der Macht mit dem raschen Aufstieg der Azteken. Das letzte kurzzeitig erfolgreiche Aufbäumen der tepanekischen Macht unter dem Usurpator Māxtla überspannte offenbar die Loyalität unterworfener und verbündeter Stadtstaaten so sehr, dass sie in einem konzertierten Gegenschlag die Tepaneken schließlich vernichteten. Doch das gelang erst zur Zeit des folgenden aztekischen Herrschers Itzcōātl. Zunächst scheinen die Tepaneken mit der Ermordung Chīmalpopōcas und anderer Herrscher ihre Vormachtstellung in Zentralmexiko bis 1428 gefestigt zu haben. So widersprüchlich die Motive für die Ermordung bzw. für den Selbstmord Chīmalpopōcas auch sind, die Art seines Todes war in jedem Fall eine Verletzung der mexikanischen Würde. Zorn und Unverständnis über Chīmalpopōcas Ende und das seines Sohnes Teutlehuac sprechen deutlich aus dem Bericht des Annalisten aus Quauhtitlan:

> Und damals war es auch, dass der namens Tēuctlahuacatzin, *Tlacochcalcatl* in Tenochtitlan, Selbstmord verübte. Denn er war in Furcht, nachdem der Herrscher Chīmalpopōca getötet worden war, und er bedachte hin und her, ob die Tenochkaner Krieg führen sollten oder vernichtet werden würden. Deswegen gab er sich den Blumentod, vergiftete sich. Und als man das erfuhr und sah, wurden die Tenochkaner, Adlige und Herrscher, wütend. Und deswegen berieten sich die Mexikaner, versammelten sich, kamen überein, fällten das Urteil und sprachen: «Keinem einzigen seiner Kinder, Neffen und Enkel soll eine Auszeichnung zuteil werden, keiner soll Herrscher werden, ewig sollen sie nur zu den Untertanen zählen.» Und so geschah es. Von seinen Enkeln wurde keiner, obwohl sie sehr tüch-

tige Krieger waren und sich im Kampf tapfer zeigten, Herrscher und ausgezeichnet.
(Annalen von Quauhtitlan, §§ 733–6)

Das hinter diesem Urteil stehende Ethos ist das des aztekischen Herrschers, der auf dem Schlachtfeld sterben oder, wenn er dort vom Gegner gefangengenommen wurde, den heiligen Opfertod erleiden sollte, nicht aber sich heimtückisch im Schlaf oder bei ziviler Arbeit ermorden lassen oder gar durch eigene Hand enden durfte. Das will dieser Bericht aus Quauhtitlan uns vermitteln.

Chīmalpopōca ist ohne Zweifel der aztekische Herrscher mit den wenigsten Eroberungen, also der militärisch erfolgloseste gewesen. Die offizielle Staatschronik weist ihm nur die Eroberung von Tequīxquiac und Chālco zu, wovon eine, nämlich Chālco, wie wir sahen, wohl noch nicht einmal eine definitive war. Somit ist sein schmähliches Ende vielleicht tatsächlich in seinem ängstlichen Charakter zu suchen. Es könnte aber auch so sein, dass der Staat Āzcapōtzalco unter seinem alternden Herrscher Tezozomoc territorial saturiert war und der Vasall Chīmalpopōca nur wenige Aufträge für Eroberungen bekam, die magere Eroberungsbilanz also externe Gründe hatte. Aber damit nicht genug der historischen Unklarheiten. Einige wenige Chronisten vermelden, dass ein anderer Sohn Chīmalpopōcas, Xīhuitl Temōc, ihm in der Herrschaft nachfolgte, jedoch nur 60 Tage lang regierte. Es wird nicht gesagt, warum er nur so kurz herrschte. Andererseits beeilen sich die Annalen von Quauhtitlan im oben zitierten Abschnitt anzufügen, dass Kinder und Enkel des Chīmalpopōca wegen der Schmach seines Todes geächtet wurden und von der Nachfolge als Herrscher ausgeschlossen blieben. All das zusammen fügt sich zwar nicht zu einem konsistenten Bild der Ereignisse und ihrer tieferliegenden Gründe, zeigt aber deutlich, wie einhellig abwertend die Stimmung und Meinung über den toten Herrscher war.

Diesem Bild etwas Positives entgegenzusetzen fällt schwer im Lichte Chīmalpopōcas offensichtlicher politischer Instinktlosigkeit, der Dürftigkeit seiner anderen überlieferten Taten, seiner nur spärlichen militärischen Erfolge und seines unrühmlichen Endes. Lediglich die Treue, die ihm sein Sohn Teutlehuac bis in den Tod hielt, lässt etwas von herrscherlichem Charisma und väterlicher Autorität in Chīmalpopōcas Charakter erahnen.

Kapitel V
Befreiungskrieg und Dreibund (1428–1440)

Yzca in iylnamicoca yn etetl tzontecomatl
yn altepetl yn nican nueva españa
mexico tetzcuco tlacuban

Hier ist das Andenken an die drei Häupter hier in Neuspanien: Mēxihco, Tetzcuhco (und) Tlacōpan (zu sehen).

(Codex Osuna, Blatt 496)

1. Itzcōātl, Befreier vom Joch der Tepaneken

Der Herrscher Itzcōātl war ein Sohn des Begründers der aztekischen Dynastie, Ācamāpīchtli d. J. Er soll um 1382 aus dessen Verbindung mit einer Sklavin aus Āzcapōtzalco geboren worden sein. Diese von mütterlicher Seite illegitime Herkunft war aber kein Hinderungsgrund, ihn als Kronprinzen zu betrachten, da Legitimität bei den Azteken vor allem auf der männlichen Abstammung gründete. Dennoch haben sich aztekische Herrscher aus politischem Kalkül und zur Hebung ihres allgemeinen Prestiges gern mit Prinzessinnen verbunden.

Itzcōātl heißt im Aztekischen der Barsch, ein schmackhafter Meeresfisch, der im Hochland zu damaliger Zeit, wo die Azteken noch keine intensiven Handelsbeziehungen zur Küste unterhielten, allerdings nicht bekannt war. Es handelt sich bei diesem Herrschernamen daher wohl nicht um die Bezeichnung dieses Fisches, sondern um eine mythische Gestalt. Das zeigt auch seine hieroglyphenschriftliche Darstellung (Abb. 18). Sie folgt nicht dem Wortsinn ‹Barsch› und stellt keinen Fisch dar, sondern sie drückt die beide Wortelemente *Itz* und *Cōā* bildlich aus und verbindet sie zu einem Fabeltier: einer leicht gewundenen Schlange, der dreieckige Zacken, die Messerklingen darstellen sollen, aufgesetzt sind. Die Schlange selbst wird in den sorgfältigeren, noch der altindianischen Tradition verpflichteten Wiedergaben, wie in Abb. 18, mit aufgestülptem, zweimal rechtwinklig nach hinten gebogenem Maul dargestellt; in späteren Darstellungen ist sie oft als sich windende Schlange mit realistischem Maul und aufgesetzten schwarzen Dreiecken ausgeführt. Wie auch die zweite mythische Schlange der Azteken, *Quetzalcōātl*, hat sie ihren Rachen weit geöffnet und streckt ihre gespaltene Zunge heraus.

Itzcōātl wurde im Verlauf einer normalen Prinzenlaufbahn kommandierender General (*Tlācateccatl*) zunächst bei seinem Bruder Huītzilihhuitl und dann auch bei dessen Sohn und Nachfolger Chīmalpopōca. Hier stellte sich dann jedoch die Anomalität ein, dass er sehr viel älter als sein *Tlahtoāni* war. Nicht nur das, sondern auch die Tatsache, dass er nach dem gewaltsamen Tod Chīmalpopōcas dann doch noch *Tlahtoāni* wurde, also Chīmalpopōca in diesem Amt nachfolgte, ist nicht leicht zu erklären. Denn die Nachfolge seitens eines der Kinder Chīmalpopōcas wäre die zu erwartende Regelung gewesen. Andererseits war Itzcōātl als oberster Heerführer vom politischen Rang her der passende Kandidat für die Nachfolge. Dass man sich auch schon in altaztekischer Zeit über diese ungewöhnliche Amtsnachfolge Gedanken machte, findet darin einen Ausdruck, dass einige Quellen tatsächlich einen Sohn Chīmalpopōcas namens Xīhuitl Temōc als dessen Nachfolger nennen, der aber nur zwei Monate regiert haben soll. Die Nichtnennung in den meisten Quellen kann dann einigermaßen plausibel dadurch erklärt werden, dass Xīhuitl Temōc in den offiziellen Annalen wegen seiner kurzen Herrschaft von weniger als einem Jahr überlieferungstechnisch einfach unter den Tisch gefallen wäre. Eine andere Erklärung für das Nichtaufscheinen Xīhuitl Temōcs könnte man darin sehen, dass sein Nachfolger Itzcōātl die dynastische Abfolge durch Tilgung des Namens seines unmittelbaren Vorgängers bereinigt hätte, wofür ich später Indizien und Gründe nenne. Schließlich ist auch der im vorangegangenen Kapitel erwähnte Ausschluss aller Nachkommen Chimalpopōcas von der Herrschaft wegen seines schmählichen Todes ein plausibler Erklärungsrahmen dafür, dass Itzcōātl das Amt übernahm. So oder so bleibt die Erhebung zum *Tlahtoāni* in Itzcōātls Leben ein unklarer Punkt.

Itzcōātl wird in der indianischen Geschichtsschreibung vor allem wegen seines Sieges über die Tepaneken gerühmt. Die lange und starke Herrschaft des Tepaneken Tezozomoc von Āzcapōtzalco war 1426 mit dessen natürlichem Tod zu Ende gegangen. Er hatte zwar noch selbst seinen Sohn Quetzalāyātzin zum Nachfolger bestimmt, dem es jedoch nicht gelang, sein Erbe anzutreten. Sein Bruder Māxtla, der als Statthalter Tezozomocs in Coyohuahcān residierte, beeilte sich, zur Totenfeier für seinen Vater nach Āzcapōtzalco zu kommen, eine Strecke, die man in einem halben Tag hinter sich bringen kann. Er kam mit der Absicht, dort die Macht an sich zu reißen, und er hatte damit überraschend Erfolg. Sein älterer Bruder Quetzalāyātzin wehrte sich nicht ernsthaft. Chīmalpopōca, der damals noch *Tlahtoāni* von Tenochtitlan war, hatte, wie wir im vorangehenden Kapitel sahen, vergeblich versucht, aus dieser politisch unsicheren Lage Āzcapōtzalcos Kapital zu schlagen, war aber kläglich gescheitert und hat seinen Versuch mit dem Leben bezahlt. Māxtla kompensierte seine illegitime und gewalttätige Usurpation durch flächendeckenden Terror, mit dem er die Herrscher und Fürsten Zentralmexikos verfolgte. Er ließ sie der Reihe nach beseitigen. Das ist, wie gesagt, in die aztekische Geschichtsschreibung etwas euphemistisch als «Königssterben» (*Tlahtocamicoac*) eingegangen.

Itzcōātl war mit seinem Widerstand gegen die Tepaneken erfolgreicher als Chīmalpopōca, dank einer Koalition unzufriedener, von Āzcapōtzalco abhängiger Staaten, auf die er sich stützen konnte, darunter Quauhtitlan und Tetzcuhco. Frühzeitig und klug hatte er vorgesorgt, indem er die Loyalität und Dankbarkeit des jungen Thronprätendenten von Tetzcuhco, Nezahualcoyōtl, gewann. Ihm hatte er 1428–1433 nämlich Asyl in Tenochtitlan gewährt und zum Abschluss seine Inthronisation in Tenochtitlan ausgerichtet, die wegen der in Tetzcuhco noch herrschenden Tepaneken-freundlichen Fraktion dort nicht stattfinden konnte. Es gelang dieser Koalition tatsächlich, die Tepaneken 1430 entscheidend zu schlagen. Der Chronist der Annalen von Quauhtitlan fasst dieses epochale Ereignis in die folgenden knappen Worte:

> Und es war gesagt worden, dass man das Jahr Drei Kaninchen (1430) zählte, als die Tepaneken besiegt wurden. Damals auch wurden die Quauhnahuahkaner und die Xaltocamekaner besiegt. Nezahualcoyōtl besiegte sie und Itzcōātzin und Tecocohuatzin aus Quauhtitlan.
> (Annalen von Quauhtitlan, § 980)

In dieser nichtaztekischen Quelle aus Quauhtitlan wird allerdings Nezahualcoyōtl als die treibende Kraft in der Koalition genannt – er nimmt in der Aufzählung der Sieger die erste Stelle ein –, während aztekische Quellen verständlicherweise ihren eigenen Herrscher Itzcōātl hervorheben.

Māxtla verliert zwar zunächst seine Städte eine nach der anderen an die Koalition und muss sogar tatenlos zusehen, wie Nezahualcoyōtl die Herrschaft in Tetzcuhco den dortigen tepanekischen Statthaltern, darunter seinen eigenen Brüdern, in kurzer Zeit entringt. Doch ist er noch nicht besiegt und kann sich immer noch auf loyale Stadtstaaten seines schrumpfenden Reiches stützen. Schließlich flieht er nach Tlachco, dem heutigen Taxco, wo er unter ungeklärten Umständen umkommt.

Der tetzcuhkanische Geschichtsschreiber Fernando de Alva Īxtlīlxōchitl berichtet eine andere Version von Māxtlas Ende. Danach wurde Māxtla von den Koalitionstruppen in seiner eigenen Hauptstadt Āzca-

ABB. 18 *Namenshieroglyphe Itzcōātls.* Der Name Itzcōātl setzt sich aus den beiden Hauptwörtern *Itz* ‹Obsidianklinge› und *Cōā* ‹Schlange› zusammen und bedeutet ‹Obsidian-Messerschlange›. Als Eigenname eines Prinzen oder gar Herrschers verwendet wird ihm meist nicht das gewöhnliche Nominalsuffix -*tl* angehängt, sondern das Höflichkeit anzeigende Suffix -*tzin*, so dass man seinen Namen oft als Itzcōātzin geschrieben findet. Dieses Element findet aber in der Hieroglyphenschrift keinen Ausdruck. Ähnliches gilt auch für die anderen aztekischen Herrscher. Sein Vorgänger Ācamāpīchtli ist auch als Ācamāpītzin bekannt, und Huītzilihhuitl wird gerne Huītzilihhuitzin genannt. [Ausschnitt aus Colección Mendoza, Teil I, Blatt 5v.]

pōtzalco besiegt, wo Nezahualcoyōtl, der tetzcuhkanische Heerführer, ihm eigenhändig das Herz aus dem Leib gerissen haben soll, nachdem man Māxtla in einem Versteckt aufgestöbert hatte. Mit diesem Herzopfer sühnte Nezahualcoyōtl den Mord an seinem Vater Īxtlīlxōchitl, so die Interpretation des Urenkels und Chronisten Alva Īxtlīlxōchitl. Die Quellen sind im Zusammenhang mit dem Ende des letzten Tepaneken-Herrschers also widersprüchlich und, soweit sie von Māxtlas Tod in Tlachco reden, sind sie auch sehr vage, so dass Selbstmord aus Verzweiflung oder Ergreifen durch die siegreichen Gegner infrage kommen, ohne dass wir es genau erfahren.

2. Das aztekische Kriegswesen

Für viele Aspekte des Kriegswesens der Azteken ist die Quellenlage günstig und reichhaltig, denn zwei Jahre lang konnten die spanischen Eroberer in direkter Auseinandersetzung mit ihnen Taktik und Strategie ihrer Gegner studieren und die Wirkungen indianischer Waffen am eigenen Körper erfahren. Allerdings ist damit nur eine Außenansicht gegeben, wohingegen alle Aspekte der inneren Organisation, der Entscheidungsstrukturen etc. quellenmäßig nur schwach belegt sind. Selbst die erhaltenen indianischen Quellen schweigen sich darüber weitgehend aus.

Formen der Kriegführung

In den Augen der Azteken gab es fünf legitime Arten von Krieg (*Yāōyōtl*): den Befreiungskrieg, den Eroberungskrieg, den Bestrafungskrieg, den Blumenkrieg (*Xōchiyāōyōtl*) und den Inthronisationskrieg. *Befreiungskriege* hatten die Azteken in vordynastischer Zeit gegen Cūlhuahcān geführt, und auch der Krieg gegen die Tepaneken war ein solcher. Ein *Eroberungskrieg* wird aus wirtschaftlichen Gründen geführt. Das wird so direkt zwar nirgends gesagt, erschließt sich aber aus den ritualisierten Verhandlungen vor Aufnahme von Feindseligkeiten: Zunächst macht ein aztekischer Gesandter dem Gegner das Angebot, dass er, wenn er freiwillig Tribut zahle, ungeschoren davonkomme. Erst wenn dieses Angebot abgelehnt wird, wird der Krieg begonnen. Ein *Bestrafungskrieg* ist angezeigt, wenn aztekische Fernhändler bei ihrer Durchreise durch fremdes Territorium belästigt, behindert oder getötet werden; wenn ein schon unterworfenes Gebiet rebelliert oder die Zahlung von Tribut verweigert. Fast alle Kriege, die die Azteken in späterer Zeit führten, waren Eroberungs- oder Bestrafungskriege, und sie hatten solche auch schon früher im Auftrag ihrer Oberherren von Cūlhuahcān und Āzcapōtzalco geführt. Ein solcher Krieg in fremdem Auftrag, auf den sie besonders stolz zurückblickten, war der gegen Xōchimīlco, über den ich in Kapitel III berichtet habe.

Bei einem *Blumenkrieg* galt als wesentliches Ziel, Kriegsgefangene für Menschenopfer zu erlangen und so die Opferung eigener Angehöriger zu vermeiden. Ein weiterer Zweck war, das Heer zu trainieren und zu motivieren. Durch Tapferkeit und Einbringen von Gefangenen in einem Blumenkrieg konnte man nämlich in den Rängen aufsteigen, was die Motivation der Krieger hochhielt. Und schließlich wird auch behauptet, dass ein solcher Krieg einfach Spaß machte. Wann sich diese Form des Krieges ausgebildet hat und warum sie sich über Generationen erhielt, ist in Anbetracht der sich rasch transformierenden politischen Verhältnisse in Zentralmexiko nicht ganz klar. Der kolonialzeitliche Historiker Juan de Torquemada schildert in diesem Zusammenhang in seiner «Monarquía Indiana» zum Jahr 1469, als die Blumenkriege schon fest etabliert waren, eine aufschlussreiche Episode:

> Damals rebellierten die Leute von Huexōtzinco und Ātlīxco; und Āxāyacatl zog in Begleitung des Nezahualcoyōtl von Tetzcuhco und des Totoquihuaztli von Tlacōpan gegen sie zu Felde. Mitten in der Schlacht erschien der Gott Titlācahuan. Er ergriff zwei Heerführer des höchsten mexikanischen Adels. Die Mexikaner kamen ihnen zu Hilfe und brachten es fertig, sie zu befreien. Damit waren die Gegner besiegt, und die Könige kehrten nach Hause zurück. Der Herrscher von Mexiko berichtete dieses Wunder und diese Ereignisse seinen Wahrsagern und Zukunftsdeutern. Die sagten, dass der Krieg überhaupt noch nicht beendet sei, und er würde ewig virulent bleiben.
> (Torquemada, Monarquía Indiana, Buch 2, Kapitel 55)

Es scheint also göttliches Gebot gewesen zu sein, dass solche Kriege immer wieder geführt wurden. Denn der hier genannte eingreifende Gott Titlācahuan ist der eigentliche Kriegsgott der Azteken und keineswegs ein fremder, ihnen übel gesinnter Gott. Eine gewisse Analogie zur Ätiologie der Kriegsführung bei den alten Griechen, wie sie in den homerischen Epen überliefert ist, ist unverkennbar.

In späterer Zeit, für die auch das gerade wiedergegebene Zitat steht, führte Tenochtitlan mit Tlaxcallān, Chālco, Ātlīxco und Huexōtzīnco, alles Herrschaften im östlich benachbarten Hochtal, Blumenkriege. Mit diesen und gelegentlich anderen Gegnern haben sie solche unter den Herrschern Ilhuicamīna 1468, Āxāyacatl 1469 (siehe obiges Zitat von Torquemada) 1481, Āhuitzōtl 1494 oder 1495, und Motēuczūma 1503, 1508 und 1511/12 geführt. Sie fanden auf einem festgelegten Schlachtfeld mit einer festgelegten Zahl von Beteiligten statt. Ein *Xōchiyāōyōtl* zwischen Tenochtitlan und Tetzcuhco ist sogar mit Vorabsprache des Siegers überliefert. Ihn führte man, um einen vereinbarten Gebietstransfer zu legitimieren. Das zeigt, wie ritualisiert internationale Beziehungen waren und wie fest eingebunden das Instrument Krieg in das allgemeine gesellschaftliche Verhalten war: Ein Gebietstransfer zwischen zwei souveränen Staaten ist anscheinend nur durch Gewaltanwendung denkbar, so dass man selbst bei Einigkeit der Verhandlungspartner zu einer Form der Gewalt greifen musste, allerdings zu entschärfter ritualisierter Gewalt in Form des Blumenkrieges.

Eine besondere Art von Kriegen, zwischen Eroberungskrieg und Blumenkrieg schwankend, sind die Kriegszüge der Prinzen zum Beweis ihrer Regierungsfähigkeit vor ihrer Einsetzung zum *Tlahtoāni*. Wir nennen sie *Inthronisationskriege*. Wie die Blumenkriege dienten sie primär dem Nachweis der militärischen Tüchtigkeit, in diesem Fall der des designierten *Tlahtoāni*. Sie wurden meist nicht mit den traditionellen Blumenkriegsgegnern ausgefochten, sondern gegen frei gewählte «echte» Gegner. Nur Motēuczūma scheint seinen Inthronisationskrieg gegen die traditionellen Blumenkriegsgegner geführt zu haben.

Kommandostruktur

Das oberste militärische Organ des Dreibundes ist der Kriegsrat. In ihm sind die Herrscher von Tenochtitlan, Tetzcuhco und Tlacōpan vertreten. In Tenochtitlan selbst ist oberstes Organ der Militärverwaltung das Kriegskabinett, das in späterer Zeit im Palast des Herrschers tagte (Abb. 39). Ihm sitzt der *Tlahtoāni* vor, der vom *Cihuācōātl* unterstützt wird. Außer diesen beiden sind der *Tlacochcalcatl*, der *Tlācatēccatl*, der *Ezhuahuacatl* und der *Tlillancalqui* im Kriegskabinett vertreten. Die Ämter des *Tlācatēccatl* und des *Tlacochcalcatl* scheinen mit besonders großer politischer Macht und hohem Prestige ausgestattet gewesen zu sein, denn sie wurden bevorzugt an Thronprätendenten vergeben.

Das Kommando im Felde führt gelegentlich der *Tlahtoāni* selbst, meist jedoch der *Tlācatēccatl*. In den Quellen werden noch weitere Feldherren genannt. Es ist aber nicht bekannt, wie sie sich die militärischen

ABB. 19 *Modell eines aztekischen Kriegers.*
Das Modell eines einfachen mexikanischen Kriegers, wie ihn sich Archäologen vorstellen. [Museo de Antropología Mexiko-Stadt / Photo: B. Riese.]

Aufgaben teilten. Ausschlaggebend für den Rang als Krieger auf Ebenen unter der genannten Generalität, als *Tequihua, Otōmitl* oder *Quachic,* ist die Zahl der eingebrachten Gefangenen. Sie lebend einzubringen ist wichtig, da sie später als Opfersklaven verwendet werden sollen. Schwierig oder leicht zu fangende Gegner werden bei der Vergabe der militärischen Rangstufen unterschiedlich gewichtet. Außerdem spielt für die Aufstiegsmöglichkeiten im Rangsystem auch das allgemeine Verhalten im Krieg eine Rolle. Vor allem Feigheit vor dem Feind (Flucht) wird als der Karriere hinderlich angesehen und bei den besonders streng geführten Otōmih-Kriegern mit zweijährigem Ausschluss aus der Laufbahn bestraft. Danach erhält der so Bestrafte die Chance, sich in einem Blumenkrieg erneut zu bewähren. Ernennungen der höchsten Offiziere werden mit Festen gefeiert.

Die Kampfeinheiten setzen sich aus einfachen Soldaten (*Yāōquizqui*) zusammen, die der Schicht der Gemeinfreien (*Mācēhualli*) entstammen. Sie sind auf der Basis der Siedlungsverbände (*Calpūlli*) zu Einheiten organisiert. Jede Einheit wird im Krieg durch ihr Feldzeichen (*Quachpāntli*) identifiziert. Umstritten ist in der Forschung die Frage, ob es Militärgesellschaften bzw. Kriegerorden gab, vergleichbar den in den mittelalterlichen

Kreuzzügen sich bildenden christlichen Kriegerorden. Durán, einer unserer verlässlichsten Gewährsleute aus der frühen Kolonialzeit, nennt Adler (*Quāuhtli*) und Jaguare (*Ōcēlōtl*) Kriegerorden. Dieser Interpretation haben sich viele moderne Autoren angeschlossen, und sie glauben, diese Institution sogar weit in die voraztekische Geschichte Zentralmexikos zurückverfolgen zu können. Nach Meinung des Hamburger Azteken-Forschers Eike Hinz handelt es sich bei Adlern und Jaguaren jedoch um militärische Ränge, nicht um Orden mit eigener Ethik, einem eigenen Verhaltenskodex und weitgehend eigenständiger Führung. Das geht seiner Interpretation nach vor allem aus der «Colección Mendoza» und aus Sahagúns ethnographischer Schilderung hervor, beides sehr authentische Quellen. Die Tatsache, dass es in Tenochtitlan ein Adlerhaus (*Quāuhcalli*) gab, spricht dann aber wieder für die Interpretation als Kriegerorden in Form eigenständiger Militärkorporationen.

Bewaffnung

Die Bewaffnung des aztekischen Soldaten bestand aus einem Baumwollpanzer (*Ichcahuīpīlli*) als Schutz für den Oberkörper und dem Rundschild (*Yāōchīmalli* oder *Quauhchīmalli*), mit dem er ebenfalls Oberkörper und Kopf schützen konnte. Das ist die Defensivbewaffnung (Abb. 19). Sie ist leicht und zweckmäßig, und daher haben sogar die Spanier in ihrem Eroberungskrieg gegen die Azteken den Baumwollpanzer bald übernommen. Die Offensivwaffen der Azteken sind vielfältiger. Mit dem Bogen (*Tlahuitolli*) konnten verschiedene Arten von Pfeilen verschossen werden: der einfache Pfeil (*Mītl*), ein Pfeil mit gezackter Spitze, der größere Wunden riss (*Tlatzontectli*), und der Brandpfeil (*Tlemītl*). Pfeile führte der Krieger in einem Pfeilköcher (*Mīcōmitl, Mīxiquipilli*) mit. Ein etwas größeres Geschoss konnte man mit der Speerschleuder (*Atlatl*) verschießen. Die zugehörigen Speere (*Tlacochtli, Mītl, Mīnacachalli*) waren ähnlich bewehrt wie die Pfeile, die mit dem Bogen abgeschossen wurden, und man konnte in der einen Hand mehrere Speere und in der anderen die Speerschleuder hinter dem schützenden Schild mit sich führen. Eine weitere Fernwaffe war die Steinschleuder (*Tematlatl*).

An Nahkampfwaffen war das Holzschwert mit beidseitigen Obsidianklingen (*Māquahuitl*) die wichtigste. Es gab es in einer einhändigen und einer beidhändigen Variante. Außerdem kannte man eine über mannsgroße Lanze (*Tepuztōpīlli*), eine Kriegskeule, die entweder mit spitzem oder eher stumpfem Kopf (*Māquahuitzoctli, Quauhololli*) bewehrt war oder aber mit Obsidianklingen besetzt sein konnte (*Huitzauhqui*), und schließlich führte der Krieger noch ein einfaches Messer mit Feuerstein- oder Obsidianklinge (*Tecpatl*) mit sich.

Staatliche Waffenkammern und Zeughäuser sind aus schriftlichen Quellen bekannt, aber archäologisch bisher nicht identifiziert worden. Sie heißen *Tlacochcalco*. Der Name, der im Kern der gleiche ist, den einer der ranghöchsten Generäle, der *Tlacochcalcatl*, trug, weist auf die Bedeutung der Ausrüstung und Logistik für die aztekische Kriegsführung hin. Auch die Steuerlisten enthalten viele militärische Ausrüstungsgegenstände als Abgaben, die nach Tenochtitlan zu liefern waren. Und diese waren es wohl, die man im *Tlacochcalco* magazinierte und im Falle eines Krieges an die aus der bäuerlichen Bevölkerung rekrutierten Krieger ausgab.

Taktik und Kriegsverläufe

Die schon genannten Otōmih-Krieger waren anscheinend eine Spezialeinheit mit eigener Kampftechnik. Sie kämpften in Paaren. Genaueres über diese interessante Art zu kämpfen ist aber nicht bekannt. Das Zusammenwirken unterschiedlich bewaffneter Krieger, wie es die römische Kampftechnik auszeichnete, spielte vielleicht auch hier eine Rolle.

Zur Mobilität ist nicht viel zu sagen. Verglichen mit europäischen und asiatischen Heeren der damaligen Zeit schränkte das Fehlen von Reit- und Zugtieren bei den Azteken die Mobilität erheblich ein, was sich in der Auseinandersetzung mit den Spaniern als entscheidendes Manko herausstellte. Zuvor, in altindianischer Zeit, waren aber alle indianischen Truppen in dieser Richtung gleichermaßen defizient, so dass es keinen Unterschied machte. Auf den Binnenseen wurden geruderte Kriegseinbäume (*Chīmalācalli*) verwendet. Meeresschifffahrt für militärische Zwecke setzten die Azteken nicht ein.

In normalen Schlachten wurden Gegner oft getötet. Ein gewisser Anteil musste aber lebend gefangen werden, um später bei den Opferfesten Verwendung zu finden. Und diese Kriegsgefangenen wurden vermutlich unter Aufsicht des *Calpixqui* in der nächstliegenden Garnison oder Provinzhauptstadt interniert. Waren zahlreiche Gefangene gemacht worden, konnte der Angriffswille erlahmen oder der Kampf sogar ganz eingestellt werden, da dann eines der Hauptziele einer Schlacht erreicht war. Es ist auf alle Fälle charakteristisch für die aztekische Strategie, dass taktische Vorteile nicht bis zur letzten Konsequenz der totalen Niederringung oder Vernichtung des Gegners ausgenutzt wurden, und so etwas wie Geländegewinn und die Eroberung strategischer Höhen spielte, wenn überhaupt, nur eine untergeordnete Rolle.

Schicksal für viele Kriegsgefangene war also der Tod als Opfersklave unter Aufsicht ihres Fängers. Manche wurden zuvor auf den Sklavenmärkten verkauft und konnten dann als Sklaven wenigstens am Leben bleiben. Aber selbst die, die um ihre baldige Hinrichtung wussten, trugen dieses Schicksal mit Gleichmut, ja sogar bisweilen mit Stolz, denn der Tod auf dem Opferstein war ruhmvoll. Der aktuelle Vergleich mit Selbstmordattentätern islamistischer Ideologie bietet sich insofern an, als wir dadurch besser verstehen können, zu welchem Grad von Selbstverleugnung (junge) Menschen unter starkem ideologischem Druck fähig sind.

Strategie

Zur Einschüchterung unterworfener Provinzen, aber auch potentieller zukünftiger Gegner, haben die Azteken ihre Macht vor allem in Form massenhafter Menschenopfer vorgeführt. Daneben wird das Niedermetzeln von Zivilisten wiedereroberter Städte gelegentlich als besonders harte Strafe bei Rebellion durchgeführt und diente sicher ebenfalls der Abschreckung. Es ist übrigens das gleiche Vorgehen, dessen sich besonders im Zweiten Weltkrieg deutsche Truppen schuldig gemacht haben und das zumindest in Russland und Frankreich kaum kriegswirksam war. Welche Wirkung die Azteken mit ihren Verfahren der Abschreckung hatten, wissen wir nicht.

Eine wesentliche Strategie, die in Altmexiko hochentwickelt war, war das Bilden von Allianzen und die Organisation gemeinsamer Kriegszüge. Bei der politisch so zersplitterten Landschaft war es geradezu eine Voraussetzung für den Kriegserfolg, zunächst geeignete Verbündete zu finden. Solche strategischen Überlegungen sind dann aber mit der Herausbildung des Dreibundes weitgehend überflüssig geworden, weil dieses Bündnis das Zusammenwirken der drei mächtigen Alliierten ohnehin regelte und für weitere Allianzen mit kleineren Partnern kaum noch Bedarf bestand.

Im Vorfeld geplanter Eroberungen spielte die Sonderabteilung der *Ōztōmēcah* genannten Fernkaufleute eine Rolle als Spione. Sie hießen passend Tarn-Oztomeken (*Nāhualōztōmēcah*). Vermutlich waren ihre Hauptaufgaben das Ausloten, wie hoch die Wirtschaftskraft der für eine Eroberung ins Auge gefassten Region war, wie das Gelände beschaffen war im Hinblick auf den Anmarsch aztekischer Truppen, wo es geschützte Aufmarschräume gab und wie die Versorgungslage auf dem Weg dorthin beschaffen war.

Sicherung territorialen Besitzes

Aztekische Festungen, die vor allem als Rückzugspositionen im Fall eines feindlichen Angriffs Städte sichern sollten, waren nicht vollständig mit einer massiven Schutzmauer umgeben, wie wir das aus dem mittelalterlichen Europa und aus China oder auch Japan kennen. Und sie scheinen nur in Ausnahmen als Städte umschließende Bauwerke konzipiert und ausgeführt gewesen zu sein. Eine so starke Befestigung wie in der Alten Welt war schon deswegen nicht nötig, weil Katapulte, Kanonen und andere Fernwaffen mit starker Wirkung den amerikanischen Indianern unbekannt waren. Quauhquechollān verfügte über eine Wallanlage, wie der Eroberer Cortés berichtet, ebenso Quetzaltepēc. Der Flächenstaat Tlaxcallān war an bestimmten Stellen durch Verteidigungsmauern geschützt, die aus früherer Zeit datierten, als die Herrschaft noch nicht gefestigt war. Der Tempelmauer von Huexōtlah wird auch defensiver Charakter zugesprochen. Überhaupt bieten Tempelbezirke durch ihre Mauern und die beschränkte Zugänglichkeit, dann aber auch mit ihren steilen Tempelpyramiden gute Verteidigungsmöglichkeiten. Vereinzelte Festungen in Berglage, also das, was wir aus dem Mittelalter als Burgen kennen, gab es bei den Städten Cuezcōmaixtlāhuacān, bei Tetzcuhco (Tetzcuhtzīnco), bei Tepēāpūlco, bei Mātlatzīnco und bei dem schon erwähnten Quauhquechollān.

Zur Festigung eroberter Gebiete wurden in neu erworbenen Provinzen oder auch schon vor der definitiven Eroberung Garnisonen als Vorposten eingerichtet. Infolgedessen gab es im Verlauf der Expansionsgeschichte des aztekischen Reiches zahlreiche Garnisonen, von denen ich nur die wichtigsten aus spätaztekischer Zeit nenne: Ōztūmān, Tōllāntzīnco (eine Garnison der mit den Azteken verbündeten Tetzcuhkaner), Quauhnāhuac, Huāxtepēc (ebenfalls eine Garnison der Tetzcuhkaner), Tōchtepēc, Cōāixtlāhuacān und Huaxacac (die letzten beiden seit der Eroberung durch Ilhuicamīna). Auch das schon erwähnte Mātlatzīnco, dessen Umland im Hochtal von Tōlluhcān unter Āxāyacatl erobert worden war, beherbergte eine solche Garnison. Einigen Garnisonen standen zwei Beamte vor; wahrscheinlich einer als politisch-militärischer Führer und einer als Tributverwalter. Die militärische Organisation der Garnisonen ist unklar.

Eine andere in vielen Staaten der Welt angewandte Maßnahme zur Sicherung eroberter Territorien ist die Umsiedlung der Eroberten und ihr (teilweiser) Ersatz durch Bevölkerung aus dem eigenen Kernland oder aus schon länger befriedeten Gebieten. Hiervon machten die Azteken anscheinend nur zurückhaltend Gebrauch. Das Tal von Tōlluhcān, das im Wesentlichen unter Āxāyacatl erobert wurde, ist eines der wenigen Beispiele, wo diese Strategie deutlich wird. Ein Teil der ansässigen matlatzinkanischen Bevölkerung wurde nach Westen an die Grenze des Reiches umgesiedelt. In das von ihnen verlassene Land ließ man mexikanische Bauern nachrücken, und zwar in geschlossenen Verbänden, die ihre neuen Siedlungen dann zum Teil nach ihrem Ursprungsort benannten. So gibt es im ehemaligen matlatzinkanischen Gebiet einen Ort Āzcapōtzalco, der von Neusiedlern aus der gleichnamigen früheren Tepaneken-Hauptstadt am Ufer des Sees von Tetzcuhco gegründet wurde. Diese Umsiedlungsmaßnahmen sind eine der Ursachen dafür, dass sich die aztekische Sprache, die zur Zeit der Einwanderung der Azteken nach Zentralmexiko dort noch kaum Fuß gefasst hatte, in der Spätzeit auf Kosten lokaler Sprachen wie denen der Mātlatzīncah, der Otōmih und anderer alteingesessenen Völker zum dominanten Idiom entwickelt hat und das bis weit in die spanische Kolonialzeit blieb.

Das wichtigste durch Unterwerfung neuer Gebiete angestrebte Kriegsziel war die Erhöhung der Tributeinnahmen. Im eroberten Gebiet wird zeitweilig oder auf Dauer ein Militärgouverneur (*Quāuhtlahtoāni*) eingesetzt, der die Interessen des Reiches gegenüber der einheimischen Verwaltung wahrt. Mit der Ausweitung des pazifizierten Territoriums nimmt der Zuwachs des Ertrages aus Neueroberungen jedoch ab oder wird negativ, da die zu überbrückenden Entfernungen und das flächenmäßig wachsende Territorium sowohl das militärische wie auch das Transportpotential stark beanspruchten. Es hat den Anschein, als ob das Reich der Azteken zur Zeit der Ankunft der Spanier den Grenzwert der positiven Effekte ihres Herrschaftssystems schon unterschritten hatte und daher wirtschaftlich, militärisch und politisch bereits geschwächt war, was letztlich auch zum Sieg der Eindringlinge beitrug.

3. Außenpolitische Neuordnung Zentralmexikos nach dem Sieg über die Tepaneken

Mit dem Sieg über die Tepaneken ergibt sich die Notwendigkeit, die Machtverhältnisse im Hochtal neu zu ordnen. Inwieweit Itzcōātl hierbei der führende Kopf war oder ob diese Rolle eher dem tetzcuhkanischen Herrscher Nezahualcoyōtl zukam, ist ungewiss. Auf alle Fälle entsteht ein politisch-wirtschaftlich innovativer Dreibund zwischen Tetzcuhco, Tenochtitlan und der alt-tepanekischen Stadt Tlacōpan (Abb. 20). Die letztgenannte einzubeziehen war ein kluger Schachzug, der es den jüngst unterworfenen alt-tepanekischen Städten, zum Beispiel Coyōhuahcān und Huītzilōpōchco, erlaubte, sich leichter mit den neuen Oberherren zu identifizieren. In dieselbe Richtung zielte die Maßnahme, lokale Herrscherfamilien in den besiegten Städten in ihren Stellungen zu belassen. Die Azteken hatte dabei ja das schlechte Beispiel der Tepaneken vor Augen, die rigoros lokale Herrscher beseitigt hatten, weswegen sie selbst, als sie gegen die tepanekische Oberherrschaft aufbegehrten, leicht Verbündete fanden. Diesen politischen Fehler wollte der neugegründete Dreibund vermeiden.

Die von den Koalitionären aus Tenochtitlan und Tetzcuhco eroberten ehemals tepanekischen Städte, darunter vor allem Coyōhuahcān und Huītzilōpōchco, wurden sofort unter die neue Oberherrschaft gezwungen und einiger Ländereien beraubt. Gründlich geplündert wird aber nur Āzcapōtzalco, die Hauptstadt der Tepaneken. Sie wird hinfort zum zentralen Sklavenmarkt gemacht, worin Historiker, die dies berichten, eine symbolische Bestrafung seitens der Sieger erkennen wollen.

Der Bedeutung der politischen Neuordnung entsprechend wird das Lied «Xōpancuīcatl» («Frühlingslied») komponiert, das in ganz Zentralmexiko Verbreitung findet und bis in die Kolonialzeit an dieses epochale

ABB. 20 *Dreibundsallegorie.*
In dieser heraldischen Darstellung des aztekischen Dreibundes sind die beteiligten Staaten Tetzcuhco, Mēxihco und Tlacōpan dargestellt durch ihre Ortshieroglyphen und daneben dem Symbol der Königsherrschaft, dem Türkisdiadem des Tlahtoāni und seiner Sprechvolute, denn das Wort Tlahtoāni bedeutet ‹der, der spricht›. Der Anfang des aztekischen Textes darunter erläutert: ‹Hier sind die Kennzeichen der drei Hauptstädte hier in Neuspanien abgebildet: Mēxihco, Tetzcuhco und Tlacōpan.› [Codex Osuna, Blatt 496 vel 34.]

Ereignis erinnerte. Sein Text, den Alva Ixtlīlxōchitl nur auf Spanisch überliefert, ist allerdings schwer verständlich. Er hat etwa folgenden Inhalt:

> Wir hinterlassen der ganzen Welt die Erinnerung an die, die dem Reich zu Ruhm verhalfen: Nezahualcoyōtzin, Motēuczūmatzin und Totoquihuatzin. Eure Erinnerung wird festgehalten und verewigt, die ihr auf dem Thron des Herrn des Nah und Bei Recht sprecht und regiert.
> (Alva Ixtlilxochitl, Historia Chichimeca, Kapitel 32)

Die Steuereinnahmen in Nachfolge der tepanekischen Herrschaft und das Vorgehen für die Zukunft werden nach anfänglichem Streit, vor allem zwischen Tetzcuhco und Tenochtitlan, genau festgelegt und verzeichnet, um künftig Konflikte zu vermeiden. Tenochtitlan und Tetzcuhco erhalten jeweils 2/5 und Tlacōpan 1/5 der Steuereinnahmen. Um Grenzstreitigkeiten nicht aufkommen zu lassen, markiert man außerdem die gemeinsamen Grenzen im Gelände. Karten, auf denen solche Grenzverläufe festgelegt wurden, sind zahlreich erhalten, allerdings nur in Fassungen, die aus der Kolonialzeit stammen, da sie auch unter spanischer Verwaltung als rechtsgültige Dokumente anerkannt wurden. In Südostmexiko sind sie typischerweise auf einem großen rechteckigen Baumwolltuch aufgezeichnet, weswegen sie *Lienzos* (d.h. eigentlich ‹Leintücher›) genannt werden. An den Rändern eines solchen *Lienzo* ist die Gemarkungs- oder Staatsgrenze symbolisch als Trockenmauer aus Feldsteinen dargestellt. An ihr sind hieroglyphenschriftlich besondere Landmarken verzeichnet, so dass man den Grenzverlauf mit einem solchen Tuch in der Hand abschreiten kann. In ihrem Inneren verzeichnet es Orte, Flüsse und Wege. Für den oder die Hauptorte werden auch Auszüge aus den lokalen Fürstengenealogien gegeben. In Tetzcuhco und Mēxihco gab es ähnliche Dokumente, die aber wohl auf Agavefaserpapier gemalt waren.

Bei der Nachfolge innerhalb der einzelnen Staaten gelten zwar nach wie vor deren interne Regeln, die Wahl muss aber von nun an jeweils von den beiden anderen Bündnispartnern bestätigt werden, die auch zur feierlichen Investitur anreisen. Dieser Dreibund wurde die Grundlage der raschen Expansion des aztekischen Reiches und hat bis zur Ankunft der Spanier, also fast 100 Jahre lang, Bestand gehabt.

KARTE 3 Mexiko Tenochtitlan und Tlatilolco mit ihren Stadtteilen

4. Itzcōātls Innenpolitik

Innenpolitisch verhält sich Itzcōātl nicht weniger innovativ als in der Neuordnung der internationalen Beziehungen. Zunächst, hier folgt er wohl Volkes Stimme, werden von ihm die Nachkommen seines Neffen Chīmalpopōca wegen dessen Versagen gegenüber dem Feind für alle Zukunft von hohen Staatsämtern ausgeschlossen. Vielleicht war er selbst ja schon aus diesem Grund zu seinem *Tlahtoāni*-Amt gekommen, wie ich zu bedenken gegeben habe. Wenn wir einen Blick auf die verzweigte Genealogie der aztekischen Dynastie werfen, wird deutlich, dass die Sippenhaftung für das Versagen Chīmalpopōcas, soweit die drei höchsten Staatsämter, die des *Tlahtoāni*, des *Tlācatēccatl* und des *Tlacochcalcatl* betroffen sind, konsequent eingehalten wurde. Chīmalpopōcas männliche Nachfahren verschwinden aus der Dynastie und aus der Staatslenkung und damit auch weitgehend aus der überlieferten Geschichte.

Im Gegenzug führt Itzcōātl den Stand eines erblichen Adels nach dem Vorbild anderer bereits etablierter Herrscherdynastien ein und stattet ihn mit Titeln, Pflichten und Privilegien aus. Ihren Rang macht er durch eine schmucke Kleiderordnung sichtbar, und er unterbaut die Position des neu etablierten Adels materiell, indem er konfiszierte tepanekische Ländereien, vor allem im fruchtbaren Südteil des Hochtales, an ihn verteilen ließ. Das geschah als letzte Maßnahme seiner innenpolitischen Neuordnung erst 1438, also einige Jahre nach dem epochalen Sieg über die Tepaneken. Alle aztekischen Krieger erhalten, ihrer Leistung im vorangehenden Tepaneken-Krieg entsprechend, jetzt Lehen. Auch diese Landzuteilungen wurden, wie zuvor die Verteilung der Steuereinnahmen, genau protokolliert, so dass noch nach über 100 Jahren eine solche Landzuweisung als gewichtiger Rechtstitel für die Nachkommen der damals Bedachten galt.

Somit ist Itzcōātl der Begründer der aztekischen Ständegesellschaft, in der der Adel (*Pilli*) den höchsten Rang einnimmt und mit erblichem

Landbesitz ausgestattet wird, die einfachen Bürger (*Mācēhualli*) einen mittleren Rang und Landarbeiter (*Mayehqueh*) und Sklaven (*Tlacohtli*) die unteren Ränge besetzen. Diese anfangs noch einfache Schichtstruktur wurde im Verlauf wachsender Macht und zunehmenden Wohlstandes unter den folgenden Herrschern weiter untergliedert: Vor allem differenzierte sich der Adelsstand, indem ein Hochadel mit der Bezeichnung *Tēuctli* entstand und am unteren Rand die ebenfalls neue Institution eines Verdienstadels (*Quāuhpilli*) eingerichtet wurde, als Trittbrett für den Aufstieg von Gemeinfreien zum Adelsstand. In den Verdienstadel wird man nicht hineingeboren, sondern, wie der Name sagt, aufgrund von Verdiensten für den Staat aufgenommen. Die in der Spätzeit des Reiches aufstrebenden Fernkaufleute errangen ihrerseits hohes Prestige und eine gesellschaftliche Ausnahmestellung im Reich. Über sie werde ich in Kapitel VI ausführlich berichten.

Eine strenge Klassen- oder gar Kastengesellschaft war der neugegründet Staat also nicht, und er hat sich auch nicht in diese Richtung hin weiterentwickelt. Er blieb immer ein sozial dynamisches Gemeinwesen, das jedem die Möglichkeit eines gewissen gesellschaftlichen Aufstiegs gab. Der Staat der Azteken hat zwar einige Eigenschaften eines Feudalstaates im modernen politologischen Sinn, war jedoch nie ganz dahin gekommen; denn der Adel hatte offensichtlich keine entscheidende politische Macht, obwohl er über Landbesitz und Hintersassen verfügte. Er wurde in der kurzen Zeit des aztekischen Staatswesens anscheinend auch nie eine Bedrohung für die patrimoniale Staatsverwaltung des *Tlahtoāni*. Der sich unter Itzcōātl formierende Aztekenstaat ist ein politisches Gebilde sui generis: Er entwickelte, bewahrte und intensivierte eine Prestigekultur, wie man sie oft nur bei sehr viel einfacher strukturierten politischen Gebilden findet. Zwar hat er Ansätze eines Feudalstaates, indem ein erblicher Adel mit Landbesitz und Privilegien institutionalisiert wird; doch entwickelte er den Feudalismus nicht zu einer Gegenmacht zum Königtum, wie wir es aus der Vergangenheit in Europa und China kennen. Was die Spitze des Staates betrifft, blieb das aztekische Königtum ein Wahlkönigtum, das das Reich in der Art eines Patrimoniums verwaltet und auf dem Amtscharisma seiner Herrscher gründet. Es hat sich also auch hier nicht zu einem Extrem entwickelt, wie es der europäische Absolutismus darstellte, neigte aber stark zur patrilinearen Abfolge innerhalb einer Familie. In diesen letztgenannten Aspekt scheint er dem vormodernen China und dem Deutschen Reich unter den Habsburgern nicht unähnlich.

Um Konflikten, die über seine radikalen Reformen, vor allem die Landverteilung, entstehen könnten, von vorneherein jede Grundlage zu nehmen, befiehlt Itzcōātl eine umfassende Bücherverbrennung. Nach mündlicher Überlieferung, die Sahagún um 1560 aufgezeichnet hat, geschah das aus folgenden Überlegungen:

> Es fand eine Beratung der mexikanischen Herrscher statt, sie sagten: «Es ist nicht nötig, dass jedermann weiß, was schwarz und rot geschrieben steht. Die Last, die Bürde [der Herrschaft] würden dadurch lächerlich gemacht. Und dadurch würde dann nur Aberglauben im Land verbreitet, denn [die Bücher] enthalten viel Falsches.
>
> (Sahagún, Historia General, Buch 10, Kapitel 29)

Die Bücherverbrennung bestand wahrscheinlich vor allem darin, dass Itzcōātl die tepanekischen Archive von Landbesitzdokumenten und genealogischen Handschriften säubern ließ. Danach konnte dann seine sorgfältig protokollierte Neuverteilung von Ländereien nicht mehr angefochten werden. Diese einzige verbürgte Bücherverbrennung in altindianischer Zeit hatte gravierende Folgen für die Geschichtsschreibung. Die lange tepanekische Herrschaft in Zentralmexiko ist deswegen nämlich nur noch durch missgünstige und kursorische Berichte in aztekischen und tetzcuhkanischen Quellen dokumentiert und hat selbst seriöse Historiker dazu verleitet, die Tepaneken als Tyrannen und vor allem ihre beiden letzten Herrscher Tezozomoc und Māxtla als von Grund auf böse Menschen darzustellen. Aber auch die Unklarheit im Übergang der Herrschaft von Chīmalpopōca auf Itzcōātl, die ich mehrfach erwähne, mag ihre Ursache in der gezielten Vernichtung früher Staatschroniken aus der Tepaneken-Zeit haben.

Als Itzcōātl im Jahre 1440 mit knapp fünfzig Jahren nach 13-jähriger Regierung friedlich starb, hatte er zwar nur eine durchschnittliche Herrschaftsdauer gehabt, seine Bedeutung war aber unübersehbar. Als Sieger über die Tepaneken war er unumstritten, und mit der Gründung des Dreibundes hat er von allen aztekischen Herrschern Zentralmexiko am nachhaltigsten verändert. Seine Bedeutung wird noch wesentlich durch die geschilderten gesellschaftlichen Innovationen im Innern des aztekischen Staates vermehrt. Dies alles gelang ihm nur, weil er ein herausragendes politisches Gespür besaß. Er war um- und weitsichtig, hielt innenpolitische Konkurrenz ohne manifeste Repression klein und schmiedete nach außen die richtigen Allianzen. So hat er alle ihm zu Gebote stehenden

Mittel innovativ, virtuos und erfolgreich zu handhaben gewusst und dadurch stabile Verhältnissen in Zentralmexiko herbeigeführt, ein Bismarck Mexikos also!

Kapitel VI
Konsolidierung und Expansion (1440–1502)

Oncan yancuican ompeuh yn hualcallaquia
teocuitlatl quetzalli olli cacahuatl yhuan oc çequi necuiltonolli et[a]*.*
oncan peuh yn ineyollaliz mexicayotl yn ica tlacallaquilli et[a]*.*

Da begann es zum ersten Mal, dass Gold, Quetzalfedern, Gummi, Kakao und noch andere Kostbarkeiten nach Mexiko herkamen usw. Da begann die Herzerquickung des Mexikanertums durch den Tribut usw.

(Annalen von Quauhtitlan, § 1076)

1. Ilhuicamīna

Im Jahre 1440 wurde Itzcōātls Neffe Motēuczūma Ilhuicamīna Chālchiuhtlatōnac Quetzaltecolōtl Herrscher der Azteken. Er stand im besten Mannesalter, war kriegserfahren und von seinem Onkel wiederholt mit wichtigen Staatsaufgaben betraut worden; eine gute Wahl also. Machen wir uns zunächst mit seinen bilderschriftlichen Namen vertraut (Abb. 21). Die aztekischen Dokumente geben meist nur den Bestandteil Ilhuīcamina wieder, der in altindianischer Zeit als der charakteristischste seines langen Namens galt.

ABB. 21 *Namenshieroglyphe Ilhuicamīnas.*
Ein rechteckiges quergeteiltes Feld ist mit allerhand geometrischen Elementen gefüllt. Es symbolisiert den Himmel mit seiner blauen Farbe (unterstes und oberstes Band), einigen Sternen (rote Punkte im mittleren Band) und Regentropfen (Muscheln), die vom unteren Band herabhängen. Schräg von unten dringt in den Himmel (*Ilhuica*) ein Pfeil (*Mīna*) ein. [Ausschnitt aus Colección Mendoza, Teil I, Blatt 7v.]

Durch die bildliche Gestalt der Namenshieroglyphe wird der aztekische Satz *Ilhuicamīna* («er schießt in den Himmel») ausgedrückt. Damit ist aber nicht ein Tun des Herrschers selbst gemeint, sondern es wird auf die Umstände seiner Zeugung angespielt, die ich in Kapitel IV.4 unter seinem Vater Huītzilihhuitl geschildert habe. Da Legende und vorspanische Namenshieroglyphe gut übereinstimmen, können wir sicher sein, dass die Legende im Kern altindianisch ist und nicht Erfindung eines anekdotischen Schriftstellers der Kolonialzeit. Damit wissen wir aber noch nicht, ob das hieroglyphische Bild seines Namens den Anlass für die Legende gab oder ob die Legende Ursprung des Namens war und die bilderschriftliche Darstellung geprägt hat.

Sein Namensbestandteil *Motēuczūma*, der sowohl in den kolonialzeitlichen Quellen als auch in der modernen Literatur häufiger verwendet wird als Ilhuicamīna, ist sprachlich so zu verstehen: *Zūma* ist ein Verb der Bedeutung ‹zürnen, aufbrausen›. Das einleitende *Mo* zeigt einen Rückbezug an; das heißt ‹er selbst zürnt / braust auf›. Zwischen diese beiden Verbkomponenten ist das Hauptwort *Tēuc* eingefügt, das ‹Herr› bedeutet. Der ganze Verband bedeutet daher ‹er zürnt / braust auf wie ein Herr›. Wegen der ungewohnten Abfolge von Buchstaben und ihrer Aussprache wurde *Motēuczūma* in europäischen Sprachen schon früh zu *Moctezuma* und dann zu *Montezuma* verballhornt, und so ist der Name auch in die deutsche Folklore und Literatur eingegangen. ‹Der Herr der zürnt› ist selbstverständlich ein passender Name für einen Herrscher, jedoch nicht für eine Kleinkind oder einen heranwachsenden Jungen. Und so mag in seiner Jugend zunächst Ilhuicamīna sein Hauptname gewesen sein, während der Zuname *Motēuczūma* ihm vielleicht erst anlässlich seines Herrschaftsantritts beigelegt wurde. Allerdings ist in den Quellen nirgends von einem Ritus der Neubenennung anlässlich seiner Inthronisation die Rede, so dass diese Annahme spekulativ bleibt. In anderen Indianerkulturen, zum Beispiel der der klassischen Maya, ist die Umbenennung bei solchen wichtigen Übergängen im Leben hingegen belegt. Der Namensbestandteil *Motēuczūma* wird, wenn er hieroglyphenschriftlich ausgedrückt werden soll, bildlich durch das Türkisdiadem des aztekischen Herrschers und den herrscherlichen Türkis- oder Bernsteinlippenpflock in Goldfassung dargestellt.

Sein dritter Namensbestandteil *Chālchiuhtlatōnac* wird in den Quellen nur selten genannt. Sein Bezug ist göttlicher, mythischer Art, nicht genealogischer oder ereignisgeschichtlicher. Er setzt sich aus dem Wort für

‹Jade› (*Chālchiuh*) und dem Verbalnomen (*Tlatōnac*) ‹der erleuchtet›, ‹der über den Dingen scheint›, zusammen. *Chālchiuhtlatōnac* war in altindianischer Zeit ein beliebter Name für Herrscher und Adlige. Auch ein Vorfahre Ilhuicamīnas hatte ihn schon getragen. Sein vierter Name, *Quetzaltecolōtl* («Quetzaleule»), ebenfalls mythologischen Bezugs, ist nur bei einem einzigen Chronisten, nämlich Chīmalpahin, überliefert. Als letztes wurde diesem Herrscher, noch in indianischer Zeit, aber erst lange nach seinem Tod, zur Unterscheidung von dem Träger des Namens Motēuczūma, der zur Zeit der Ankunft der Spanier in Tenochtitlan herrschte, das Charakteristikum *Huēhueh* ‹der Ältere› beigegeben. Sein voller Name lautet also *Huēhueh Motēuczūma Ilhuicamīna Chālchiuhtlatonac Quetzaltecolōtl*. Ich nenne ihn hinfort kurz *Ilhuicamīna*.

Ilhuicamīna wurde um 1396 als Sohn des zweiten Herrschers Huītzilihhuitl geboren. Zunächst wuchs er in ruhiger, von der Oberherrschaft der Tepaneken geprägter Zeit auf. Erst als er schon oberster Heerführer, *Tlācatēccatl*, unter seinem Onkel Itzcōātl war, wurde auch er in den Strudel des von Āzcapōtzalco befohlenen Eroberungskrieges gegen Tetzcuhco gezogen.

Auf einem dieser Kriegszüge geriet Ilhuicamīna 1428 zusammen mit drei anderen aztekischen Spähern in Gefangenschaft einer mit den Tepaneken verbündeten Fraktion der Tetzcuhkaner. Der Feind wusste nicht recht, was er mit seinen hochrangigen Gefangenen machen sollte. Einerseits hatte man gewichtige Geiseln in der Hand, andererseits musste man die Rache der Azteken fürchten, wenn man sie in Haft behielt. Wegen dieser Unsicherheit wurden die Gefangenen zunächst nach Chālco weitergereicht. Die Chalkaner, stets für eine Provokation gegen die Azteken gut, sperrten Ilhuicamīna und seinen Begleiter Tepolomitzin ein und hätten sie ganz nach dem Vorbild, wie Māxtla mit Chīmalpopōca verfahren war, verhungern lassen oder vielleicht spektakulär geopfert, wenn den Gefangenen nicht nachts göttliche Hilfe zur Flucht zugekommen wäre. Die Gefängniswärter, von der Gottheit Yohualli (der Name selbst bedeutet ‹Nacht›) instruiert, öffneten das Gefängnis, gaben den beiden Wegzehrung mit und wiesen ihnen den Weg zur Flucht. So entkam Ilhuicamīna 1430 mit knapper Not aus chalkanischer Gefangenschaft, und es gelang ihm, nach Tenochtitlan zurückzukehren. Alvarado Tezozomoc schildert die letzte Etappe der Flucht folgendermaßen:

Und dann ließen sie sich in Tetzcuhco nieder, in einer gewissen Schlucht, Tetzillacatitlan. Es dämmerte schon, die Vögel zwitscherten schon. Und der Herr Motēuczūmatzin sprach dann zum Telpochtzin [d.i. sein Begleiter Tepolomitzin]: «Ich habe Durst.» Dann ging der Telpochtzin, um mit einer Kaktusschale Wasser zu schöpfen, woraus der Ilhuicamīnatzin trank. Sie blieben dort, wo sie versteckt waren, in Tetzillacatitlan noch einen Tag und schliefen dort noch einmal. Und als der Tag anbrach und die Vögel schon sangen, machten sie sich gleich in der Morgendämmerung zu dem Ort auf, der Nextonquilpa heißt. Dann riefen sie einen Fischer, der sich in einem Boot befand. Sie sprachen ihn auf Aculhuahkanisch an und sagten zu ihm: «Bring dein Boot her!» Aber der Fischer dachte, als er sie rufen hörte, dass ihn vielleicht seine Fischer-Freunde riefen, weswegen er das Boot zu ihnen ans Ufer brachte. Dann stürzten sich die mexikanischen Prinzen auf das Boot. Sie schlugen den Fischer nieder und warfen ihn ins Wasser, so dass er sich mit denen vermengte, die sie auf dem Wasser verfolgten. So erreichten sie Tepētzīnco, das gegenüber von Chālco liegt, wo sie sich abermals niederließen. Als sie von dort wieder aufbrachen, gingen sie dann nach Mēxihco Tenochtitlan in den Palast zu seinem Onkel, dem Herrn Itzcōātzin, dem Herrscher. Dann berichtete der Ilhuicamīnatzin seinem Onkel Itzcōātl, was ihnen in Chālco im Palast des Herrschers Toteoci Tēuctli Tequachcauhtli während achtzig Tagen geschehen war und wie sie geflohen und nach Hause zurückgekehrt waren.

(Alvarado Tezozomoc, Motēuczūmas Flucht, §§ 29–40)

Den anschließenden Befreiungskampf gegen die Tepaneken hat Ilhuicamīna dann wieder als Militärführer an der Seite seines Onkels Itzcōātl und anderer Verbündeter, darunter vor allem der Tetzcuhkaner, mitgemacht. Er blieb noch etwa zehn Jahre in dieser Stellung, bis er selbst 1440 inthronisiert wurde. Ganz oben auf seiner Agenda stand nun, Rache für die Gefangenschaft in Chālco zu nehmen. Der Angriff auf die Chalkaner schon im folgenden Jahr führte aber nicht zum Erfolg. Auch die in den Jahren 1446 und 1455 wiederholten Versuche brachten keine Siege. Erst 1465 gelang es, Chālco niederzuringen und in Abhängigkeit des inzwischen erstarkten aztekischen Staates zu zwingen. Möglicherweise ist der endgültige Sieg wesentlich dem Verbündeten Tetzcuhco zu verdanken, denn der Historiker Alva Īxtlīlxōchitl stellt in seiner ‹Geschichte der Chichimeken› den Sieg über die Chalkaner als ganz eigene Unternehmung Tetzcuhcos dar.

Zwei Jahre nach Ilhuicamīnas Sieg baten die Chalkaner aus der Stadt Tlacochcalco ihren neuen Herrn um Erlaubnis, ihren wegen des Krieges

Ilhuicamīna **163**

ABB. 22 *Ilhuicamīnas Opferstein.*
Abgebildet ist einer der elf auf der Peripherie des Steines dargestellten Siege der Azteken. Linker Hand identifiziert ein Vögelchen vor der Stirn des erobernden aztekischen Kriegers diesen allegorisch als Stammesgottes Huītzilōpōchtli. Der Name bedeutet ‹Kolibri zur Linken›. In der Rechten hält der Krieger hinter seinem Rücken den Rundschild, drei Speere und eine Papierfahne. Von seinem rechten Fußstumpf steigt Rauch auf. Das ist ein Kennzeichen des Kriegsgotts Tēzcatl Īpoca, dessen Name ‹Rauchender Spiegel› bedeutet, wobei hier der Spiegel am Fußstumpf nicht dargestellt ist. Der siegreiche Azteke wird also gewissermaßen von den beiden mächtigsten Göttern seines Pantheons Huītzilōpōchtli und Tēzcatl Īpoca geschützt. Mit der Linken greift er den leicht vornübergebeugten Gegner, der mit Speerschleuder in der Rechten und zwei Speeren in der Linken bewaffnet ist, am Schopf. Ihn kennzeichnet die spitze Mütze seines Stammesgottes Yopi. Hinter seinem Kopf weist ihn die Hieroglyphe für Chālco als Repräsentant dieses Staates aus. [Photo: B. Riese.]

unvollendet gebliebenen Tempel fertigzustellen. «So sei es! Es ist schon gut. So möge es geschehen», gab er ihnen zur Antwort; und sie erhielten sogar zusätzlich Nahrungsmittelhilfe.

Der Sieg über Chālco war auch willkommener Anlass, in Tenōchtitlan einen großen Opferstein in Form eines Mühlrades aufstellen zu lassen. Es ist einem seltenen Glücksumstand zu verdanken, dass dieser Stein 1988 unversehrt in den Fundamenten des kolonialzeitlichen erzbischöflichen Palais in Mexiko-Stadt ausgegraben wurde. Er gehört zu den bedeutendsten archäologischen Funden der letzten Jahrzehnte, vor allem, weil seine bildlichen und bilderschriftlichen Darstellungen mit anderen Quellen verknüpft werden können (Abb. 22). Dem Anlass seiner Aufstellung entsprechend trägt er auf der Peripherie die symbolische Darstellung aztekischer Siege über elf Städte: Cūlhuahcān, Tenānco, Xōchimīlco, Chālco, Tamazollān, Ācūlhuahcān, Tepanohuayān, Tlatilolco, Teōtitlan, Pōctlān und Cuetlaxtlān. Historisch ist die Liste schwierig zu interpretieren, denn sie umfasst nicht nur Eroberungen Ilhuicamīnas, sondern auch einige seiner Vorgänger, und sie führt nicht nur die uns am wichtigsten erscheinenden Siege auf, sondern auch weniger bedeutende. Das Auswahlkriterium für den Siegesbericht auf dieser repräsentativen Skulptur bleibt damit vorerst ein Rätsel und warnt uns, nicht von unserer Auffassung von politischer Geschichte und der Bedeutung bestimmter Ereignisse leichtfertig auf die Sichtweise der Azteken zu schließen. Die Einweihung dieses Opfersteines geschah öffentlich mit Menschenopfern.

2. Tempel und Priester

Auch die Erweiterung des Haupttempels von Tenochtitlan gehörte zu den vorrangigen Prestigebauvorhaben Ilhuicamīnas. Der Bedeutung dieses Vorhabens gemäß begann er damit schon 1441, dem Jahr nach seiner Inthronisation. Man bat hierfür alle Untertanenstaaten und befreundeten Herrschaften der Umgebung um Unterstützung mit Rohmaterial, vor allem Bausteinen und Arbeitskräften. Damit zeigte der neue Herrscher handgreiflich, wer das Sagen im Hochtal hatte. Später beteiligte er sich im Gegenzug an Tempelbauvorhaben in Tlatilolco und Tetzcuhco und genehmigte ein ähnliches Bauvorhaben im inzwischen unterworfenen Chālco.

Die Form von Tempelanlagen, wie sie Ilhuicamīna gestalten ließ, ist aus archäologischen Grabungen bekannt. Neben Tenochtitlan, dessen Haupttempelbezirk ich in Kapitel II vorgestellt habe, kennen wir vor allem die Anlage in der Schwesterstadt Tlatilolco. Sie wurde in den 1940er Jahren freigelegt und restauriert. Außerdem sind der Haupttempel im nahe gelegenen ehemaligen tepanekischen Tenānyūcān sowie der großen Tempel in Cholūllān, einer altehrwürdigen und bedeutenden Pilgerstätte im benachbarten Hochtal von Tlaxcallān, erhalten. Von kleineren Anlagen in Provinzstädten sind Ācatitlan (das heutige Santa Cecilia), am Nordufer des Sees von Tetzcuhco, der Teōpantzolco bei Quauhnāhuac, wo der ganze Tempelbezirk ausgegraben und restauriert ist, und der auf einem Felsen hoch über Tepoztlān gelegene und deshalb besonders gut erhaltene Tepoztēco in Morelos beeindruckende Bauwerke, die man heute noch besichtigen kann. Tempelanlagen an kleineren Orten und in der Provinz sind deshalb besser erhalten, weil die spanische Zerstörung dort nicht so gewütet hat wie in der Hauptstadt. Doch haftet allen archäologisch erschlossenen und restaurierten Tempelbezirken der Mangel an, dass meist nur der Unterbau der Anlage mit Mauerresten erhalten ist, während die durch skulptürliche Ausgestaltung und äußeren Schmuck aussagekräftigeren Oberbauten zerstört sind. Auch von der Möblierung mit Götterbildern und Kultgeräten ist gar nichts erhalten, ebenso wie der innere Wandschmuck nur in kleinen Resten überliefert ist.

Über die archäologisch verlorenen Aspekte der Tempelaufbauten geben immerhin tönerne Modelle summarisch Auskunft (Abb. 23). Aufgrund ihrer geringen Größe und ihrer einfachen Ausführung zeigen solche Tonmodelle aber nur die Gestalt des Oberbaus, die Form des Daches, eventuell noch die Ausstattung mit einem Opferstein und die Identifizierung des in ihm verehrten Götterbildes durch vereinfachte Symbole, nicht jedoch Einzelheiten des Skulpturschmucks und der Bemalung.

Sehr viel genauer schildern bilderschriftliche und buchstabenschriftliche Quellen den Tempel und seine Ausschmückung; und das besonders aussagekräftig, wenn Bild und Wort verbunden werden, wie in der Darstellung Sahagúns, der sich um 1559 in dem kleinen von Tetzcuhco abhängigen Ort Tepēāpulco den Haupttempelbezirk dieser Stadt bildlich aufzeichnen und mündlich in aztekischer Sprache erläutern ließ (Abb. 24).

Den Tempelbezirk begrenzt eine Ummauerung, *Cōātepāntli* (wörtl. ‹Schlangenmauer›) genannt. Offensichtlich hatte sie bei den Azteken eher symbolischen als schützenden Charakter, wie es in Tenānyūcān deutlich wird. Dort besteht sie aus ineinander verschlungenen Leibern kriechender Schlangen, die sich kaum einen Meter über den Boden erheben. Sie ist also keine veritable Mauer und schützt nicht vor unbefugten Blicken, und sie ist auch kaum ein Hindernis für das Betreten des inneren Bezirkes.

Im Zentrum des Tempelbezirkes steht der Haupttempel selbst: Er ruht auf der obersten Plattform einer Stufenpyramide. Von Westen führt eine breite Treppe auf die obere Plattform hinauf. Auf ihr steht der meist im Verhältnis zur Baumasse des Unterbaus kleine Tempel mit Cella und dem Opferstein (*Techcatl*) vor ihrem Eingang. Bei den Azteken war dieser Tempel immer ein Doppeltempel, da die Götter Huītzilōpōchtli und Tlāloc dort nebeneinander verehrt wurden. Die beiden Tempelcellen sind parallel zueinander angeordnet, und die hinaufführende Treppe wurde demgemäß zweizügig angelegt. Die Ost-West-Ausrichtung der aztekischen Tempel, die wir auch in anderen Religionen, zum Beispiel im Christentum, finden, hat mit dem Weltbild zu tun und richtet sich grob nach den Auf- und Untergangspunkten der Sonne.

Um Priester unterzubringen, verfügt der Tempelbezirk über ein *Calmecac*, das auch zugleich eine öffentliche Schule war, wie ich sie in Kapitel IV geschildert habe. Ein *Calpūlli* (wörtl. ‹Großhaus›) dient ähnlichen Zwe-

ABB. 23 *Tonmodell eines aztekischen Tempels.*
Auf einem niedrigen Sockel erhebt sich in vier Großstufen ein rechteckiger Pyramidenstumpf. An einer Seite führt eine achtstufige breite Treppe mit beidseitigen Wangen zu seiner oberen Plattform. Auf dieser ragt ein hohes Gebäude empor, dessen einziger Raum sich mit einer breiten Tür zur Treppe hin öffnet. Am Türrahmen sind die Laibungen und der Türsturz angedeutet. Dieses Haus wird von einem hohen Dachkamm überragt, der in einem Rechteckfeld mit einem Muster aus runden Steinen und Totenschädeln verziert ist. Zuoberst schließen drei stilisierte Schnecken den Dachkamm zinnenförmig ab. Das Gebäude selbst ist an seinen Seiten und hinten (nicht sichtbar) auf halber Höhe durch einen Sims gegliedert. Zwischen Tempeleingang und Treppe ist auf dem flachen Vorplatz eine kleine Wölbung zu erkennen. Sie stellt den Stein dar, über dem Menschenopfer ausgebreitet wurden, um ihnen das Herz zu entnehmen. [Museo Nacional de Antropología, México / Photo: B. Riese.]

cken und wird auch für religiöse Riten genutzt, wie ja überhaupt die Ausbildung, ähnlich der in mittelalterlichen Klosterschulen Europas und noch heute in islamischen Koranschulen im Orient, in religiösen Anstalten stattfindet.

Je nach der Bedeutung des Tempelbezirks und der Riten, die darin abzuhalten sind, können eine Opferstätte für das Herzopfer (*Quāuhxicalco*, wörtlich ‹Ort der Adlerschale›), und ein Ballspielplatz (*Tlachco*), hinzukommen. Häufig ziert den Tempelbezirk auch eine Schädelstätte (*Tzompāntli*). Das ist eine steinerne Plattform, auf der ein Holzgerüst mit Querstangen errichtet wird, um dort die Schädel Geopferter kompakt zur Schau zu stellen. Eine solche Schädelstätte ist unverzichtbar, wenn im betreffenden Tempelkult Menschenopfer vollzogen werden. Aus Calpūlalpan in Tlaxcallān ist eine solche Schädelstätte archäologisch dokumentiert, die deswegen bemerkenswert ist, weil man an ihr auch Pferdeschädel gefunden hat. Es war also ein Schädelgerüst, das in den Eroberungskämpfen gegen die Spanier in Gebrauch war, und an dem neben den Schädeln der geopferten Spanier auch die ihrer Pferde zur Schau gestellt wurden. Die genannten Gebäude machen den Grundbestand jedes zentralen Tempelbezirkes aus. Weitere Gebäude können hinzutreten, je nach Bedeutung und Funktionen des Tempelbezirks.

Priesterschaft

Im Tempelbezirk erfüllt eine differenzierte Priesterschaft im Wesentlichen Aufgaben des Götterkultes. Sowohl Frauen als auch Männer können Priester werden. Die Geschlechter verfolgen jedoch getrennte Laufbahnen und haben wohl auch verschiedene Aufgaben zu erfüllen. Ich beschränke mich im Folgenden auf die Ausbildung, Laufbahn und Aufgaben männlicher Priester, weil für sie reichhaltigere Quellenaussagen vorliegen.

Bereits 20 oder 40 Tage nach der Geburt weihen die Eltern ihr neugeborenes Kind dem Gott Tezcatl Īpōca in Anwesenheit eines für diesen Gott zuständigen Priesters. Der so Geweihte beginnt dann als Bub von vier Jahren seinen Tempeldienst auf der untersten Stufe der priesterlichen Hierarchie, als «kleiner Räucherpriester» (*Tlamacaztōntli*), wir würden sagen als Novize. Die Aufgaben des *Tlamacaztōntli* sind einfache Dienste im Tempel, vor allem das Fegen und Besprengen des Bodens mit Wasser; das Vorbereiten der Opfergefäße und Opferinstrumente; das Holzholen im Wald; das Sammeln von Agavedornen, die in großer Zahl für die Selbstkasteiung gebraucht werden, das Blasen des Muschelhorns und das nächtliche Anrühren schwarzer Farbe, die die Priester zur Körperbemalung in ihren Ritualen brauchen. Zunächst gilt dieser Aufgabenkanon für die Dauer, in der der Priesterzögling im Jungmännerhaus (*Tēlpochcalli*) erzogen und ausgebildet wird.

Will er danach Priester bleiben und die weitere Laufbahn einschlagen, wird ein Übergangsritus veranstaltet, durch den er Räucherpriester (*Tlamacazqui*) wird. Seine Aufgaben sind dann ähnlich wie zuvor: Agavedorn-Sammeln, wie wir es schon von den *Tlamacaztōntli* gehört haben; außerdem Kiefernzweige-Sammeln. Diese werden in vielen Ritualen zur Ausschmückung der Tempel gebraucht, und diese Arbeit ist erfahrenen *Tlamacazqui* vorbehalten; das Muschelhorn-Blasen, das auch schon als Aufgabe für die *Tlamacaztōntli* genannt wurde, gehört weiterhin zum täglichen Dienst. Auf dieser Stufe beginnt die Spezialisierung der Priesterberufe in den Priester für niedere Dienste (*Tlamacazqui Īeicahuan*), den Sängerpriester (*Tlamacazqui Cuīcani*) – wir würden Kantor sagen – und andere Spezialisierungen und Ränge, entsprechend den Lehrinhalten der Schulen und der späteren Tätigkeit der Priesterzöglinge. Eine enge Anbindung besteht auch zum Militär, denn es gibt Kriegsdienst leistende Priester (*Tlamacaztequihua*). Durch Dienstalter kann man vom Räucherpriester zum Feuerpriester (*Tlenamacac*) aufsteigen, der für das Neufeuer zuständig ist und nach den zahlreichen Schlachten, die die Azteken führten, die siegreich heimkehrenden Krieger mit ihren Gefangenen durch Beweihräuchern empfängt.

Der *Mēxihcatl Teōhuahtzin* («der mexikanische Gottbesitzer») steht in der Rangfolge noch über dem Räucherpriester, obwohl sein Name weder einen hohen Rang noch eine Spezialisierung ausdrückt. Ihm obliegt die Aufsicht über die weibliche Priesterschaft und die Schulaufsicht, und ihm sind der *Huitznahuac Teōhuahtzin* («der Gottbesitzer von Huitznahuac») und der *Tēpan Teōhuahtzin* («der Gottbesitzer von Jemandem») zugeordnet, denen er Aufgaben delegiert. Zuoberst in der religiösen Hierarchie gibt es zwei Hohepriester, gemeinsam heißen sie *Quetzalcōātl*. Sie werden aus der Gruppe der Räucherpriester aufgrund besonderer Weisheit ausgewählt. Einer von ihnen ist dem Kult des Stammesgottes Huītzilōpōchtli geweiht, er heißt *Totēc Tlamacazqui* («Priester unseres Herrn»); der andere ist dem Gott Tlāloc geweiht, er heißt *Tlāloc Tlamacazqui* («Priester des Tlāloc»). Das Amt des *Totēc Tlamacazqui* im Haupttempel ist den Angehörigen der Herrscherfamilie vorbehalten, und damit ist eine feste Verbindung der politischen mit der religiösen Herrschaft hergestellt.

Alle 52 Jahre, d.h. wenn nach der Vorstellung der Azteken ein «Jahrhundert» zu Ende gegangen ist und die ganze Welt sich erneuert, findet die Bestätigung der lokalen Herrschaft durch die Priesterschaft von Cholūllān statt. Das heißt, die regionalen Herrscher pilgern zu diesem Zweck nach

Cholūllān. Von Tenochtitlan aus ist das eine Zweitagereise nach Osten, bei der man allerdings eine Passhöhe überwinden muss, will man den kürzesten Weg einschlagen. Die dortige Pyramide ist deswegen auch eine der größten und prunkvollsten in Mexiko gewesen, und ihre Reste ragen noch heute als gewaltiger menschengemachter Berg aus der Hochebene von Tlaxcallān auf. Seit der Kolonialzeit krönt ihn eine christliche Kirche.

Viele Tempel verfügen, wie schon gesagt, über Schulen, in denen Kinder ausgebildet werden. Diese Kinder stehen während ihrer Ausbildung dem Tempel und der dortigen Priesterschaft für Hilfsarbeiten zur Verfügung, und sie bilden zugleich das Reservoir des Priesternachwuchses. Die Erziehung ist streng auf Askese und Abhärtung gegenüber Entbehrungen und Schmerzen ausgerichtet. Ein Indianer, der selbst noch in einer Schule für Adlige in Tetzcuhco ausgebildet wurde – sie heißt dort *Tlācatēcco* («Herrenhaus») –, schildert den Tagesablauf folgendermaßen:

> Als ich aufwuchs, wurden die Söhne der Herrscher, die Buben, dort im Tlācatēcco unterrichtet und erzogen. Persönlich kümmerten sich der Herr Tecuepotzin, der Cihuācōātl und der Oberpriester, der Hohepriester Quetzalcōātl um sie. Genau dann, wenn die Nacht sich teilt, ließen sie sie

ABB. 24 *Der aztekische Tempelbezirk von Tepēāpulco.* Innerhalb eines mit Mauern umfriedeten Rechteckes, mit breiten Eingängen auf drei Seiten, befinden sich verschiedene Gebäude und Priester. Die Mitte nimmt der Doppeltempel ein, von dessen Opfersteinen Blut geopferter Menschen strömt. Vor diesem Haupttempel bringt ein schwarz bemalter Priester, der, nach seinen Fußspuren zu schließen, soeben aus dem Priesterhaus linker Hand herausgetreten ist, auf einer niedrigen Plattform ein Rauchopfer dar. Er hält in einer Hand die Tasche mit Weihrauchkügelchen. Darunter ist das Schädelgerüst angedeutet – hier sind nur zwei menschliche Schädel an ihm befestigt. Und wiederum darunter ist der Grundriss eines Ballspielplatzes mit seinen zwei seitlichen Ringen, durch die der Ball getrieben werden muss, zu erkennen (Vgl. Abb. 44). Vier weitere Gebäude und vier Götter oder Priester in Göttertracht, zum Teil mit ihren Kalendernamen, vervollständigen das Bild. Sahagún hat es um 1559 in der kleinen Stadt Tepēāpūlco im ehemaligen Staat von Ācūlhuahcān von Indianern malen lassen. Es stellt also nicht, wie im Schrifttum oft behauptet wird, den Haupttempelbezirk in Tenochtitlan oder Tetzcuhco dar, sondern eine bescheidenere provinzielle Anlage; und diese auch nur in Auswahl der Gebäude und dort beschäftigter Priester.
[Sahagún, Primeros Memoriales, Blatt 269.]

Tempel und Priester **171**

aufstehen. Überall versprengten sie Wasser, fegten sie. Darauf brechen sie zum Waldesrand auf, von wo sie Fichtenzweige und Farnwedel forttragen, mit denen sie alles im Tempel ausschmücken ... Darauf waschen sie sich, baden sie sich, auch wenn es sehr kalt ist. Nachdem es über der Erde hell geworden war, wenn es bereits Tag war, trafen sie überall ihre Vorbereitungen, indem sie alles herrichteten. Dann werfen sie ihnen jeweils ein oder vielleicht, wenn sie etwas größer sind, zwei Stück altes Fladenbrot auf die Erde hin. Wie kleine Hunde behandeln sie sie. Und wenn sie gefrühstückt haben, beginnen sie damit, sie zu unterrichten, wie sie leben sollen, wie sie gehorchen sollen, wie sie andere respektieren sollen, dass sie sich dem Guten und Rechten widmen sollen, und dass sie das Schlechte, das Unrechte, die Schurkerei und die Völlerei meiden und fliehen sollen. All das an Weisheit und Verständigkeit empfingen sie und vernahmen sie dort.

Und sehr schrecklich und furchtbar war es, wie sie bestraft wurden, wenn sie etwas auch nur ein bisschen falsch gemacht hatten. Sie hängten sie auf und setzten sie Chīlli-Dämpfen aus, sie schlugen sie mit Brennnesseln, sie verprügelten sie mit dem Stock. In ihre Waden, in ihre Ellenbogen, in ihre Ohren stachen sie Agavedornen. Sie drückten ihnen den Kopf übers Feuer und sie sengten sie an. Und genauso schickten sie sie um die Mittagszeit, wenn die Sonne richtig sengte, zum Waldrand. Holzspäne und Kiefernspäne trugen sie von dort weg. Genau in der Weise läuft man, geht man hintereinander her: Niemand albert oder schubst den anderen; alle laufen vernünftig, gehen ehrerbietig und respektvoll. Und schon nach kurzer Zeit kommen sie zurück. Und wenn sie angekommen sind, ist es noch einmal genauso, dass sie ihnen zu essen geben. Nur werfen sie ihnen jeweils ein oder zwei Stück altes Fladenbrot auf die Erde hin, mit denen sie ihr Mittagessen bestreiten.

Und nachdem sie gegessen haben, beginnen sie noch einmal, sie zu unterrichten; und auch alsbald die einen, wie sie kämpfen sollen oder wie sie jagen sollen, in welcher Weise sie mit dem Blasrohr umgehen sollen oder wie sie Steine schleudern sollen. Ganz und gar machen sie sich kundig im Umgang mit dem Schild, mit dem Schwert und mit dem Pfeil, mit dem Speer, der mit dem Katapult geschleudert wird. Ferner machten sie sich damit vertraut, wie man mit dem Netz, mit der Schlinge umgeht. Andere wurden in den verschiedenen Kunsthandwerken unterrichtet, in der Federarbeit; mit Federn, mit Quetzalfedern arbeitet man. Ferner wurden sie in der Türkisklebekunst, im Gießen von Edelmetallen, im Schneiden von Grünedelsteinen, im Polieren unterrichtet; außerdem im Malen, im Holzschneiden und in weiteren verschiedenen Kunsthandwerken. Andere wurden im Komponieren von Gesängen, in der Wahl der Worte, in der Kunst, die da Trommel und Rassel heißt, sich nennt, unterrichtet. Ferner wurden sie in der Himmelskunde unterrichtet, nämlich wie sich die Sonne, der Mond und die Sterne bewegen, und über das, was da als Neunfach-Übereinandergeschichtetes bezeichnet wird. Außerdem wurden sie in dem sogenannten Gottesbuch unterrichtet, das von dem sprach, der der Allgegenwärtige, der Schöpfer ist ... Wiederum andere führen sie aufs Feld oder in die Gärten, um ihnen beizubringen, wie sie säen sollen, wie sie Bäume pflanzen sollen, wie sie Blumen pflanzen sollen oder wie sie Feldarbeit verrichten sollen.

Ganz und gar brachten sie ihnen all das bei, worüber sie Bescheid wissen mussten: Arbeit, Kundigkeit, Verständigkeit, besonnene Lebensweise ... Und alle 80 Tage begaben sie sich dorthin ins Tlācatēcco, alle 80 Tage vernahmen sie die Rede des Herrn, des Herrschers Ācōlmiztli Nezahualcoyōtl, wo ihnen der Herr Tecuepotzin Ermahnungen erteilte, wo er sie scharf zurechtwies.

Und genauso wuchsen die gemeinen Untertanen, die Buben auf, die dort im Calmecac, und im Tēlpochcalli erzogen wurden, und die kleinen Mädchen, die dort im Frauen-Tempel, in dem die Büßerinnen, die fastenden Frauen für sich waren, erzogen wurden.

(Discursos en Mexicano, §§ 214 bis 247)

Tempel waren in Mexiko, ähnlich wie im Zweistromland, im alten Ägypten und im mittelalterlichen Europa, auch wirtschaftliche Unternehmungen. Sie waren in unterschiedlichem Umfang vor allem dadurch autark, dass sie Land besaßen, dessen Erträge zu ihrer Nahrungsmittelversorgung dienten. Die Tempel-Ländereien und -finanzen werden vom *Tēmīlōltēuctli* (‹Herr mit Säulenhaartracht›) verwaltet.

3. Versorgung der Bevölkerung und Umweltprobleme

Weniger der politischen und religiösen Demonstration als der Befriedigung grundlegender Lebensbedürfnisse der Bevölkerung diente der 1465 nach der Erweiterung des Haupttempels in Tenochtitlan und dem siegreichen Abschluss des Chālco-Krieges begonnene Bau der 13 Kilometer langen Wasserleitung von Chapultepēc nach Tenochtitlan. Wir erinnern uns, schon um 1425 hatte Chīmalpopōca dieses dringende Bauvorhaben in Angriff nehmen wollen, war jedoch am Widerstand Āzcapōtzalcos gescheitert, in dessen Gebiet Quellen gefasst werden sollten und durch dessen Territorium das Aquädukt verlaufen musste (Kapitel IV). Inzwischen waren die Machtverhältnisse aber so, dass die Azteken von Tenochtitlan keinerlei politischen Widerstand seitens Āzcapōtzalcos mehr zu fürchten hatten. Infolgedessen konnten sie das Bauvorhaben jetzt problemlos durchführen, wobei ihnen Nezahualcoyōtl, der Herrscher von Tetzcuhco, half.

Ein Vergleich mit römischen Aquädukten drängt sich hier geradezu auf. In beiden Fällen geht es darum, Trinkwasser zur Versorgung bevölkerungsreicher Städte durch bergiges Gelände zu führen. Die Römer konnten für den Bau von Hochbrücken zur Überwindung von Schluchten die Technik des echten Gewölbes einsetzen, was eine enorme Ersparnis von Baumaterial bedeutete und die Überbrückung von breiten und tiefen Tälern möglich machte. Der Pont du Gard in Südfrankreich ist ein heute noch beeindruckendes Bauwerk dieser Art. Die Azteken kannten das Prinzip des echten Gewölbes nicht und mussten ihre Aquädukte auf massiven Mauern führen. Für den Fall, dass eine Schlucht zu tief oder zu breit war, um sie horizontal zu überbrücken, hatten die Römer das Prinzip der Druckwasserleitung in geschlossenen Röhren entwickelt und großtechnisch umgesetzt. So konnten sie Wasser ohne zusätzliche Technik wie z. B. Schöpfräder, allein mit der potentiellen Energie des Gefälles streckenweise ansteigen lassen. Die Azteken waren in Unkenntnis dieser Technik, die im Übrigen die Verwendung geschlossener Röhren voraussetzt, gezwungen, nur solche Quellen zu fassen, deren Trasse keinen zu großen Höhenunterschied, vor allem keine abrupten Steigungen bis zum Zielort aufwies. Dieser Vergleich zeigt uns, dass die Azteken und mit ihnen alle voreuropäischen Indianerkulturen den Zivilisationen der alten Welt, seien es nun Römer oder Chinesen, technisch unterlegen waren. Lediglich indianische Kunsthandwerker haben damals, was die Qualität ihrer Produkte betrifft, Weltniveau erreicht. Es ist im Lichte dieser Feststellung vielleicht kennzeichnend, dass zwar Kunsthandwerk nicht jedoch Ingenieurswesen in den indianischen Schulen unterrichtet wurde.

Das Siedeln in einem abflusslosen Hochtal von über 2000 Metern Meereshöhe birgt Umweltprobleme, die sich mit der Vermehrung der Bevölkerung zuspitzen mussten. Mexiko blieb daher nicht von Naturkatastrophen verschont: Überschwemmungen, vor allem durch übermäßigen Regen verursacht, der an den stark abgeholzten Berghängen nicht mehr ausreichend gespeichert wurde, waren eine immer wiederkehrende Gefahr für die Hauptstadt des Reiches, denn Tenochtitlan war auf niedrigen Felseninseln mitten im See gegründet worden und hatte sich inzwischen durch Landgewinnung weit in die seichten Seegewässer ausgebreitet. Überall standen die Häuser nur wenig über dem Wasserspiegel des großen abflusslosen Sees. Die umgebenden Berge, im Osten bis zu 5500 Meter hoch aufragend und mit ewigem Eis gepanzert, ließen ihr Regen- und Schmelzwasser zum großen Teil in dieses Seebecken abfließen und sandten auch schon einmal, wenn einer seiner Gipfel, der Popōcatepētl, ein auch noch heute tätiger Vulkan, ausbrach und seine Eiskappe abschmolz, in Sturzbächen viel Wasser zu Tal. Dadurch stieg der Wasserspiegel des Sees, vor allem wenn nachhaltige und ergiebige Regen hinzukamen, so stark an, dass die Stadt überschwemmt wurde und das brakige Wasser aus dem östlichen Teil des Sees nach Westen und Südwesten drückte, wo die Chināmpa genannten Gemüse- und Blumenbeete dann durch Versalzung Schaden nahmen. Es wurden also nicht nur die Häuser beschädigt, sondern auch ein großer Teil der Nahrungsmittelversorgung wurde bei einer solchen Naturkatastrophe vernichtet.

Eine solche Situation war 1449 eingetreten. Ilhuicamīna ging das Problem energisch und mit Umsicht an. Er beriet sich zunächst wieder mit Nezahualcoyōtl von Tetzcuhco, und beide zusammen entwickelten den

Plan eines großen nord-südlich verlaufenden Seedeiches, der das östliche Überschusswasser von der Stadt Tenochtitlan abhalten sollte.

Der Deich (s. Karte 4) von über 10 Kilometern Länge wurde unter enormen Anstrengungen sogleich in Angriff genommen. Zunächst mussten Holzpfähle tief in den Untergrund gerammt werden, zwischen die dann Steine gepackt wurden. Die Arbeiten im und unter Wasser waren technisch nicht besonders schwierig, da der See nur seicht ist. Die Hauptarbeitskraft musste für das Herbeischaffen zunächst der Baumstämme aus den Bergwäldern und dann der Bruchsteine ebenfalls aus den umliegenden Bergen eingesetzt werden. Beide Materialien waren erst in Entfernungen von über 10 Kilometern erhältlich. Aus heutiger Sicht erkennen wir die Ironie des Schicksals darin, dass eine Not (Überschwemmung) mit Maßnahmen (weitere Abholzung der Berghänge für die beim Dammbau benötigten Pfähle) bekämpft wurde, die ihrerseits zur Steigerung des Risikos, bald in noch größere Not (noch höhere Überschwemmungen) zu geraten, beitrugen. Eine nachhaltige Teillösung des Problems ist dann auch erst 400 Jahre später gelungen. Sie hat im Zusammenwirken mit der weiterhin ungebremsten Abholzung der Bergwälder zur Verschlechterung des Mikroklimas im nun allmählich austrocknenden Hochtal geführt, so dass Mexiko-Stadt heute für empfindliche Augen und Lungen eine der ungesündesten Städte der Welt geworden ist.

Einer, Ilhuicamīnas jüngerer Bruder und zugleich sein oberster Heerführer, Zacatzin, schloss sich den gemeinsamen Anstrengungen nicht an; sei es, dass er von der Effizienz des Bauwerkes nicht überzeugt war, sei es, dass er sich als Kommandierender General bei Zivilbauten für nicht zuständig hielt. Seine Motive kennen wir nicht. Was aus der Situation aber deutlich wird, ist, dass er seinen herrscherlichen Bruder öffentlich provozierte, indem er sich, für alle vernehmbar, in seinem Palast dem Trommeln und dem Gesang hingab, während ganz Tenochtitlan unter der Arbeit am Deich stöhnte:

> Und er, der Vater, der Zacatzin der Ältere, der Tlācatēccatl, herrschte, wie schon gesagt, als Tlācatēccatl bei seinem älteren Bruder Motēuczūma dem Älteren, Ilhuicamīna. Und damals, in der Zeit, als er herrschte, errichtete man den alten Steindeich, der ganz im Wasser steht. Er stand dort in der Gegend von Tepētzīnco, ist aber heute schon verschwunden. Als aber unsere Welt überschwemmt wurde, kamen die verschiedenen Leute von überall, den Steindeich zu bauen und zu errichten. Überall rief der Motēuczūma der Ältere Ilhuicamīna, Leute dazu auf. Und als sie schon

ABB. 25 *Ein moderner Maisspeicher.*
Bis in die Gegenwart haben sich die traditionellen Maisspeicher in ländlichen Gegenden Zentralmexikos gehalten. Auf breiten Steinplatten als Sockel etwas vom Untergrund erhaben, damit keine Bodenfeuchtigkeit eindringen kann, ist ein topfartiger Hohlkörper errichtet, der oben mit einem dichten Strohdach geschlossen ist, um das Eindringen von Regenwasser zu verhindern. Den Mais kann man durch eine breite Öffnung im Dach einfüllen und entnehmen. [Bildarchiv B. Riese.]

arbeiteten, sang und trommelte er, Zacatzin der Ältere, Tlācatēccatl, immerzu in seinem Haus. Und als der Herrscher Motēuczūma der Ältere es mit eigenen Ohren hörte, sagte er: «Wer singt dort ständig, und wer trommelt?» Nachdem sie das gehört hatten, sprachen sie zu ihm: «Er ist es, dein Statthalter, der Tlācatēccatl Zacatzin der Ältere.» Daraufhin sprach der Herrscher Motēuczūma nochmals: «Und was werden sie, alle unsere Nāhua-Leute, dazu sagen, die Leute von Ānāhuac, die es hören, die hierher gekommen sind, um zu arbeiten, die uns beschämt haben? Er soll sterben, und dann verbrennt den Grobian!» Dann töteten sie ihn gleich und brannten das Haus Zacatzins des Älteren nieder. Es geschah auf Befehl seines älteren Bruders, Motēuczūma Ilhuicamīnas.
(Crónica Mexicayotl, §§ 249a–250a)

Eine solche Provokation konnte und wollte Ilhuicamīna offensichtlich nicht dulden, daher ließ er seinen Bruder töten und ersetzte ihn als General durch seinen eigenen Sohn Iquehuac.

Es blieb aber nicht bei dieser Wassersnot. Schon wenige Jahre später, 1450 bis 1455, verursachten wiederholte Frosteinbrüche verheerende Missernten, so dass die Azteken zu Tausenden Hungers starben. Wenn sie noch die Kraft dazu hatten, wanderten sie in die Küstenländer zu den Totonaken und Huaxteken aus, wo sie sich als Sklaven verdingten und so wenigstens überleben konnten. Ähnliche, allerdings meist auf ein bis höchstens zwei Jahre beschränkte klimatisch bedingte Missernten hatte es zwar immer wieder gegeben, und fast kein Herrscher war von ihnen verschont geblieben. Die jetzige war allerdings bei weitem die verheerendste, die die Stadt und das Tal je erlebt hatten. Man hatte zwar Vorsorge durch das Anlegen von staatlichen Lebensmittelreserven, im Wesentlichen Mais (Abb. 25), getroffen, und diese Vorräte ließ Ilhuicamīna im zweiten und dritten Hungerjahr an die Bevölkerung austeilen, nachdem die zunächst ausgesprochene Steuerbefreiung keine wirksame Abhilfe geschaffen hatte. Doch reichten die Lebensmittel nicht aus, um die Not grundlegend zu lindern.

Diese Hungerjahre blieben daher tief im kollektiven Gedächtnis der Azteken verankert. Man gab ähnlichen Katastrophen fortan die Namen: *Necetōchhuia* (‹man vereinskaninigt sich›), womit man das erste Jahr der Hungersnot *Ce Tōchtli* (‹Eins Kaninchen›) ansprach, oder man nannte sie *Netotonacahuia* (‹man vertotonakt sich›) nach dem verzweifelten Versuch, durch Auswanderung ins Land der Totonaken dem Hungertod zu entrinnen. 1456 kam dann endlich ein besonders fruchtbares Jahr mit reicher Ernte, so dass das Volk sich wieder erholte.

4. Höhepunkt und Ende der Herrschaft Ilhuicamīnas

Für die politische und wirtschaftliche Entwicklung bedeutsamer als diese lokalen zivilen Bauvorhaben und die Überwindung von Naturkatastrophen war zweifellos Ilhuicamīnas Plan der Ausdehnung des Reiches nach Südosten. Im Norden waren kaum reiche Länder zu gewinnen, denn dort begann nicht weit von der Hauptstadt entfernt die Steppe, in der weder bevölkerungsstarke Menschengruppen lebten noch intensive Landwirtschaft betrieben werden konnte. In die direkt benachbarten Küstenländer am Golf von Mexiko vorzudringen hatten die Hochlandbewohner damals offenbar keinen besonderen Drang, zumal Schifffahrt kein wirtschaftlicher oder militärischer Faktor im altindianischen Amerika war und Seeprodukte bei den Azteken nicht sonderlich begehrt waren. Da der Drang zur Küste, den andere Staaten in der Geschichte verspürten, hier also keine Rolle spielte, war die nächstliegende Option für die Ausdehnung, im zentralen Bergland nach Süden und Südosten vorzustoßen. Hierfür ist Ilhuicamīna berühmt. Ich will jedoch nicht die in den Quellen höchst verworren dargestellte und eintönige Chronik seiner Eroberungen beschreiben, sondern lieber an einer gut verbürgten Episode aus dem wichtigsten Feldzug nach Südosten ein persönliches Licht auf den Herrscher und Kriegsherrn werfen.

Cōāixtlāhuacān, etwa 200 Kilometer südöstlich von Tenochtitlan gelegen, war eine bevölkerungsstarke, ausgedehnte und reiche Herrschaft multiethnischer Prägung. Dort lebten Zapoteken, Mixteken, Chocho-Popolucah und Azteken nebeneinander, und dort trafen sich internationale Handelswege. Mancher mexikanische Fernkaufmann war hier schikaniert, wenn nicht sogar seiner Waren beraubt worden. Cōāixtlāhuacāns Herrscher trug als einziger außer dem Mexikaner von Tenochtitlan den Titel Groß-König (*Huēi Tlahtoāni*). Ātōnal, so sein verkürzter aztekischer Name, herrschte dort, als Ilhuicamīna 1456, unmittelbar nach überstandener Hungersnot, einen ersten Angriff wagte. Zwei Jahre hintereinander blieb der Angriff der Azteken, die sich mit Tetzcuhkanern und Truppen aus mehreren Orten des Hochtales von Tlaxcallān als Verbündeten verstärkt hatten, erfolglos, und sie mussten ihre Angriffe mit hohen Verlusten bezahlen. Erst im dritten Jahr gelang es ihnen, Ātōnal zu besiegen und im Kampf zu töten.

Cōāixtlāhuacān war nun direkt in aztekischer Hand, und indirekt war es auch die große Provinz mit ihren Steuereinnahmen, über die Ātōnal geboten hatte. Nachdem zur ersten Sicherung der Eroberung eine aztekische Garnison eingerichtet worden war, wollte Ilhuicamīna den neuen Besitz auch politisch konsolidieren, indem er die Witwe Ātōnals seinem Gefolge als Ehefrau oder Konkubine einverleibte. Hier greift wieder die Fabulierlust der Azteken ein, die eine hübsche Legende um diese eigentlich alltägliche politische Absicht rankt:

> Fünf Kaninchen (1458): In diesem Jahr erklärte Motēuczūmatzin der Ältere den Krieg, indem er in den Krieg zog, um die Leute in Cōāixtlāhuacān zu unterwerfen. Damals herrschte dort der große Herrscher Ātōnal. Er sammelte dort den Tribut von überall an der Küste ... Man sagt aber, dass, als der Ātōnal gestorben war, die, die seine Frau gewesen war, die sehr dick war, ergriffen und nach Mēxihco-Tenochtitlan hergebracht wurde. Der Herrscher Motēuczūma aber wollte sich ihr nähern, wollte ihr beiwohnen. Sie aber wurde einfach ohnmächtig, so dass er ihr nicht beiwohnte. Man sagt aber, dass diese Frau zwischen ihren Schenkeln eine geglättete Jade vor ihrer Scham liegen hatte etc. Und dann schickte der Herrscher Motēuczūma der Ältere sie zurück, dass sie dort den Tribut von überall sammeln solle. So wurde sie Frau Magazinverwalterin, als diese Stadt Cōāixtlāhuacān schon erobert war.
> (Annalen von Quauhtitlan, §§ 1069 -1070 & 1072–1074)

Wenn Ilhuicamīna seine Kriegszüge und politische Verwaltung stets so zäh, zielstrebig und mit kluger Mäßigung gepaart unternahm, verwundert es nicht, dass ihm insgesamt gesehen eine überaus erfolgreiche Erweiterung des Reiches gelang und er vor allem mit der Einverleibung der Tributprovinz Cōāixtlāhuacān den Grundstock für die weitere Expansion nach Südosten unter seinen Nachfolgern Āhuitzōtl und Motēuczūma gelegt hat.

Wann Ilhuicamīna daran dachte, sein wesentlich erweitertes Reich innenpolitisch und rechtlich zu konsolidieren, wissen wir nicht. Es wird aber in vielen Quellen betont, dass er Gesetze erließ, die zu befolgen und zu bewahren auch seine Nachfolger bemüht waren. Er führte in seinem Reich also so etwas durch, wie es in Europa die Gesetzeswerke Iustinians für Rom oder Napoléon Bonapartes für Frankreich und die später eroberten Länder leisteten, die jeweils ein einheitliches und den früheren Zuständen überlegenes Zivilrecht zur Konsolidierung ihrer Staaten schufen. Napoléons Gesetzeswerk wirkt übrigens bei uns und in Frankreich noch heute nach, und als «Römisches Recht» ist sogar die Erinnerung an Iustinians Reform von vor über 1500 Jahren noch lebendig. Gesetze zu erlassen und zivile wie auch politische Rechtssicherheit zu begründen lag allen vorspanischen Herrschern am Herzen. So ist Ähnliches wie für Ilhuicamīna auch für Nezahualcoyōtl von Tetzcuhco überliefert, und schon Ilhuicamīnas Vorgänger Itzcōātl hatte innenpolitisch ordnend gewirkt (Kapitel V). Das Problem ist nicht der unbestreitbare Vorzug solcher ordnender Eingriffe, sondern mehr die Frage, wie diese Gesetze und ob sie überhaupt kodifiziert, also schriftlich festgelegt wurden. Da das Bilderschriftsystem Zentralmexikos Sprache nicht wörtlich wiedergeben kann, können es nur bildliche Andeutungen gewesen sein. Und selbst hierin waren die Azteken weit weniger fortgeschritten als ihre tetzcuhkanischen Nachbarn. Vielleicht handelte es sich bei der aztekischen Gesetzgebung unter Ilhuicamīna also um Bilderhandschriften, in denen materielle Aspekte des Rechts, wie Ränge, Titel, körperliche Strafen und Ähnliches kodifiziert war, während die Rechtsnormen und Handlungsanweisungen selbst mündlich tradiert wurden.

Nach allen innen- und außenpolitischen Erfolgen und den überstandenen Naturkatastrophen entwickelte sich auch bei Ilhuicamīna mit dem Alter das Gefühl, sein Lebenswerk vollendet zu haben, und das Bedürfnis, diesem angemessenen, bleibenden Ausdruck zu verleihen. Er kam, vielleicht durch seinen Freund Nezahualcoyōtl angeregt, auf den Gedanken, sich in Überlebensgröße an der östlichen Felswand des Chapultepēc-Berges porträtieren zu lassen. Hierfür hätte er keinen besseren Ort wählen können, denn es gibt nur wenige geeignete Felsen nahe der Hauptstadt. Der einzige andere Ort, der in Frage kam, wäre der Tepētzīnco (später «Peñol de los Baños» genannt) gewesen. Das ist ein Felsen östlich der Hauptstadt, an dem heiße Quellen entspringen, woher sich der spätere spanische Name ‹Bäderfelsen› herleitet. Von ihm geht nach Norden und Süden Ilhuicamīnas und Nezahualcoyōtls großer Seedeich aus. Doch der Tepētzīnco war seit alters ein Ort des Kultes für die Regen- und Wassergötter Tlāloque und Chālchiuhtlīcuē; und von der Stadt aus war er damals nur mit dem Boot zu erreichen. Nach Chapultepēc hingegen gelangte man von Mēxihco leichten Fußes über eine Dammstraße. Dort auch verdichtete sich die politische Geschichte der Azteken. Die Azteken waren nach ihrer langen Wanderung in Chapultepēc erstmals sesshaft geworden und erlitten dort im Jahre 1299 die herbeste Niederlage ihrer Geschichte, als sie mit List vertrieben wurden und ihr Führer, Huītzilihhuitl der Ältere, mit seinen beiden Töchtern in Gefangenschaft nach Cūlhuahcān verschleppt wurde. Gehen wir noch weiter in der Geschichte zurück, spricht für Chapultepēc auch die Legende, dass sich dort die geheimnisvolle Höhle Cincalco befindet, in die sich der letzte toltekische Herrscher Huemac aus Kummer über den Niedergang seines Reiches zurückzog, um dort den Freitod zu wählen. An diesem geschichtsträchtigen Ort ließ Ilhuicamīna sein Ebenbild in Stein meißeln.

Das große Einverständnis, das zwischen den beiden Staatslenkern der Azteken und Tetzcuhkaner, Ilhuicamīna und Nezahualcoyōtl, bestand, findet seinen Ausdruck auch in Liedern bzw. dramatischen Singspielen. Besonders bewegend tritt es in einem Lied hervor, das Nezahualcoyōtl am Krankenlager Ilhuicamīnas vortrug, um ihn mit seinem Gesang zu trösten. Es beginnt:

> Sieh mich an, ich bin gekommen, ich, die weiße Blume, ich die Krähe. Ich bin es, Nezahualcoyōtl. Mein erhobener Blumenfächer aus Quetzalfedern lässt Blüten herabregnen. Ich komme aus Ācūlhuacān. Höre mein Lied, das ich vortragen will. Ich komme, [dich] Motēuczūma zu trösten: *Tatatili, papa papapa, ah chala chala chala.*
> (Cantares mexicanos, Lied 79)

Nach 29 erfüllten Regierungsjahren starb Ilhuicamīna 1469 eines friedlichen Todes im gesegneten Alter von etwa 70 Jahren. Zuvor hatte er seine Nachfolge so geregelt, dass es nach seinem Tod nicht zu Fraktionskämpfen kam, wie sie vor allem für den Nachbarstaat Tetzcuhco notorisch waren und wie sie auch zum Niedergang der Tepaneken-Herrschaft geführt hatten. In dieser Hinsicht waren und blieben die Azteken allen anderen frühen Staaten Altamerikas überlegen.

Seine drei Neffen Tizocic, Āxāyacatl und Āhuitzōtl sollten in geeigneter Folge die Herrschaft weiterführen. Warum er seine beiden Söhne, Iquehuac und Māchīmaleh, von der Nachfolge ausgeschlossen sehen wollte, bleibt allerdings ein Rätsel, denn beide waren nicht durch Unfähigkeit oder Behinderung aufgefallen, und beide haben ihn überlebt. Den-

ABB. 26 *Die Eroberung von Cōāixtlāhuacān.*
Das von einem spanischen Schreiber als «coayxtlahuacan» überschriebene Bild zeigt einen brennenden und einstürzenden Tempel, vor dem der Herrscher Ātōnal (durch eine aztekische Namenshieroglyphe und eine spanische Beischrift identifiziert) leicht vornüber geneigt mit geschlossenen Augen, also als in sich zusammengesackter Toter, sitzt. Unter ihm ist die aztekische Hieroglyphe für den Ort Cōāixtlāhuacān geschrieben, die aus einer mit Augen (*Īx*) besetzten Schlange (*Cōā*) und aneinandergereihten rechteckigen Feldern (*Ixtlāhua*) zusammengesetzt ist. Das abschließende Ortssuffix (*-cān*) ist hieroglyphisch nicht wiedergegeben. [Ausschnitt aus Colección Mendoza, Teil I, Blatt 7v.]

noch schreiben verschiedene Quellen, dass Ilhuicamīna bei seinem Tod keinen legitimen männlichen Erben hinterlassen habe. Der spätere Chronist Torquemada, der Iquehuac immerhin erwähnt, lässt viel Tinte fließen, um diese Anomalie in der Nachfolge vernünftig zu begründen, ohne dass mich seine Argumente überzeugen.

Bei dieser etwas ungewöhnlichen Nachfolgeregelung hakt auch eine subtile, 100 Jahre später durchgeführte Geschichtsfälschung ein, mit der sich Ilhuicamīnas weibliche Nachkommen und deren eingeheiratete spanische Sippschaft in der Kolonialzeit Privilegien erhofften. Das betreffende Dokument, der «Origen de los mexicanos», behauptet, dass eine

Tochter Ilhuicamīnas, Ātotoztli mit Namen, seine direkte Nachfolgerin wurde, bevor dann seine Enkel, die zugleich Kinder dieser Tochter waren, an die Reihe kamen. Um diese ungewöhnliche Herrschaftsabfolge zu begründen, versucht das Dokument durch fadenscheinige Behauptungen kultureller Muster der Verwandtenheirat mit entsprechender Übertragung von Erbrechten den behaupteten Sachverhalt plausibel zu machen, wohl wissend, dass kein authentisches bilderschriftliches Dokument diese Version stützt. Da die direkte Ausübung von Herrschaft durch eine Frau zu unplausibel klingt, wird deren Ehemann, Tezozomoc, als Regent konstruiert. Dieser Fälschungsversuch ist insofern interessant, als hier Geschichte geschickt so zurechtgebogen wird, dass ausschließlich tatsächliche und verbürgte Personen angeführt werden, deren verwandtschaftliche Beziehungen ebenfalls zutreffend dargestellt sind. Die Fälschung besteht, für den uninformierten Leser nicht erkennbar, lediglich in der Behauptung und Begründung einer weiblichen Erbfolge, wie es sie nicht gab, und in der stillschweigenden Einfügung einer unspezifizierten kurzen Zeitspanne, in der diese Erbfolge in Kraft gewesen sei, bevor sie wieder in die allgemein anerkannte und gut dokumentierte patrilineare Bahn zurücksprang. Diese Geschichtsfälschung wirft übrigens ein bezeichnendes Licht auf die Bedeutung, die man Ilhuicamīna noch fast 100 Jahre nach seinem Tod zubilligte.

Mit Ilhuicamīna, dem fünften offiziellen Herrscher, erreicht das Azteken-Reich in mehrerer Hinsicht einen Höhepunkt. Mit 29 Regierungsjahren hat er von allen seinen Vorgängern und Nachfolgern am längsten geherrscht. Er war außerdem ein bedeutender Tempel- und Städtebauer und genießt als erster seiner Dynastie eine breite und detaillierte Berichterstattung in den Quellen. Außenpolitisch glänzte der Dreibund in seiner Zeit dadurch, dass er die Bundesgenossen in einer Allianz gleichrangiger, einander wohlgesonnener Partner zusammenhielt und dass Ilhuicamīna sein Verhältnis zum *Tlahtoāni* von Tetzcuhco, Nezahualcoyōtl, besonders eng gestaltete, so dass beide in zivilen und militärischen Belangen aufeinander zählen konnten. Diese enge Partnerschaft bewährte sich weit über den Tod Ilhuicamīnas hinaus.

5. ĀXĀYACATL, DER RASTLOSE KRIEGER

Āxāyacatl war der jüngste von drei Söhnen des Prinzen Huēhueh Tezozomoc und dessen Ehefrau Ātotoztli, einer Tochter des vorangegangenen Herrschers Ilhuicamīna. Da Āxāyacatl schon um 1440 geboren wurde, sah Ilhuicamīna ihn ebenso wie dessen beide Brüder, Tizocic und Āhuitzōtl, noch heranwachsen und sich in staatlichen Aufträgen, vor allem kriegerischer Art, bewähren, so zum Beispiel im Jahre 1466 bei der Eroberung von Tepēyacac und Quāuhtinchan im östlich benachbarten Hochtal von Tlaxcallān. Ilhuicamīna entschied daher beizeiten, dass diese seine drei Enkel ihm in der Herrschaft nachfolgen sollten und nicht seine beiden Söhne Iquehuac und Machimaleh. Dass dabei der jüngste, nämlich Āxāyacatl, seinen älteren Brüdern vorgezogen wurde, wird von Torquemada mit dessen hervorragenden militärischen Fähigkeiten begründet.

Für einen der bedeutendsten Herrscher der Azteken ist es verwunderlich, dass er nur einen Namen geführt hat und nicht wie sein Vorgänger und die meisten anderen noch Beinamen trug. *Āxāyacatl* bezeichnet in der aztekischen Sprache ein kleines Insekt, das am oder im Wasser lebt und dessen Eier, wenn das Tier sich stark vermehrt, einen weißlichen Schaum auf der Wasseroberfläche bilden. Dieser Eierschaum kann abgeschöpft werden und ist als eiweißreiche Nahrung genießbar und gesund (Abb. 27).

Als Āxāyacatl 1469 inthronisiert werden sollte, entschied man sich, den fälligen Feldzug zur Beschaffung von Kriegsgefangenen für die festlichen Menschenopfer gegen Tlatlauhquitepēc an der atlantischen Abdachung östlich der Hauptstadt zu führen. Es sollte sozusagen eine Erweiterung der Eroberungen von Quāuhtinchan und Tepēyacac werden, die unter ihm als Prinz gemacht worden waren. Das Unternehmen setzte voraus, dass man das zwischen den genannten früheren Eroberungen und der Zielregion gelegene Territorium des feindlichen Staates Tlaxcallān nördlich umgehen musste. Trotz dieses Umwegs war der Feldzug erfolg-

ABB. 27 *Namenshieroglyphe Āxāyacatls.*
Die Hieroglyphe für Āxāyacatl bildet nicht das Insekt oder seine Eier ab, sondern setzt eine andere etymologische Deutung des Namens voraus. Sie macht zwar keinen Sinn, zerlegt den Namen aber in zwei bilderschriftlich leicht darstellbare Bestandteile: *Ā* ‹Wasser› und *Xāyacatl* ‹Maske›. Der Namensbestandteil *Ā* ‹Wasser› wird mit einem Wasserstrom, der in Tropfen und Schneckenhäuser ausläuft, wiedergegeben, der Namensbestandteil *Xāyacatl* ‹Maske› mit einem Menschenkopf im Profil. [Ausschnitt aus Colección Mendoza, Teil I, Blatt 10r.]

reich, und mit den Gefangenen konnten die Inthronisationsfeierlichkeiten durch Menschenopfer gebührend gefeiert werden.

Politisch wichtiger als der Inthronisationsfeldzug gegen die abgelegene Provinz Tlatlauhquitepēc war aber, dass Āxāyacatl bereits im gleichen Jahr Krieg gegen die Nachbarstadt Tlatilolco begann. Seit die Mexikaner auf mehreren Inseln im See des Hochtals sesshaft geworden waren, nach ihrer eigenen Tradition war das um 1325, waren sie in zwei Gruppen gespalten: Die Tlatilolkaner siedelten dort zuerst und besetzten die nördlichen, etwas höher aus dem See sich erhebenden flachen Inseln, während die später ankommenden Tenochkaner die südlichen bevölkerten. Offene Rivalität brach solange nicht aus, als beide abhängig von der Großmacht Āzcapōtzalco waren. Tlatilolco war dabei der enger mit der azcapotzalkanischen Dynastie verknüpfte Staat, der ihr dementsprechend auch in den Anfängen des allgemeinen Aufstandes um 1428 noch länger die Treue hielt als die Tenochkaner. Doch nachdem der tepanekische Herrscher Māxtla ihren eigenen Herrscher Tlahcateōtzin umgebracht hatte, kämpften auch sie an der Seite der Tenochkaner und trugen so zum endgültigen Sieg über die Tepaneken bei. Danach wurde Tlatilolco jedoch nicht an dem unter der Führung von Itzcōātl und Nezahualcoyōtl gebildeten Dreibund beteiligt. Warum die beiden Staatslenker es vorzogen, Tlacōpan anstatt Tlatilolco in ihren Bund aufzunehmen, bleibt rätselhaft. Die naheliegendste Vermutung ist die, dass Tlatilolco militärisch keinen hervorragenden Beitrag zu diesem Kampf beigesteuert hatte und Tlacōpan die nun unterworfenen Tepaneken in den neuen Bund integrieren helfen sollte, da es selbst eine alttepanekische Stadt war.

Auch in den folgenden Jahrzehnten ist Tlatilolco an den wiederholten Kriegen und an der Expansion des Dreibundes kaum beteiligt gewesen. Nur zweimal wird seine militärische Hilfe erwähnt: Einmal auf der Seite der Tetzcuhkaner und bei der endgültigen Eroberung Chālcos 1465 auf der Seite der Azteken. Tlatilolco scheint den Schwerpunkt seiner Entwicklung mehr auf die kommerzielle Durchdringung Mexikos durch Fern- und Markthandel gelegt zu haben, als das sein unmittelbarer Nachbar tat, der sich auf Eroberungen und anschließende Abschöpfung von Abgaben ausrichtete.

Dass zwei benachbarte Gemeinwesen, jedes mit eigenen Interessen, im gleichen Großraum nicht auf Dauer konfliktfrei koexistieren können, liegt auf der Hand. Schon Ilhuicamīna hatte das erkannt, so dass er um 1466 einen Grenzkanal zwischen den beiden Städten graben ließ und außerdem seine Enkelin Chālchiuhnenetzin mit dem Herrscher von Tlatilolco, Moquihuix, vermählte. Nun, unter Āxāyacatl, eskalierte aber der Konflikt trotz oder gerade wegen der engen Heiratsverbindung der beiden Staaten. Die Quellen sind widersprüchlich in Hinblick darauf, welche Seite 1469 den Krieg vom Zaun gebrochen hat. Sie sind sich aber darin einig, dass die schlechte Behandlung der Schwester des Āxāyacatl, Chālchiuhnenetzin, durch ihren Ehemann, Moquihuix, ein Anlass war. Moquihuix vernachlässigte seine Ehefrau, die ihm bereits ein Kind geschenkt hatte, das sie zu Ehren ihres Bruders Āxāyaca nannte, nicht nur sexuell, sondern kassierte auch die Geschenke, die sie aus Tenochtitlan von ihrem Bruder bekam, und verteilte sie unter seinen Konkubinen. Chālchiuhnenetzin ging leer aus, war ärmlich gekleidet, wurde aus dem Palast verstoßen und musste in der Küche schlafen.

Die adlige Dame Chālchiuhnenetzin war die ältere Schwester des Herrn und Herrschers von Tenochtitlan, Āxāyacatzin. Der Herrscher von Tlatilolco, Moquihuix, hat sie gefreit. Aus dieser Verbindung wurde ein Kind namens Āxāyaca geboren. Es trug den Namen seines Onkels. Er aber, der Teconal hatte auch eine Tochter. Die nahm der Moquihuix auch noch und machte sie zu seiner Frau. Und seither hatte Moquihuix Abscheu vor der Prinzessin, die die ältere Schwester des Āxāyacatzin war. Er ging nicht mehr zu ihr. Nur beim Reibstein schlief sie immer. Und was ihr der Herrscher Āxāyacatzin an Röcken und Blusen hinschickte, davon ließ der Moquihuix nichts sehen; alles versteckte er nur [vor ihr]. Und die adlige Dame Chālchiuhnenetzin befahl daraufhin den Tepecocatzin, einen Adligen aus Tlatilolco, Einwohner von Quahuecatitlan, her [und] sprach sogleich zu ihm: «Großväterchen, richte dem Herrn und Herrscher, meiner Herrschaft Āxāyaca aus, dass ich sehr arm [dran] bin! Nichts mehr [habe ich], was man braucht, nur noch einige Lumpen. Nur beim Reibstein lässt er das Kindlein Āxāyaca schlafen.» Daraufhin kam der genannte Tepecocatzin, es dem Herrscher Āxāyacatzin auszurichten. Und obwohl Āxāyacatzin hörte, was seine ältere Schwester ihm ausrichten ließ, hielt der Herrscher Āxāyacatzin es einfach nicht für wahr. Er sagte nur: «So ist es wohl nicht.» Und der genannte Tepecocatzin ging dann, es der adligen Dame [und] älteren Schwester Āxāyacatzins auszurichten, dass der sie einfach schon ganz aufgegeben habe.

Nachdem die Strategie, ihren Bruder mit einem Appell an die Familienehre zum Handeln zu bewegen, nicht fruchtete, verfiel sie auf eine politische Argumentation, die ihn als Herrscher nicht unbeeindruckt lassen konnte:

Nach einigen Tagen aber rief die adlige Dame Chālchiuhnenetzin abermals den genannten Adligen Tepecocatzin [zu sich] und sprach sogleich zu ihm: «Geh nur nochmals und richte dem Herrscher Āxāyacatzin aus, dass Moquihuix bereits über Krieg spricht; dass er [seine Pläne] schon in Teōcalhueyacān, in Tōltitlan [und] in Quauhtitlan dargelegt hat; dass er den Leuten schon Schilde und Schwerter gegeben hat. Ich habe das, was er sagt, gehört; man berät sich nachts. Richte ihm [dem Āxāyacatzin], aus, dass [Moquihuix] in der Tat sagt, dass er uns Mexikaner, Tenochkaner vernichten will! Nur von hier in Tlatilolco aus soll regiert werden.» Und der Tepēcocatzin kam und richtete es aus.

Diese Argumentation hatte sofortigen und durchschlagenden Erfolg:

Dann sagte der Āxāyacatzin: «Meine ältere Schwester soll herkommen!» Dann kam sie und ließ sich hier bei ihrem jüngeren Bruder Āxāyacatzin nieder. Er gab ihr 8000 Lasten großer Decken und Maisspeicher in Tōlluhcān, in Metepēc, in Tlacotepēc, in Tepēmaxalco, in Callimanyān [und] in Tenānco. Man berichtet nicht genau, wieviel Nahrung in den Speichern war. Er sprach zu ihr: «Hier [hast du] etwas, das du verkaufen kannst, und etwas, das du dem Kind zu essen geben kannst.» So begann es, dass der Krieg gegen Tlatilolco in Bewegung geriet.

Sicherlich ist das eine ausgeschmückte und überzeichnete Darstellung, der aber vielleicht ein Kern von Wahrheit eigen ist. Beide Herrscher hatten erst vor kurzem die Regierung übernommen, waren also in der Lebensphase, in der sie, heißblütig und auf schnelle Erfolge fixiert, zeigen wollen, wozu sie fähig sind. Für keinen war es ein einfaches Unterfangen, denn beide Seiten gingen wohlvorbereitet in die Auseinandersetzung und hatten jeweils Verbündete um sich geschart. Vier bis fünf Jahre dauerte die Auseinandersetzung, bis Āxāyacatl den Krieg mit der symbolträchtigen eigenhändigen Tötung Moquihuixs beendete. Moquihuix hatte sich zusammen mit seinem kommandierenden General und Schwager Teconal auf seine Tempelpyramide gerettet, während am Fuß derselben Āxāyacatl schon mit seinen Truppen stand und ihn zum Herunterkommen und mannhaften Kampf aufforderte:

> Aber der Āxāyacatzin rief ihm zu und sprach zu ihm: «Komm herab, Moquihuix. Dann sprach auch noch der Herrscher von Tlacōpan, Chīmalpopōca, zu ihm: «Komm herab, Moquihuix! Soll der Herrscher [Āxāyacatl] hier stehen und herumschreien?»

Moquihuix wagte das jedoch nicht, so dass Āxāyacatl, einer seiner Offiziere namens Quetzalhuah oder der Herrscher von Tlacōpan, Chīmalpopōca, selbst die Pyramidenstufen hinaufstürmte und seinem Gegner den Todesstoß versetzte, worauf dieser die Tempelpyramide hinabrollte. Auch hier gibt es offensichtlich von den Gegnern ausgeschmückte missgünstige Erzählungen, die erwähnen, dass Moquihuix sein Leben mit dem Angebot eines Kruges voller Jadeschmuck erkaufen wollte:

> Lass mich in Ruhe! Ich will dir den ganzen Topf voll Grünedelsteinen geben, den ich besitze.
> (Alvarado Tezozomoc, Tlatilolco, §§ 81–82)

Wie immer auch die Ereignisse, die zum Tod Moquihuixs führten, genau verliefen, Āxāyacatl ging aus der Auseinandersetzung als glänzender Sieger hervor. Die Azteken versäumten es nicht, ihre Gegner zusätzlich zu demütigen: Sie opferten den bereits toten Moquihuix durch Herzextraktion öffentlich und trieben die Bürger Tlatilolcos ins Schilfrohr am Rande der Stadt, um sie zu erniedrigen, indem sie sie dort im seichten Wasser untertauchen und wie Enten quaken ließen und dann erst von ihnen abließen. Ein zweiter Bericht schildert dieses Geschehen nur unerheblich anders; nämlich dass die Tlatilolkaner sich als Enten getarnt im Schilf versteckt hatten, dort von den Azteken entdeckt wurden und dann zur Demütigung quaken mussten. Dieses dramatische Geschehen am letzten und entscheidenden Tag des Krieges wurde seither als symbolischer Kampf an der ehemaligen gemeinsamen Grenze zwischen Jugendlichen beider Stadtteile jährlich nachgespielt. Obwohl die Behörden in der Kolonialzeit diese Scheinkämpfe verboten und zu unterdrücken versuchten, fanden sie noch bis ins 19. Jahrhundert regelmäßig statt.

Tlatilolco wurde fortan gemeinsam von zwei Statthaltern regiert, die der Herrscher von Tenochtitlan einsetzte. Es waren ein *Tlācatēccatl* und ein *Tlacochcalcatl*, also zwei mit den höchsten Titeln des Reiches ausgezeichnete Beamte. Darin drückt sich das Gewicht dieser Eroberung aus. Denn Tlatilolco war dank seines entwickelten Fernhandels und Marktwesens damals vermutlich der wohlhabendere Staat. Der Sieger von 1473 setzte eine hohe jährliche bzw. vierteljährliche Steuer fest, die Tlatilolco zahlen musste, annektierte einige Ländereien und verteilte sie an seine Klientel, wie es nach entscheidenden Siegen im unmittelbaren territorialen Umfeld der Hauptstadt üblich war.

Mit diesem Sieg gab sich Āxāyacatl jedoch nicht zufrieden. Eingedenk der Tatsache, dass manche Fürsten der näheren Umgebung auf der Seite der Tlatilolkaner gekämpft hatten oder neutral geblieben waren, lässt er noch im selben Jahr einige von ihnen als Verräter hinrichten, darunter Xīlōmantzin von Cūlhuahcān, Cihuānenemitl und Tlahtolātl von Cuitlahuāc und Quāuhyacatl von Huītzilōpōchco. Später ermordeten seine Häscher auch noch den Xīhuitl Temōc von Xōchimīlco, mit dem Āxāyacatl kurz zuvor noch friedlich Ball gespielt hatte. Er ersetzte ihn durch seinen eigenen Sohn Yopi Huēhuētl und begründete damit auch dort eine mit dem Herrscherhaus von Tenochtitlan direkt verbundene Dynastie. Dies alles gemahnt sehr an die 50 Jahre zuvor von den Tepaneken praktizierte Politik der offenen und verdeckten Königsmorde, und es zeigt, wie weitgehend Politik und konkretes Handeln der verschiedenen Herrscher Zentralmexikos sich im engen Rahmen gemeinsam tradierter Verhaltensmuster bewegten, worauf ich in Kapitel VIII ausführlich eingehen werde.

Wenn die Datierung der Quellen stimmt, hat Āxāyacatl wenig später,

1471 oder 1475/6, einen nicht minder gewichtigen Krieg gegen das Reich der Michhuahkaner geführt. Die Michhuahkaner siedelten an der pazifischen Abdachung westlich des zentralmexikanischen Hochlandes und hatten dort ein stabiles und mächtiges Reich aufgebaut, das zwar im Rahmen des Kulturareals Mesoamerika vieles mit den Azteken gemeinsam hatte, andererseits sprachlich und kulturell sehr eigenständig war und vielleicht sogar in manchem, so vor allem in der Metalltechnologie, durch seine Außenbeziehung nach Südamerika den Azteken einiges voraus hatte. Die Azteken nannten das Land *Michhuahcān*, was so viel wie ‹Land der Fischbesitzer› bedeutet, womit zutreffend eine bedeutende wirtschaftliche Grundlage der Bewohner, die über große fischreiche Seen verfügten, charakterisiert ist. In grauer Vorzeit, während ihrer Wanderung, waren die Azteken dort schon einmal vorbeigekommen, allerdings ohne sich dort länger niederzulassen. Seither hatte es keine intensiven Kontakte zwischen den beiden Völkern mehr gegeben.

Für seinen Kriegszug gegen die Michhuahkaner stellte Āxāyacatl eine 24 000 Mann starke Armee auf und führte sein Heer nach Westen. Bald stand er – wo, ist nicht genau bekannt – einer fast doppelt so starken und gut gerüsteten michhuahkanischen Streitmacht gegenüber. In Anbetracht dieser ungleichen Kräfteverhältnisse neigte Āxāyacatl dazu, den Angriff abzubrechen und sich zurückzuziehen. Seine Generäle haben ihn aber daran gehindert. Sie wollten den Angriff unbedingt wagen. Die offene Feldschlacht wurde an zwei aufeinanderfolgenden Tagen geschlagen und endete für die Azteken mit einer fast totalen Niederlage. Dabei hatten sie auch den Tod ihres fähigsten Generals, Huitznahuac Tēuctli, zu beklagen. Die Musterung des aztekischen Heeres nach der Schlacht ergab einen kläglichen Rest von 4000 Mann. 20 000 waren also gefallen oder vom Gegner gefangengenommen worden und harrten nun ihrer rituellen Opferung. Man zog sich daher schleunigst zurück, und zum Glück setzten die Michhuahkaner nicht zur Verfolgung nach, sonst wäre das aztekische Heer sicherlich völlig aufgerieben worden.

Das im Rückblick und unter europäischen militärstrategischen Gesichtspunkten unverständlich erscheinende Nicht-Ausnutzen von militärischen Vorteilen seitens der Michhuahkaner ist ein immer wiederkehrendes Muster mexikanischer Kriegsführung. Ich neige dazu, es aus dem geringen Stellenwert, den territoriale Eroberung spielte, abzuleiten. Mexikanische Fürstentümer verwalteten ihr «Reich» meist indirekt durch Steuereinnahmen, bauten also mehr auf politische Hörigkeit und wirtschaftliche Kontrolle, als dass sie tatsächliche Territorialherrschaft ausübten oder gar, wie die Inka, Umsiedlungen in großem Stil durchführten. Der mit dieser eher indirekten Herrschaft einhergehenden Gefahr der Rebellion begegneten sie durch die Anlage von Garnisonen an strategisch gelegenen zentralen Orten und notfalls durch harte Strafexpeditionen. Krieg um Land und Geländegewinn haben sie in der Regel nur geführt, wenn ihr Kernland und ihre Hauptstadt unmittelbar bedroht waren. Dann konnten sie ihre Heimat und ihr Territorium allerdings zäh und erfolgreich verteidigen. Das beste Beispiel dafür ist der Staat von Tlaxcallān, der in spätindianischer Zeit von den Azteken völlig eingekreist war, der von ihnen aber dennoch nie erobert wurde. Ansonsten waren die Mexikaner bei direkten kriegerischen Auseinandersetzungen vor allem darauf aus, Gefangene zu machen, die ihnen Prestige brachten und für die öffentlichen Opferfeste nötig waren. Als zweites Ziel strebten sie an, durch den Beweis ihrer militärischen Überlegenheit den Gegner in politische Unterwerfung zu zwingen und als Folge davon Steuern erheben zu können..

Niederlagen wie diese gegen die Michhuahkaner memorierten die Azteken in Klage- und Spottgesängen, die vielleicht ähnlich wie altgriechische Tragödien Wechselgesänge zwischen Akteuren, Kommentatoren und Chören waren und bei Festen aufgeführt wurden. Ein solches Lied mit verteilten Rollen wurde anlässlich der Niederlage gegen die Michuahkaner komponiert. Die kolonialzeitliche Liederhandschrift, die es überliefert, gibt folgende einleitende Zusammenfassung:

> Altes Lied. Mit ihm erinnern sie, wie der Herrscher Āxāyaca die Michhuahkaner nicht recht besiegte, sondern sich nach Tlaximaloyān zurückzog. Und dort sind nicht nur wenige Adlige und Offiziere umgekommen. Einige sind geflohen, weil sie einfach zu erschöpft waren, keine Kraft mehr hatten. Das Lied endet damit, wie der alte Herr, der Herrscher Chichicha, sie das Fürchten lehrte.
> (Cantares mexicanos, Lied 85)

Trotz der durch diese und zahlreiche andere Kriege strapazierten Militärkraft verstrickte sich Āxāyacatl schon 1477 in weitere Auseinandersetzungen mit verschiedenen Gegnern. Zwar endeten diese meist mit Siegen, der gegen Xiquipilco im folgenden Jahr war allerdings schwer erkauft. Āxāyacatl, der selbst an der Front kämpfte, wurde von seinen Truppen getrennt und drohte vom gegnerischen Krieger Tlīlātl – oder Tlīlcuetzpalin, die Quellen sind sich über seinen Namen nicht ganz einig – überwältigt zu werden. Sein Hofzwerg, der ihm treu und tapfer zur Seite gestanden hatte, war bereits gefallen, und Āxāyacatl, schwer am Oberschenkel verwundet, konnte nur im letzten Augenblick durch einen Entsatzangriff unerfahrener Rekruten befreit werden, nachdem ihn seine bewährten Truppen im Stich gelassen hatten. Die jungen Männer kämpften ihren *Tlahtoāni* frei und brachten ihn in den Ruheraum bei Tōlluhcān in Sicherheit. Dort wurde er medizinisch versorgt. Als ritterlicher Krieger erkannte der aztekische *Tlahtoāni* die Tat seines Gegners Tlīlcuetzpalin an und zeichnete ihn aus. Nach der Rettung ihres Herrschers gestaltete sich dieser Feldzug für die Azteken doch noch erfolgreich. An eigenen Verlusten hatten sie etwa 1000 Mann zu beklagen, während ihnen 10 000 bis 12 000 Xiquipilkaner in die Hände fielen. Die Opferung dieser Gefangenen wurde in Tenochtitlan als großes Spektakel inszeniert. In seinem Mittelpunkt stand die Hinrichtung Tlīlcuetzpalins, der dem Āxāyacatl seine schwere Verletzung beigebracht hatte. Āxāyacatl war fortan gehbehindert und scheint sich körperlich nicht mehr recht erholt zu haben.

Āxāyacatl setzte die Expansion nach Südosten, die Ilhuicamīna mit der Eroberung Cōāixtlāhuacāns eingeleitet hatte, planmäßig fort. Wichtige weitere Stationen dieser Expansion waren Huaxacac (das heutige Oaxaca) und Tōchpan. Die kriegerische Bilanz Āxāyacatl kann sich, sowohl was die Zahl der Unterworfenen als auch was die Erreichung strategischer Ziele betrifft, sehen lassen. Allerdings wurden seine Siege oft durch hohen Blutzoll erkauft.

Nicht nur in der rastlosen Eroberungspolitik eiferte Āxāyacatl seinem Vorgänger nach, sondern er führte auch dessen Bündnis- und Friedenspolitik gegenüber den Herrschern von Tetzcuhco, Nezahualcoyōtl und dessen Nachfolger Nezahualpilli, der 1472 den Thron bestieg, fort. Sie besuchte er häufig in Tetzcuhco, und er schätzte ihren Rat sehr. Die so geschaffene Friedenszone beiderseits des Sees hielt den Azteken bei militärischen Unternehmungen in fernen Gebieten den Rücken frei, und gemeinsame Feldzüge stärkten ihre Militärmacht beträchtlich.

6. Gesundheitsfürsorge und Heilkunde

Eine natürliche Grundlage der Lebensqualität in Mexiko war der Umstand, dass vor Ankunft der Europäer keine verheerenden Seuchen endemisch waren. Pocken, Masern, Diphtherie, Pest, Cholera oder Lepra und die meisten Erkältungskrankheiten (darunter auch Virus-Grippen) wurden erst von Spaniern aus der Alten Welt eingeschleppt, hatten dann aber wegen der fehlenden Immunabwehr und genetischer Besonderheiten der Indianer verheerende Folgen. Aber nicht allein die relative Freiheit von Seuchen und ansteckenden Krankheiten – von lebensbedrohenden ansteckenden Krankheiten gab es in Mexiko vor 1520 nur Syphilis –, sondern auch die große Umsicht in der Gesundheitsfürsorge hebt das städtische Leben in Mexiko gegenüber dem zeitgenössischen Zustand europäischer Städte ab. Tenochtitlan besaß seit 1478 zwei kanalisierte Trinkwasserleitungen, deren neu gebaute doppelzügig war und die beide reines Quellwasser von den westlichen Bergen zum Nutzen aller Einwohner heranführten. An den öffentlichen Zapfstellen in der Stadt wurde es mit Krügen geschöpft und mit Kähnen auf den innerstädtischen Kanälen zu den Wohnungen gebracht. Zwar gab es keine Abwasserkanalisation, aber organischer Abfall, der ohnehin fast nur aus menschlichen Fäkalien und Resten der Nahrungszubereitung anfiel, wurde gesammelt, um als Dünger für die Gärten und zum Gerben von Tierhäuten (Urin) weiterverwendet zu werden. Auch war häufiges Fegen der gestampften Lehmfußböden in Haus und Hof eine Arbeit, der jede Familie peinlich genau nachkam. Wie wichtig die Azteken die Reinhaltung ihrer Anwesen nahmen, erhellt daraus, dass das Fegen im Tempeldienst eine religiöse Pflicht von hohem Symbolgehalt war, so dass eines der 18 Jahresfeste nach dieser Tätigkeit *Ochpanaliztli* (‹das Fegen des Weges›) heißt. Tägliche Körperpflege (Waschen, Mundspülen, Haare kämmen) war ebenfalls üblich.

Die spärliche und luftige Kleidung der Indianer – Männer trugen ein Lendentuch (*Māxtlatl*) und eine Schulterdecke (*Tilmahtli*), Frauen Bluse

(*Huīpīlli*) und Rock (*Cuēitl*) – beugte außerdem dem Parasitenbefall vor. Da man auch keine ausgedehnte Vieh- und Haustierhaltung kannte, nur Hund und Truthuhn wurden allgemein gehalten, war die Infektionsgefahr auch von dieser Seite gering.

Zur grundlegenden Volksgesundheit der Azteken trug auch die diätetisch ausgeglichene Ernährung bei. Dieser Sachverhalt erfordert besondere Beachtung, weil unsere eigene, auf hohen Konsum tierischer Erzeugnisse ausgerichtete Ernährung dazu verleitet, die vorwiegend pflanzliche Kost der Indianer für minderwertig zu halten. Dieses Vorurteil ist bei einigen nordamerikanischen Forschern (die Nordamerikaner gehören zu den weltweit das meiste Fleisch verzehrenden Menschen) so ausgeprägt, dass sie den rituellen Kannibalismus der Azteken in seinem Umfang aufbauschen und als Ernährungskannibalismus zur Kompensation von angeblichem Proteinmangel in der sonstigen Nahrung umdeuten. Doch stimmen die in ihrer These enthaltenen ernährungswissenschaftlichen Annahmen nicht: Schon Mais, der mit Kalk zubereitet wird, Bohnen, Kürbis, *Chīlli*, Tomaten und verschiedene Gemüsepflanzen, die Grundnahrung der Azteken, stellen eine ausgeglichene und ausreichende Ernährung sicher. Was die Kritiker der voreuropäischen Ernährung außerdem vergessen, ist das umfangreiche, variable und in der konsumierten Menge nicht unbedeutende zusätzliche Nahrungsangebot: Fuchsschwanzsamen, Avocado und andere Baumfrüchte, vergorener Agavesaft, Salzwasseralgen sowie auch etwas fleischliche Zukost, darunter von den bereits erwähnten Haustieren Truthuhn und Hund, von Heuschrecken, verschiedenen Maden, so zum Beispiel die noch heute verzehrten roten und weißen Agave-Würmer, Fisch und Wildgeflügel. Mangelhafte Ernährung und als verzweifelter Ausweg vermehrtes Verzehren von Menschenfleisch für die Azteken anzusetzen, scheint mir daher unsinnig. Auch verfügte die nähere Umgebung der aztekischen Hauptstadt über das besonders ertragreiche, ganzjährig produzierende Gartenbausystem der «schwimmenden» Gärten am Rande des heute trockengelegten großen Sees, der die Stadt umgab. Auf etwa 12 000 Hektar wird die damals ständig gartenwirtschaftlich genutzte Seeuferfläche geschätzt, und die Produktion dieser sogenannten *Chinampas* war so ertragreich, dass mit der genannten Fläche drei Viertel der hauptstädtischen Bevölkerung ausreichend mit Mais und Gemüse versorgt werden konnten.

Nicht ganz vergessen dürfen wir auf der anderen Seite gelegentlich auftretende Naturkatastrophen, über die ich in diesem Kapitel schon berichtet habe: ausbleibender Regen im Mai und Juni, während der ersten Wachstumsperiode des Maises, wenn die Pflanzen besonders viel Wasser brauchen, Frost während des Keimens und schließlich Heuschreckenschwärme, die die jungen Pflanzen kahl fressen. Wenn solche Naturkatastrophen lange anhielten oder dicht aufeinander folgten und das ganze Hochtal von Mexiko betrafen, kam es vor, dass die staatlichen Notvorräte erschöpft und die Nahrungsalternativen ausgebeutet waren. Dann folgten auf die einsetzende Hungersnot Krankheiten und schließlich verbreitetes Sterben. In seiner Not verkaufte mancher Azteke sich selbst oder seine Kinder dann in die Sklaverei in nichtbetroffene Gegenden, um so wenigstens dem Hungertod zu entgehen. Solche Katastrophen waren aber nicht häufig – gewiss unvergleichlich seltener als die Folge von Pest und Hungersnöten im spätmittelalterlichen Europa. In den Jahren 1453 und 1455 litt Mexiko, wie wir gesehen hatten, unter einer solchen Hungersnot, verursacht durch einen Kälteeinbruch und darauf folgende Missernten. Auch in späteren Jahren gab es wiederholt solche Ernährungskrisen.

Die hohe Bevölkerungszahl Zentralmexikos konnte schließlich nur durch hohe Fruchtbarkeit der Frauen und gleichzeitig niedrige Säuglingssterblichkeit erreicht werden. Statistiken darüber gibt es nicht, doch zeugen Berichte indianischer Ärzte, die der franziskanische Missionar Sahagún aufgezeichnet hat, von der Umsicht, mit der Mutter und Kind perinatal umsorgt wurden. Hervorstechend ist die dauernde und persönliche Fürsorge durch eine Hebamme oder Ärztin für Geburtshilfe (*Tīcitl*), die mit einem Besuch und der Beratung der werdenden Mutter vier bis acht Wochen vor der Niederkunft einsetzte. Nahte die Stunde der Geburt, prüfte sie zunächst die Lage des Foetus im Mutterleib durch Abtasten und rückte ihn notfalls zurecht. Die Geburt selbst findet in optimaler Haltung der Gebärenden statt, hockend mit gespreizten Beinen, den leicht nach hinten gelehnten Körper von einer Helferin gestützt. Verzögerte sich die Geburt, konnte die Ärztin durch einen Aufguss der Pflanze Montanosa tomentosa, aztekisch *Cihuāpahtli*, was wörtlich ‹Frauenmedizin› bedeutet, und bei anhaltender Verzögerung eine stärkere Droge aus Opossum-Schwanz verabreichen und mittels grober Leibmassage, Treten oder Schütteln nachhelfen. Wenn auch das die Geburt nicht einzuleiten vermochte und der Foetus im Mutterleib bereits tot war, nahm die Ärztin, um wenigstens das Leben der Mutter zu retten, einen chirurgischen Eingriff vor und zerstückelte den Foetus im Mutterleib mit einem scharfen Messer aus Obsidian und extrahierte die Leichenteile einzeln. Nach der Geburt kam der Wöchnerin und ihrem Säugling die Fürsorge seitens der Frauen ihrer Familie und Nachbarschaft zugute, und sie wurde mit ihm zusammen täglich einem heißen Bad im Dampfbadehaus (*Temāzcalli*) zugeführt. Das *Temāzcalli* ist ein geschlossener gemauerter Raum, der von außen mit einem Holzfeuer beheizt wird und durch eine niedrige Eingangsöffnung betreten werden kann (Abb. 28). Mittels im Feuer erhitzter Steine, Wasser und aromatischer Kräuter wird Dampf erzeugt, dem man sich am Boden liegend aussetzt. Solche Bäder waren bereits während der Schwangerschaft und kurz vor der Niederkunft angezeigt.

Trotz der guten Rahmenbedingungen und der ordentlichen Fürsorge für die Gesundheit wurden auch Azteken im vorspanischen Mexiko gelegentlich krank. Man nimmt an, dass Darm- und Magenkrankheiten (Dysenterie, Salmonellen, Diarrhöe) und rheumatische Leiden (Arthritis) besonders häufig waren. Eine Ursache für die Häufigkeit rheumatischer Erkrankungen dürfte die Lage der Hauptstadt in einem See gewesen sein. Grundfeuchte – man lebte ebenerdig und schlief auf Schilfmatten auf dem Boden – Überschwemmungen und die täglichen, oft ergiebigen Regenfälle in den Monaten Juni bis August, während derer Wohnung und Kleidung nur schwer trockenzuhalten sind, ließen die genannten Beschwerden zur Jahresmitte akut auftreten. Was die Schädigung von Knochengerüst und Gelenken betrifft, dürfen wir nicht vergessen, dass den Azteken von schwerer körperlicher Arbeit weder Last- und Zugtiere noch mechanische Hilfsmittel Entlastung verschafften. Abnutzungserscheinungen an den Knochen, ähnlich wie bei Arbeitern im pharaonischen Ägypten, setzten daher früh ein. Andererseits garantierte die gute Calcium-Versorgung in der Grundnahrung, das Arbeiten im Freien mit nacktem Oberkörper und die dadurch mögliche Einwirkung der intensiven Höhenstrahlung auf die Haut völlige Freiheit von rachitischen Leiden und einen von Jugend auf stabilen Knochenbau.

Diagnostik und Ätiologie waren bei aztekischen Heilkundigen sicher keine getrennten begrifflichen Bereiche. Auch haben sie sich über ihre theoretischen Einsichten in Anatomie, Physiologie und Ätiologie nicht abstrakt und systematisch geäußert, so dass es uns allenfalls möglich ist, hierzu indirekt etwas aus den Quellen herauszulesen. Bei vielen alltäglichen Krankheiten mit evidenter Ursache, wie Insektenstich, Schlangenbiss oder Knochenbruch, haben Azteken eine klare Diagnose sofort stellen können und auch nach unseren naturwissenschaftlichen Maßstäben effiziente Therapien eingeleitet. Bei Schlangenbiss empfehlen sie das Aufschneiden der Wunde, sofortiges Aussaugen des Giftes und einen antiseptischen Verband von Agave-Blättern oder Tabak.

Bei weniger klaren Krankheitsbildern greifen aztekische Heilkundige auf ihr ganzheitliches Menschenbild zurück, um daraus Krankheitsursache und Therapie abzuleiten. Wichtige Komponenten dieses Menschenbildes sind drei allgemeine Kräfte. Das *Tōnalli* (‹Tag›), im Hirn angesiedelt, ist die individuelle Seele, die jedem Menschen von Geburt an gegeben ist. Der Geburts*tag* wird daher auch als wahrsagerischer Schicksalstag verstanden im Einklang mit dem von ihnen genau 260 Tage davor angenommenen Tag der Empfängnis. Das *Tōnalli* ist je nach sozialer Stellung und Alter kräftiger oder schwächer; und der Einzelne kann es auch mutwillig durch Trunksucht schwächen. Träume sind direkter Ausdruck des *Tōnalli*, und seine zeitweilige Abwesenheit führt zu Krankheit; sein definitives Fliehen aus dem Körper bringt den Tod. Traumdeuter und Kalenderpriester für den 260-tägigen Wahrsagekalender sind Spezialisten, die sich mit dem *Tōnalli* befassen und Klienten beraten. Im Herzen wohnt die Lebensseele, *Tēyōlia*, die im Gegensatz zum *Tōnalli* untrennbar ist vom Körper des Individuums und unter anderem seinen Intellekt repräsentiert. Die dritte seelische Kraft ist die Atemseele, *Ihīyōtl*. Sie ist in der Leber lokalisiert und steuert das Gefühlsleben des Menschen – eine interessante Parallele zu den alten Griechen, für die die Leber ein ähnlich wirkendes Organ war.

Die grundlegende pathologische Theorie der Azteken besagt, dass der Mensch gesund ist, solange diese drei Seelen in ihm hausen und weder im Übermaß noch geschwächt wirksam sind. Dabei ist der Begriff des Maßes, den wir ebenfalls recht ähnlich vom Menschenbild der Griechen kennen, und der auch in der traditionellen chinesischen Medizin eine wesentliche Rolle spielt, ausschlaggebend. Krankheit ist also gleichbedeutend mit Unmäßigkeit, Mangel, fehlendem Gleichgewicht. Dieses Grundkonzept kann der aztekische Arzt und Psychotherapeut – wenn wir Traumdeuter, Kalenderpriester und Zauberärzte unter diesen modernen Begriff subsumieren wollen – zu Diagnose- und Therapiezwecken operationalisieren: Übermäßiger Genuss des leicht alkoholischen Agaveweins *Octli* schädigt das *Tōnalli*, das sich während des Trinkens verflüchtigt und nur durch Abstinenz in den Körper zurückgeholt werden kann. Ganz ähnlich sah man in frühreifer oder übersteigerter männlicher sexueller

Gesundheitsfürsorge und Heilkunde **199**

ABB. 28 *Ein Dampfbadehaus.*
Das Dampfbadehaus, aus grauem vermutlich vulkanischem Gestein gemauert, weist einen hinteren eiförmigen Teil, das Heizhaus, auf. Aus ihm züngeln Flammen heraus, und von der ganzen Anlage steigt Dampf auf. Vor dem Heizhaus kniet eine alte Frau, bereit, Brennmaterial nachzulegen. Das eigentliche rechteckige Badehaus ist über seinem niedrigen Eingang mit dem Kopf der Schutzgöttin der Kranken geschmückt. Rechter Hand vom Badehaus sieht man den Wasserzufluss, der in die Badekammer führt. Vor der Tür liegt ein Bündel Reisig bereit. Damit schlägt man sich beim Baden den Rücken, ganz ähnlich wie in der finnischen Sauna. Etwas vom Badehaus entfernt und dahinter sitzt ein Indianer, der vermutlich eine Bitte an die Schutzgöttin der Kranken spricht und flehentlich die Hände ausstreckt. Rechts unterhalb sitzt ein weinender Mann, dem eine ihm gegenüber kniende Frau eine Schale Wasser reicht. [Libro de la Vida, Blatt 77r.]

Betätigung Schädigungen der Herzseele und zugleich der Hirnseele. Auch hier ist Mäßigung der gesunde Weg.

Arzt oder Wahrsager, wir wissen nichts über die Abstimmung und Abgrenzung der verschiedenen therapeutischen Berufe, verschreiben bei schwierig gelagerten Krankheiten sowohl religiöse Verrichtungen als

ABB. 29 *Xiuhahmōlli.*
Der Text zum Bild lautet: «Haarausfall. Man hält den Haarausfall auf, indem man den Kopf mit einer Lotion von Xiuhahmōlli behandelt. Man presst die Pflanze aus und kocht sie in Hunde- oder Hirschurin unter Hinzufügung von Fröschen und kleinen Tieren der Art Āhuatecolōtl». Die naturalistisch dargestellt Pflanze mit weißen Glockenbecherblüten wächst auf einem Untergrund, der durch das bilderschriftliche Symbol fließenden Wassers dargestellt ist. Die Forschung meint, dass es eine Pflanze der Gattung Ipomoea ist. [Libellus, Blatt 9r]

auch praktische Heilmittel, meist pflanzlicher Art, in oraler, perkutaner oder analer Darreichung. Bei solchen Therapiemaßnahmen waren Diagnose und Ätiologie durch analoges Schließen und eine sehr weit gefasste Theorie der Ansteckung oft «magisch» verknüpft. Anstecken kann man sich zum Beispiel nicht nur durch unmittelbaren Körperkontakt mit dem Krankheitserreger, sondern auch durch Urinieren auf einen solchen, durch seinen Geruch oder seinen schieren Anblick. Die Verknüpfung der beiden Erkenntnismethoden des Analogie-Schlusses und der Ansteckungstheorie erlaubt es dann zum Beispiel, Genitalgeschwüre darauf zurückzuführen, dass der Patient auf die Blüte der Knochenblume (Polyanthes tuberosa), die einem Penis ähnlich sieht (Analogie), uriniert oder defäkiert hat (Ansteckungstheorie). Oft greift das Analogieverfahren sogar in die Therapie ein, wenn die vermeintliche krankheitserregende Pflanze zugleich das verschriebene Heilmittel abgibt.

Für fast alle Krankheiten verschreibt der aztekische Arzt pflanzliche Heilmittel. Der indianische, aber christlich getaufte Arzt Martín de la Cruz konnte daher 1552 mehrere hundert Heilpflanzen in einem Buch der indianischen Kräutermedizin («Libellus de medicinalibus indorum herbis») zusammenstellen und ihre Anwendungen erläutern (Abb. 29). Ein anderer Indianer, Juan Badiano, hat es ins Lateinische übersetzt, weil es als Geschenk für den Papst in Rom bestimmt war, und in dieser lateinischen Fassung ist es auf uns gekommen.

Bei einem Volk, das wegen harter körperlicher Arbeit und beim Kriegsdienst ständig der Gefahr ausgesetzt war, sich Knochenbrüche und Fleischwunden zuzuziehen, ist die posttraumatische Medizin von Bedeutung. Desinfizierung verunreinigter Wunden geschah im Feld, höchst praktisch und steril, durch den jederzeit verfügbaren Urin. Große klaffende Fleischwunden wurden durch Nähen mit Nadeln aus Agaveblattspitzen und Menschenhaaren als Faden verschlossen. Es wird berichtet, dass man einem Krieger sogar seine abgeschlagene Nasenspitze wieder annähte. Starke Blutungen konnten mit Druckverbänden aus blutstillenden Pflanzen behandelt werden, und das Zurechtrücken und Stilllegen von Knochenbrüchen war den Azteken ebenfalls geläufig. In chirurgischen Techniken und anatomischem Wissen hatten die Azteken gegenüber dem mittelalterlichen Arzt in Europa einen entscheidenden Vorteil: Der menschliche Körper war in keiner Hinsicht tabuisiert. Ein aztekischer Student der Medizin konnte daher unbehindert Studien an lebenden und toten Körpern treiben; und es ist durchaus vorstellbar, dass die religiösen Menschenopfer des Schindens und der am lebenden Menschen vollzogenen Herzextraktion Kenntnisse und Techniken für den medizinischen Gebrauch anschaulich vermittelten.

7. Gesang und Tanz am aztekischen Hof

Aus den letzten Jahren der Regierung Āxāyacatls ist eine Episode überliefert, die einiges über das Hofzeremoniell und die Persönlichkeit des Herrschers verrät. Im Jahr 1479 lässt er die zwölf Jahre zuvor von Ilhuicamīna unterworfenen Chalkaner, die für ihre Gesangs- und Tanzdarbietungen berühmt waren, an seinen Hof kommen, um ein Fest auszurichten. Das Fest nimmt unter dem Beifall des Herrschers zunächst den gewünschten Verlauf, und Āxāyacatl scheint es in Gegenwart seiner Frauen und Konkubinen zu genießen, wie er bisher schon viele Feste gefeiert hatte, zum Beispiel das zwei Jahre zuvor anlässlich des Sieges über Xiquipilco. Das neuerliche Fest verläuft zunächst ganz nach Programm, bis der vortragende Trommler und Sänger aus Tlālmanalco einen Schwächeanfall erleidet und ohnmächtig auf seine Trommel sinkt. Die abrupte Unterbrechung ist ein Skandal. Ähnlich wie an barocken Fürstenhöfen Europas könnte ein solcher «Verstoß» gegen die Planung und das Hofzeremoniell für den Verursacher schlimme Folgen haben, nämlich die Todesstrafe. Daher fasst sich ein anderer junger Chalkaner ein Herz, springt auf und setzt improvisierend den Gesang und die Trommelmusik fort, so dass Āxāyacatl, der trotz seiner Gehbehinderung immer noch gerne tanzte, sein Fest fortsetzen kann:

> Als aber der Tanz endete, sagte der Herrscher Āxāyacatzin: «Mein Freund, jenen Ungeschickten, den ihr mir hierher gebracht habt, der gespielt und gesungen hat, sollt ihr nicht mehr spielen lassen!» Sie sprachen zu ihm: «Es ist schon gut Herr [und] Herrscher! So wird man es machen!» Und als der Āxāyacatzin das so befohlen hatte, fürchteten sich alle Chālcah-Adligen sehr vor dem, was er gesagt hatte.
> (Chimalpahin, Siebte Relation, Jahr 1479)

Anschließend lässt Āxāyacatl den jungen Musiker, der eingesprungen war, zu sich kommen. Die Chalkaner, immer noch geschockt von der Unterbre-

ABB. 30 *Huēhuētl.*
Eine der wenigen gut erhaltenen Holzschnitzereien der Azteken ist diese 96 cm hohe Pauke. Sie ist aus einem Baumstamm in der Form eines schlanken Fasses geschnitzt. Jedes ihrer drei Beine ziert ein Kriegsadler, wahrscheinlich als Allegorie auf den Kriegerorden der ‹Adler›. Darüber umschließt den Trommelkörper ein horizontales Band ebenfalls mit Kriegssymbolik. Den oberen Teil schmückt ein großes Bild des derzeitigen Weltzeitalters Vier Bewegung in Form des Tages, an dem es durch Erdbeben zerstört wird. Es wird rechts von einem Adler und links von einem Jaguar flankiert, was eine Anspielung an die beiden nach diesen Tieren benannten Kriegerorden ist. Der obere Rand ist nicht skulptürlich ausgeführt, denn dort war einst die Trommelhaut befestigt, die nicht erhalten ist. [Bildarchiv B. Riese.]

chung ihrer Darbietung, befürchten, dass er und anschließend sie alle miteinander hingerichtet würden. Es läuft aber ganz anders. Āxāyacatl möchte den jungen Künstler auszeichnen. Die Auszeichnung drückt sich, wie auf der ganzen Welt üblich, zunächst durch reiche Geschenke aus. In diesem Falle ist es fürstliche Kleidung, die dem Künstler überreicht wird. Die Ehrung umfasst dann aber auch eine eigenartige Komponente: Der Herrscher penetriert den Künstler homosexuell und beschließt dann, dass dieser fortan ausschließlich an seinem Hof und zu seinem Vergnügen musikalisch zu wirken habe. Schließlich nimmt er sich auch das Recht an dem Gesang, etwas, was wir heute als Urheberrechtsverletzung bezeichnen würden, und in welcher Hinsicht auch Mexikaner sehr empfindlich waren. Der Chronist Chimalpahin vermerkt daher mit tadelndem Unterton:

> Und als der Āxāyacatzin den Gesang erbat, und sie ihn wiederholten, sie ihn vortrugen, verdarben sie ihn gegenüber der Zeit [als] der namens Ayoquantzin der Ältere Herrscher weiland gewesen war [indem sie seinen Namen tilgten].
>
> (Chimalpahin, Siebte Relation, Jahr 1479)

Ethnologisch ist an dieser Episode nicht so sehr von Interesse, ob Āxāyacatl homosexuell veranlagt gewesen sei, wie ihm in kolonialzeitlichen Quellen mit Missgunst vorgehalten wird, sondern ob der sexuelle Missbrauch nicht vielleicht eine kulturelle Norm ausdrückt, oder anders gesagt, ob es sich dabei nicht vielleicht um einen symbolischen Dominanz- und Unterwerfungsakt handelte, den der Herrscher von Amts wegen vollzog. Wenn dem so ist – und dafür gibt es ähnlich gelagerte Beispiele, unter anderen das der Vergewaltigung von zwei Frauen Chīmalpopōcas durch den tepanekischen Herrscher Māxtla –, fügt sich dieses Verhalten in die human- und tierethologische Beobachtung, dass praktizierte Sexualität, auch Homosexualität, oft Ausdruck von Dominanz und Macht ist.

8. Letzte Taten und Tod Āxāyacatls

Sollte Āxāyacatl sich aufgrund seiner angeschlagenen Gesundheit zum Ende seiner Regierungszeit mehr dem Genuss von Kunst und Kurzweil der geschilderten Art zugewandt haben, hat er doch seine politischen Pflichten nicht vernachlässigt. Die Regelung von Grenzfragen innerhalb seines Reiches und die Anbringung seines Bildnisses 1481 neben dem seines großen Vorgängers Ilhuicamīna am Felsen von Chapultepēc werden in den Quellen aus seinen letzten Lebensjahren berichtet. Nach der Porträtierung soll er, so berichtet die «Crónica X», auf dem Rückweg nach Mexiko-Stadt krank, erschöpft und vermutlich von den Folgen seiner früheren Kriegsverletzung geschwächt, mit noch nicht einmal 40 Jahren gestorben sein.

Gleich nach Āxāyacatls Tod hielt ein hochrangiges Mitglied des Staatsrates eine improvisierte Totenrede und schickte Boten aus, die alle anderen mexikanischen Fürsten, insbesondere die des Dreibundes, benachrichtigen sollten. Nachdem die nächstbenachbarten Fürsten, also die des Dreibundes und die aus Chālco, noch am selben Tag herbeigeeilt sind, stellt jeder von ihnen reiche Kleidergaben und vier Sklaven, zwei männliche und zwei weibliche, um den aufgebahrten Toten auf, und einer der versammelten Fürsten hält eine formelle Ansprache. Während der anschließenden Nachtwache wird der Körper des toten Herrschers einbalsamiert. Am nächsten Tag treffen die Fürsten der etwas weiter entfernten Städte, darunter vor allem die aus dem südwestlich gelegenen Quauhnāhuac, ein und als letzte die traditionellen Gegner in den Blumenkriegen aus den Städten Huexōtzinco, Ātlīxco, Cholūllān und Tlaxcallān im östlichen Nachbartal. Die auswärtigen Gäste werden üppig bewirtet und beschenkt. Am dritten Tag wird Āxāyacatls Leichnam reich eingekleidet und auf den geflochtenen herrscherlichen Strohsessel gesetzt, begleitet von einem Totengesang. Nun kommen seine Frauen mit Speisen und Getränken für ihren toten Ehemann, gefolgt von den Hofzwergen, den Buckligen und Spaßmachern, die ihm das Leben angenehm gemacht hatten. Abermals wird ein Gesang angestimmt. Das Leichenbündel des Herrschers wird auf den Scheiterhaufen gelegt und verbrannt. Dabei sorgen aztekische Krieger, die mit ihren Lanzen die Glut schüren, dafür, dass kein Körperteil des Verstorbenen unverbrannt herausfällt. Das vollkommene Verbrennen des Leichnams, so dass er ganz in Rauch aufgeht und zum Himmel emporsteigt, hat religiöse Bedeutung: Tote Krieger, und ein solcher ist ja der Herrscher vornehmlich, begleiten den Sonnengott auf seinem täglichen Weg am Firmament und durch die Unterwelt, und daher steigen ihre Seelen als Schmetterlinge in die Luft. Das aber ist nur möglich, wenn der herrscherliche Leichnam vollständig verbrannt und sichtbar als Rauch aufsteigt. Auch der Kulturheros Quetzalcōātl ließ sich an seinem Lebensende verbrennen und stieg danach als Morgenstern auf. Anschließend an die Einäscherung Āxāyacatls wird die verlöschende Glut mit Rosenwasser begossen, und auch die Beteiligten begießen und waschen sich mit diesem Duftwasser. Hier haben wir es ganz offensichtlich mit einem Reinigungsritual als Teil der Trennungsphase in diesem großartigen Übergangsritus zu tun. Bevor die Sklaven und wohl auch andere Menschen seines Gefolges zeremoniell geopfert werden, um ihrem Herrn im Jenseits zu dienen, ergeht eine Ansprache an sie. Zum Abschluss dankt man dem Staatsrat für seine Anwesenheit, und dann ist 40- oder 80-tägiges Fasten angesagt.

Der indianische Geschichtsschreiber Alvarado Tezozomoc hat uns diese genaue Schilderung überliefert. Obwohl er die Totenfeier selbst nicht miterlebt hat – er schrieb seine Chronik über ein Jahrhundert später –, scheint sich im ehemaligen Herrscherhaus der Azteken, dem Alvarado Tezozomoc angehörte, eine genaue und lebhafte Überlieferung bis in die Kolonialzeit gehalten zu haben. Dass solche erstaunlich detaillierten Erinnerungen wachgehalten werden können, hat die moderne Hirnforschung im Rahmen der Theorie des ereignisbezogenen Gedächtnisses plausibel gemacht. Skeptiker, die solche Darstellungen Jahrzehnte nach den Ereignissen nur mit phantasievoller Ausschmückung erklären, sollten dadurch eines besseren belehrt werden; und das in diesem Zusammenhang insbesondere, weil die Hamburger Ethnologin Ursula Dyckerhoff schon vor Jahrzehnten die Zuverlässigkeit des ethnographischen Gehaltes von Alvarado Tezozomocs Berichten nachgewiesen hat, zu einer Zeit, als zur Erklärung dieses Phänomens noch keine psychologische Theorie zur Verfügung stand.

Was mit der Asche des verbrannten Herrschers geschieht, schreibt Alvarado Tezozomoc nicht. Vermutlich wurde sie eingesammelt und in eine handliche Steinkiste gefüllt, die dann im Haupttempelbezirk begraben oder in einem Gebäude öffentlich aufgestellt wurde. Das zumindest vermuten Archäologen, die mehrere solche Kisten gefunden haben. Sie werden in ihrer Interpretation durch einige historische Berichte gestützt, vor allem den folgenden, der sich allerdings auf ein legendäres Vorbild bezieht, nämlich den Herrscher der Tolteken, der aus seiner Stadt vertrieben wird und dem Ort seines Todes und seiner Apotheose zustrebt:

> Und nachdem Quetzalcōātls Herolde gesungen hatten, sprach er dort zu ihnen: «Großvater Herold, lass es genug sein! Ich verlasse die Stadt, ich muss weggehen. Befehlt, dass sie eine Steinkiste herstellen!» Dann meißelten sie schnell eine Steinkiste. Und als sie sie fertig gemeißelt hatten, legten sie den Quetzalcōātl dort hinein.
> (Annalen von Quauhtitlan, §§ 137–138)

Allerdings ist von keiner der Steinkisten, die bisher gefunden wurden und die Namen oder Emblem aztekischer Herrscher tragen, wahrscheinlich, dass es eine Kiste für die Totenasche eines Herrschers war. Alle tragen Kalenderdaten, die nicht mit den überlieferten Todesdaten eines aztekischen oder benachbarten *Tlahtoāni* übereinstimmen. Es wird sich bei ihnen also um Steinkisten handeln, in die der auf ihnen genannte Herrscher zu Lebzeiten zeremonielle Objekte, wahrscheinlich Opferinstrumente, niederlegte.

Die Urteile über Āxāyacatl gehen extrem auseinander: Neid der beiden Söhne seines Vorgängers Ilhuicamīna, die er zwar mit hohen Staatsämtern bedachte, die aber damit nicht zufrieden waren, mögen die Quelle von Darstellungen gewesen sein, in denen er als feige, verweichlicht und homosexuell veranlagt charakterisiert wird. Objektiv gesehen kann man ihm den zuerst genannten Vorwurf wohl kaum machen. Er hat viele Kriege geführt, oft unter machtpolitisch sinnvollen Gesichtspunkten, und er hat sich dabei selbst mutig kämpfend eingesetzt. Dass er gelegentlich, wie im Fall des Krieges gegen Michhuahcān, von einem Feldzug abriet, zeichnet ihn eher als klug abwägenden Militärstrategen denn als Feigling aus. Es bleibt in diesem Zusammenhang lediglich zu kritisieren, dass er sich gegen die Militärführung nicht durchsetzen konnte. Der zweite Vorwurf mag angehen, wenn man damit zeigen will, dass ein aztekischer Herrscher mehr Annehmlichkeiten und interessante Kurzweil genießen konnte als ein einfacher Untertan. Er trägt aber nicht, wenn man Āxāyacatl im Vergleich mit seinen Vorgängern und Nachfolgern als besonders verweichlicht hinstellen will. Der dritte Vorwurf, Homosexualität, ist zumindest aus damaliger Sicht auch kein tragender Vorwurf, denn sie war entweder üblich, wie zum Beispiel im klassischen Griechenland, und daher keine Schande, oder sie wurde von ihm als herrscherliches Dominanzritual, einer kulturellen Norm seiner Gesellschaft folgend, geübt. Dass die durch ihre eigene christliche Moral geleiteten kolonialzeitlichen Autoren daraus eine gewichtige negative Charaktereigenschaft konstruierten, kennzeichnet eher das kulturelle Milieu der Kritiker als den Herrscher Āxāyacatl in seiner Zeit und Kultur.

Ich kann also nur abweichend von den missgünstigen Stimmen urteilen, dass uns mit Āxāyacatl ein aztekischer Herrscher entgegentritt, der eine breite Palette von persönlichen Eigenschaften und ein differenziertes Rollenverhalten an den Tag legte, die ihn als seinem Amt vollkommen gewachsen erkennen lassen. Er war musisch begabt, genusssüchtig, rastlos, auch rachsüchtig und, solange er körperlich dazu in der Lage war, auch ein Draufgänger im Krieg. Machtpolitisch steht er nur wenig hinter seinem Vorgänger Ilhuicamīna zurück, ist aber andererseits noch nicht der totalen Arroganz der Macht verfallen wie sein Bruder, der spätere Herrscher Āhuitzōtl. Allerdings sind seine Rachsucht und seine Gier nach Prestige und Exklusivität bereits deutliche Anzeichen einer sich anbahnenden krankhaften Entwicklung im aztekischen Herrscherhaus. In seiner Zeit aber und im Vergleich mit anderen aztekischen Herrschern kann er als einer der bedeutenden und erfolgreichen Lenker des Reiches gelten.

9. Tizocic. Ein Feigling auf dem Thron?

Der Name des siebten Herrschers, *Tizocicatl* oder *Tizocic*, wird im modernen Schrifttum oft zu *Tizoc* verkürzt. Bilderschriften stellen ihn durch ein Bein dar, das schräg von einem Pfeil durchbohrt wird oder von zahllosen Einstichwunden übersät ist (Abb. 31 und 32). Beiden hieroglyphischen Schreibungen ist gemein, dass sie das Stechen mit einem spitzen Gegenstand bzw. dessen Folgen zeigen. Damit soll das Lautsegment *Izo* des Namens *Tizocic* wiedergegeben werden. *Izo* ist ein Verb, das ‹sich im religiösen Kult zur Ader lassen› bedeutet. Und in der Tat war eine der üblichen Formen des Blutopfers von Männern die, dass der Opfernde sich niedersetzte und sich mit einem Dorn in die Waden stach. Vorbild hierfür war der Kulturheros Quetzalcōātl, der diese Art von Opfer in grauer Vorzeit eingeführt hatte. Die dritte Variante von Tizocics Namenshieroglyphe versucht durch das Abbild eines Steines, *Te* im Aztekischen, zusätzlich den Anlaut des Namens *Tizocic* darzustellen. Keine der drei Schreibungen ist sprachlich aber genau, und keine gibt die abschließende Lautfolge -*cic* des Namens *Tizocic* wieder. Das Schwanken in der Entscheidung, welche Teile des Namens und wie sie bilderschriftlich dargestellt werden sollen, und dabei vor allem auch die Unvollständigkeit der hieroglyphischen Schreibung spiegeln das Unvermögen der aztekischen Bilderschrift wider, Sprache genau und vollständig darzustellen. In diesem Fall kommt außerdem die Unsicherheit der etymologischen Analyse des Namens hinzu. In der Tat ist der Name *Tizocic* nach streng linguistischen Maßstäben nicht analysierbar. Selbst der Versuch des Göttinger Altamerikanisten Gordon Whittaker, den Namen als Verballhornung und Dialektvariante von *Tēehzoahcic* zu interpretieren, ist insofern nicht überzeugend, als es keine Quelle gibt, die diese vermeintliche Vollform wiedergibt. Für Whittakers Rekonstruktion spricht allerdings, dass der Name in dieser Form als sprechender Name Sinn macht. Er würde dann in gutem Aztekisch ausgedrückt etwa bedeuten ‹der, der als Adliger herabkommt (gemeint: geboren wurde)». Tizocic ist übrigens ein recht seltener Name unter den Azteken, und keiner seiner Enkel hat ihn wieder aufgegriffen, wie es sonst oft geschieht. Tizocic führte noch den Beinamen Tlālchitōnatiuh mit der Bedeutung ‹untergehende Sonne›. Dieser Beiname wird in den Quellen nur selten genannt und ist in keiner Bilderhandschrift dargestellt.

Tizocic war der älteste der drei Brüder, die als Söhne des Prinzen von Tenochtitlan, Tezozomoc des Älteren, und der Tochter des Herrschers Ilhuicamīna, namens Ātotoztli geboren wurden. Über seinen Vater war er ein Enkel des dritten *Tlahtoāni*, Itzcōātl, und über seine Mutter auch des vierten, Ilhuicamīna. Diese mehrfache Abstammung von Herrschern ist in der aztekischen Dynastie eher die Regel als die Ausnahme, da Vettern-Basen- und Nichten-Onkel-Heiraten beliebt waren.

Obwohl Tizocic älter war als sein Bruder Āxāyacatl, hat jener zuerst geherrscht. Vielleicht war das keine ungewöhnliche Abfolge, denn möglicherweise gab es in der jungen aztekischen Dynastie keine Primogeniturregelung, und es mag Gründe gegeben haben, die außerhalb der Person Tizozics lagen, zunächst nicht ihn, sondern Āxāyacatl zum *Tlahtoāni* zu wählen. Die einflussreiche Geschichtstradition des «Crónica X»-Kreises geht stillschweigend von der Regelhaftigkeit der Primogenitur im aztekischen Herrscherhaus aus und ist daher schnell bei der Hand, dies als Zurücksetzung wegen mangelnder Kriegstüchtigkeit oder gar Feigheit Tizocics zu erklären. Andere Quellen widersprechen ihr darin allerdings.

Die Einsetzung Tizocis, schon vier Tage nach dem Tod Āxāyacatls, verlief ganz in den vorgezeichneten Bahnen des herrscherlichen Rituals, das sich der Dreibund gegeben hatte. Totoquihuaztli, Herrscher von Tlacōpan, und Nezahualcoyōtl, Herrscher von Tetzcuhco, Korregenten im Dreibund, kamen aus ihren nahegelegenen Hauptstädten mit Begrüßungsgeschenken nach Tenochtitlan. Nezahualcoyōtl, ranghöher als Totoquihuaztli, setzte dem neuen *Tlahtoāni* von Tenochtitlan das Türkisdiadem (*Xiuhhuitzolli*) aufs Haupt. Danach wurde dem Tizocic ein Nasenflügel durchstochen und eine Grünsteinperle (*Yacaxihuitl*) eingesetzt, und er erhielt goldene Ohrringe (*Teōcuitlanacochtli*). Oberarme, Hand- und Fußgelenke wurden mit Manschetten (*Mātemecatl* und *Mātzopetztli*) umwickelt. Um den Hals wurden ihm kostbare Halsketten (*Cōzcatl*) gelegt, und die Füße wurden mit Sandalen aus Jaguarfell (*Ōcēlōcactli*) beschuht. Als Kleidung bekam er einen Lendenschurz (*Māxtlatl*) um die Hüften und zwei Mäntel (*Xiuhāyātl*) übereinander um die Schultern gelegt. Aztekische Mäntel waren einfache rechteckige Tücher, im Schnitt

Abb. 31 *Abstammungstafel der aztekischen Dynastie.*
Diese kolonialzeitliche Abstammungstafel des Itzcōatl, die aber auf Tizocic zentriert ist, enthält noch viele Elemente altindianischer genealogischer Darstellungen. Jeder Person ist sein traditioneller indianischer Name in Hieroglyphenschrift hinter Kopf oder Rücken geschrieben. Blutsverwandtschaft wird mit roten Linien dargestellt, und die Herrscher sitzen auf ihren traditionellen Strohsesseln und tragen das Türkisdiadem auf dem Kopf. Die aztekischen Erläuterungen in lateinischer Buchstabenschrift wiederholen die bildliche bzw. bilderschriftliche Information und ergänzen diese bei den kolonialzeitlichen Nachkommen insofern, als bei ihnen auch ihre christlichen Namen geschrieben werden [Bilderhandschrift BNP 72 der Bibliothèque de France.]

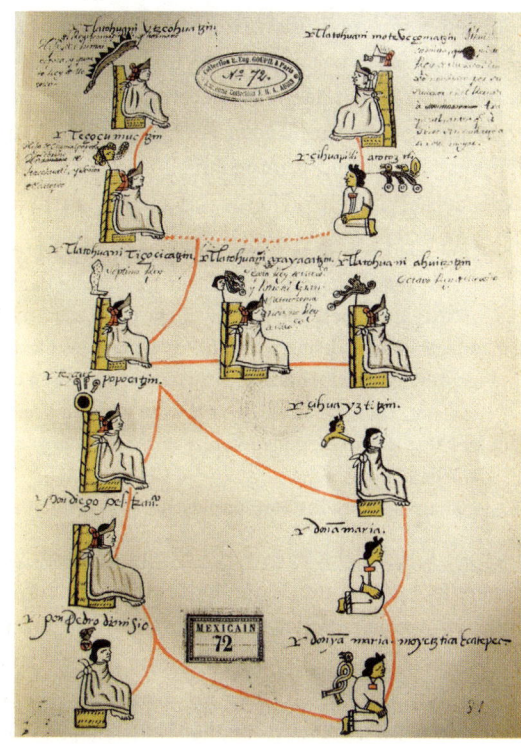

wie die römische Toga. Zwei benachbarte Ecken knotete man über der linken Schulter zusammen.

Man erkennt deutlich, dass die Kleidung nicht nur prunkvoll ist, sondern durch das Überwiegen blau-grüner Töne auch die herrscherliche Farbsymbolik ausdrückt. Wie in Altchina Gelb die dem Kaiser vorbehalten Farbe war, so waren es die Farben des Türkis und der Jade, sowie diese Steine selbst, die bei den Azteken herrscherliches Privileg waren. Sahagún überliefert nach Auskunft aztekischer Gewährsleute einen umfangreichen Katalog solcher Herrscherprivilegien. Sie umfassen bunte Vögel, wie den rosaroten Löffelreiher, den Quetzalvogel und den Türkiskolibri; Schmucksteine, vor allem Jade und Türkis; Kakao, aus dem man Getränke und Soßen herstellt; wertvolle Decken aus Kaninchenfell und roten Federn; Gold für Halsketten, Lippenpflöcke und Ohrscheiben; Sandalen aus Jaguar- und Kaninchenfell und die gesamte Ausrüstung für das Ballspiel. Abschließend heißt es dann zur Warnung:

> Und wie oben gesagt wurde, waren es Privilegien der Herrscher. Niemand, selbst wenn er ein Adliger war, durfte daran rühren. Kein Mann rührte daran, besonders wenn er wie ein Untertan lebte und nicht wie ein adliger Mann; denn es waren Privilegien des Herrschers. Und indem es geordnet war, sagte man, es ist gewebt, gemessen und vorbildlich, so dass es heißt: Da steht das Leben schwarz und rot. Wer kein männlicher Adliger war, dem war genau vorgeschrieben, was sein Schmuck sein durfte, wie er leben sollte.
>
> (Sahagún, Primeros Memoriales, Kapitel 3, Abschnitt 14)

Den so Eingekleideten führte Nezahualcoyōtl zum Tempel des aztekischen Stammesgottes Huītzilōpōchtli, dann zum großen Opferstein, danach zum Schwarzen Tempel der Göttin Cihuācōātl, wo sich auch Bildnisse weniger prominenter Götter befanden, dann zum Yopico-Tempel, der Opferstätte des Gottes Xīpe Totēc, und schließlich ans Ufer des die Stadt umgebenden Sees. An allen Stationen musste sich Tizocic mit Knochen- oder Feuersteindolchen die Waden und andere Körperteile ritzen und Opferblut fließen lassen. Außerdem wurden Wachteln geköpft. Danach kehrte man gemeinsam zum herrscherlichen Palast zurück. Dort hielten die beiden ihn begleitenden Könige lange mahnende Ansprachen. Und damit war der erste und wichtigste Tag des Einsetzungszeremoniells vorüber. Die folgenden zwei oder drei Tage empfing der neue Herrscher Delegationen seiner untergebenen Städte, die ihm huldigten und Begrüßungsgeschenke darbrachten, und er hörte sich auch deren Ansprachen an. In dieser Form verliefen alle Einsetzungen aztekischer Herrscher, und Tizocic hatte das ganze Ritual, freilich aus der Perspektive des hochrangigen, aber passiven Teilnehmers, auch schon bei seinem Bruder Āxāyacatl erlebt.

Werfen wir einen Blick auf Tizocics militärische Laufbahn, um uns ein unabhängiges Urteil über seine kriegerischen Qualitäten zu bilden. Tizocic zog im Alter von etwa 25 Jahren als Generalkapitän (*Tlācatēccatl*) mit seinem Großvater Ilhuicamīna zu einem Feldzug gegen die Huaxteken aus. Die Huaxteken waren ein schwieriger Gegner, vor allem weil ihr

Siedlungsgebiet an der Golfküste lag und von Mexiko aus nur durch feindliches tlaxcaltekisches Gebiet zu erreichen war. Der Zugang musste also erst freigekämpft werden; und dann hieß es, die Nachrichten- und Versorgungswege aufwändig zu sichern. Trotz dieser Schwierigkeiten wurde es ein erfolgreicher Feldzug. Die Quellen schreiben nichts von Verlusten und heben neben Āxāyacatl und Moquihuix, dem *Tlahtoāni* der Schwesterstadt Tlatilolco, der damals noch Verbündeter der Tenochkaner war, auch Tizocics Leistungen hervor. Wenig später, Ilhuicamīna ist inzwischen hochbetagt gestorben und Tizocics jüngerer Bruder Āxāyacatl ist zum Herrscher erhoben worden, wird Tizoc zum *Tlaillotlacatl* ernannt. Auch das ist eines der höchsten Ämter, die im Staate der Azteken zu vergeben sind. Anschließend wird er im Krieg gegen die Schwesterstadt Tlatilolco, der sich von 1469 bis 1473 hinzog, mit der strategisch wichtigen Aufgabe betraut, dem Feind den Flucht- und Nachschubweg aufs Festland im Stadtteil Cuepōpan abzuschneiden. Der zwar schwer erkämpfte, aber dann doch definitive Sieg über Tlatilolco lässt vermuten, dass Tizocic seine Aufgabe mit hartnäckigem Einsatz gut gelöst hat.

Weniger erfolgreich, ja geradezu desaströs war dann allerdings der Feldzug, den er im Zusammenhang mit seiner eigenen Inthronisation 1481 – sein Bruder Āxāyacatl war kurz zuvor an den Spätfolgen einer Kriegsverletzung gestorben – durchführte. Gegner war der nördlich an das Azteken-Reich angrenzende unabhängige Staat Mētztitlan. Die Verluste der Azteken in diesem Feldzug waren hoch: Die «Crónica X» bilanziert 400 aztekische Tote gegenüber nur 40 gefangenen Feinden. Dieser Kriegszug muss daher als Niederlage der Azteken gewertet werden, die vielleicht durch die Hast, mit der der Angriff vorbereitet und durchgeführt wurde, verursacht war, denn der schon formell eingesetzte Herrscher musste ihn schnell erledigen, um seine volle Würde und Anerkennung zu erlangen, und die Azteken glaubten wohl mit einem guten Maß an Überheblichkeit, dass Mētztitlan kein starker Gegner sei. Uns tritt hier in aller Schärfe das merkwürdige Phänomen entgegen, dass der Dreibund kein konsolidiertes Territorium umfasste, sondern große Enklaven unabhängiger und starker Gegner einschloss. Tlaxcallān war die mächtigste dieser Enklaven und trug im späteren Eroberungskampf der Spanier entscheidend zum Sieg über die Azteken bei. Mētztitlan war eine zweite Enklave, die sich ebenfalls bis zur Ankunft der Spanier die Unabhängigkeit bewahren konnte, und schließlich blieben im Südosten ebenfalls mehrere Territorien unerobert, nämlich Yopico und Tūtūtepēc.

ABB. 32 *Regierungszeit und Eroberungen Tizocics.* Das linke vertikale Band von fünf blau ausgemalten Rechtecken gibt die Regierungsjahre Tizocics von Drei Kaninchen bis Sieben Kaninchen an. Rechts daneben ist der Herrscher selbst auf seiner Thronmatte sitzend abgebildet; hinter ihm seine Namenshieroglyphe: das von Einstichen übersäte Bein. Vor ihm gibt das Emblem aus Schild, fünf Speeren und der Speerschleuder an, dass er Kriege geführt hat. Die bekriegten und zerstörten Städte sind durch brennende und einstürzende Tempel symbolisiert. Sie nehmen den Rest der Seite ein. Die eroberten Städte sind mit ihren hieroglyphisch geschriebenen Namen identifiziert und für den spanischen Auftraggeber in lateinischer Schrift umgesetzt. Von oben nach unten sind es: Tōnalli Īmoquetzayān, Toxihco, Ehēcatepēc, Cillān, Tecaxic, Matlatzīnco (in lateinischer Schrift als «tuluca pueblo» erläutert, was eine Alternativbezeichnung ist), Yancuitlān, Tlapan, Ātēzcahuacān, Mazatlān, Xōchiyetla, Tamapachco, Ehēcatl Īquauhpechco und Miquietlān. [Colección Mendoza, Teil I, Blatt 11v.]

Trotz des Pyrrhus-Siegs über Mētztitlan war nach Beendigung der Kämpfe eine Siegesfeier in Tenochtitlan angezeigt. Das erinnert an die Triumphzüge im alten Rom, die verdienten Feldherren als Auszeichnung vom Senat gewährt wurden und im Wesentlichen das Prestige der Feldherren beförderte und sie für höhere Staatsaufgaben qualifizierte. Hier in Tenochtitlan ging die Siegesfeier folgendermaßen vonstatten: Das von der Schlacht zurückkehrende aztekische Heer wurde knapp nördlich der Hauptstadt in Nonohualco von Priestern und Notablen des Reiches empfangen. Zurück in der Stadt fanden, vom Herrscher selbst zelebriert, Dankgottesdienste an verschiedenen Tempeln statt. Danach stand die Auszeichnung verdienter Krieger aus dem bestandenen Feldzug an. Erst nach diesen beiden feierlichen Akten setzte das eigentliche Fest mit Musik, Tanz und der gehörigen Einnahme halluzinogener Pilze ein. Am vierten Tag des Festes machten die Delegationen der Stadtteile dem Herrscher ihre Aufwartung, und er versprach ihnen eine Erweiterung des Haupttempels. Nun, am Schluss des Festes, wurden auch die Kriegsgefangenen aus Mētztitlan geopfert.

Schließlich werden noch ein Feldzug gegen Tlacotepēc und ein weiterer nach Chiyappan, im nördlich an des Hochtal angrenzende Siedlungsgebiet der Otōmih, den Tizocic 1484 unternahm, berichtet. Bei ihnen ist von hohen eigenen Verlusten der Azteken nicht mehr die Rede, also waren sie wohl erfolgreich.

Tizocic. Ein Feigling auf dem Thron? **215**

Danach hat Tizocic bis zu seinem Tod zwei Jahre später, laut Aussage historischer Quellen, keine Kriegszüge mehr unternommen. Die offizielle Eroberungsliste (Abb. 32) zählt aber insgesamt 14 Stadtstaaten auf, die er in seiner etwa fünfjährigen Regierungszeit erobert haben soll, so dass es wenig wahrscheinlich ist, dass nicht der eine oder andere Krieg in diesen zwei Jahren durchgeführt wurde. Vierzehn eroberte Städte ist keine schlechte Bilanz für knapp fünf Jahre Regierungszeit. Ihm Feigheit, militärische Unfähigkeit oder Untätigkeit zu unterstellen, wie es die führenden Historiker der Kolonialzeit fast einhellig taten, ist also äußerst ungerecht.

Vielleicht war Tizocic kein rastloser Krieger, sondern mehr Staatsmann, der immer, wenn es möglich und opportun war, die Macht des Reiches mit friedlichen Mitteln zu konsolidieren und zu mehren suchte. Dafür gibt es zwei Hinweise. Gleich nach seinem Regierungsantritt 1481 gab er dem mexikanischen Adel und seiner Militärführung den Auftrag, die Huexotzinkaner, von denen eine Fraktion in Tenochtitlan Zuflucht gefunden hatte, als Verbündete anzusehen. Damit entzog er den kriegslüsternen Elementen, die es im aztekischen Adel sicher gab, den bevorzugten Gegner, mit dem man sich in halb ritualisierten, halb ernsten Kämpfen auf dem Schlachtfeld von Ātlīxco maß. Diese sogenannten Blumenkriege, so traditionell sie gewesen sein mögen und so wichtig sie für die Beschaffung von Opfergefangenen für den religiösen Kult und für die militärische Karriere ehrgeiziger junger Krieger waren, brachten wirtschaftlich und politisch keine Vorteile. Wenn Tizocic hier also zeitweilig Ruhe schaffte – spätere Herrscher haben sich hierin wieder anders verhalten –, war das politisch weitsichtig. Ähnlich verfuhr er mit den von seinem Großvater Ilhuicamīna unterworfenen erbittertsten Gegnern der Vergangenheit, den chalkanischen Fürstentümern im Südosten der Stadt Mexiko am gegenüberliegenden Seeufer. Dort galt es, die komplizierte Herrschaftsstruktur mit konkurrierenden Prätendenten zu klären und zu beruhigen. Tizocic sprach offensichtlich ein Machtwort, setzte definitive Herrscher ein und regelte ihre Nachfolge ohne Gewaltanwendung. Die Geschichte hat seine ordnende Hand bestätigt, denn seither war und blieb Chālco befriedet.

Ansonsten betonen die Quellen Tizocics Gläubigkeit, der er durch die 1481 versprochene Tempelerweiterung in Tenochtitlan ab 1483 demonstrierte. Der Arbeitsaufwand dafür wird als gewaltig berichtet, so dass sogar Kinder beim Beschaffen von Baumaterial mitarbeiten mussten. Man bedenke, dass alles Baumaterial, vor allem die Steine, von Menschen getragen und auf Kanus über den See gebracht werden mussten, da in unmittelbarer Umgebung der Hauptstadt kein geeignetes Baumaterial anstand und in Zentralmexiko Lasttiere nicht zur Verfügung standen. Trotz der gewaltigen Anstrengungen wurde das Bauvorhaben während Tizocics Regierungszeit jedoch nicht mehr vollendet.

10. Der grosse Opferstein

Wahrscheinlich hat Tizocic im Rahmen seiner Bauvorhaben in der Hauptstadt auch einen großen Opferstein mit der Darstellung unterworfener Völker aufstellen lassen. Dieser mühlradförmige Stein wurde 1790 wiederentdeckt und ist seither an verschiedenen Stellen in Mexiko-Stadt aufgestellt gewesen. Seit 1964 nimmt er einen zentralen Platz im Azteken-Saal des staatlichen Völkerkunde-Museums im Chapultepēc-Park ein.

Seit 1988, als bei Bauarbeiten im ehemaligen kolonialzeitlichen erzbischöflichen Palast der Opferstein von Tizocics Großvater Ilhuicamīna wieder zutage kam, wissen wir, dass die Anfertigung dieses Steins nicht Tizocics originelle Idee war, denn er ist ein fast genaues Abbild seines Vorläufers. Tizocics Opferstein ist nur etwas größer und üppiger verziert als der Ilhuicamīna-Stein. Vor allem sind auf ihm vier Eroberungen zusätz-

Abb. 33 *Tizocics Opferstein.* Form und Ausführung sind ganz ähnlich wie bei dem auf Abb. 22 reproduzierten Eroberungsstein seines Großvaters Ilhuicamīna. Tizocic hat der dortigen Aufzählung aztekischer Siege noch vier Eroberungen hinzugefügt, die in der Zwischenzeit gelungen waren, darunter auch seinen «Sieg» über die Matlatzınkaner. [Museo Nacional de Antropología, Mexiko-Stadt, Photo: B. Riese.]

lich zu den elf auf dem früheren Stein verzeichneten dargestellt. Grund für den größeren Umfang der dargestellten Eroberungen ist nicht, dass Tizocic ein erfolgreicherer Feldherr gewesen wäre, denn entgegen der landläufigen Forschungsmeinung sind die dargestellten Eroberungen nicht mehrheitlich die des auftraggebenden Herrschers selbst. Das Mehr an Eroberungen resultierte einfach aus der Entscheidung, den Nachfolger Ilhuicamīnas und zugleich seinen unmittelbaren Vorgänger, Āxāyacatl, auch mit drei Eroberungen zu ehren. Tizocic selbst hat in großer Bescheidenheit und wohl nur dem Zwang der höfischen Selbstdarstellung folgend, einen einzigen eigenen Sieg, nämlich den gegen Matlatzinco im heutigen Hochtal von Tōlluhcān, dargestellt.

11. Tizocics unerwartetes Ende

Tizocic hatte erst etwa fünf Jahre regiert, als er starb. Um diese kurze Regierungszeit und seinen Tod richtig zu gewichten, muss man bedenken, dass er bei seiner Inthronisation wahrscheinlich schon über 40 Jahre alt war. Ein Tod mit 46 oder 47 Jahren ist unter den damals in Mexiko herrschenden Lebensbedingungen nichts Ungewöhnliches, wenn auch die umsorgten Lebensverhältnisse eines Mitglieds des Herrscherhauses in der Regel eine wesentlich höhere Lebenserwartung erlaubten, wie wir sie bei Ilhuicamīna, der knapp 70 Jahre alt wurde, kennengelernt hatten. Tizocics Tod scheint in der Tat plötzlich und auch für ihn selbst überraschend geschehen zu sein. Die Tempelerneuerung hat er nicht zu Ende führen können. Und er ist gestorben, obwohl er in seinem letzten Lebensjahr keinen hohen Kriegsrisiken ausgesetzt war, da er gar nicht mehr zu Felde gezogen ist. Daher konnte sich das Bauvorhaben auch nicht wegen Arbeitskräftemangels durch Abwesenheit der arbeitsfähigen männlichen Bevölkerung auf Feldzügen verzögert haben, sondern die dafür benötigte längere Zeit muss in der Planung schon angesetzt gewesen sein. Seinen Tod hatte er also sicher nicht so früh vor Augen.

Hier greift die von mir eingangs gescholtene Legendenbildung der kolonialzeitlichen Geschichtsschreibung wieder «erklärend» ein: In der «Crónica X» und bei Torquemada, den beiden gewichtigsten, weil verbreitetsten Quellen, heißt es übereinstimmend, dass er ermordet wurde. Allerdings gibt es von seiner Ermordung zwei sich widersprechende Versionen: Torquemada behauptet, dass er auf Anstiftung des Herrschers von Itztapalāpan von hierfür gedungenen Frauen verzaubert wurde und infolgedessen an einem Blutsturz starb.

> Im dritten Jahr seiner Herrschaft befahl Techolatla, Herrscher der Stadt Itztapalāpan, wegen irgendeines Grolls, den er wohl gegen ihn [Tizocic] hegte oder aus einer anderen verborgenen und geheimen Unzufriedenheit mit ihm, die ihn drückte, seinen Tod; und das geschah folgenderma-

> ßen: Nachdem er entschieden hatte, ihn töten zu lassen, aber sich nicht traute, dies einem seiner Untertanen zuzumuten, knüpfte er streng geheim Kontakt mit Tlachco, 25 Meilen entfernt, und bat den dortigen Herrscher namens Māxtlaton, ihm Zauberinnen und Hexen zu schicken ..., die den König von Mexiko, Tizocic, ganz heimlich und verborgen töten sollten. Māxtlatōn vernahm es, und weil er ein bösartiger Mensch war oder irgendeinen Groll gegen die Könige von Mexiko hegte, schickte er umgehend zwei oder drei, oder solche, die ihm für diese Aufgabe am geeignetsten erschienen. Die trafen heimlich in Mēxihco ein, warteten eine Gelegenheit ab, und als sie eine solche fanden, als der König Tizocic einmal ausging, machten sie dort in seinem Haus ihre Zauberei, so dass der König bei der Rückkehr in seinen Palast Blut spuckte und daran starb.
> (Torquemada, Monarquía Indiana, Buch 2, Kapitel 62)

Die «Crónica X» hingegen macht das mexikanische Volk selbst für seinen Tod (durch Gift?) verantwortlich, weil es ihn für feige hielt. Weder für die erste Version wird ein überzeugendes Motiv genannt noch für die zweite, wie ich durch die Darstellung seiner Militärlaufbahn gezeigt habe. Daher gibt es auch Autoren wie Alva Īxtlīlxōchitl, die überhaupt keinen gewaltsamen Tod annehmen. Dass seine Zeitgenossen, die noch nicht von der europäischen Neigung zu Anekdoten und geheimnisvollen Komplottvermutungen infiziert waren, keine dramatisch ungewöhnlichen Umstände mit seinem Tod verknüpften, zeigt sich unter anderem daran, dass seine Korregenten Nezahualpilli von Āculhuahcān und Chīmalpopōca von Tlacōpan dem verstorbenen Dritten in ihrem Bund ein prunkvolles und würdiges Begräbnis bereiteten und der Übergang zum neuen Herrscher sowohl personell als auch in der Fortsetzung der von Tizocic begonnenen Werke keinen Bruch zeigt. Der überraschende Tod des siebten offiziellen Herrschers der Azteken im Jahre 1486 galt im politischen Mexiko damals also wohl als schicksalshaft und insofern als natürlich.

Wenn wir von dem missgünstigen Urteil der «Crónica X»-Tradition absehen, finden wir in anderen Quellen durchaus wohlwollende und lobende Worte über diesen Herrscher:

> Der besagte Tizocicatzin war äußerst tapfer und kriegerisch im Kampf, und bevor er zu der genannten Herrschaft gelangte, hatte er schon persönlich Heldentaten in den Kriegen vollbracht, weswegen er zum Tlācatēccatl ernannt wurde, was [die Mexikaner] für einen wertvollen Titel und hohen Rang ansehen ... Er war ein strenger und ernsthafter Herrscher und [daher] von seinen Untertanen gefürchtet und respektiert. Zu-

gleich war er wohltätig, tugendhaft und ein guter Verwalter. Daher war das Staatswesen von Mēxihco während seiner Herrschaft gut geordnet und regiert.
(Colección Mendoza, Blatt 11v)

12. Die Arroganz der Macht

Mit der Expansion und Konsolidierung des Aztekenreiches unter Ilhuicamīna und seiner Vorrangstellung im Dreibund wuchs auch das Gefühl der Herrscher von Tenochtitlan, etwas Besonderes und Einmaliges zu sein und sich Privilegien aller Art zubilligen zu dürfen. Die Arroganz der Macht, wie man diese Haltung bezeichnen kann, wurde in früherer Zeit durch die Wahlmodalitäten und die Einsetzungszeremonien gedämpft, die dem künftigen Herrscher seine Abhängigkeit nicht nur von den maßgeblichen Köpfen seines Reiches, sondern vor allem von der Gottheit vor Augen führte. Gläubige Herrscher haben sich stets als Stellvertreter der Gottheit und als Verwalter mit nur verliehener Macht verstanden. Diese Haltung scheint aber in der Spätzeit des Reiches, beginnend mit Āhuitzōtl, von der tatsächlichen politischen Macht und dem Prunk des sich ausweitenden Hofzeremoniells in den Hintergrund gedrängt worden zu sein. Wir werden noch sehen, dass dadurch auch politische Probleme entstanden.

Āhuitzōtl war der letzte und jüngste der drei Brüder, die hintereinander zur Herrschaft kamen. Bei seiner Inthronisation im Jahre 1486 war er knapp 40 Jahre alt und blickte auf eine erfolgreiche Karriere im Staatsdienst zurück. Zunächst bekleidete er das Amt eines der beiden Oberpriester von Tenochtitlan. Danach wurde er Zeugmeister unter seinem Bruder Āxāyacatl. Als solcher stand er rangmäßig an dritter Stelle im Aztekenstaat, und er hat diese wichtige militärische Funktion anscheinend sehr gut ausgefüllt, denn gemeinsam mit seinem Bruder Tizocic sorgte er 1469–1473 im Krieg gegen die Schwesterstadt Tlatilolco für die vielleicht kriegsentscheidende Blockade dieser nördlich an Tenochtitlan angrenzenden Inselstadt. Als Tizocic die Herrschaft von Āxāyacatl übernahm, rückte Āhuitzōtl vom Amt des Zeugmeisters in das des Kommandierenden Generals auf und war nun ranghöchster Heerführer und zweiter Mann im Staat. In dieser Funktion hat er zusammen mit seinem könig-

ABB. 34 *Der Āhuitzōtl-Stein.* Eine besondere mythologische Bewandtnis hat es mit dem auf diesem Steinquader abgebildeten Molch und seinem Namen nicht; er ist eher im Volksglauben präsent, indem man sich vorstellt, dass er als unheilvoller Geist in Höhlen und Tümpeln haust und unvorsichtige Menschen zu sich herabzieht. Daher fürchtet man ihn. Die Vorstellung eines Molches, der Menschen in die Tiefe zieht, erklärt vielleicht die Hand, in die sein langer geringelter Schwanz in der hieroglyphischen Darstellung ausläuft. [Bildarchiv B. Riese.]

lichen Bruder Tizocic 1484 siegreich Krieg gegen Chiyappan, eine von Otōmih bewohnte Gegend nördlich der Hauptstadt, geführt, bevor er selbst Herrscher wurde. Er hatte also vor seiner Inthronisation eine lange und erfolgreiche Militärlaufbahn durchschritten.

Das aztekische Wort *Āhuitzōtl*, mit dem dieser Herrscher benannt ist, bezeichnet einen Molch (taxonomisch: Lutra felina), der in Süßwasserseen wärmerer Gegenden lebt, also vermutlich nicht im zentralmexikanischen Hochland. Der Name scheint das Tier in seinem Aussehen zu beschreiben: Es ist ein im Wasser (*Ā(tl)*) lebendes Tier, das einen spitzen Schwanz (*Huitzōtl*) hat. Manche zoologische Gärten in Europa halten und züchten diesen Molch, der auch dort heute noch mit seinem aztekischen Namen bezeichnet wird. Die hieroglyphische Schreibung bildet ein Tier mit Kopf und Schnauze eines Nagers und einem langen, oft schneckenförmig gekringelten Schwanz, der in eine Hand ausläuft, ab (Abb. 34). Da die aztekische Bilderschrift bemüht ist, auch phonetische Elemente von Eigennamen wiederzugeben, wird dem Tier ein Wasserstrom, der in Wassertropfen und Schneckenhäuser ausläuft, auf den Rücken aufgesetzt. Das zeigt den Anlaut *Ā* des Namens *Āhuitzōtl* an. Als

Personenname ist Āhuitzōtl bei den Azteken kaum gebräuchlich. Das mehrere tausend Namen registrierende Verzeichnis altaztekischer Eigennamen von Rafael García Granados kennt nur den achten Herrscher als Person dieses Namens.

Āhuitzōtls Kindheit und Jugend

Von keinem aztekischen Herrscher ist etwas Persönliches aus seiner Kindheit überliefert. Das gilt auch für Āhuitzōtl, obwohl in einer altaztekischen Liederhandschrift ein langes Wiegenlied seiner Amme erhalten ist. Es ist jedoch mehr Ausdruck der Dichtkunst und der kulturellen Hochschätzung für Kinder an sich, als dass es persönlich-biographisch etwas über Āhuitzōtl aussagt. Es fängt mit folgender Einleitung an:

> Hier beginnt das, was ein Wiegenlied genannt wird, mit dem die Tepaneken seit alters den Herrscher Āhuitzōtl preisen. Es ist eine Komposition des Nohnohuiyāntzin, eines Sängers und Adligen weiland aus Nextenco.

Dann geht es mit dem eigentlichen Liedtext weiter:

> Nun habe ich mein Lied im Haus der Blumen angefangen. Gleich nehme ich meinen lieben Neffen auf den Arm; ich werde dem Kinde Klein-Āhuitzōtl, dem Bündelchen, im Bündeltanz Freude bereiten. Weine nicht immerzu, mein lieber Neffe! Du wirst deine Blümchen tanzen lassen und deine Tonglöckchen, Bund-Bündelchen! Eine runde Wiege schaukle ich, ich die Mexikanerin, ich, das junge Mädchen. Meine kleine Rundschildwiege will ich auf den Arm nehmen; dort hält sich furchtsam mein Kriegsblumenkindlein. Der Nacht grollt mein Kriegsblumenkindlein und weint ängstlich. Siehe, es ist ja die Maisröst-Blume da und meine liebe Brust. Die Rabenblume haben wir da, wo wir schlafen, um uns gewunden, Jungmännchen, Klein-Āhuitzōtl. Der Blumen erfreut sich mein Herzchen, Jungmännchen, Klein-Āhuitzōtl.
> (Cantares mexicanos, Lied 57)

Āhuitzōtl wird Herrscher

Āhuitzōtl, zum Herrscher gewählt, übernahm eine schwere Regierungsaufgabe. Das Ansehen des Reiches lag wegen militärischer Misserfolge und Untätigkeit in diesem Bereich ziemlich am Boden. Diese Einschätzung der Betroffenen und Beteiligten steht allerdings im Widerspruch zu unserem Urteil als Historiker, das wir uns über die tatsächliche Lage des Aztekenreiches gebildet haben. Ausschlaggebend für das Verständnis des Handelns der Azteken ist aber nicht unsere Post-factum-Analyse, sondern ihre eigene Einschätzung der Situation, und die war eindeutig negativ. Man erkennt das geringe internationale Ansehen der Azteken zur damaligen Zeit daran, dass zu Āhuitzōtls Inthronisation 1486 nur Verbündete und Untertanenstaaten Vertreter entsandten, während die unabhängigen Nachbarn, nämlich Michhuahkaner und Tlaxcalteken, ihn mit Nichterscheinen straften. Unter früheren Herrschern war das anders gewesen. Zentralmexiko bildete nämlich in zeremonieller Hinsicht eine geschichtliche, politische und religiöse Einheit, derer sich die Herrscher der verschiedenen Staaten bewusst waren und in der für Freund und Feind gemeinsame protokollarische Pflichten bestanden, wie zum Beispiel das Erscheinen zur Inthronisation eines neuen Herrschers.

Als wichtigste Aufgabe nach Abschluss der etwas unbefriedigenden Inthronisationsfeierlichkeiten führt Āhuitzōtl zunächst die unter seinem Bruder Tizocic unvollendet gebliebene Erweiterung und Erneuerung des Haupttempels in Tenochtitlan zu Ende. Das gelang ihm innerhalb eines einzigen Jahres. Zur Tempeleinweihung ließ er eine Gedenktafel anfertigen und in den Tempel einlassen (Abb. 35).

Für die Einweihung des Tempels mussten vorab außerdem Opfergefangene beschafft werden. Der von den Azteken dafür geplante Kriegszug traf die Stadtstaaten von Tōchtlan, Tziuhcōāc und Mazāhuahcān im huaxtekischen Küstengebiet. Das Unternehmen war rundum erfolgreich. Es hat nach offiziöser Zählung im «Codex Huītzilōpōchtli» 40 000 Gefangene erbracht (Abb. 7). Der spätere Chronist Torquemada behauptet sogar mit unwahrscheinlicher Präzision, es seien 72 344 gewesen. Andere Quellen sind in den Zahlenangaben der Tempeleinweihungsopfer zurückhaltender. Aber selbst wenn wir die niedrigste Schätzung von 6000 zugrunde legen, die die «Historia de los Mexicanos por sus Pinturas» meldet, ist das noch immer eine erschreckend große Zahl.

Die Opfergefangenen wurden in einem komplexen Ritual zunächst einzeln auf die Tempelplattform hinaufgeführt. Dort streckten vier Priester den Todgeweihten über den Opferstein aus und hielten ihn an seinen Gliedmaßen fest, damit der fünfte und eigentliche Opferpriester ihm die Brust aufschneiden und das Herz aus dem Leib reißen konnte. Das noch zuckende warme Herz hob er dann weihend zur Sonne empor, während

ABB. 35 *Selbstkasteiung anlässlich der Tempeleinweihung.*
Auf der Grünsteinplatte, die vermutlich in eine Erweiterung des Haupttempels eingelassen war, ist im unteren Feld das Jahr der Fertigstellung Acht Rohr wiedergegeben. Darüber durchbohren sich Tizocic (links) und Āhuitzōtl (rechts) die Ohren mit Knochendolchen, um im Einweihungsritual herrscherliches Blut fließen zu lassen. Zuvor hatten sie schon ihre Oberschenkel blutig gestochen. Zwischen ihnen liegt ein großer Grasball, der dazu dient, nach dem peinvollen Ritual die blutigen Knochendolche aufzunehmen. Vor jedem der beiden Herrscher liegt ein Räucherlöffel, denn zum Einweihungsritual gehört auch das Rauchopfer. [Bildarchiv B. Riese.]

die anderen Priester den Leichnam des Geopferten die Tempeltreppe hinabrollten. Wegen dieser umständlichen Prozedur haben Forscher bezweifelt, dass der in den Quellen genannten großen Zahl von Gefangenen in nur zwei Tagen, die das Fest dauerte, der Tod durch Aufschneiden der Brust und Entnahme des Herzens bereitet worden sein könnte. Ob daraus zu folgern ist, dass die Zahlen der Geopferten übertrieben sind, oder ob andere Schlussfolgerungen angebracht sind, wie die, dass Herzopfer gleichzeitig auf mehreren Tempeln stattfanden oder dass die genannten zwei Tage nur der Höhepunkt, aber nicht der einzige Opfertermin waren, sind müßig, auch wenn sie Stoff für immer wieder aufgerollte Diskussionen bieten. Es genügt festzustellen, dass mit diesem Höhepunkt des politischen Opferkultes jegliches von den Betroffenen tolerierbare Maß überschritten war, einerlei, ob es über 70 000 oder «nur» 6000 Geopferte waren. Die Azteken hatten nach solchen Blutorgien sicherlich mit erstarkendem Widerstandswillen auf seiten potentieller Kriegsgegner zu rechnen, wie sich bald danach im Kampf gegen Tehuantepēc zeigen sollte. Zwar haben unter dem Eindruck solcher Massenhinrichtungen hin und wieder auch nachdenkliche aztekische Dichter oder Historiographen den Sinn von Menschenopfern insgesamt in Zweifel gezogen. Das hatte aber keinen Einfluss auf die Mächtigen in den zentralmexikanischen Königreichen und ihre Priesterschaft. Sie verfuhren alle so wie Āhuitzōtl, nur das Ausmaß variierte.

Āhuitzōtls Ziel, seine Autorität durch eine beeindruckende Schau zu festigen, war mit der Tempeleinweihung zunächst vollkommen erreicht. Für jedermann leicht erkennbar, drückte sich das darin aus, dass zu dieser Blutorgie auch die Herrscher von Michhuahcān und Tlaxcallān, die ein Jahr zuvor seiner Inthronisation demonstrativ ferngeblieben waren, dem aztekischen Tlahtoāni jetzt die Ehre ihrer Anwesenheit gaben.

Āhuitzōtl vertrat von Anbeginn seiner Regierung eine Politik, die mit Terror, Repression und militärischer Machtentfaltung das Reich voranbringen wollte. Dazu passt, dass er die von Tizocic eingestellten Blumenkriege gegen Huexōtzīnco und andere Staaten des Nachbartals wieder aufleben ließ. Er hatte damit, wie mit seinen meisten militärischen Unternehmungen, Glück. Es wird nur von relativ wenigen größeren Manöverunfällen bei den Blumenkriegen während seiner Herrschaft berichtet. Keiner seiner etwa zwanzig Söhne ist dabei ums Leben gekommen, während andere Herrscher, vor allem Āxāyacatl und Motēuczūma, von dem wir noch hören werden, mehrere nahe Anverwandte in Blumenkriegen verloren.

13. Ausweitung des Fernhandels

Mesoamerika war seit langem ein Kulturareal, das durch intensiven Fernhandel mit Prestige- und Luxusgütern hervortrat, innerhalb seiner Grenzen und in sehr viel beschränkterem Umfang auch darüber hinaus in den nordamerikanischen Südwesten und nach Zentralamerika. Diese wirtschaftliche Integration ist das greifbarste Anzeichen oder auch die Folge der kulturellen und ideellen Gemeinsamkeiten der verschiedenen Bewohner Mesoamerikas. Sie ist verantwortlich für seine kulturelle Blüte und sein stetiges Bevölkerungswachstum. Archäologisch erkennen wir das besonders gut in der klassischen Zeit von etwa 200 bis 600 n. Chr., also fast 1000 Jahre vor den Azteken, als die führende Macht im Hochtal von Mexiko, Teōtihuahcān, seinen Obsidian, seine Zeremonialgefäße und seine Tempelarchitektur in alle Richtungen verbreitete. Die gesellschaftlichen und ideologischen Grundlagen dieser Traditionen werden aber erst im spätindianischen aztekischen Staat klar fassbar, da wir nur für diese Zeit Quellenberichte haben, während wir bei früheren Epochen nur aus dem materiellen und künstlerischen Befund indirekt auf sie schließen können. Einen Ausdruck zwischenstaatlicher Gemeinsamkeiten, der Mesoamerika als ideelle Einheit kennzeichnete, hatten wir in Form der Pflicht an der Teilnahme von Inthronisationen seitens benachbarter Staaten kennengelernt, andere werden später deutlich werden.

Schon früh in der Entwicklung der aztekischen Gemeinwesen von Tenochtitlan und Tlatilolco hat sich in der Hauptstadt eine spezialisierte Kaufmannschaft herausgebildet, die im Wesentlichen die wirtschaftliche Verflechtung gestaltete. Sie war in zwei Gilden organisiert, die nach ihren Herkunftsorten *Pochtēcah* und *Ōztōmēcah* hießen. Flächendeckend waren sie als Markthändler präsent und sorgten als solche für die Verteilung lokaler Produkte, vor allem des alltäglichen Bedarfs. Manche der von ihnen besuchten Märkte hatten aber auch überregionale Funktion und waren auf bestimmte Waren spezialisiert. So bestand seit alters ein Sklavenmarkt nur an einem Ort in Zentralmexiko, nämlich zunächst in Quauhtitlan. Er wurde später nach Āzcapōtzalco verlegt.

> Die Kaufleute badeten Sklaven zeremoniell im Monat Panquetzaliztli. Die gebadeten Sklaven, die sie wuschen und erschlugen, hatten sie auf dem Markt in Āzcapōtzalco gekauft. Das war der Handelsplatz für Sklaven. Die, die sie verkauften, waren Sklavenhändler.
> (Sahagún, Historia General, Buch 9, Kapitel 10)

Mit der Expansion des aztekischen Reiches und vor allem nach der Angliederung Tlatilolcos 1473 wuchs die Bedeutung einer anderen Sparte des Handels, nämlich der Fernhandel über Land (Abb. 36). Prestigegüter aus tropischen und entlegenen Gegenden, darunter vor allem Schmuckfedern, Gold und Kakao, waren im zentralen Hochland für den Prunk am Hofe des Herrschers besonders begehrt. Āhuitzōtl nahm daher persönlichen Anteil an der Entwicklung des Fernhandels, und um die Gilden der Fernkaufleute enger an sich zu binden, gab er ihnen Kommissionsware auf ihre Handelsreisen mit: Es waren vor allem gewebte Decken, damals die Hauptwährung in Zentralmexiko. Im Gegenzug sollten die Fernkaufleute für ihn die genannten tropischen Produkte von der atlantischen Golfküste nach Tenochtitlan bringen.

> Und wenn sie nach Xīcalanco hineinkamen, trugen sie die Waren Āhuitzōtzins mit sich, alle die bereits erwähnten, die Decken des Herrschers, die Lendentücher des Herrschers, die kostbar, vielleicht mit Rechtecksteinen oder unregelmäßigen Mustern bestickten Röcke und die bestickten Oberkleider.
> (Sahagún, Historia General, Buch 9, Kapitel 4)

Handelszüge in den fernen Südosten waren riskante und langwierige Unternehmungen. Die Reisen wurden ausschließlich zu Fuß gemacht, und alle Produkte mussten von Lastträgern auf dem Rücken getragen werden, denn es gab keine Tragtiere in Mesoamerika, denen man Lasten hätte aufbürden können. Aztekische Fernhändler waren außerdem nicht überall willkommen, da man zutreffend vermutete, dass sie Vorboten späterer Eroberungsabsichten sein könnten. Aus Sicherheitsgründen zogen sie daher geschlossen aus Mexiko auf einer festgelegten Route aus und bewaffneten sich angemessen. Die Reiseroute führte sie über Acachinanco und Itzyōcān nach Tōchtepēc. Für einige war das die Endstation. Andere, dazu besonders ermächtigte, strebten in noch weiter entlegene

ABB. 36 *Fernkaufleute.*
In dieser Vignette aus dem «Codex Florentinus» sind drei Fernkaufleute dargestellt. Zwei tragen ihre Waren in einem Korb bzw. auf eine Kraxe geschnallt auf dem Rücken und halten sie mithilfe eines Stirnbands. Der dritte, der den beiden vorausgeeilt ist, hat seine Last abgestellt und ruht sich aus. Das Bild ist bereits kolonialzeitlich beeinflusst, wie man an der unindianischen Kleidung der Kaufleute sieht. [Sahagún, Historia General, Codex Florentinus, Buch 10, Blatt 29v.]

Gegenden. Sie teilten sich in Tōchtepēc in zwei Gruppen. Die eine zog an die atlantische Küste, unter anderem nach Xīcalanco, während die andere der Pazifikküste zustrebte.

> Wenn die Kaufleute schon nach Ānahuac ausgezogen waren, teilten sie sich dort in Tōchtepēc. Ein Teil ging nach Ānahuac Ayohtlān und ein Teil ging nach Ānahuac Xīcalanco. Und so teilte man sich auf: Die aus Tlatilolco wurden in zwei Abteilungen geteilt und ebenso die aus Tenochtitlan. Sie wurden von [Kaufleuten] aus Huītzilōpōchco, Āzcapōtzalco und Quauhtitlan begleitet.
> (Sahagún, Historia General, Buch 9, Kapitel 4)

Bei einem solchen Kaufmannszug wurden aztekische Händler in Ayohtlān, also irgendwo an der pazifischen Küste, von den feindlich gesinnten Einwohnern eingeschlossen und angegriffen. Sie konnten sich – es scheint unglaublich, ist aber so überliefert – vier Jahre lang halten, bis Āhuitzōtl schließlich unter dem Oberbefehl seines Neffen Motēuczūma eine militärische Entsatztruppe ausschickte. Die musste aber gar nicht mehr eingreifen, da die eingeschlossenen aztekischen Fernkaufleute sich bereits aus eigener Kraft befreit hatten. Die Gefährlichkeit der Handelsreisen, der hohe Wert der erworbenen Waren sowie das politische Potential für zukünftige Eroberungen steigerten das Prestige der Fernkaufleute ins Unermessliche. Das fand seinen Ausdruck in Verdienstfesten. Verdienstfeste sind in der Begrifflichkeit der Kulturwissenschaften festliche Gelegenheiten, an denen Häuptlinge, reiche Kaufleute oder erfolgreiche Krieger ihre Verdienste demonstrativ vorführen und oft durch das Verteilen oder gar Zerstören von Gütern ihren Reichtum demonstrieren. Diese Art der Verteilung oder Vernichtung von Besitz trägt dann ihrerseits dazu bei, die materielle Ungleichheit etwas zu kompensieren und bringt dem Festgeber im Gegenzug auf alle Fälle zusätzliches Prestige, so dass er in Rang und Ansehen aufsteigen kann. Verdienstfeste werden gerne nach der entsprechenden Sitte an der nordamerikanischen Westküste Potlatsch genannt, waren aber auch in Hinterindien und Ostafrika verbreitet.

Im oben zitierten Bericht Sahagúns über die Kaufleute klang bereits ein solches Verdienstfest im Monat *Pānquetzaliztli* an, wo Kaufleute ihre teuer erworbenen Sklaven in den Tod beförderten. Es gab noch viele weitere Gelegenheiten für solche Feste, und nicht bei allen stand das Menschenopfer im Vordergrund. Kehrte ein Fernkaufmann nach erfolgreichen Geschäften nach Mexiko zurück, war er gehalten, im Hof seines Hauses ein Verdienstfest zu geben. Er bittet alte, angesehene und körperlich gepflegte Mitglieder seiner Kaufmannsgilde, ihm bei den Vorbereitungen und später bei der Bewirtung der Gäste zu helfen. Zum Bereiten der Speisen und zum Servieren werden auch Frauen gebeten. Ferner kümmert er sich um Sänger und Tänzer zur Ausgestaltung des Festes. Als Lohn erhalten sie Decken, eine damals übliche Währung. Erlesene Speisen und Getränke werden nun besorgt und vorbereitet, und die Feststätte wird mit Blumen geschmückt. Für die zu erwartenden Gäste legt man Sitzmatten aus. Die Gäste, unter ihnen auch die höchsten Regierungsmitglieder des aztekischen Staates, der *Tlācatēccatl*, der *Tlacochcalcatl* und der *Ātēmpanecatl*, treffen am Abend ein. Man empfängt sie feierlich mit Tabak, Blumen, Trinkschokolade und Speisen, die alle zeremoniell gereicht werden und symbolische Bedeutung haben:

> Und folgendermaßen waltet er seines Amtes, gab er den Leuten Tabak: Mit der rechten Hand brachte er den Tabak und sprach: «Mein hoher Herr, hier ist eine ehrerbietige Gabe!» Gleich darauf brachte er ihm den

Tabak zwischen den Fingern und legte ihn zurecht, dass er seinen Duft einsauge. Das versinnbildlicht, weil rechter Hand gegeben, das Wurfbrett oder auch den Wurfspeer, das Kriegsgerät, das Zeichen der Mannhaftigkeit. Die Tabakschale aber versinnbildlichte den Rundschild, weil er sie linker Hand herbeitrug, genau an seinem Ohr vorbei gab er sie ihm, stellte sie vor ihn hin, gab sie dem Tlācatēccatl oder dem Tlacochcalcatl oder dem Ātēmpanecatl, dann allen anderen Hochgestellten und Kriegsherren oder Edelleuten, dann allen übrigen geladenen Menschen.
(Sahagún, Historia General, Buch 9, Kapitel 7)

Dann sind Opfergaben, Weihräuchern und der Besuch verschiedener Tempel angesagt, um die Götter gnädig zu stimmen, bevor das eigentliche Fest mit einem Kakaotrunk beginnt. Mittlerweile ist der Abend vorgerückt, und den Gästen werden halluzinogene Pilze in Honig gereicht. Wer davon kostet, fällt in Trance, hat Halluzinationen und wacht einige Stunden später benommen wieder auf. Er berichtet dann von seinen Traumbildern, und desgleichen tun es die, die nur ganz normal geschlafen und geträumt haben. Der Morgen des nächsten Tages ist angebrochen, Musik und Tanz verstummen, und die Gäste werden jetzt richtig beköstigt.

Das Fest setzt sich in der Regel in ähnlicher Weise einen zweiten Tag fort. War der Gastgeber großzügig, drückt sich das darin aus, dass am Ende des zweiten Festtages noch reichlich Speisen, Getränke und Blumen übrig sind. Das wird als gutes Vorzeichen für künftigen wirtschaftlichen Erfolg des Gastgebers gedeutet. Den formellen Abschluss des Festes bildet eine mahnende Danksagung an den Gastgeber. Alte Kaufleute tragen sie vor:

Da bist du ja! Würdige es, dass unser Gott sein Gut (vor dir) ausgebreitet hat, dass du es nicht beim Ballspiel oder beim Würfeln zusammengebracht hast. Und in der Tat sind ein, zwei deiner Mütter, deiner Väter zum Essen und Trinken erschienen, und so ließest du es auch ihnen zugute gekommen. Ja, du bist ihnen gegenüber bescheiden aufgetreten, bist nun mit ihnen bekannt geworden. Aber wirst du deshalb etwa dünkelhaft werden, dich deshalb überschätzen, dir das etwa zu Kopf steigen lassen? Oder willst du dich etwa da, wo es hübsch warm und ruhig ist, hinstrecken? Ergreife schnell deinen Wanderstab und deine Rückenkraxe, und nimm es ernst mit ihnen! Geh irgendwo in der Wüste oder weiten Flur, am Fuße eines Baumes oder am Fuß eines Felsens zugrunde! Ach deine lieben Ge-

beine liegen dann irgendwo umher, und irgendwo ist dein Kopfhaar verstreut! Irgendwohin sind deine Lumpen, dein zerschlissener Mantel, dein schäbiger Lendenschurz verschleppt worden! Das ist nun einmal die Art der Kriegführung von uns Kaufleuten. Aber wahrlich, groß ist die Ehre, die wir von unserem Herrgott empfangen haben, wir, die wir deine Mütter, deine Väter sind. Wenn aber weiterhin irgendetwas unser Verdienst ist und es eine Belohnung für uns gibt, dann wirst du wieder heimkehren, und wir werden dich wiedersehen, auf deinem Gesicht und Haupt den Blick ruhen lassen. Sehne dich nicht zurück nach dem Schönen in deinem Haus, vollende die begonnene Reise! Dein Fuß komme nicht mit Rutengestrüpp und Steppengras in feindliche Berührung! Brich ruhig auf! Sei eingedenk, mein lieber Sohn, wie volle Bürgschaft wir leisten und dich als deine Mütter und Väter damit wie mit einem Mantel schützen!
(Sahagún, Historia General, Buch 9, Kapitel 6)

Die gesteigerte Bedeutung der aztekischen Fernkaufleute hatte zur Folge, dass sie sich eine eigene Gerichtsbarkeit schaffen konnten, worin eine Tendenz zur Verselbständigung im Staat unverkennbar wird. Lediglich die gemeinsame Religion und ihre Loyalität dem *Tlahtoāni* gegenüber banden sie noch an den Rest der aztekischen Gesellschaft. In diesem Lichte war es sicher klug, dass Āhuitzōtl sie durch den erwähnten Kommissionshandel wirtschaftlich eng an sich band. Außerdem scheint man den Kaufleuten keine Rolle bei der Wahl eines *Tlahtoāni* eingeräumt zu haben, so dass ihr politischer Einfluss begrenzt blieb.

14. Sexualmoral in der Aztekischen Gesellschaft

Zunächst mag der moderne Laie darüber erstaunt sein, welche geringe Rolle Körperlichkeit, Sexualität und Erotik bei den Azteken gespielt zu haben scheinen, sind die Azteken doch für ihr hohes ästhetisches Empfinden berühmt. Ein wohlproportionierter Körper, ein angenehmer Gesichtsausdruck, Reinlichkeit und gutes Benehmen lag ihnen stets am Herzen. Dennoch gibt es in ihrer Kunst keine Abbildungen nackter, gut gebauter Jünglinge, wie im frühklassischen Griechenland. Auch Liebensszenen, wie wir sie in Tonplastiken der nordperuanischen Moche-Indianer, die sie den Toten ins Grab mitgegeben haben, und in ihrer Malerei häufig finden, stellen die Azteken weder plastisch noch bildlich dar. So wundert es auch nicht, dass abstraktere sexuelle Symbole und magische Objekte wie zum Beispiel Phallus-Darstellungen, die in Form des Linga im hinduistischen Indien verbreitete Kultobjekte sind, ebenso fehlen. Sogar die postklassischen Maya, südöstliche Nachbarn der Azteken, kannten Phallusskulpturen und Priapendarstellungen. Bei den Azteken waren solche direkt auf die menschliche Sexualität bezogenen Skulpturen hingegen unüblich. Nach außen war die aztekische Gesellschaft sehr auf Zurückhaltung und Respekt vor dem Individuum, seinem Körper und seiner Geschlechtlichkeit bedacht.

Das drückte sich auch in der Kleiderordnung aus, die vorschreibt, dass der aztekische Mann stets mit einem Lendentuch seine Blöße bedeckt und die aztekische Frau das mit einem langen Rock tut. Zudem verhüllte die weite Frauenbluse auch die weiblichen Brüste. Azteken verwunderten sich daher über andere mexikanische Völker wie die Huaxteken, bei denen zum Beispiel die Männer ihre Scham nicht bedeckten, und sie missbilligten diese Sitte vehement. Zugleich waren sich aber auch die Azteken der menschlichen Natur, die erotische Begierde, auslösende Sexualsignale und Praktiken zum Lustgewinn als starke emotionale Triebfedern kennt, wohl bewusst. So erzählten sie sich die Geschichte einer Prinzessin aus der legendären Vorzeit der Tolteken, die liebeskrank wurde, nachdem sie einen unten entblößten Huaxteken auf dem Markt gesehen hatte. Um sie von ihrer auch körperlich zerstörerischen Liebestollheit zu heilen, verstand sich ihr Vater dazu, sie diesem gesellschaftlich unpassenden Mann in die Ehe zu geben:

> Er [Tohuenio] ging einfach mit hängendem Geschlechtsteil umher. Er verkaufte Grün-Chīlli. Er ging sich auf dem Markt auf dem Palastvorplatz niederzulassen ... Sie aber, die Tochter des Huemac [des Herrschers der Tolteken] schaute sich auf dem Markt um. Sie sah den Tohuenio mit hängendem Glied. Und nachdem sie ihn gesehen hatte, trat sie in ihr Haus ein [und] wurde darauf gleich krank. Sie litt an Schwellungen und Ausschlag, so als habe das Glied des Tohuenio sie so zugerichtet. Und als der Huemac erfuhr, dass seine Tochter krank war, sagte er zu den Frauen, die sie behüteten: «Was hat meine Tochter zu sich genommen, was hat sie getrunken, dass sie gleich Ausschlag bekommen hat?» Darauf sprachen die Frauen, die sie hüteten, zu ihm: «Es ist der Tohuenio, der Grün-Chīlli-Verkäufer; er hat das Feuer in ihr entzünde, hat sie erniedrigt, so dass sie krank zu werden begann.»

Nun lässt Huemac den Tohuenio suchen und ergreifen:

> Und als sie ihn hergebracht hatten, sprach der Herrscher zu ihm: «Wo ist dein Zuhause?» Da sprach der Tohuenio zu ihm: «Ich bin Tohuenio, ich geruhe kleinen Chīlli zu verkaufen.» Daraufhin sprach der Herrscher: «Wo warst du? Zieh dir einen Lendenschurz an, bedecke dich!» Darauf sprach [Tohuenio] zu ihm: «So sind wir eben.» Und der Herrscher sprach zu ihm: «Du hast meine Tochter übel zugerichtet. Du da wirst sie heilen!»

Tohuenio wehrt sich zunächst, gibt dann aber doch nach:

> Dann schnitten sie ihm die Haare und badeten ihn. Als sie ihn gebadet hatten, salbten sie ihn und bekleideten ihn mit einem Lendenschurz und banden ihm einen Mantel um. Und als sie ihn zurechtgemacht hatten, sprach der Herrscher zu ihm: «Schau nach meiner Tochter, dort wo sie behütet wird.» Und nachdem er hingegangen war, verkehrte er gleich mit ihr. Daraufhin genas die Frau. Später wurde er zum Schwiegersohn des Herrschers.
> (Sahagún, Historia General, Buch 3, Kapitel 5)

Abgesehen von der glücklichen Fügung, die erotische Lust auf sozial anerkannte Weise zu befriedigen, die allerdings im Fall der Episode von Tohuenio und Huemacs Tochter nur Legende ist, waren die Azteken durchaus so realistisch zu wissen, dass sexuelle Triebe nicht immer in anerkannte Bahnen gelenkt werden können. Sie haben daher die Berufe der Prostituierten, der Kupplerin und des Transvestiten geduldet. In der Erziehung ihrer Kinder weisen sie aber auf die Verwerflichkeit solcher Personen hin und tadeln deren Verhalten und Charakter:

> Das Freudenmädchen ... Sie winkt den Männern, ruft sie mit den Augen, spricht mit den Augen zu ihnen, sieht sie aus dem Augenwinkel an, sie sieht sie so an, als ob eines ihrer Augen ausgelaufen wäre. Verständnisvoll blinzelt sie die Männer an, ruft sie mit der Hand. Sie bringt sich in üblen Ruf mit ihrem Lachen, ihrem ewigen Lachen, mit ihren Späßen, ihrer ewigen Spaßmacherei. Sie trinkt, sie säuft, sie trinkt viel. Sie will alles für sich haben, will sich bereichern. Mit Schmeichelei sucht sie Gunst zu gewinnen, mit vielem Schmeicheln sich in Gunst zu setzen. Sie macht einem die Sache begehrenswert. Und immer verleumdet sie die anderen, macht sich über sie lustig, lässt sie schamrot werden.
> (Sahagún, Historia General, Buch 10, Kapitel 15)

Die Zähmung des Geschlechtstriebes scheint im Allgemeinen erfolgreich gewesen zu sein. Denn wir lesen in den Berichten wiederholt von sexuellen Begierden eines Herrschers oder Adligen gegenüber Frauen, die er, wenn sie nicht erwidert wurden, zügelte oder unterdrückte. Gelang das nicht, diente das dann unausweichlich folgende Fehlverhalten anderen als warnendes Beispiel. Im Fall des Herrschers von Taltilolco, Moquihuix, der seine ungewöhnlichen sexuellen Begierden breit auslebte, wird das tadelnd beschrieben, und bezeichnenderweise werden als seine Gespielinnen nicht die offiziellen Ehefrauen, sondern Konkubinen genannt. Da jedem Azteken bekannt war, welch unrühmliches Ende Moquihuix genommen hatte, diente dieses Beispiel in jeder Hinsicht zur Abschreckung:

> Und es gab damals viele Dinge, über die sich das Gemeinwesen entsetzte. Der Moquihuix mästete alle seine Frauen, so dass sie sehr dick wurden ... Und dann geschah Folgendes: Er brachte seine Kebsweiber mitten ins Haus in den Palast. Und er befriedigte seine Lust, indem er seine Kebsweiber mit einem schlüpfrig gemachten Nopalkaktusblatt wusch. Und er entblößte seine Frauen, damit man sie mit Öl einreibe. Die Frauen besuchte er jeweils einzeln usw.
> (Annalen von Quauhtitlan, §§ 1137–1141)

Insofern haben die Azteken eine Sexualmoral gepflegt, die der europäischen oder chinesischen des beginnenden 20. Jahrhunderts nicht unähnlich war: Sexualität auf das Notwendige zu reduzieren, sie in dieser Form zu sozialisieren und das darüber Hinausgehende nur für sozial Geächtete zu erlauben, ansonsten aber sexuelle Übergriffe scharf zu missbilligen und gegebenenfalls hart zu bestrafen. Erzählungen über Erotik und Sexualität, wie die zitierten, sind also immer Ausdruck von Tadel, wenn es um das Ausleben des Triebes geht, oder Lob bei erfolgreicher Triebregulierung. Sie dienen der Einbindung des Sexualverhaltens in eine wenig lustbetonende Moral.

Weniger klar ist die Haltung der Azteken gegenüber der männlichen bzw. weiblichen gleichgeschlechtlichen Liebe und ihren Praktiken. Hierüber findet sich in den Quellen fast gar nichts. Nur von Āxāyacatl ist überliefert, dass er sich, wie oben berichtet, in einem Beherrschungsritual, das ihm als *Tlahtoāni* vorbehalten war, homosexuell aktiv betätigt hat. Da es aber nur eine einzige Quelle hierzu gibt, ist es fraglich, ob das wirklich so geschehen ist und vor allem, ob es eine spezifische Norm oder eine allgemeine Verhaltensmöglichkeit war, oder ob es als individuelles Fehlverhalten gedeutet und mit missgünstiger Absicht erzählt wurde. Ein anderer schwacher Hinweis in die Richtung tolerierter gleichgeschlechtlicher Neigungen ist die Erwähnung von Transvestiten, bisexuellen Menschen und männlichen Prostituierten. Aber auch über sie berichtet wiederum nur eine Quelle. Es scheint also keine festen gesellschaftlichen Rollen für solcherart veranlagte Menschen gegeben zu haben; ganz anders als bei vielen nordamerikanischen Indianergesellschaften.

15. CHĀLCHIUHNENETZIN WIRD WEGEN EHEBRUCHS HINGERICHTET

In Zentralmexiko war es üblich, dass Herrscher und Fürsten sich gegenseitig ihrer Wertschätzung versicherten und politische Allianzen schmiedeten, indem sie einander ihre Töchter als Ehefrauen anboten. Das war auch zwischen Tetzcuhco und Tenochtitlan seit langem so. Āxāyacatl schickte daher seine Tochter Chālchiuhnenetzin dem 1472 eingesetzten Herrscher von Tetzcuhco, Nezahualpilli, als zukünftige Ehefrau. Dieser nahm sie gerne auf. Wegen ihres und wohl auch seines jugendlichen Alters hat er die Ehe mit ihr jedoch nicht gleich vollzogen. Die mexikanische Prinzessin erhielt mittlerweile in Tetzcuhco einen eigenen Palast mit 2000 Bediensteten und empfing dort gelegentlich den Besuch ihres Herrschers und zukünftigen Ehemannes.

Chālchiuhnenetzin war aber anscheinend sowohl frühreif als auch lüstern und vergnügte sich daher heimlich mit hochrangigen Palastbediensteten und anderen Adligen. Soweit scheint der Bericht, den verschiedene Autoren überliefern, einigermaßen glaubwürdig. Dann folgen jedoch Ausschmückungen, die man wohl in den Bereich der phantasievollen Fabulierfreude Alva Īxtlīlxōchitls und der von ihm verarbeiteten aztekischen Quellen verweisen muss. Chālchiuhnenetzin soll nämlich ihre Liebhaber nach «Gebrauch» getötet und zur Erinnerung Skulpturen oder Gemälde von ihnen in ihrem Palast aufgereiht haben. Wenn Nezahualpilli sie bei seinen gelegentlichen Besuchen fragte, um wessen Abbilder es sich handle, behauptete sie, es seien mexikanischen Götter, die sie verehre. Nezahualpilli soll sich mit dieser Erklärung zufriedengegeben haben. Um ihrer anscheinend auch außerhalb des eigenen Palastes gefrönten sexuellen Lust unbeobachtet nachzugehen, hat sie nachts angeblich eine Puppe mit Perücke in ihr Bett gelegt, so dass Besucher und das nicht eingeweihte Dienstpersonal ihre Abwesenheit nicht bemerkten.

Bis 1498 blieb dieses Treiben der aztekischen Prinzessin unentdeckt.

Chālchiuhnenetzin wird wegen Ehebruchs hingerichtet 239

Dann kamen ihre illegitimen Beziehungen zu drei tetzcuhkanischen Adligen ans Licht. Ihr Vater Āxāyacatl war längst gestorben, musste also die Schande des Ehebruchs seiner Tochter nicht mehr ertragen. Auf dem mexikanischen Thron saß inzwischen ihr Onkel Āhuitzōtl. Ihn lud der gehörnte Ehemann Nezahualpilli zur öffentlichen Hinrichtung der Chālchiuhnenetzin ein, und Āhuitzōtl musste aus protokollarischen Gründen der Einladung wohl oder übel folgen.

Nezahualpilli inszenierte die Hinrichtung der ehebrecherischen Prinzessin so beeindruckend, dass noch 50 Jahre später eine Augenzeugin ihre Erinnerung daran zu Protokoll gab. Sie erzählte diese Begebenheit zwei jungen Tetzcuhkanern als abschreckendes Beispiel für Unmoral und zugleich als Beispiel dafür, wie streng in altvorderer Zeit solche Vergehen geahndet wurden. Damit beklagte sie zugleich die nicht mehr so strengen Gesetze während der nun herrschenden spanisch geprägten Kolonialzeit:

> Und jetzt gibt es noch etwas, das wir zur Erziehung unserer adligen Kinder vorbringen: Man hat keine Angst mehr vor dem Bösen, deswegen, weil sie keine Angst mehr haben vor dem Ehebruch, dem Diebstahl, der Trunkenheit und vor den anderen bösen Taten, weil man nicht mehr so bestraft wird, wie man in alter Zeit bestraft wurde, als man dafür mit einem Strick erdrosselt wurde, umgebracht wurde. Ich habe es noch erlebt, vor meinen Augen geschah es, als die Tochter des Herrn Āxāyacatl, des Herrschers von Mēxihco-Tenochtitlan, mit Māxtla aus Tzonyohcān und mit Huītzilihuitl die Ehe gebrochen hatte. Sehr ungewöhnlich war, was geschah: Unzählige waren es, die sie bestraften, die zusammen mit der Prinzessin erdrosselt und gesteinigt wurden.
> Die einen waren Steuereinnehmer, die anderen Kunsthandwerker und Kaufleute, außerdem die Hofdamen und die Diener der Fürstin. Das ganze Land kam zusammen. Von überall aus den Städten kam man herbei, kamen sie um zuzuschauen, brachten die adligen Damen ihre Töchter mit, um sie zuschauen zu lassen, sogar wenn sie noch in der Wiege lagen. Auch wenn es Leute aus Tlaxcallān, Huexōtzīnco, [oder] Ātlīxco waren, die mit uns verfeindet waren, kamen sie trotzdem, um alles zu sehen. Gerammelt voll war das Cholulteken-Haus und die Dachterrasse. Und was das Essen anbelangt, das der Herr [und] Gebieter Nezahualpilli den Leuten gab, so wurden die Rohrkörbe und die Soßenschüsseln bis auf den Grund geleert.
> Die Mexikaner schämten sich wegen [dieses Vorganges] sehr.
> (Discursos en mexicano, §§ 249-255)

Falls Āhuitzōtl wegen der Schmach, die Hinrichtung seiner Nichte als Ehebrecherin miterleben zu müssen, Rachegelüste gegen Nezahualpilli gehegt haben sollte, hat er sich zurückgehalten und aus diesem familiären Problem keinen politischen Konflikt entstehen lassen, ganz im Gegensatz zum Verhalten seines Vorvorgängers Āxāyacatl, der in einer ähnlichen Situation – ich habe sie in Auszügen im obigen Zitat über Moquihuix anklingen lassen – einen Krieg vom Zaune brach. Diese Zurückhaltung hat sich für ihn, Āhuitzōtl, und die Azteken ausgezahlt, denn Nezahualpilli war hinfort besonders darauf bedacht, den Mexikanern, wo immer er konnte, mit Rat und Tat beizustehen; und dazu bot sich schon ein Jahr später eine besondere Gelegenheit.

16. Der gescheiterte Versuch, den Ācuecuexātl zu kanalisieren

Mexiko war als Doppelstadt und Zentrum der Macht, als Sitz der Reichsverwaltung und als große Garnisonsstadt in den letzten Jahrzehnten schnell gewachsen. Die bessere Versorgung mit Trinkwasser wurde daher abermals zu einer dringend zu lösenden Aufgabe. Das Wasser des Sees, der die Stadt umgab, war brackig und ungenießbar; Trinkwasser wurde daher seit alters durch einen Kanal und seit 1478 über ein weiteres Aquädukt aus Quellen vom nahen Festland hergeleitet und dann in Tonkrügen geschöpft, mittels Booten vor Ort gebracht und schließlich von Wasserträgern an die Haushalte weiterverteilt. Āhuitzōtl erkannte die Notwendigkeit, zu der seit 1478 bestehenden Wasserleitung von Chapultepēc eine neue errichten zu lassen. Zu diesem Zweck sollten fünf Quellen im Stadtgebiet von Coyōhuahcān und Huītzilōpōchco gefasst und zusammen nach Tenochtitlan geführt werden. Sie sind unter dem Namen der ergiebigsten von ihnen als Ācuecuexātl bekannt.

Āhuitzōtl holte sich Rat beim zuständigen Herrscher von Coyōhuahcān, Tzohtzomahtzin. Der riet ihm von der Fassung dieser Quellen ab, da sie ungleichmäßig und vor allem nach ergiebigem Regen übermäßig strömten und so die Gefahr von Überschwemmungen heraufbeschworen. Āhuitzōtl wollte sich jedoch von seinem vorgefassten Plan nicht abbringen lassen und war infolge seiner Machtfülle sachlichen Einwänden von Untergebenen nicht mehr zugänglich. Er sah in ihnen lediglich ungebührliche Insubordination. Der Form halber holte er aber auch bei Huītzillatzin, dem Herrscher von Huītzilōpōchco, Rat ein. Dieser redete ihm zu Gefallen und versuchte gleichzeitig seinen Nachbarn, Tzohtzomahtzin, als unlauteren Berater zu diffamieren. Das hörte Āhuitzōtl in seiner herrscherlichen Überheblichkeit gerne, und er ließ den Tzohzomahtzin daher umgehend henken und den Plan der Quellfassungen und Wasserleitung unbeirrt durchführen:

ABB. 37 *Der Ācuecuexātl-Stein.*
Āhuitzōtl wird in der Mitte des Bildes vor einer großen sich windenden Federschlange gezeigt. Er durchbohrt sich gerade das Ohrläppchen, um mit dem Blut die Weihe des Bauwerkes zu vollziehen. Seine Namenshieroglyphe hinter ihm identifiziert ihn. Den Blick hat er auf die Wasserleitung gerichtet, die im Querschnitt als halboffene und halbgefüllte Rinne dargestellt ist. Auf ihr ist groß die Hieroglyphe für das Jahr Sieben Rohr (1499) aufgesetzt. Der Stein trägt diese

> Und genau auch damals, in dem Jahr ertranken die Mexikaner, als der Ācuecuexātl in Coyōhuahcān, wo er fließt, hervortrat. Und der dortige Herrscher von Coyōhuahcān namens Tzohtzomahtzin, der ein ziemlich weiser Mann und ein Zauberer war, wollte nicht, dass der Ācuecuexātl nach Mexiko käme, als ihn Āhuitzōtzin darum bat. Als Āhuitzōtzin aber hörte, wie Tzohtzomahtzin, der Herrscher von Coyōhuahcān, sprach, und er erfuhr, dass er ihm das Wasser wohl nicht sofort geben wollte, rief er umgehend noch ihn, den Herrscher von Huītzilōpōchco namens Huītzillatzin herbei. Als der nach Mexiko gekommen war, eröffnete er ihm, dass er wolle, dass der Ācuecuexātl nach Mexiko käme; und er eröffnete ihm die Rede, die der Tzohtzomatzin ihm gesagt hatte: «Es ist nicht gut, dass er, der böse Ācuecuexātl, nach Mexiko kommt. Es wird gesagt, dass er ein Zauberwasser war, dort, wo man sich badete. Einer namens Cuecuex, der ein großer Zauberer war, hatte als erster der Coyōhuahcān-Chichimeken das Land in Besitz genommen. Das war geschehen, als sie sich in Coyōhuahcān niederließen.» Als der Huītzillatzin aber diese Aussage gehört hatte, antwortete er dem Herrscher Āhuitzōtzin und sprach zu ihm: «Herr und Herrscher, wer sagt, dass es nicht gut sei, wenn der

Der gescheiterte Versuch, den Ācuecuexātl zu kanalisieren **243**

Darstellung auf beiden Seiten, so dass jedermann, einerlei, von wo er sich der Wasserleitung näherte, die zeremonielle Einweihung, ihren Erbauer und das Jahr der Fertigstellung sehen konnte. Dieser Einweihungsstein wurde, lange nachdem die Spanier die Stadt zerstört hatten, bei Ausgrabungen im Stadtteil Xōluhco gefunden, dort, wo das Aquädukt ehemals in einem Brunnen zur Wasserentnahme endete. [Bearbeitung von Harald Grauer nach einer veröffentlichten Zeichnung.]

> Ācuecuexātl nach Mexiko käme? Tzohtzomah macht sich nicht nur lustig über dich; sondern er will dir sein Wasser wohl nicht geben, denn es liegt auf seinem Land. Es ist doch gut, wenn es nach Tenochtitlan kommt.» Darauf erzürnte der Āhuitzōztin. Auf seinen Befehl geschah es, dass sie den Tzohtzomahtzin töteten. Sie erdrosselten ihn, weil er geradewegs herausgesprochen hatte.
> (Chimalpahin, Siebte Relation, Jahr 1499)

Der Bau der etwa 15 Kilometer langen Trasse ging zügig voran und war technisch unproblematisch. Wir sind in der glücklichen Lage, noch heute zwei Schlusssteine des Bauwerkes zu besitzen, wovon einer mit seinem Reliefschmuck den erfolgreichen Abschluss der Arbeiten darstellt (Abb. 37).

Das Werk war vollendet und prunkvoll eingeweiht, und Āhuitzōtl konnte stolz darauf sein, nun auch als für seine Untertanen sorgender Herrscher dazustehen. Doch ließen schlimme Folgen seines überhasteten Tuns nicht lange auf sich warten. Ganz wie Tzohtzomahtzin vorhergesagt hatte, führte die nächste Regenzeit 1499 zu einer Sturzflut im Kanal

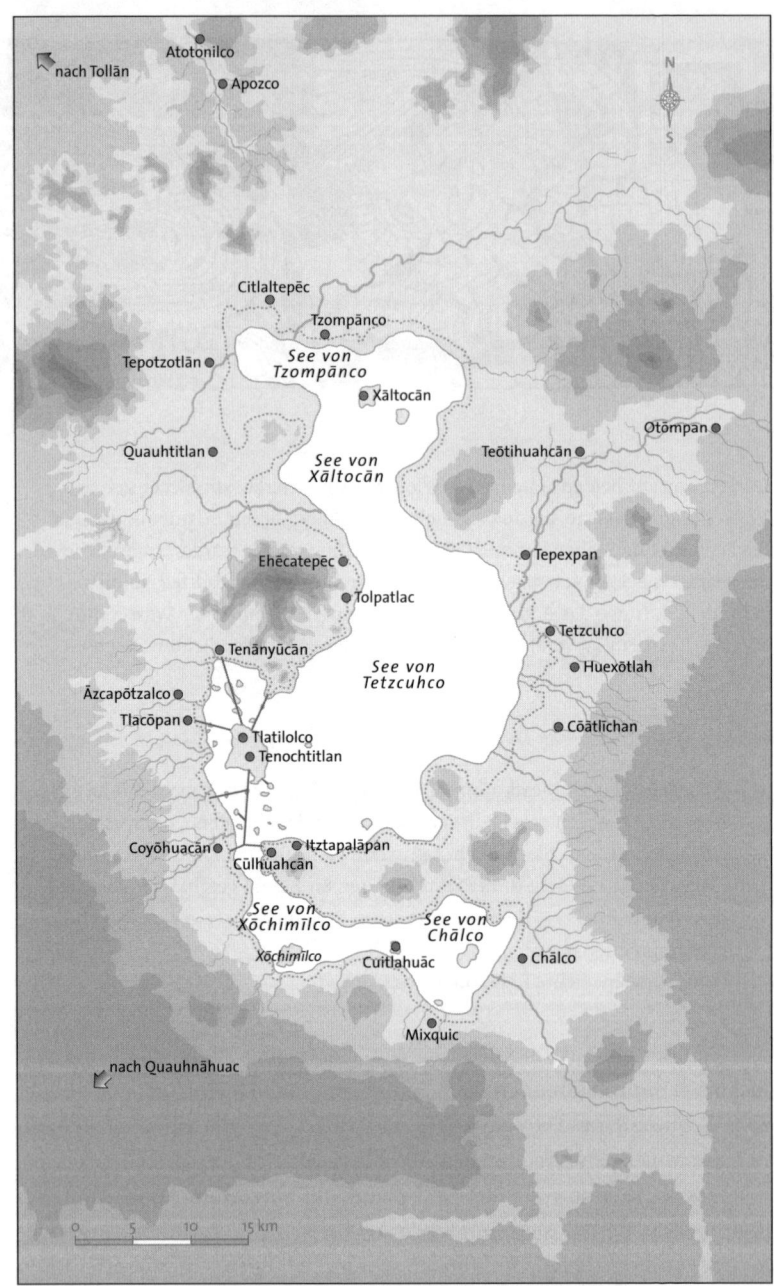

KARTE 4 Das Hochtal von Mexiko

und im Aquädukt, die die Hauptstadt und dabei auch den königlichen Palast in Tenochtitlan in einer Nacht überflutete. Āhuitzōtl wurde im Schlaf vom eindringenden Wasser überrascht, wollte im Finstern eilig fliehen und stieß sich dabei den Kopf so unglücklich an einem Türsturz, dass er bleibenden Schaden davontrug. Nun ließ er auch noch den Herrscher von Huītzilōpōchco, Huītzillatzin, henken, der sein zweiter Ratgeber gewesen war und, ihm nach dem Munde redend, den Bau der Wasserleitung befürwortet hatte.

Nach dieser Katastrophe ließ sich der verzweifelte Āhuitzōtl von Nezahualpilli, dem Herrscher des Staates Tetzcuhco am gegenüberliegenden Seeufer, beraten. Rat von dieser Seite, einem ihm gleichrangigen Partner im Dreibund, konnte er wohl annehmen. Daraufhin wurden die Quellen zugeschüttet und vermauert. Wie Āhuitzōtl danach das weiterhin bestehende Problem der Trinkwasserversorgung der Hauptstadt löste, sagen die Quellen nicht. Um die Stadt vor künftigen Überschwemmungen besser zu schützen, ließ er die zerstörten Gebäude in der Stadt auf erhöhten Steinfundamenten wiedererrichten. Dass eine Datenplatte, die in neuerer Zeit in Mexiko gefunden wurde, das traumatische Ereignis der Überschwemmung durch den Ācuecuexātl datiert, wie mexikanische und nordamerikanische Gelehrte vermuten, ist eher zweifelhaft, denn nirgends auf der Welt setzt man eigenen Fehlleistungen Denkmäler.

17. ĀHUITZŌTLS LETZTE JAHRE

War es die Vorahnung, dass er infolge seiner Kopfverletzung nicht mehr lange zu leben habe, oder nur Zufall, dass er sich 1501 wie seine Vorgänger Ilhuicamīna und Āxāyacatl überlebensgroß am Felsen von Chapultepēc in Stein meißeln ließ, wozu sein unmittelbarer Vorgänger Tizocic nicht mehr die Gelegenheit gehabt hatte? Āhuitzōtl ließ sich in der Tracht des Regengottes Tlāloc abbilden und konnte die Vollendung seines Porträts noch selbst in Augenschein nehmen. Doch schon etwa ein Jahr später starb er. Der Historiker Alva Īxtlīlxōchitl vermutet, durchaus plausibel, die schwere Kopfverletzung mit Schädelbruch, die Āhuitzōtl sich bei der Überschwemmung Mexikos drei Jahre zuvor zugezogen hatte, als Ursache für seinen Tod im Jahre 1502. Die Schädelverletzung war zwar operiert worden, scheint aber doch nicht vollkommen ausgeheilt gewesen zu sein. Andererseits muss ein Tod mit 60 Jahren, die Āhuitzōtl nun erreicht oder vielleicht auch schon überschritten hatte, nicht mit besonderen Gebrechen erklärt werden.

Im Urteil seiner Untertanen stand Āhuitzōtl, was Kriegstüchtigkeit, die Zeugung von Nachkommen – etwa 25 leibliche Kinder sind bekannt – und sein Geschick in der Verwaltung betrifft, seinen Vorgängern, insbesondere Āxāyacatl und Ilhuicamīna, in nichts nach. Auch soll er, genau wie sie, nachtragend und rachsüchtig gewesen sein, was man unschwer an der Ācuecuexātl-Episode erkennt. Was sie bei ihm außerdem als Charakterzug hervorheben, war eine Extrovertiertheit, die sich in deutlich zur Schau gestellter Lebensfreude, Leutseligkeit und in der Leidenschaft für Tanz und Gesang äußerte. Das sind bemerkenswerte Charakterzüge, da der Azteke sich den geltenden kulturellen Normen entsprechend eher nach innen gekehrt und ernsthaft gab, und die Herrscher der Spätzeit, zu der wir Āhuitzōtl rechnen, durch Prunk und die üppige Entwicklung der Hofetikette den Untertanen in aller Regel unnahbar, steif und entrückt erscheinen mussten.

Ich erkenne an Āhuitzōtl neben diesen Charaktereigenschaften noch einige eher problematische Züge: übersteigertes Gefühl unbegrenzter Macht, Maßlosigkeit und Menschenverachtung und infolgedessen generellen Realitätsverlust in Bezug auf seine Ratgeber. Das sind Eigenschaften, die sich überall auf der Welt bei Herrschern mit übermäßiger Machtfülle entwickeln, was dann oft zum schnellen Niedergang des von ihnen gelenkten Staates beiträgt. So weit war es mit den Azteken unter Āhuitzōtl zwar noch nicht gekommen, aber ein Ansatz dazu ist erkennbar.

Kapitel VII
Das Reich zerbricht
(1502–1521)

Ioan ipan mochiuh injc ipan açico españoles
injc qujpeuhque mexico

Und in dem [Jahr] geschah es, dass die Spanier damals ankamen und dass sie Mexiko besiegten.

(Sahagún, Historia General, Buch 8, Kapitel 1)

1. Motēuczūma

Motēuczūma wird um 1467 als achtes Kind Āxāyacatls, der damals noch nicht *Tlahtoāni*, sondern nur Prinz aus königlichem Geblüt war, von Xōchicuēitl, einer tetzcuhkanischen Prinzessin, geboren. Er ist also von beiden Seiten königlicher Abstammung. Seine Erziehung verläuft standesgemäß: Zunächst besucht er die Adelsschule, das *Calmecac*, wo er sich im Kreis seiner Kameraden in Kampfspielen trainiert. Später dient er als Oberpriester des Huītzilōpōchtli-Tempels in Tenochtitlan und wird schließlich Zeugmeister unter Āhuitzōtl. Als solcher zeichnet er sich schon in jungen Jahren durch gute militärische Leistungen aus, so zum Beispiel im Krieg gegen Quauhtlah, in dem er eigenhändig mehrere Gefangene macht.

Abb. 38 *Namenshieroglyphe Motēuczūmas* Bilderschriftlich wird Motēuczūmas Name merkwürdig unspezifisch und unvollständig geschrieben. Man stellt einfach die königlichen Insignien dar, die jedem Herrscher zukommen: das Türkis-Diadem (*Xiuhtzolli*), das mittels eines roten Tuches am Hinterkopf festgebunden wird, und den in Gold gefassten Lippenpflock (*Coztic Tenzacatetl*). Damit wird der Namensbestandteil *Tēuc* ‹Herr› wiedergegeben, während der Teil *Mo ...zūma* ‹er braust auf›, ‹er zürnt› keine bilderschriftliche Wiedergabe findet. Der Namenszusatz Xōcoyōtl, der ihn von seinem Namensvetter Motēuczūma Ilhuicamīna unterscheidet, bleibt unrepräsentiert. [Ausschnitt aus Colección Mendoza, Teil I, Blatt 15v.]

Das Reich zerbricht

Motēuczūma trägt denselben Namen wie sein Urgroßvater, der fünfte Herrscher. Zur Unterscheidung wird dem früheren Motēuczūma der Beiname *Huēhueh*, ‹der Ältere›, beigelegt, während der spätere meist den Zusatz *Xōcoyōtl*, ‹der Jüngere›, erhält. Um jede Verwechslung auszuschließen, habe ich den älteren stets nur mit seinem zweiten Namen *Ilhuicamīna* genannt und reserviere den Namen *Motēuczūma* für den Jüngeren. Wegen der etwas umständlichen Schreibung und der für Europäer ungewohnten Aussprache wurde sein Name im Spanischen schon früh zu *Moctezuma* und dann in anderen europäischen Sprachen zu *Montezuma* verballhornt.

Motēuczūmas Wahl 1502 zum *Tlahtoāni* als Nachfolger des verstorbenen Āhuitzōtl geschah in Abwesenheit. Es heißt, dass er sich damals bei den Mātlatzīncah aufhielt, einem Volk, das im östlich benachbarten Hochtal von Tōlluhcān siedelte. Es war zwar schon 1478 unterworfen worden, musste aber nach einer Rebellion 1501 erneut unter das Joch der Azteken gezwungen werden. Dazu hatte Motēuczūma den Auftrag bekommen. An sich war es üblich, dass Prinzen, die wie er mit Staatsaufgaben betraut waren, sich in Tenochtitlan zur Verfügung ihres *Tlahtoāni* hielten. Dass Motēuczūma dennoch länger abwesend war, ist mit diesem wichtigen Auftrag zu erklären.

Einige Jahre nach seiner Inthronisation nimmt Motēuczūma die Blumenkriege gegen Huexōtzīnco und Ātlīxco wieder auf. Zwischen 1508 und 1512 lässt er sie zwei- oder dreimal stattfinden. Jedesmal kommen dabei auf aztekischer Seite mehrere seiner Brüder, hohe Generäle und viele Offiziere um. Besonders verheerend waren die Verluste 1508. Es handelte sich also nicht um harmlose Manöver, wie es manche Historiker als generelle Charakteristik von Blumenkriegen behaupten, sondern es waren ernsthafte Kriege; und das war auch unter früheren Herrschern nicht viel anders gewesen. Allerdings wird bei Blumenkriegen kein Territorialgewinn angestrebt, und insofern sind es keine Eroberungskriege, sondern eben «Blumen»kriege.

In scheinbarem Widerspruch zu diesen Auseinandersetzungen unterstützt Motēuczūma gelegentlich aber auch seine Blumenkriegsgegner, die Huexotzinkaner. 1504 und 1515 macht er mit ihnen gemeinsame Sache gegen Tlaxcallān. Hierin folgte er einem politischen Muster seiner Vorgänger, die ebenfalls das Gegeneinander-Ausspielen der Hauptmächte im östlichen Nachbartal betrieben haben. Motēuczūma konnte allerdings nicht ahnen, dass diese wiederholten und letztlich gescheiterten Versuche,

Tlaxcallān zu unterwerfen, sie später als Verbündeten in die Arme der Spanier treiben würden, und dass damit seine eigene Politik wesentlichen Anteil am späteren Untergang seiner Herrschaft haben würde. Aber auch ohne diese Vorschau will politisch und militärisch das Verschleißen der Kräfte gegen wechselnde Gegner in wenig effizienter Kriegsführung nicht überzeugen. Wenn die Zahlen über die Verluste in den Blumenkriegen einigermaßen stimmen, kamen dabei in einer einzigen Schlacht 10 000 aztekische Krieger ums Leben, darunter drei nahe Angehörige Motēuczūmas.

Wie die meisten seiner Vorgänger hat Motēuczūma außerdem rastlos Eroberungskriege geführt. Er knüpfte dabei an die unter Ilhuicamīna begonnene und von Āhuitzōtl machtvoll fortgesetzte Ausdehnung nach Südosten an. Um 1507 kämpften die Azteken im Gebiet mixtekischer Fürstentümer im gebirgigen Teil des heutigen Bundesstaates Oaxaca. Ein Jahr später erreichten sie Tehuantepēc, das sie aber nicht endgültig unter ihre Kontrolle brachten, da die dortigen Zapoteken sich in dem schwierigen Gelände geschickt zu verteidigen wussten. Dennoch waren die Azteken schon unter Āhuitzōtl erobernd räumlich weit über Tehuantepēc hinaus bis ins Kakao-reiche Xoconōchco (das spätere Soconusco) an der pazifischen Küste im heutigen Grenzgebiet von Chiapas und Guatemala vorgedrungen und hatten sich dort festgesetzt. Wie sie den langen Weg dahin durch feindliches Gebiet sicherten, ist unklar. Die steilen Berge der Sierra Madre und der unabhängige Staat der Chiapaneken, der den Azteken feindlich gesinnt war, blockierten den direkten Weg. Dennoch gelang die Eroberung, und unter Motēuczūma wurden dann sogar darüber hinaus Kontakte geknüpft, vielleicht sogar Eroberungspläne geschmiedet, um bis nach Quauhtimallān (das heutige Guatemala) vorzustoßen und Xoconōchco so gewissermaßen von hinten zu stützen. Auf dem Weg dorthin fielen ihnen die benachbarten Orte Tzinācantlān, das heutige Zinacantán, und Huiztlān, beide im heutigen mexikanischen Bundesstaat Chiapas, in die Hände und wurden mit einer Garnison gesichert. Das war dann aber die letzte Eroberung, denn die in sein Reich einfallenden Spanier unterbanden bald alle weiteren Expansionspläne. Alle bis dahin erfolgten Eroberungen Motēuczūmas sind in der offiziellen Königs- und Eroberungsliste aufgeführt. Dort summieren sie sich auf 44 Stadtstaaten bzw. Fürstentümer.

Die zivilen Aktivitäten Motēuczūmas sind dank der Nähe zur spanischen Kolonialzeit gut bekannt, denn es lebten in der Kolonialzeit noch

ABB. 39 *Motēuczūmas Palast.* In vereinfachter Darstellung ist der Komplex von Regierungsgebäuden in Tenochtitlan wiedergegeben. Sie sind nicht, wie es hier den Anschein hat, in einem zweistöckig gestaffelten Bauwerk untergebracht, sondern als Flachbauten um einen Innenhof gruppiert. An einer Seite, zentral gelegen, befindet sich der Regierungspalast, in dem Motēuczūma, auf einer Schilfmatte sitzend, in vollem Ornat residiert. Dieses zentrale Gebäude flankiert zur Linken ein ähnlicher Palast, der für die Korregenten im Dreibund, die Tlahtoāni von Tetzcuhco und Tlacōpan bestimmt ist, und rechter Hand befindet sich ein solcher, in dem die minderrangigen befreundeten und verbündeten Staaten ihre Vertretungen haben. Auf der gegenüberliegenden Seite des Hofes stehen die Gebäude für das Kriegskabinett und das Appellationsgericht. Letzteres tagt gerade, und vor dem Gerichtsgebäude verhandeln zwei Klägerinnen mit zwei Beklagten, während ein Rechtsanwalt vermittelt. [Colección Mendoza, Teil III, Blatt 69r.]

Augenzeugen, die den Spaniern darüber berichten konnten; und viele solche Berichte sind buchstabenschriftlich in aztekischer, spanischer oder lateinischer Sprache niedergeschrieben worden. Was gerade wegen der großen Zahl der Berichte ins Auge sticht, ist die Stereotypie mancher Vorhaben. Es sind vor allem öffentliche Rituale, die von der Kalendermechanik diktiert werden. Unter ihnen war die Neufeuerzeremonie im Jahr 1507 auf dem Hausberg seines Bruders Cuitlahuāc bei Itztapalāpan, dem erloschenen Vulkan Huixachtēcatl, das bedeutendste. Dieser Ort ist zur rituellen Inszenierung eines solchen Schauspiels bestens geeignet, denn er überblickt nach Norden das ganze Hochtal und ist von Itztapalāpan unschwer in wenigen Stunden zu ersteigen, selbst wenn man den langsamen Gang einer beladenen Prozession in Rechnung stellt, denn er ragt nur wenige hundert Meter über das Talniveau auf und hat als Vulkan eine ebenmäßig ansteigende Gestalt. Auf seinem Gipfel fand dieser grandiose Ritus in einer kleinen Tempelanlage, von der noch heute Reste erhalten sind, statt. Das geschah nur alle 52 Jahre, und 1507 war das letzte Mal vor Ankunft der Spanier und der Zerstörung der aztekischen Kultur.

Ein anderes interessantes Muster, das sich in vielen Herrscherhäusern der Welt findet, beobachten wir im Zusammenhang mit Bauvorhaben: Als die Spanier nach Tenochtitlan kamen, logierten sie in dem geräumigen Palast des Āxāyacatl, den Motēuczūma anscheinend nur noch für religiöse Zwecke nutzte, während er selbst einen eigenen neuen Palast be-

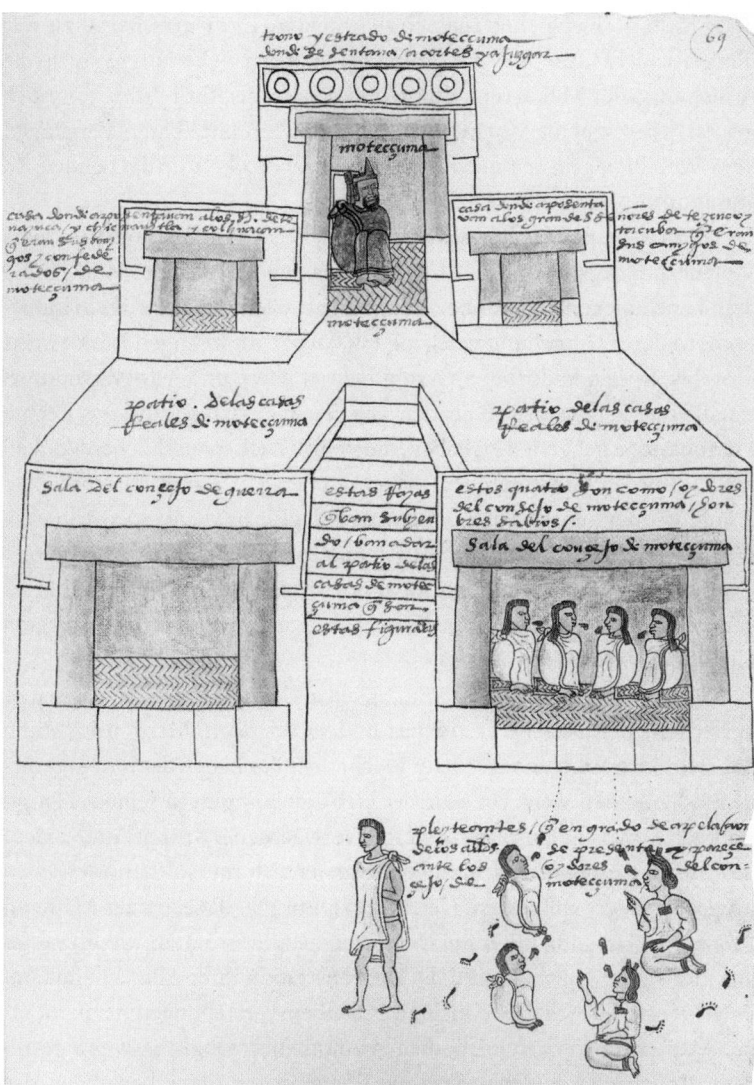

wohnte. Die Spanier berichteten auch, dass es im Zentrum der Stadt ähnliche Paläste weiterer Herrscher gab. Motēuczūma folgte beim Palastbau also einem etablierten Muster prestigeorientierter Selbstdarstellung zentralmexikanischer Herrscher, die sich nicht damit begnügten, einen vorhandenen Palast zu nutzen und eventuell umzugestalten, sondern es für nötig hielten, einen neuen eigenen zu errichten. Der Herrscherpalast war übrigens nicht nur privater Wohnsitz, sondern beherbergte auch die Amtsräume der Militärverwaltung und der Rechtspflege (Abb. 39). Auch im Palastbau scheint Motēuczūma, wie seine unmittelbaren Vorgänger, dem Vorbild der im spätindianischen Zentralmexiko tonangebenden Zivilisation von Tetzcuhco nachzueifern.

Zum Komplex der herrscherlichen Selbstdarstellung zählt auch, dass Motēuczūma üppige Gärten sowohl in seiner Hauptstadt als auch auf dem Land anlegen ließ. Als bevorzugten Ort wählte er dazu das in klimatisch milderer Umgebung gelegene Huāxtepēc im heutigen Bundesstaat Morelos. In seinen dortigen Gärten hielt er Tiere und ließ Wasserkunst installieren. Es scheint sich bei den Anlagen in Huāxtepēc um regelrechte Mikrobiotope gehandelt zu haben, die freilich nach menschlichen Vorstellungen und architektonischen Plänen auf engem Raum zusammengedrängt wurden und nur durch intensive Pflege erhalten werden konnten. Das Konzept ist nicht anders als das moderner botanischer oder zoologischer Gärten. Es war vielleicht sogar noch etwas naturnäher gestaltet als bei uns, da die Azteken sich im Wesentlichen auf die heimische Fauna und Flora beschränkten.

So weit ist Motēuczūmas Bautätigkeit als Mittel zur Steigerung seines herrscherlichen Prestiges motiviert und verständlich. Mehr in Richtung der Demonstration unbegrenzter Macht über das Leben der ihm untergebenen Menschen weist ein skurriler Gebäudekomplex in seinem Hauptstadtpalast, wo er Häuser für Zwerge, Verwachsene, Krüppel und andere monströse Gestalten errichten ließ. Dass er sich mit solchen Menschen umgab, erinnert an barocke Herrscher in Europa, die ebenfalls Maß und Respekt im Umgang mit ihren Untertanen verloren hatten, wo immer es auf ihre eigene Kurzweil und die Demonstration ihrer Allmacht ankam. Es verweist vielleicht aber auch auf Glaubensvorstellungen insofern, als die Azteken in solchen körperlichen Anomalien möglicherweise göttlichen Willen wirken sahen und die Pflege dieser Menschen ihnen das Wohlwollen der Götter brachte. In ihrer eigenen Kosmogonie ist es nämlich ein armer aussätziger Gott, Nānāhuatl, der als einziger in der Götterversammlung in Teotihuahcān den Mut hat, sich im Feuer zu opfern und damit die Strahlkraft der Sonne in Gang zu setzen.

Als letztes Prestigevorhaben Motēuczūmas sei noch erwähnt, dass auch er sich, als vierter seiner Dynastie, an der Felswand von Chapultepēc hat porträtieren lassen. Diese Galerie aztekischer Herrscher hat bis weit in die Kolonialzeit für jeden sichtbar fortbestanden und wurde erst von dem eifernden Erzbischof und kurzzeitigen Vizekönig Francisco Antonio Lorenzana im 18. Jahrhundert gesprengt. Klägliche Reste der Skulpturen und die Bohrungen für die Sprenglöcher sind erhalten und in einer kleinen unscheinbaren Einfriedung im heutigen Freizeitpark zu besichtigen.

Ähnlich wie die Selbstdarstellung durch zivile Bauten scheint es Pflicht jedes aztekischen Herrschers gewesen zu sein, die Staatsreligion durch angemessene Bauten zu fördern. Den Haupttempel zu vergrößern und gegebenenfalls neue kleinere Tempel an verschiedenen Stätten seiner Residenz zu errichten hat auch Motēuczūma nicht versäumt. Er soll z. B. der Neubau eines Quetzalcōātl-Tempels veranlasst haben.

Schließlich folgte Motēuczūma auch darin vielen seiner Vorgänger, dass er für den religiösen Kult einen großen Opferstein herstellen ließ. Anlass dafür war der Abschluss eines Tempelneubaus oder der Tempelerweiterung und die damit verknüpfte Opferung von Kriegsgefangenen. Allerdings hatte Motēuczūma bei diesem Vorhaben kein Glück. Der von ihm in Auftrag gegebene große mühlsteinförmige Opferstein kam im Gegensatz zu denen, die Tizocic und Ilhuicamīna in Auftrag gaben, nicht zur Aufstellung. Der Rohling versank 1514 auf dem Transport vom Steinbruch in die Stadt beim Überqueren eines Kanals und wurde nicht mehr gehoben.

Andere zivile Baumaßnahmen Motēuczūmas dienten nicht primär seiner Selbstdarstellung, sondern nützten direkt seinen Untertanen. Es waren vor allem solche, die für die Versorgung der wachsenden städtischen Bevölkerung Mēxihcos mit Trinkwasser, mit Wirtschaftsgütern und für ihren Schutz vor Überschwemmung nötig waren. Die Quellen berichten darüber jedoch nicht detailliert, so dass wir nur von der Ausbesserung des Aquäduktes von Chapultepēc wissen, die er in Auftrag gab, unter anderem auch um einen Brunnen in seinem Palast zu speisen. Die anderen von den spanischen Eroberern vorgefundenen und beschriebenen Zivilbauten lassen sich oft nicht bestimmten Herrschern zuordnen, und die meisten sind ohnedies während der Eroberungskämpfe unwiederbringlich zerstört worden, so dass auch archäologisch keine Spuren von ihnen erhalten sind.

2. Vorzeichen nahenden Unheils und versuchte Weltflucht des Herrschers

Alle indianischen Berichterstatter, die die Regierungszeit Motēuczūmas noch erlebt haben, wurden von dem traumatischen Erlebnis der Zerstörung der Hauptstadt und der Unterwerfung der Bevölkerung unter das spanische Joch nachhaltig geprägt. Sie suchten daher nach Vorzeichen dafür, um eine scheinbar transzendente, aber nachvollziehbare Ursache für die Ereignisse zu finden. Eine solche besonders merkwürdig anmutende Post-factum-Rationalisierung stellen die Berichte über erschreckende Vorzeichen kommenden Unheils dar. Acht werden in den meisten Quellen übereinstimmend erwähnt, wenn die Berichte sie auch in Einzelheiten unterschiedlich darstellen. Diese Vorzeichen galten den Indianern als so bedeutend und schwerwiegend, dass sie noch um 1559, also fast ein halbes Jahrhundert nach ihrem Erscheinen, dem Franziskanermönch Sahagún einen genauen und ausführlichen Bericht in aztekischer Sprache diktierten. Er hat ihn in sein geplantes Monumentalwerk einer ‹Allgemeinen Geschichte Neuspaniens› eingefügt. Ihm, der wie alle spanischen Mönche der damaligen Zeit wundergläubig war, fiel es sicher nicht schwer, hier seinen indianischen Schülern und Mitarbeitern nachzugeben und den Bericht der Nachwelt zu überliefern. Folgendes berichteten sie ihm:

(1) Eine Feuersäule erscheint nachts am Himmel. Sie ist um Mitternacht am stärksten, reicht bis ins Herz des Himmels und verschwindet am Morgen wieder.

> Zehn Jahre bevor die Spanier ankamen, zeigte sich zum ersten Mal am Himmel eine Art unheilvolles Vorzeichen wie ein Feuerbüschel, wie eine Feuerflamme, wie eine Aurora, die ausgestreckt war, als sie sichtbar wurde, gleichsam in den Himmel stach. Sie war an der Basis breit, oben spitz. Bis in die Mitte des Himmels, bis in das Herz des Himmels, bis ins

Himmelsherz reichte sie. Sie wurde im Osten gesehen, erhob sich um Mitternacht zu voller Höhe. Erst wenn die Morgenröte kam, verdrängte die Sonne sie. Nachdem sie gekommen war, erhob sie sich ein volles Jahr lang. Im Jahr Zwölf Haus (1517) fing es an. Und wenn sie sich zeigte, erhob sich großer Lärm. Man schlug sich auf den Mund, man hatte große Angst und gab seine gewohnte Beschäftigung auf.

(2) Der Tempel Huītzilōpōchtlis in Tenochtitlan brennt ohne erkennbare Ursache ab und kann nicht gelöscht werden.

Der Tempel des Teufels Huītzilōpōchtli, der berühmte Ort des Namens, genannt Tlācatēccān, brannte von selbst, ging in Flammen auf, ohne dass ihn jemand angesteckt hätte, indem er sich von selbst entzündete. Es sah aus, als ob die Säulen brannten, als ob aus ihrem Innern die Feuerflamme, die Feuerzunge, das arara-rote Feuer herauskäme. Sehr schnell wurden die gesamten hölzernen Hauspfeiler verzehrt. Darauf erhob sich großes Geschrei, sie sprachen: «Mexikaner, kommt schleunigst herbei, um mit euren Wasserkrügen zu löschen.» Und als sie Wasser darauf gossen, um es zu löschen, flammte das Feuer umso mehr auf, konnte nicht mehr gelöscht werden, brannte.

(3) Der Tempel des Feuergottes Xiuhtēuctli im Stadtbezirk Tzomolco wird vom Blitz getroffen.

Eine Strohhütte namens Tzomolco, der Tempel Xiuhtēuctlis wurde unter Blitz und Donner getroffen. Es regnete nicht stark, nur einen feiner Regen. Man sah ein unheilvolles Vorzeichen darin. Man sagt, es sei nur ein Sommer-Blitzschlag. Es war auch kein Donner zu hören.

(4) Ein Meteor rast von West nach Ost über den Himmel.

Als die Sonne noch da war, kam ein Meteor herab. Dreifach war er. Er kam aus der Gegend des Sonnenuntergangs und ging nach der Gegend des Sonnenaufgangs. Wie ein feiner Funkenregen erstreckten sich seine Schwänze weithin; weithin reichten seine Schwänze. Und als das gesehen wurde, erhob sich großes Geschrei, wie ein allgemeines Schellengerassel verbreitete es sich.

(5) Der See von Tetzcuhco schäumt, tritt über die Ufer und setzt Häuser unter Wasser.

Das Wasser schäumte auf, ohne Wind, der es aufschäumen machte, wie kochendes Wasser, wie mit platzendem Geräusch kochendes Wasser.

Weithin spritzte es, weit in die Höhe stieg es. Und die Wogen erreichten die Grundmauern der Häuser und überspülten sie. Und einige Häuser wurden vom Wasser bedrängt, sie stürzten ein. Das betraf den See bei uns in Mexiko.

(6) Eine Frau läuft nachts weinend und schreiend durch die Stadt.

Oft wurde eine Frau gehört, die weinte [und] in der Nacht schrie. Sehr schrie sie und sprach: «Meine lieben Kinder, wir gehen zugrunde.» Bisweilen sprach sie: «Meine lieben Kinder, wohin soll ich euch bringen?»

(7) Ein merkwürdiger Vogel wird gefangen und Motēuczūma vorgeführt. Der sieht in einem Spiegel am Kopfe des Vogels die Ankunft der Spanier (Abb. 40).

Einmal waren die Leute, die am Wasser wohnen, auf der Jagd oder stellten Vogelnetze aus. Sie fingen einen Vogel aschgrauer Farbe, wie einen Kranich. Darauf kamen sie, ihn Motēuczūma im Schwarzen Kloster zu zeigen, die Sonne neigte sich schon dem Abend zu, es war aber noch Tag. Auf dem Kopf des Vogels befand sich eine Art Spiegel, scheibenförmig, rund, mit einem Loch in der Mitte. Dort erschienen der Himmel, die Sterne und das Sternbild des Feuerbohrers. Und Motēuczūma nahm das als ein großes unheilvolles Vorzeichen für sich, als er die Sterne sah und das Sternbild des Feuerbohrers. Und als er zum zweiten Mal auf den Kopf des Vogels sah, etwas weiter hinten, sah er gleichsam Leute mit aufgerichteten Lanzen als Eroberer, kriegerisch gerüstet kommen. Sie ritten auf Hirschen.

(8) Menschen mit zwei Köpfen auf einem Leib erscheinen plötzlich und werden zu Motēuczūma gebracht. Dort verschwinden sie aber spurlos.

Es zeigten sich vor den Leuten häufig Menschen, die wie Spargel aus der Erde schossen, mit zwei Köpfen aber nur einem Leib. Sie brachten sie ins Schwarze Kloster. Dort sah sie der Motēuczūma; [und] nachdem er sie gesehen hatte, verschwanden sie.

(Sahagún, Historia General, Buch 12, Kapitel 1)

Einige dieser Vorzeichen lassen sich zwanglos als Naturerscheinungen oder alltägliche von Menschen erzeugte Handlungen deuten, die erst durch ihre Interpretation als Vorzeichen geschichtlich-orakelhaften Sinn unterlegt bekommen:

Blitzschlag und der Brand von Tempeln sind auch für Azteken durch

ABB. 40 *Das siebte Vorzeichen.*
Ein Azteke führt einen übergroßen Vogel vor den Herrscher, der auf seinem Thron sitzt. Der Kopf des Vogels ist ein Spiegel, in dem der Herrscher Sterne sieht. [Vignette aus Sahagún, Historia General, Codex Florentinus, Buch 12, Blatt 3r.]

alltägliche natürliche Ursachen erklärbar. Ebenso ist es die Erscheinung eines Meteors, die allenfalls durch ihre Seltenheit beachtenswert erscheint.

Der schäumende See mit anschließender Flutwelle ist die ziemlich gute Beschreibung einer Wasserhose, wie sie auf dem See von Tetzcuhco ein normales Phänomen ist, wenn ihm auch komplexe Ursachen zugrunde liegen. Aus starken Luftdruckgegensätzen vereint mit hoher Luftfeuchtigkeit kann es jederzeit entstehen, wenn das auch nicht häufig mit der hier geschilderten Wucht geschieht.

Dass eine *geistesverwirrte Frau* nachts durch die Straßen läuft und von kommendem Unheil kündet, ist nichts Ungewöhnliches und gewinnt ominöse Bedeutung erst im Rückblick. Es ist übrigens das einzige Vorzeichen, das in die kolonialspanische Folklore übernommen wurde und sich dann über ganz Lateinamerika verbreitet hat. Es heißt heute «*La Llorona*»

(‹Die Weinende›) und kündet nicht mehr allgemeines Unheil an, sondern nur noch für den, der diese Erscheinung sieht.

Die Feuersäule am Himmel mit ihrem höchsten Strahlglanz um Mitternacht könnte ein Nordlicht gewesen sein. Es wird, wie wir heute wissen, durch besonders hohe Sonnenfleckenaktivitäten ausgelöst. Für die relativ südlichen Breiten Mexikos ist dieses Himmelsschauspiel zwar ungewöhnlich, aber nicht unmöglich.

Schilderungen anderer Vorzeichen, vor allem des *Vogels mit dem Spiegel* im Kopf und der wie Spargel *aus der Erde schießenden doppelköpfigen Menschen,* sind klar erkennbare Zaubermärchen und als solche charakteristisch für die Azteken und Mixteken, die an mythische Erdmännchen glaubten und mit wahrsagerischen Techniken, darunter auch Spiegeln, Zauberei und Zukunftsdeutung praktizierten.

Ähnlichen Vorzeichenglauben kennen wir übrigens auch aus anderen Kulturen. Ich denke dabei an die Deutung der Todesursache des römischen Herrschers Caligula, wie sie Sueton berichtet und wie sie auch, dem aztekischen Bericht zeitlich näher, aus Spanien im Zusammenhang mit dynastisch einschneidenden Ereignissen berichtet werden.

Beunruhigt durch diese Vorzeichen und vereinsamt wegen des Todes seines engen Verwandten, Freundes und Bündnispartners Nezahualpilli im Jahre 1516, beschließt Motēuczūma, der Welt zu entfliehen. Als Fluchtziel wählt er die Höhle Cincalco am Berg von Chapultepēc. Dort vermutete man den König Huemac, der sich der Legende nach seinerzeit in Verzweiflung über den Untergang seines Toltekenreiches dorthin geflüchtet hatte, und den man gewissermaßen als Gott der Unterwelt ansah. Erst nach dreimaliger Vorsprache durch geheime Delegationen lässt sich Huemac zu einem Treffen mit Motēuczūma außerhalb der Höhle erweichen, sein Anliegen persönlich anzuhören. Doch zum direkten Treffen kommt es nicht, denn ein Bediensteter Motēuczūmas hatte die heimliche nächtliche Flucht seines Herrn bemerkt, war ihm im Boot gefolgt und überredete ihn, sich doch nicht der Weltflucht hinzugeben, sondern seine diesseitigen Pflichten als Herrscher fortzuführen. Motēuczūma ließ sich umstimmen und nahm die Regierungsarbeit wieder auf. Doch ganz hatte er seine depressive Stimmung wohl nicht überwunden, denn von nun an ließ er sich Träume aus seinem Reich berichten und von Wahrsagern deuten, immer noch auf der Suche nach Beistand und Orientierung durch die Mächte des Schicksals. Es mutet auch heute nicht unvertraut an, dass ein so mächtiger Mann wie der Herrscher über das Aztekenreich gelegentlich von starken Selbstzweifeln und Depressionen überwältigt wird. Und auch Nigromantie und Wahrsagerei blühen, so sagt man, in der modernen Welt besonders im Umkreis von Herrschenden und Mächtigen.

Motēuczūmas Umgang mit Vorzeichen und Träumen und die versuchte Flucht in die Höhle von Cincalco kennzeichnen seinen unbeschränkten Glauben an die überlieferten Mythen, die Wirksamkeit göttlichen Handelns für die Lebenden und ihr Potential für die Bewältigung von Problemen dieser Welt. Dennoch kehrte er immer wieder zu seinen Alltagspflichten zurück und konnte sie, wenn nötig, entscheidungsstark und mit Nachdruck verfolgen.

3. Ankunft der Spanier unter Hernán Cortés

Seit Christoph Kolumbus am 12. Oktober 1492 auf der Bahama-Insel Guanahaní gelandet war und als erster moderner Europäer diese dem amerikanischen Kontinent vorgelagerten karibischen Inseln gesehen und betreten hatte, ging die weitere Erkundung und Besiedlung rasch voran. Die Inseln Hispaniola und Puerto Rico wurden als nächste exploriert und besiedelt, und ab 1504 auch Kuba, die dem mittelamerikanischen Festland nächstgelegene und zugleich größte Insel im Karibischen Meer. Die Küsten des amerikanischen Kontinentes selbst waren zwar um 1499 schon von Amerigo Vespucci, Alonso de Hojeda und anderen, vor allem Pedro Alvares de Cabral, erforscht worden, doch das betraf Südamerika. Vom mittelamerikanischen Festland hatten die Spanier damals noch keine Kunde. Erst als der tatkräftige Kolonisator und Gouverneur von Kuba, Diego Velázquez, Expeditionen ausrichtete, gelangte eine spanische Flotte 1517 unter dem Kommando des Francisco Hernández de Córdoba ans mittelamerikanische Festland. Als erstes erreichte er die Halbinsel Yukatan, die nur 200 Kilometer von der Westspitze Kubas entfernt ist. Das und auch die Tatsache, dass sich in Yukatan schon seit einigen Jahren schiffbrüchige Spanier aufhielten, blieb den Azteken zunächst unbekannt.

Erst im folgenden Jahr 1518 erhalten die traditionell auf das Festland begrenzten Azteken von der atlantischen Meeresküste die Meldung, dass auf dem «göttlichen» oder «weitausgedehnten Wasser» – das aztekische Wort für Ozean *Teōātl* trägt beide Bedeutungen in sich – große Schiffe mit Menschen gesichtet wurden und dass sie ohne zu landen wieder aufs Meer hinausgefahren seien. Motēuczūma wird hierüber ein genauer bildlicher und mündlicher Bericht übermittelt, denn er ist der oberste Herr auch über die totonakischen und huaxtekischen Küstenindianer. Aus spanischen Quellen wissen wir, dass Juan de Grijalva in dem Jahr tatsächlich

Ankunft der Spanier unter Hernán Cortés

die Küste Mittelamerikas und Mexikos erforschte und mit seinen Schiffen auch vor dem späteren Veracruz auftauchte, jedoch nicht an Land ging sondern wieder auf die hohe See hinaus segelte.

Nur ein Jahr später wiederholt sich das Phänomen. Diesmal, es ist der 21. April 1519, gehen die Schiffsbesatzungen an Land. Zwar sind sie als Menschen erkennbar, doch führen sie merkwürdige Dinge mit sich: Da sind zunächst einmal die großen Schiffe selbst mit ihren riesigen Masten und den großen Segeln. Dann holen sie aus deren Bauch Gewehre, schimmernde Eisenrüstungen, Kanonen, Pferde und riesige Bluthunde heraus und führen all das am Strand dramatisch und beeindruckend vor. Die aztekischen Späher berichteten das sogleich ihrem *Tlahtoāni*:

> Als die Spanier gesehen wurden, damals, als die Kastilier schon hergekommen waren, sprachen sie (die aztekischen Kundschafter) zu Motēuczūma: «Herrscher! Wir sind ans Meeresufer gegangen, um sie dort zu sehen. Gar sehr schreckt einen das Feuer, das sie ausstoßen, indem es einen in Angst versetzt und den Kopf einschlägt. Denn ihre Feuerrohre erschrecken einen, und es riecht verbrannt. Und sie gehen schnell auf ihren Hirschen daher. Sie (die Hirsche) schauen genau nach den Seiten, und sie haben Hinterpanzerung und Seitenpanzerung. Es erschreckt einen sehr, wenn sie traben und wenn sie galoppieren. Und die Krieger kommen ordentlich gerüstet mit ihren Schilden, ihren Lanzen, ihren Helmbüschen, ihren Standarten, Holzspießen, ihren Helmen. Dann ihre Füße: Sie sind ganz in Leder eingehüllt. Ihre Schuhe sind rauh. Ihre Handschuhe sind gepanzert. Und es ist sehr erschreckend, wie sie ihre Pferde zum Laufen bringen. Dann: Ein Mann trägt eine Pauke. Er rührt sie, so dass sie erschreckend dröhnt. Und dann ihre Stoffbanner: Sie sind unterschiedlich: knallrot, gelb und weiß. Dann ihre Lanzen: Sie sind alle mit Eisenspitzen versehen, womit sie töten. Und ebenso haben sie die Hinterteile bedeckt. Dann auch eilen ihre Hirsche sich vorne zu tummeln. Und das Kleid des Kriegers ist ganz aus Eisen gemacht. Auf seinem Kopf trägt jeder ein Kopfhaus. Und ihre Blasinstrumente sind gekrümmt. Sie blasen in ein Mundstück wie ein Spinnwirtel. Und wenn sie Feuer zu speien beginnen, reihen sich die Mörserbesitzer auf. Wenn sie Feuer speien, versetzt es einen in Schrecken. Du würdest schreien, wenn du es hörtest! Dann stopfen sie ihre Erde in sie hinein, damit es donnert. Das haben wir mit unseren eigenen Augen gesehen.» Und der Motēuczūma sorgte sich sehr, als er hörte, welcherart Krieger sie waren. Dann befahl er und sagte zu seinen Kriegern: «Uns ist es nicht gut ergangen. Möget ihr nicht ohnmächtig werden, wenn er kommt!»
>
> (Libro de los Guardianes y Gobernadores de Quauhtinchan, Blatt 1r)

In diesem Bericht, der merkwürdigerweise im Verwaltungstagebuch der kleinen indianischen Stadt Quāuhtinchan im Hochland von Tlaxcallān überliefert ist, klingen deutlich das Erschrecken und die Verwunderung eines indianischen Augenzeugen nach.

Motēuczūma, über die Identität und Absichten der Neuankömmlinge völlig im Unklaren, lässt prüfen, ob es sich vielleicht um Götter handelt, denen er gegebenenfalls mit Unterwürfigkeit und religiösen Kulthandlungen zu begegnen habe. Denn nach der Überlieferung betrachteten sich aztekische Herrscher nur als Statthalter des Gottes Quetzalcōātl, dessen Rückkehr sie erwarteten, um ihm dann die Herrschaft wieder abzutreten. Um diese Vermutung zu prüfen, lässt Motēuczūma den Spaniern von einer Gesandtschaft wertvolle Kultgeräte und priesterliche Trachtstücke sowie Götterspeise, nämlich das Blut eines vor ihren entsetzten Augen geopferten Menschen, anbieten. Hernán Cortés, Anführer der spanischen Konquistadoren, nimmt die Kultgeräte zwar freundlich entgegen, zumal sich darunter auch einige aus Gold und Silber befinden, lehnt die Götterspeise aber brüsk ab. Der Empfang endet mit Verstimmung. Der indianische Chronist der «Annalen von Tlatilolco» schildert das zeitlich und ereignismäßig komprimiert so:

> Im Jahre Eins Rohr erschienen die Spanier in Tēcpan Tlayacac. Dann kam der Kapitän. Als er in Tēcpan Tlayacac angekommen war, begrüßten ihn die Huaxteken, indem sie ihm eine goldene Sonne, eine goldene und eine silberne, gaben, einen Kreuzspiegel und goldene Helme, goldene Schneckengefäße, die auf dem Kopf getragen werden, und grünen Federschmuck der Leute vom Meeresufer und Muschelschilde. Vor den Augen des Kapitäns wurde ein Opfer dargebracht. Er erzürnte, als man ihm das Blut in einer Adlerschale darreichte. Und der Kapitän tötete denjenigen, der ihm das Blut darreichte, persönlich mit dem Degen. Dadurch gerieten die, die ihn begrüßt hatten, völlig in Unordnung. Es war [aber] nach dem Willen des Motēuczūma geschehen, dass man dem Kapitän so viele Dinge gegeben hatte, nur damit er, der Kapitän heimkehre. Nach seinem Befehl hatte der Huaxteke gehandelt.
> (Annalen von Tlatilolco, Teil V, §§ 288–289)

Obwohl die Spanier seinem Wunsch, mit den reichen Gaben wieder fortzusegeln, nicht folgen, weiß Motēuczūma aber nun wenigstens, dass es wohl keine Götter sind, die sein Land betreten haben. Doch so ganz sicher ist er sich nicht, wie ihnen beizukommen sei. Da die Spanier sehr bald deutlich machen, dass ihnen vor allem an Gold gelegen ist, versucht er ihre Gier danach durch weitere reiche Edelmetallgaben zu befriedigen und sie so zur Umkehr zu bewegen. Hier aber macht er einen großen Fehler. Vielleicht ist Geldgier bei den Azteken mit ihrer prestigegelenkten Wirtschaft keine normale menschliche Regung gewesen; einen Spanier jedoch gelüstete damals nach jeder reichen Gabe Goldes nur nach noch mehr. Der Vormarsch der Spanier ist auf diese Weise also nicht aufzuhalten; er wird dadurch eher noch beschleunigt.

Nach kurzem heftigem Kampf bei Tecoac, in dem einige Spanier und auch wertvolle Reitpferde zu Tode kamen und von den Tlaxcalteken in traditioneller Weise geopfert und an Schädelgerüsten zur Schau gestellt wurden, besiegte Cortés die Tlaxcalteken und gewann sie anschließend als Verbündete gegen die Azteken, denn das waren die traditionellen Feinde Tlaxcalläns, und so betrachteten sie die Spanier als willkommene Verbündete. Sie waren dann im Verlauf aller weiteren Kämpfe die treuesten Verbündeten der Spanier und trugen den höchsten Blutzoll in den Kämpfen bis zum siegreichen Ende im August 1521. Mit den Tlaxcalteken als Bundesgenossen war der weitere Weg zunächst frei. Im benachbarten Cholūllān, dem wichtigsten religiösen Zentrum Mexikos, verbreiteten die Spanier durch ein überraschendes und dem vorangegangenen friedlichen Kontakt hohnsprechendes Massaker Angst und Schrecken und lähmten den Widerstand der dortigen Bevölkerung vollkommen. Jetzt trennte sie nur noch ein Gebirgszug von der Hauptstadt des Herrschers über Zentralmexiko, und sie wussten ein vorläufig befriedetes Hinterland im Rücken, so dass sie sich mit aller Energie diesem ihrem eigentlichen Ziel zuwenden konnten.

Motēuczūma verfolgte weiterhin eine auf Nachgiebigkeit und der Anwendung magischer Mittel beruhende Abwehrstrategie, obwohl er durchaus Ratgeber wie seinen jüngeren Bruder Cuitlahuāc hatte, der entschiedenen militärischen Widerstand für eine bessere Strategie hielt. Motēuczūma schickte jetzt den bereits bedrohlich nahe an das Herz seines Machtbereiches vorgedrungenen Spaniern abermals eine Gesandtschaft mit Geschenken entgegen, darunter wieder etwas Gold. Sie sollte die Spanier nochmals zur Umkehr bewegen, was aber genauso erfolglos blieb wie die früheren Versuche. Sein letzter militärtaktischer Versuch, die Spanier abzuwenden, ist die Tarnung der Zugangswege über die Passhöhen auf dem Gebirgskamm, der das Hochtal von Tlaxcallān von dem Mexikos trennt und auf seinem Scheitelpunkt die 4000-Meter-Marke erreicht. Außerdem setzte er Zauberer zur Abwehr der Spanier ein. Die Zauberer aber kehrten angsterfüllt um, bevor sie überhaupt Kontakt mit den Spaniern aufgenommen hatten. Unbeeindruckt von solchen Mätzchen stieg Cortés Anfang November 1519 ins Hochtal von Mexiko ab, nachdem er und seine Truppen die Hauptstadt tags zuvor schon von der Passhöhe erblickt hatten. Links und rechts umrahmten sie die über 5000 Meter aufragenden eisgepanzerten Vulkane Popōcatepētl («rauchender Berg») und Iztāctepētl («weißer Berg»). Ihre Augen nach Westen richtend öffnete sich ihnen der Blick auf den in 2000 Metern Höhe zu ihren Füßen im Sonnenglanz schimmernden See und an seinem jenseitigen Rand die große Stadt Mēxihco. Der Pass heißt heute zu Ehren des Eroberers «Paso de Cortés» und ist der einzige Ort in Mexiko, an dem seiner mit einem Denkmal gedacht wird.

In Itztapalāpan, am jenseitigen Fuße des Gebirges, wohin Cortés mit seinen Truppen inzwischen abgestiegen war, wird er vom dortigen Statthalter Cuitlahuāc, einem Bruder Motēuczūmas, empfangen und in dessen Palast untergebracht. Einem Zusammentreffen mit den Spaniern kann Motēuczūma nun nicht mehr ausweichen. Der 8. November des Jahres 1519 ist der denkwürdige Tag ihrer ersten Begegnung. Motēuczūma trifft Cortés, den er vergeblich aus dem Lande gewünscht hatte und den er vom Besuch seiner Hauptstadt mit allen Mitteln abhalten wollte, auf dem Weg zwischen Itztapalāpan und Xōluhco vor seiner Residenz. Er empfängt ihn feierlich; und gemeinsam schreiten sie zu Fuß auf der Dammstraße von Süden kommend in die Hauptstadt.

> Und als das nun so war, dass die Spanier dort in Xōluhco am äußersten Ende der Stadt, an der Grenze angekommen waren, rüstete und schmückte sich der Motēuczūma, um sie zu begrüßen; und mit ihm noch einige ältere Herrscher, legitime Kinder, seine Herrscher und Adligen. Dann gingen sie gleich [die Spanier] zu begrüßen. In große Kalebassen-Schalen hatten sie wertvolle Blumen gelegt: Sonnenblumen und Herzblumen. In der Mitte kamen verschiedene andere Blumen zu liegen: gelbe Tabaksblumen, Kakaoblumen, Kränze und Blumengirlanden. Und sie bringen auch Goldketten, Ketten mit goldenen Anhängern, gedrehte Halsketten. Und als Motēuczūma sie dort in Huītzillān sogleich begrüßte, beschenkte er ihren Kriegshauptmann, den Befehlshaber und Anführer. Er gab ihm Blumen, legte ihm eine Halskette um, eine Blumenhalskette, eine Blumengirlande und setzte ihm einen Blumenkranz aufs Haupt. Dann legte er das goldene Halsband vor ihm nieder und die verschiedenen Begrüßungsgaben. Als er damit fertig war, jeden einzelnen mit einer Halskette zu schmücken, sprach Cortés zu dem Motēuczūma: «Bist nicht etwa

du es? Bist du es nicht, du schon, Motēuczūma?» Motēuczūma sprach: «Ja, in der Tat, ich bin es.» Dann richtete Motēuczūma sich ordentlich vor ihm auf, richtete sich vor seinem Antlitz auf, beugte das Knie vor ihm, zog ihn zu sich heran und umarmte ihn, wobei er ihn bat und sprach: «Unsere Herrschaft, du bist außer Atem und hast dich abgemüht. Du bist auf der Erde angekommen, du bist in die Nähe deiner Stadt Mexiko gelangt; du bist in die Nähe deiner Matte, deines Thrones gelangt. Du bist gekommen, dich auf deiner Matte, deinem Thron niederzulassen. Denn ich, der ich sie für dich gehütet habe, habe sie nur eine Weile für dich gehütet. Denn dahingegangen sind deine Geschöpfe, die Herrscher Itzcōātzin, Motēuczūma der Ältere, Āxāyaca, Tizocic und Āhuitzōtl, die nur eine Weile (den Thron) für dich gehütet haben, die die Stadt Mēxihco regiert haben, hinter deren Hintern und Rücken sich dein Volk geschart hat. Ob sie noch wahrnehmen, was sie hinter sich zurückgelassen haben? Könnte doch einer von ihnen sehen und bestaunen, was jetzt über mich gekommen ist, was ich in Abwesenheit und hinter dem Rücken unserer Herrschaften sehe. Denn ich träume nicht einfach, ich fahre nicht einfach aus dem Schlaf auf, ich sehe nicht ein Traumgebilde; ich träume nicht, dass ich dich gesehen, dir ins Antlitz geschaut habe. Ich war schon fünf, zehn Tage bekümmert, in denen ich dorthin ins Irgendwo, aus dem du gekommen bist, geschaut habe, aus den Wolken, aus dem Nebel. Also, die Herrscher vor mir haben gesagt, dass du kommen wirst, deine Stadt zu erkennen, dass du dich auf deiner Matte, deinem Stuhl niederlassen wirst, dass du in deine Stadt herbeieilen wirst, dass du dich herbegeben wirst. Und jetzt ist es wahr geworden, nun hast du dich herbegeben, und du bist außer Atem und hast dich abgemüht. Sei angelangt im Land, ruhe dich aus, lerne deinen Palast kennen, ruhe deinen Leib aus. Seid angelangt im Lande, Herrschaften!»
(Sahagún, Historia General, Buch 12, Kapitel 16)

Die Spanier werden im Palast von Motēuczūmas Vater Āxāyacatl einquartiert und bestens mit Nahrung versorgt. Dort ruhen sie sich einige Tage aus, während Motēuczūma sich in seinen eigenen Palast zurückzieht. In dieser Zeit gab der aztekische *Tlahtoāni* dem spanischen Konquistador und seinem Gefolge die Gelegenheit, bei einem von ihm persönlich geführten Rundgang seine große Hauptstadt kennenzulernen. Besonders beeindruckt war Cortés von einem Tempelkomplex. Ihn hat er in seinem zweiten Rechenschaftsbericht an Kaiser Karl V. folgendermaßen geschildert:

> Und unter diesen Moscheen gibt es eine, die hauptsächliche, deren Großartigkeit und Besonderheit keine menschliche Sprache zu beschreiben vermag. Sie ist so groß, dass man in ihrem Geviert, das ganz von sehr hohen steinernen Mauern umgeben ist, ohne weiteres eine kleine Stadt von 500 Bürgern unterbringen könnte. Entlang den Mauern des Gevierts befinden sich sehr elegante Wohnhäuser mit großen Sälen und Gängen, wo die Mönche, die dort leben, wohnen. Es gibt an die 40 sehr hohe und gut gearbeitete Türme. Der größte von ihnen hat 50 Stufen, um zur obersten Plattform zu gelangen. Der größte Turm ist höher als der der Kathedrale von Sevilla [der Giralda genannte Turm der Kathedrale von Sevilla war damals 70 Meter hoch]. Sie sind so gut aus Stein und Holz gebaut, dass man nirgends besser gearbeitete findet. Alle inneren Mauerwerke in den Kapellen, in denen ihre Götzen stehen, sind bildlich geschmückt, und das Gebälk ist ganz aus Schnitzwerk und mit monströsen und anderen Dingen bemalt ... Es gibt drei Säle in dieser großen Moschee, wo ihre hauptsächlichen Götzen sind, von bewundernswerter Größe und Ausführung und figürlich gut ausgearbeitet, sowohl in Holz aus auch in Stein. Und in diesen Sälen gibt es weitere Kapellen mit sehr kleinen Türen zum Betreten, daher ist es in ihnen überhaupt nicht hell. Dort halten sich nur bestimmte Mönche auf, und dort sind auch Bündel und Skulpturen ihrer Götzen, obwohl es auch außerhalb, wie ich gesagt habe, solche gibt.
> (Cortés, Bericht an Kaiser Karl V. vom 30.10.1520, Ed. 1971, S.64)

Sehr beeindruckt waren die Spanier auch von der Größe der Märkte, dem umfangreichen Warenangebot und der dort herrschenden Ordnung:

> In dieser Stadt gibt es viele Plätze, auf denen laufend Markt gehalten wird, gekauft und verkauft wird. Einer ist zweimal so groß wie die Stadt Salamanca. Er ist ganz von Arkaden umgeben. Dort finden sich täglich über 60 000 Menschen zum Kaufen und Verkaufen ein. Es gibt dort alle Arten von Handelswaren aus allen Ländern, sowohl Verbrauchsgüter wie Nahrungsmittel, als auch Schmuck ... aus Stein, Knochen, Muscheln, Schneckenhäusern und Federn ... Es gibt eine Straße mit Wildpret, wo sie alle Arten von Vögeln, die es im Lande gibt, verkaufen; auch Hühner, Rebhühner, Wachteln, Wildenten, Paradiesspechte, Blässhühner, Turteltauben, Tauben, Rohrvögel, Papageien, Weihen, Adler, Falken, Sperber und Turmfalken. Von einigen dieser Raubvögel verkaufen sie die Bälge mit Federkleid, Kopf, Schnabel und Krallen. Sie verkaufen Kaninchen, Hasen, Hirsche und kleine Hunde, die sie züchten und dann kastrieren, um sie zu essen ... Sie verkaufen viele Irdenware in großem Umfang und von hoher Qualität. Sie verkaufen viele Gefäße und große und kleine Schüsseln, Krüge, Kochtöpfe, Ziegel und unendlich viele andere Sorten von

Gefäßen; alle aus feinstem Ton, alle oder die meisten poliert und bemalt ... Jede Art von Handelswaren wird in einer eigenen Straße verkauft, ohne dass andere Waren dazwischengeschoben werden; und darin herrscht gute Ordnung.
(Cortés, Bericht an Kaiser Karl V. vom 30.10.1520, Ed. 1971, S.62–63)

4. Motēuczūmas Gefangenschaft und Tod

Nach der kurzen Ruhepause der Spanier nimmt das Verhängnis für Motēuczūma und sein Gefolge seinen Lauf. Cortés lässt ihn, es ist nun der 14. November, unter einem Vorwand im Handstreich gefangensetzen und in seinen eigenen Palast überführen, der nun als Festung dient, von der aus die Spanier die Hauptstadt der Azteken zu erobern trachten. Dass das kein einfaches Unterfangen sein wird, ist klar, denn die Azteken wehren sich oder verhalten sich zumindest nicht nachgiebig. Allerdings sind sie, solange Motēuczūma und weitere Mitglieder des Herrscherhauses als Geiseln in der Gewalt der Spanier sind, auch nicht offen aggressiv, sondern warten ab, während sich gleichzeitig eine zunehmend spanierfeindliche Stimmung unter ihnen verbreitet.

Cortés übergibt in dieser scheinbar ruhigen Situation das Kommando in Tenochtitlan am 10. Mai 1520 seinem Hauptmann Pedro de Alvarado – die Azteken nannten ihn wegen seiner rostroten Mähne *Tōnatiuh* ‹Sonne› – während er sich selbst zur Abwehr des Konkurrenten Pánfilo de Narváez an die Küste nach Veracruz begibt. Alvarado, ein Hitzkopf und Draufgänger, aber beileibe kein Stratege, erlaubt den Azteken, ihr Fest Toxcatl, an dem sie ihrem Stammesgott Huītzilōpōchtli huldigen wollen, auszurichten. Motēuczūma befiehlt daraufhin, die Festvorbereitungen zu beginnen. Frauen mahlen Melden- und Stachelmohnsamen und bereiten daraus einen Teig, während die spanischen Krieger interessiert zuschauen. Dann wird aus dem vorbereiteten Teig ein Götterbild geformt. Es wird auf Zweige gebettet, sein Gesicht wird mit gelben und blauen Querstreifen bemalt und reichlich geschmückt. Schließlich bekommt es noch einen Mantel umgelegt. Am nächsten Morgen, dem 23. Mai 1520 und eigentlichen Festtag, wird das Götterbild von denen, die im Vorjahr ein Gelübde zum Fasten abgelegt hatten, enthüllt. Sie stellen sich vor ihm auf und legen Nahrungsmittel als Opfergaben vor dieses Abbild Huītzilōpōchtlis nieder. Jetzt eilen auch andere Azteken in den Tempelhof herbei und beginnen den Schlangentanz. Sie werden dabei von den edlen Kriegern und den Fastenden angeführt, und andere treiben jeden, der aus der Reihe tanzt, mit Knüppeln zurück, damit die Ordnung gewahrt bleibt. Während die Festmusik von Flöten und Trommeln erschallt, die Mexikaner tanzen und singen, riegeln die Spanier die Eingänge zum Tempelbezirk ab; dann massakrieren sie die Tanzenden und Feiernden. Daraufhin entbrennt ein heftiger Gegenangriff der Azteken von außerhalb des abgesperrten Tempelbezirks auf die spanische Festung. Von heiligem Zorn gespeist erlahmt er auch in den folgenden Tagen und Wochen nicht. Am 24. Juni kehrt Cortés allerdings mit neuen Truppen und Ausrüstung unbehelligt nach Tenochtitlan zurück. Doch der Druck der angreifenden Azteken auf die Eingeschlossenen wird nicht geringer. Die belagerten Spanier versuchen daher, Motēuczūma zu bewegen, mäßigend auf sein Volk einzureden. Doch längst ist seine Autorität bei den kämpfenden Azteken dahin, schließlich konnte er ja nicht einmal den Waffenstillstand zur Feier des Toxcatl-Festes gewährleisten. Er wird, als er am 27. Juni vom Flachdach seines Palastes zu ihnen sprechen will, von einem Steinhagel empfangen und tödlich am Kopf getroffen. Mit ihm wird sein Statthalter für die Schwesterstadt Tlatilolco, der *Tlacochcalcatl* Itzquauhtzin, erschlagen. Andere Berichte behaupten, dass das etwas später und durch die Hand der Spanier, also nicht von den aufgebrachten Azteken geschah. Den toten Herrscher und seinen Statthalter lassen die Spanier in einen nahen Kanal werfen. Dort fischen Azteken beide heraus und tragen Motēuczūma in den Haupttempelbezirk nach Copolco, wo er eingeäschert wird. Itzquauhtzin wird mit dem Boot an einen entsprechenden würdigen Ort nach Tlatilolco überführt. Ihn betrauern die kämpfenden Azteken, während sie für Motēuczūma nur Verachtung übrig haben.

Cortés schildert die Vorgänge um den Tod Motēuczūmas etwas anders, jedoch in den Grundzügen mit dem eben referierten indianischen Bericht gut im Einklang, wenn er in seinem Rechenschaftsbericht an Kaiser Karl V. schreibt:

> Und den besagten Motēuczūma, der immer noch gefangen war, und einen seiner Söhne ließ ich mit einigen Adligen zusammen, die seit Anfang an meine Gefangenen waren, auf einen Vorsprung auf die Dachterrasse der Festung treten, damit er auf die Hauptleute [der kämpfenden Azteken] einwirke, dass sie den Kampf einstellen sollten. Ich ließ ihn also hervorholen, und als er an die Brüstung, die über die Dachterrasse der Festung hinausragte, trat, und zu den Leuten, die dort kämpften, sprechen wollte,

trafen ihn die Seinigen mit einem so großen Stein am Kopf, dass er innerhalb dreier Tage daran starb. Ich ließ ihn, als er tot war, von zwei ebenfalls gefangenen Indianern herausholen, und sie trugen ihn auf den Schultern hinaus. Ich weiß nicht, was sie mit ihm gemacht haben, außer dass dadurch die Kampfhandlungen nicht aufhörten, sondern jeden Tag nur um so heftiger und grausamer wurden.
(Cortés, Bericht an Kaiser Karl V. vom 20.10.1520, Ed. 1971, S.79)

Bernal Díaz del Castillo, ein einfacher Soldat in Cortés' Gefolge, hat Jahrzehnte später, als er selbst schon ein alter Mann war und in Guatemala seine Memoiren schrieb, das Aussehen Motēuczūmas folgendermaßen geschildert:

> Der große Motēuczūma war etwa 40 Jahre alt und von ansehnlichem Wuchs, wohlproportioniert und schlank, mit wenig Speck. Sein Teint war nicht sehr braun, sondern in Farbe und Tönung wie ein richtiger Indianer. Er trug das Haar nicht sehr lang, sondern so, dass es gerade die Ohren bedeckte. Sein Bartwuchs war karg, wohlgestaltet und schmal. Sein Gesicht war länglich und von fröhlichem Ausdruck mit angenehmen Augen. Sein Blick konnte je nach Bedarf liebenswürdig oder, wenn nötig, gravitätisch sein. Er war sehr gepflegt und sauber, denn er badete täglich einmal am Nachmittag.
> (Díaz del Castillo, Ed. 1964, Kapitel 91)

In der spanischen Geschichtsschreibung überwiegt die Charakterisierung Motēuczūmas als Zauderer, der aufgrund seines Aberglaubens nicht zu entschiedenem eigenständigem Handeln in der Lage ist. Dieses Charakterbild hat seine dokumentarische Grundlage in den ausführlichen Berichten der «Crónica X», die diesen Eindruck über mehrere Kapitel aufbaut und mit vielen Beispielen abergläubischen Verhaltens belegt. Sie sind daher keineswegs von der Hand zu weisen. Doch muss einschränkend gesagt werden, dass selbst dieses deutlich abergläubische und scheinbar sehr eigenwillige Verhalten Motēuczūmas nicht unbedingt auf seinen Charakter hinweist, sondern Ausfluss des Standard-Repertoires handelnsleitender Gedanken aztekischer Herrscher darstellt und daher weitgehend kulturell geprägt und stereotyp ist. Es ist also nicht in erster Linie seiner persönlichen Gemütsverfassung oder seinem Charakter zuzuschreiben. Schon Ilhuicamīna hatte ähnlich wie Motēuczūma nach den mythischen Ursprüngen seines Volkes gesucht. Nezahualpilli, der 1516 verstorbene Herrscher Tetzcuhcos, soll nach einer landläufigen Tradition gar nicht tot, sondern einfach verschwunden sein, also vielleicht eine Weltflucht begangen haben, wie sie auch Motēuczūma ursprünglich vorhatte. Auch Traumdeutung und Wahrsagerei, auf die Motēuczūma großen Wert legte und an deren richtungweisende Kraft er glaubte, waren alltägliche religiöse Praktiken, und es war Grundüberzeugung eines jeden in der aztekischen Kultur aufgewachsenen Mannes, dass man mit ihrer Kenntnis und durch Berücksichtigung ihrer Hinweise die Zukunft beherrschbar machen konnte. Die Charakterisierung Motēuczūmas als abergläubisch ist auch unter einem anderen Gesichtswinkel nicht angemessen und für die Gewichtung seiner Rolle und der seines spanischen Kontrahenten in der alles entscheidenden Auseinandersetzung im Jahre 1520 irreführend, denn mit diesem Urteil misst man Motēuczūma an den Werten und Verhaltenserwartungen unserer heutigen Kultur oder der Kultur der europäischen Renaissance, und man versucht die militärische und politische Leistung des Eroberers Cortés, was auf dem Hintergrund der Verklärung alles Altindianischen heute beliebt ist, dadurch in ihrer Bedeutung zu schmälern, dass man seinen Gegner Motēuczūma als nicht ebenbürtig darstellt.

Ein angemesseneres Bild Motēuczūmas entwirft Wolfgang Haberland in einem wenig beachteten Porträt in «Die Großen der Weltgeschichte». Haberland gibt zunächst zu bedenken, dass Motēuczūma auch an seinen Leistungen vor der spanischen Eroberung zu messen sei. Und da scheint er allen Anforderungen eines ordentlichen Herrschers und Militärführers gewachsen gewesen zu sein, wie sein zwar vergeblicher, aber militärtaktisch doch gut angelegter Eroberungsversuch gegen Tlaxcallān beweist, wo er den Sieg durch Umzingeln zu erzwingen versuchte. Auch seine Bereitschaft, den Entsatzangriff für die belagerten aztekischen Fernhandelskaufleute in Ayohtlān durchzuführen, und sein Bestreben, den Einfluss des Reiches auf die Staaten der Quiché und Cakchiquel im Hochland Guatemalas auszudehnen, zeigen ihn als tatkräftigen Militärführer und zielstrebigen Machtpolitiker. Selbst manche seiner taktischen Entscheidungen im Kampf gegen die Spanier oder sein vermeintliches Zaudern können im Sinne Haberlands und im Widerspruch zur gängigen Forschungsmeinung als klug und überlegt gedeutet werden. Zwar erscheint es allen Interpreten des Endkampfes um die Hauptstadt als militärtaktisch unverständlich, dass Motēuczūma den von der Küste in Veracruz zurückkehrenden Cortés unbehelligt nach Tenochtitlan zu seinen eingeschlossenen Kameraden hineinziehen lässt und sie damit unnötig verstärkt. Man kann jedoch dahinter auch die strategische Überlegung sehen, die bereits geschwächten Spanier auf einen Schlag zu neutralisieren, indem man sie alle zusammen in der Falle niedermacht, was wenig später ja auch fast gelungen wäre.

Schließlich darf nicht vergessen werden, dass die aztekischen Herrscher eine vor dem Hintergrund ihrer Macht, ihres Prunkes und mit der vor allem in der Spätzeit entwickelten Hofetikette merkwürdig kontrastierende politische Bescheidenheit verinnerlicht hatten. Sie kommt vor allem in den Inthronisationsreden zum Tragen. Wir hören sie aber auch deutlich aus der oben zitierten Begrüßungsrede Motēuczūmas an Cortés heraus, wenn er gelobt, den Thron nur eine Weile und nur als Statthalter der Gottheit innezuhaben, um ihn dereinst an diese Gottheit bzw. Cortés, den er vielleicht für deren Abgesandten hält, zurückzugeben. Ob sich die Spanier diese Stellvertreterkonzeption zunutze gemacht haben, ist in der Forschung heftig umstritten. Schon in der frühen Kolonialzeit wurde diese Interpretation gefördert, und zwar vor allem von der eschatologischen Richtung der Franziskanermönche, die den Indianern, durchaus in freundlicher Absicht, eine Vorahnung des kommenden Reiches Christi zubilligen wollten. Modernere Interpreten verknüpfen die Stellvertreterrolle der aztekischen Herrscher hingegen mehr mit dem Mythos über den toltekischen König Quetzalcōātl, der aus seiner Hauptstadt Tōllān vertrieben wurde, an die Küste des Atlantischen Ozeans flüchtete und dort «verschwand», um dereinst wiederzukommen. In diesen Berichten fließen aber schon in indianischer Zeit mythische, auf Gottheiten bezogene Aspekte, ätiologische Erklärungen für rituelle Praxis und historische Überlieferungen unentwirrbar zusammen.

5. Die «Noche Triste». Flucht der Spanier aus Tenochtitlan

Die Spanier, mit dem Tod Motēuczūmas ihrer wichtigsten Geisel beraubt, wissen, dass sie sich nun in ihrer belagerten Stellung gegen die anhaltenden und immer heftiger werdenden Angriffe der Azteken und deren Taktik, sie auszuhungern, nicht mehr lange werden halten können. Sie wagen daher in der Nacht vom 30. Juni auf den 1. Juli einen überraschenden Ausfall. Cristóbal del Castillo, ein Indianer, der um 1600 die Geschichte der Eroberung aus Sicht der Indianer in aztekischer Sprache niederschrieb, drückt das Erstaunen über diesen unerwarteten, geradezu selbstmörderischen Fluchtversuch der Spanier aus, wenn er schreibt:

> Und wirklich dann, am Großen Herrenfest, machten die Spanier einen Ausfall, kamen sie nachts um, als sie um Mitternacht flohen. Die Mexikaner aus Tlatilolco wussten davon nichts, sie konnten sich nicht vorstellen, dass die Spanier einen Ausfall machen könnten, so dass sie hinterhältig umgebracht, gemeuchelt würden. Viele Spanier starben dort am Toltekenkanal.
> (Cristóbal del Castillo, Kapitel 39)

Der Ausbruchsversuch gelingt zwar und führt die Spanier auf dem kürzesten Weg über eine Dammstraße zum westlich benachbarten Festland. Auf dieser Dammstraße, wo man nicht ausweichen kann und immer wieder den Übergang über Kanäle erkämpfen muss, und wo man von den beiderseits des Dammes verlaufenden Schifffahrtskanälen Angriffen ausgesetzt ist, erleiden sie hohe Verluste (Abb. 41). Der verzweifelte Kampf kostet sie ihre gesamte Beute und viele Pferde und Mannschaften; vor allem an der Stelle, wo sie den Toltekenkanal überqueren müssen, wie Castillo im obigen Zitat hervorhebt. Daher ist dieser heroische nächtliche Ausbruch der Spanier und ihrer indianischen Verbündeten aus ihrer belagerten Stellung in Tenochtitlan in das kollektive Gedächtnis der Spanier als die ‹traurige Nacht› («Noche Triste») eingegangen.

ABB. 41 *Flucht der Spanier aus Tenochtitlan in der Noche Triste.*
Mexikaner in Booten greifen von beiden Seiten Cortés, der zu Pferde mit seinem Heer auf der Dammstraße nach Tlacōpan flieht, an. Wo die Dammstraße durch den Toltekenkanal unterbrochen ist, sieht man Spanier und Indianer sich verzweifelt im Wasser des Kanals bewegen. Eine Abteilung aus Spaniern und indianischen Hilfstruppen hat die gegenüberliegende Fortsetzung der Dammstraße erreicht und strebt dem rettenden Festland zu, wobei auch sie von Mexikanern aus Booten angegriffen wird. Die aztekische Beischrift konstatiert lapidar «Toltekenkanal, dort, an ihm starb man». [Lienzo de Tlaxcala, Tafel 18.]

Als die Spanier das westliche Seeufer schließlich erreicht haben, ist der gefährlichste Teil ihrer Flucht geschafft, was sie selbst aber gar nicht wissen können, denn die indianische Kriegsführung ist ihnen noch zu fremd. Die Azteken haben in den Kämpfen an der Dammstraße so viel Beute an Soldaten und Pferden gemacht und haben so viele getötete Gegner zur Verfügung, dass sie von der weiteren Verfolgung ihrer Feinde ablassen und sich den Vorbereitungen für die Opferung ihrer Gefangenen zuwenden. Das schafft den Spaniern auf ihrem Rückzug die dringend benötigte Entlastung. Zunächst sammeln und verschanzen sie sich bei Tlacōpan im Tempelbezirk eines lokalen Fürsten namens Otōncōātl, der sie auch versorgt. Danach gelingt ihnen die weitere Flucht dem Seeufer entlang nach Norden, und nachdem sie bei Otōmpan am 14. Juli noch einmal einen massiven Angriff der Azteken abwehren mussten, schlagen sie sich quer durchs Land nach Osten ins rettende, mit ihnen verbündete

Tlaxcallān. Dort können sie sich ausruhen, ihre Verletzungen kurieren, die Waffen instandsetzen und ihre Truppen neu formieren. Dort bereiten sie umsichtig und in Ruhe einen erneuten Angriff vor, dessen sich Motēuczūmas Nachfolger Cuitlahuāc und Quāuhtemōc zu erwehren haben werden.

6. Erfolgreicher Kampf der Azteken unter Cuitlahuāc gegen die Spanier

Cuitlahuāc, dem wir schon als Gastgeber des Cortés in Itztapalāpan begegnet waren, war ein Sohn des Herrschers Āxāyacatl und einer Prinzessin von Itztapalāpan. Wie bei vielen aztekischen Herrschern ist auch sein Geburtsjahr nirgends verzeichnet. Es wird in den ersten Jahren der Regierung seines Vaters, also um 1470, gelegen haben. Er war durch Abstammung ein Neffe der beiden auf seinen Vater folgenden Herrscher Tizocic und Āhuitzōtl und ein älterer Bruder, vielleicht aber auch nur Stiefbruder, seines unmittelbaren Vorgängers Motēuczūma. Außerdem war er sowohl mütterlicher- als auch väterlicherseits ein direkter Nachkomme Itzcōatls, des eigentlichen Begründers der aztekischen Macht. Diese vielfache Vernetzung mit der Dynastie hat ihren Grund darin, dass in zentralmexikanischen Herrscherhäusern mit Vorliebe Ehen mit Neffen und Nichten oder zwischen Vettern und Kusinen geschlossen wurden.

Der Name Cuitlahuāc kann sprachlich als *Cuitla* ‹Kot› oder ‹Hintern› und *Huāc* ‹getrocknet› analysiert werden, woraus sich die Bedeutung ‹getrockneter Kot› ergibt. Die hieroglyphische Schreibung von *Cuitlahuāc* stellt daher entweder einfach einen Haufen menschlichen Kotes dar oder denselben in das Symbol für Wasser eingefügt, womit phonetisch der Auslaut *-a* von *Cuitla* wiedergegeben wird. Diese Schreibungen sind jedoch nur für den Ort Cuitlahuāc überliefert. Ob der gleichnamige aztekische Herrscher auch so geschrieben wurde, ist nicht sicher, von den Eigenschaften der aztekischen Bilderschrift her gesehen aber wahrscheinlich. Der Name Cuitlahuāc war in der Familie seiner Mutter beliebt; zum Beispiel hieß auch sein mütterlicher Großvater so.

Wenn das von mir aus spärlichen Quellenberichten rekonstruierte chronologische Raster für die frühen Stationen seines Lebens einigermaßen zutrifft, wurde Cuitlahuāc schon im Alter von wenig mehr als zehn Jahren von seinem Vater Āxāyacatl zum Herrscher von Itztapalāpan

Erfolgreicher Kampf der Azteken unter Cuitlahuāc gegen die Spanier

gemacht, einer nicht unbedeutenden Stadt am Südrand des Sees, etwa 10 Kilometer von Tenochtitlan entfernt. Die Legitimation dazu nahm Āxāyacatl aus seiner eigenen ehelichen Verbindung mit einer Prinzessin von dort. Deren Vater, der dortige Herrscher Cuitlahuāc der Ältere, stammte seinerseits in direkter Linie vom aztekischen Herrscherhaus ab, denn sein Vater war Itzcōātl gewesen. Cuitlahuāc der Jüngere, Sohn dieser Prinzessin, war also ein Enkel des verstorbenen Herrschers von Itztapalāpan in mütterlicher Linie. Er erhielt den Namen seines herrscherlichen Großvaters, wie es in mexikanischen Adelsfamilien gerne geschah.

Cuitlahuāc d. J. bekleidete sein Amt in Itztapalāpan 40 Jahre lang, allerdings nicht als souveräner Herrscher, sondern als Statthalter seines Onkels bzw. seit 1502 seines Bruders in Tenochtitlan. Bis zur spanischen Eroberung residierte er dort am Fuße des Berges, auf dem alle 52 Jahre die große Neufeuerbohrung stattfand, deren letzte, 1507, in seine Zeit als dortiger Herrscher fiel. Sie ist bildlich in der Prunkhandschrift «Codex Borbonicus» dargestellt (Abb. 42) und als wichtiges Ereignis auch in schriftlichen Quellen der frühen spanischen Kolonialzeit überliefert.

Cuitlahuācs Palast am Fuße des Neufeuerberges, von dem archäologisch keine Spuren erhalten sind, wurde an Größe und Prunk nur von der hauptstädtischen Residenz seines Bruders Motēuczūma übertroffen, versichert Torquemada, der allerdings erst 100 Jahre später darüber schrieb und die Anlage selbst wohl nicht mehr gesehen hat.

Cuitlahuāc heiratete, seiner königlichen Abkunft entsprechend, die Tochter seines regierenden Bruders, also seine eigene Nichte und neben dieser auch noch die tetzcuhkanische Prinzessin Papantzin Oxomoco. Möglicherweise war diese zweite, gleichrangige Ehe darin begründet, dass er mit seiner ersten Ehefrau, die über mehrfache Erblinien eng mit ihm verwandt war, zwei Kinder zeugte, die als erbkrank – die Quellen diagnostizieren «verrückt» oder «gelähmt» – nicht in der Lage waren, seine Linie weiterzutragen. Zwar ist meine Vermutung einer Erbkrankheit hypothetisch, da nicht überliefert ist, welche von Cuitlahuācs Frauen diese Kinder geboren hat und auch ihre Krankheiten nicht gut diagnostiziert sind. Sie ist jedoch auf dem kulturvergleichenden Hintergrund, dass auch in anderen Dynastien der Welt, die Verwandtenheirat pflegten, Erbkrankheiten manifest geworden sind, erwägenswert. Ich erinnere an die russische Zarenfamilie, die kurz vor ihrem Untergang an der erblichen Bluterkrankheit litt, und an die endemische Geisteskrankheit im spanischen Zweig des Hauses Habsburg, die bei Königin Johanna und ihrem Urenkel,

ABB. 42 *Neufeuerbohrung im Jahr 1507 auf dem Huixachtēcatl.* Oben etwas links von der Mitte ist in einem blau gerahmten Kästchen das Jahr der Neufeuerbohrung angegeben: Zwei Rohr (1507). Daneben ist der aztekische Stammesgott Huītzilōpōchtli vor seiner Tempelpyramide gezeigt. Auf ihr steht eine aufgerichtete Stange mit der Papierfahne, die dem Fest zu seinen Ehren den Namen Panquetzaliztli ‹Stangen aufrichten› gibt. Rechts daneben, auf der Spitze des Berges Huixachtēcatl, ruht der Feuerbohrer. Der hieroglyphische Namensbestandteil *Huixach*, wird durch das Abbild des Baumes rechts daneben angezeigt. Von diesem Berg, auf dem das Neufeuer gebohrt wurde, führen Fußspuren am rechten Rand des Bildes zum Tempel in der Stadt. In den Häusern hat man sich auf das etwaige Misslingen der Feuererzeugung vorbereitet und Vorsorge gegen die befürchtete Katastrophe, nämlich das Erscheinen der Tzitzimimeh genannten Gespenster, getroffen. Männer mit Speeren sitzen wachehaltend vor den Häusern, in die Frauen und Kinder geflüchtet sind. Eine schwangere Frau ist in einem Maisspeicher versteckt (vgl. Abb. 2), vor dem ein Mann mit Obsidianschwert Wache hält. Alle diese Personen haben sich durch Masken aus grünen Agaveblättern vor dem schädlichen Einfluss der Gespenster geschützt. Sämtliche Feuer waren zuvor gelöscht worden. Das neu erbohrte Feuer ist mittlerweile im Tempel angekommen, der separat und besonders groß in der Mitte dargestellt ist. Vier festlich geschmückte Gestalten mit Fackelholzbündeln holen das Neufeuer, um es an andere Tempel zu verteilen. Sieben Priester in Göttertracht, am linken Rand des Bildes, bringen weiteres Fackelholz herbei. [Codex Borbonicus, S.34.]

dem Prinzen Don Carlos, so mächtig ausbrach, dass sie allgemein bekannt geworden ist. Mit seiner zweiten Ehefrau Papantzin Oxomoco hat Cuitlahuāc mehrere gesunde Kinder gezeugt, von denen mindestens drei die Kolonialzeit erlebten und weiterhin in den Genuss eines Teils ihres angestammten Erbes kamen. Sie wurden nämlich von den Spaniern als *señores naturales*, d.h. als natürliche Herren von Itztapalāpan anerkannt. Das Konzept des «natürlichen Herren» ist ein mittelalterlich-europäisches, das alle (christlichen) Könige und Fürsten als von Gottesgnaden und damit als natürlich ansahen.

Motēuczūma machte seinen jüngeren Bruder und Schwiegersohn außerdem zum *Tlācatēccatl*. Als solcher führte Cuitlahuāc im Jahre 1508 und 1511 erfolgreiche, wenn auch verlustreiche Blumenkriege gegen Quauhquechollān und Ātlīxco im benachbarten Tal von Tlaxcallān. Überhaupt scheint ihn Motēuczūma sehr geschätzt, vielleicht sogar als Nach-

folger vorgesehen zu haben, denn im Jahre 1516 ist es Cuitlahuāc und nicht der Herrscher von Tenochtitlan selbst, der als Vertreter der führenden Dreibundmacht bei der Einsetzung des Cacama zum *Tlahtoāni* der zweitwichtigsten Dreibundmacht, Tetzcuhco, zugegen ist. Ihm diese protokollarische Aufgabe zu übertragen, war in mehrfacher Hinsicht sinnvoll: Einerseits war Cuitlahuāc als Tlācatēccatl und Bruder des *Tlahtoāni* einer der ranghöchsten Azteken; andererseits war er mit einer Schwester des Cacama verheiratet. Schließlich mag noch eine Rolle gespielt haben, dass Motēuczūma sich im Hintergrund halten wollte, weil vor nicht langer Zeit aufgrund seines Einflusses im Dreibund Cacama gegen breiten und erbitterten Widerstand des tetzcuhkanischen Adels zum Nachfolger auf dem Thron von Tetzcuhco bestimmt worden war. Staatsangelegenheiten waren hier, wie so oft im indianischen Zentralmexiko, also auch Familienangelegenheiten.

Im Staatsrat des Dreibundes wurde Cuitlahuāc als Berater geschätzt. Er nahm ab 1519 dort eine klar und direkt gegen die Spanier gerichtete Haltung ein und schlug vor, die Fremden mit Geschenken abzuspeisen und aus dem Land zu drängen, ihnen aber keinesfalls den Zugang in die Hauptstadt zu öffnen. Anfänglich befolgte man offensichtlich Cuitlahuācs Rat. Als das jedoch nichts fruchtete und sich Cortés zielstrebig der Hauptstadt näherte, vertraten Cacama und Motēuczūma eine nachgiebigere Strategie gegenüber den Spaniern. Sie befürworteten ein zunächst rücksichtsvolles und freundliches Verhalten. Vielleicht hegten sie die Hoffnung, die Spanier nach Tenochtitlan zu locken und dort in einer für sie ungünstigen Lage leichter besiegen zu können, wie ich schon in einem früheren Abschnitt zu erwägen vorgeschlagen habe. Sie als die Souveräne gaben schließlich den Ausschlag in dieser wichtigen politischen Entscheidung, und dieser fügte sich Cuitlahuāc in voller Loyalität, aber sicher nicht aus Überzeugung. Trotz dieses politischen Dissenses blieb er auch danach treuer Gefolgsmann seines königlichen Bruders. Anfang November 1519 empfing er den spanischen Eindringling Hernán Cortés daher friedlich in seiner Residenz in Itztapalāpan, beherbergte die 500 Spanier in dessen Gefolge und ihre in die Zehntausende zählenden indianischen Hilfstruppen und verköstigte sie. Anschließend begleitete er Cortés zum ersten Treffen mit Motēuczūma, das auf halber Strecke zwischen Itztapalāpan und dem Zentrum von Mēxihco in Xōluhco stattfand, wobei auch wieder Cacama zugegen war.

Nachdem die Spanier von dort in die Hauptstadt Tenochtitlan geleitet worden waren und sich im Palast des 1481 verstorbenen *Tlahtoāni* Āxāyacatl eingerichtet hatten, war Cutilahuāc mit seinem Bruder Motēuczūma und anderen hochrangigen Adligen von ihnen in einem Handstreich in Geiselhaft genommen worden. Cuitlahuāc gelingt am 25. Juni 1520 unter dem Vorwand, für die hungerleidenden eingeschlossenen Spanier Nahrung zu beschaffen, die zeitweilige Entlassung aus der Haft. Einmal in Freiheit, denkt er nicht daran, seinen Auftrag zu erfüllen, sondern bekämpft die Spanier aktiv. Er fühlt sich entweder nicht mehr an die Loyalität zu seinem gefangenen und von den Spaniern manipulierten Bruder gebunden, oder es geschieht in geheimer Absprache mit ihm. Cuitlahuāc versucht als erstes, Cortés bei seiner Rückkehr von der Meeresküste den Weg in die mexikanische Hauptstadt zu versperren, was ihm jedoch nicht nachhaltig gelingt. Cortés war zwischenzeitlich zur Golfküste marschiert, um sich dort des unerwartet gelandeten Konkurrenten

Pánfilo de Narváez zu erwehren, und hatte für diese Zeit seinem Hauptmann Pedro de Alvarado das Kommando in Mexiko übertragen,

Nachdem Motēuczūma am 29. Juni 1520 in spanischer Haft stirbt, wählen die Mexikaner im Monat Ochpānaliztli einen neuen Herrscher. Die Wahl fällt auf Cuitlahuāc, wie es Motēuczūma wohl selbst vorgesehen hatte und wie es Cuitlahuācs Erfahrungen in militärischen und Staatsangelegenheiten und der von ihm bekleidete Rang als *Tlācatēccatl* nahelegen. Als oberster Befehlshaber und Souverän verfolgt Cuitlahuāc jetzt uneingeschränkt die von ihm zuvor schon auf eigene Rechnung gewählte kompromisslose Strategie, sich der Spanier durch direkten Kampf zu entledigen. Er zieht die Belagerung der Eingeschlossenen so fest, dass diese in der später als «Noche Triste» bekannt gewordenen Nacht vom 30. Juni auf den 1. Juli 1520 einen verzweifelten Ausbruchsversuch unternehmen, der ihnen nur unter hohen Verlusten an Menschen, Pferden und Goldbeute gelingt. Der spanische Chronist Francisco Cervantes de Salazar hat die Rolle Cuitlahuācs in diesen Kämpfen 45 Jahre später nach Augen- und Ohrenzeugenberichten spanischer Eroberer folgendermaßen dargestellt:

> Anstelle Motēuczūmas hatten [die Azteken] Cuitlahuāc, seinen Bruder, zum Herrscher erhoben. Er war Herr von Itztapalāpan und hatte schon vor dem Tod Motēuczūmas das Land zu einem Aufstand [gegen die Spanier] aufgewiegelt. Cortés hatte ihn, bevor dieser Aufstand ausbrach, [aus der Haft] entlassen, was er nicht hätte tun sollen. [Cuitlahuāc] war umsichtig, energisch und kriegerisch, und so wurde er Anstifter und Hauptursache dafür, dass die Spanier aus Mexiko vertrieben wurden. Er rüstete sich mit großer Umsicht durch Gräben und Wälle und mit vielen anderen Schikanen und Waffen. Er gab Anweisung, dass man viele besonders lange Lanzen herstellen sollte, die [den Azteken] nach einiger Übung sehr nützlich waren. Und um die Bevölkerung Mexikos und seiner Umgebung besser in den Griff zu bekommen, verkündete er, wie es tapfere Fürsten zu tun pflegen, dass er die Steuern und alle anderen Abgaben für ein Jahr und länger aussetze, solange der Krieg dauere. Er sandte den [lokalen] Herrschern Geschenke und versprach ihnen ihre Territorien auszuweiten. Den Untertanenvölkern des mexikanischen Reiches befahl er, dass sie eher sterben sollten, als die Christen zu beherbergen und zu verpflegen. Wenn sie [die Christen] töteten, sollten sie ihm die Köpfe schicken, wofür er sie sehr belohnen werde. Schließlich gab er Freunden wie Feinden, Vasallen und Nichtvasallen zu verstehen, dass es angemessen sei, in dieser Hinsicht zusammenzuarbeiten, wenn sie verhindern wollten, dass Fremdlinge sie beherrschten und versklavten. Damit gewann er viel Ansehen, sowohl

unter seinen Vasallen wie auch unter denen, die keine waren. Er nahm sie alle in die Pflicht, gab ihnen viel Zuvertrauen und Mut, wie man später sehen wird.
(Cervantes de Salazar, Crónica de la Nueva España, Buch 5, Kapitel 36)

Es ist müßig zu spekulieren, ob die Fortsetzung der verschärften Kriegsführung und seine Überzeugungsarbeit Cuitlahuāc dauerhaften Erfolg beschert hätten, denn dazu kam es nicht mehr. Nach dem Bericht des Codex Aubin starb er im indianischen Monat Quechōlli, als die Spanier fast geschlagen waren und nach hohen Verlusten in Tlaxcallān Zuflucht gefunden hatten. Er erlag den Pocken, die ein Negersklave der Spanier eingeschleppt hatte. Diese Seuche hat unter den Spaniern zwar kein großes Sterben verursacht, die Indianer jedoch wurden in großer Zahl hinweggerafft und damit in ihrer Kampfkraft entscheidend geschwächt. Cuitlahuācs Regierungszeit hatte bei seinem verfrühten Tod nur 60 bis höchstens 80 Tage betragen.

Quāuhtemōc, Cuitlahuācs Nachfolger als aztekischer *Tlahtoāni* und Heerführer, hat die Erfolge seines Vorgängers im Kampf gegen die Spanier den Truppen bei seiner Antrittsrede folgendermaßen als Vorbild und Ansporn vor Augen geführt:

[Die Spanier] haben den großen Herrn Motēuczūma gefangen genommen, und er lebte und starb als Feigling. Sie haben Qualpopōca verurteilt und verbrannt, und schließlich sind sie, als ob sie in unseren Häusern geboren seien und das mexikanische Reich geerbt hätten, und als ob wir die Neuankömmlinge und Sklaven seien, mit uns und unseren Angelegenheiten nach ihrem Belieben und zu ihrem Gefallen umgegangen, bis [unsere] Götter ihre Schamlosigkeit und Grausamkeit nicht mehr ertrugen und sich mein Vorgänger Cuitlahuāc erhob, der darum ewigen und glorreichen Gedenkens würdig ist. [Unsere Götter] nahmen an den Christen gerechte und grausame Rache, indem sie mehr als 600 töteten: einige jämmerlich im Wasser ertränkt, andere auf dem Land in Stücke gehauen und viele, die wir lebend auf dem Tempel gefangen haben, auf dem sie sich zu ihrer Verteidigung verschanzt hatten, als Rache für ihre Übeltaten geopfert. Und die, die aus diesem großen Zusammenbruch mit ihrem Hauptmann Cortés lebend entkamen, sind geflohen wie Kaninchen, krank, verwundet und gebrochen und haben an den Toren Tlaxcallāns bettelnd wie Weiber bei unseren Feinden um Hilfe gefleht.
(Cervantes de Salazar, Crónica de la Nueva España, Buch 5, Kapitel 34)

Hierzu würde ich nach dem wenigen, was sonst noch über Cuitlahuāc bekannt ist, ergänzen, dass er ein loyaler, auf einfache Entscheidungen konzentrierter und dem politischen Kalkül wenig zuneigender Mann war, der das Kriegshandwerk verstand, aber zu einer Zeit, als er Erfolg hätte haben können, mit seinen strategischen Vorstellungen aufgrund seiner Loyalität zu Motēuczūma und den Entscheidungen des Staatsrates nicht zum Zuge kam.

Cuitlahuācs Nachfolger, der letzte Herrscher der Azteken, trug einen einprägsamen bildhaften Namen: Quāuhtemōc. Wörtlich ist er am besten mit dem Satz ‹der Adler ist herabgestoßen› wiedergegeben. Die meisten zusammengesetzten Namen der aztekischen Sprache sind solche vollständigen Sätze. Durch einen im Sturzflug herabstoßenden Adler wird Quāuhtemōcs Name bilderschriftlich dargestellt. Bild und Name evozierten bei den Azteken, die diesen königlichen Raubvogel genau beobachteten und in deren Nationalmythos er eine herausragende Rolle spielt, sicherlich Gedanken von der Souveränität des hoch und ruhig in den Lüften kreisenden Vogels, der geduldig abwartet, bis er ein Opfer erspäht hat, um sich dann in pfeilschnellem Flug auf seine Beute am Boden zu stürzen, die er mit seinen kräftigen Klauen ergreift. Zugleich ist der Adler im Weltbild der Azteken Metapher für die Sonne, das von ihnen hauptsächlich verehrte Gestirn; und Adler heißen auch die Mitglieder eines Kriegerordens. *Quāuhtemōc* war also ein passender Name für den ältesten Sohn des mächtigen Aztekenherrschers Āxāyacatl.

Da Quāuhtemōcs Mutter eine Prinzessin aus der traditionellen, allerdings seit 1473 abgesetzten Dynastie von Tlatilolco war, scheint die Entscheidung, ihn schon als Heranwachsenden 1515 zum Statthalter dieser Schwesterstadt Tenochtitlans zu machen, folgerichtig. Er teilte sich dort die Macht mit dem seit 1506 amtierenden offiziellen Statthalter Itzquauhtzin, der den Rang eines *Tlacochcalcatl* bekleidete, und außerdem mit Yolloquantzin. Über die Art und Weise, wie die drei zusammenwirkten, wissen wir nichts. War Quāuhtemōc nur nomineller, zeremonieller Stellvertreter des *Tlahtoāni* von Tenochtitlan in Tlatilolco, oder gab es eine Aufgabenteilung mit Itzquauhtzin entlang sachlichen Verwaltungsdomänen wie Wirtschaft, Rechtsprechung, allgemeiner Verwaltung und Kriegswesen? Und welche Rolle hatte dabei Yōlloquantzin, von dem nicht einmal sein Amtstitel bekannt ist? Ämter und Amtsinhaber haben sich im Laufe der Erstarkung des Aztekenreiches vermehrt, die Quellen jedoch schweigen sich über die Aufgabenverteilung innerhalb des Regierungsapparates weitgehend aus. Sie nennen nur Titel und gelegentlich die Namen der Amtsinhaber, schildern aber nicht ihre Pflichten und Befugnisse.

Wie auch andere Prinzen vor ihm, wurde Quāuhtemōc als Teil seiner Ausbildung und Vorbereitung auf politische Ämter Oberpriester des Haupttempels in Tenochtitlan und schulte sich außerdem im Kriegshandwerk. Dabei erfüllte er durch das Einbringen von Gefangenen noch kurz vor dem Einfall der Spanier in Mexiko durchaus die Erwartungen, die man an ihn stellte.

Da Quāuhtemōc nicht zu den engsten Mitgliedern der Herrscherfamilie des damals regierenden Motēuczūma gehörte – er war nur ein sehr viel jüngerer Vetter – befand er sich wohl nicht in dessen Gefolge, als Cortés die Häupter der Azteken im Handstreich festnehmen ließ und als Geiseln in dem ihm von Motēuczūma zur Verfügung gestellten Palast gefangensetzte. Quāuhtemōc konnte also nach dem Tod Cuitlahuācs 1520 von den Azteken in freier Wahl zu ihrem *Tlahtoāni* bestimmt und nach altem Brauch eingesetzt werden. Es gibt aus dem Umkreis der Kinder Motēuczūmas allerdings auch einen Bericht, der von einer informellen Machtübernahme Quāuhtemōcs spricht, was im Zusammenhang mit dem herrschenden Krieg und der grassierenden Pockenepidemie nicht unplausibel klingt und auch in manchen Andeutungen über das spätere Kriegsgeschehen eine Stütze findet.

Dass Quāuhtemōc wegen der zerrütteten gesellschaftlichen und politischen Verhältnisse zum Zeitpunkt seiner Machtübernahme oder wegen fehlender formeller Investitur keinen einheitlichen Staatswillen und keine konsequente Politik gegen die Spanier mehr durchsetzen konnte, mag erklären, warum er sechs Söhne Motēuczūmas ermorden ließ. Die Gelegenheit dazu bot sich, als diese, die wohl aus der Haft bei Cortés nach Spanien geschickt worden waren, im Frühjahr 1521 nach Mexiko zurückkehrten. Der spanische Festungskommandant von Mexiko, Juan Cano, der als Ehemann einer Tochter Motēuczūmas direkten Zugang zur Familiengeschichte hatte, andererseits in dieser Hinsicht nicht ohne eigene Interessen berichtet, behauptet sogar, dass unter den Ermordeten der legitime Thronerbe Motēuczūmas gewesen sei. Das widerspricht aber einem anderen Bericht, der besagt, dass der ausersehene Nachfolger Motēuczūmas während der Noche Triste umkam, und wiederum anderen Indizien, die Cuitlahuāc als bevorzugten Nachfolger wahrscheinlich machen. Die Berichte stehen schließlich alle in Widerspruch zu der Tatsache, dass das aztekische Königtum ein Wahlkönigtum war und die Institution eines Erbprinzen oder designierten Thronfolgers gar nicht kannte, so dass hier die europäische Sicht der Berichterstatter und/oder ihre zweckdienlichen selbstsüchtigen Entstellungen erkennbar werden. Vermutlich wollte Quāuhtemōc mit seiner Untat demonstrieren, dass er Kooperation mit den spanischen Eindringlingen konsequent verfolgen und bestrafen würde. Das führte aber nicht zu dem gewünschten Ergebnis, die Azteken geschlossen hinter sich zu scharen, sondern verursachte langwierige interne Auseinandersetzungen und verschaffte den Spaniern zeitweilig unverhoffte Entlastung.

Auch die direkte Konfrontation der verbliebenen Verteidiger der aztekischen Hauptstadt mit den Spaniern und ihren indianischen Hilfstruppen verlief zunehmend zu Ungunsten der Verteidiger, nicht zuletzt, weil wichtige Verbündete die Seite wechselten und die indianischen Hilfstruppen des Cortés und dessen logistische Basis im Hinterland verstärkten. Sie waren nun auch rechnerisch gegenüber den Verteidigern der Stadt in der Überzahl. Anfang Juni 1521 musste Quāuhtemōc Tenochtitlan räumen und sich nach Tlatilolco zurückziehen. Dort organisierte er nochmals heftigen und vorübergehend sogar ziemlich erfolgreichen Widerstand. Mit den tlatilolkanischen Heerführern Coyōhuēhuetzin, Tēmīlōtzin und Tzilacatzin hatte er dafür drei strategisch begabte, taktisch geschickte und im direkten Kampf mutige Offiziere an seiner Seite. Mittlerweile hatten die Azteken auch besser auf die zunächst ungewohnten Fernwaffen der Spanier (Armbrüste und Gewehre) und auf ihre Reiterei zu reagieren gelernt. Mit Angriffen aus dem Hinterhalt entwickelten sie eine im Häuserkampf besonders wirksame Taktik, die ihre eigenen Verluste, verursacht durch die Feuerwaffen und die schnelle Reiterei der Spanier, verringerte, und mit neu hergestellten längeren Lanzen konnten sie, wie von Cervantes de Salazar berichtet und oben zitiert, spanischen Reitern besser zu Leibe rücken. So gelang es Quāuhtemōcs Truppen, am 30. Juni 1521 mehrere Spanier gefangenzunehmen und auf ihrem Tempel beim Zeughaus zu opfern. Das geschah sogar in Sichtweite von Cortés' Truppen, ohne dass die hart kämpfenden Spanier es verhindern konnten. 45 Jahre danach hat ein Azteke dem Franziskanermönch Bernardino de Sahagún darüber folgenden Bericht gegeben:

> Darauf verfolgen sie die Spanier, werfen sie zu Boden und nehmen sie gefangen. 15 Spanier werden ergriffen. Dann brachten sie sie und ihre Schiffe hierher ... Und nachdem sie die 18 Gefangenen zu dem Ort, wo sie sterben sollten, dem Zeughaus, gebracht hatten, zogen sie sie nackt aus, nahmen ihnen ihre gesamte Kriegsrüstung weg und ihre Wattepanzer und alles, was sie auf dem Leib hatten, alles rissen sie ihnen ab. Darauf werden

> sie zu Opfersklaven [und] erleiden den Opfertod vor dem Gott Mācuīltotēc. Und ihre [spanischen] Freunde sehen mitten vom Wasser her [wie man sie tötet].
>
> (Sahagún, Historia General, Buch 12, Kapitel 34)

Dem können wir einen Bericht der anderen Seite gegenüberstellen. Cortés selbst hat ihn in seinem dritten Bericht an Kaiser Karl V. am 15. Mai 1522, also nur zwei Jahre nach dem Geschehen, so niedergeschrieben:

> In dieser Unordnung töteten die Gegner 35 oder 40 Spanier und über 1000 mit uns befreundete Indianer. Außerdem verwundeten sie mehr als 20 Christen, und ich erhielt eine Wunde am Bein. Die kleine Feldkanone, die wir mitgeführt hatten, und viele Armbrüste, Gewehre und andere Waffen gingen verloren. Nachdem die Stadtbewohner [d.s. die Mexikaner] wegen des Versagens des Alguacil Mayor und des Pedro de Alvarado den Sieg davongetragen hatten, brachten sie alle Spanier, die ihnen lebend oder tot in die Hände gefallen waren, zu einigen hohen Türmen [d.s. Tempel auf Stufenpyramiden], die in Tlatilolco gelegen sind, wo der Markt ist. Sie entkleideten sie und opferten sie, indem sie ihnen die Brust öffneten und das Herz herausrissen, um es den Götzen zu opfern. Die Spanier der Abteilung des Pedro de Alvarado konnten das von dort, wo sie kämpften, gut sehen. Und daran, dass die nackten Körper, die geopfert wurden, weiß waren, erkannten sie, dass es Christen waren.
>
> (Cortés, Bericht an Kaiser Karl V. vom 15.5.1522, S.148)

Die gute Übereinstimmung der beiden Berichte erlaubt keinen Zweifel am Geschehen. Erstaunlicherweise veranschlagt der in diesem Kampf unterlegene spanische Heerführer Cortés die eigenen Verluste viel höher als Sahagún, der der siegreichen indianischen Partei verbunden ist.

7. Quāuhtemōcs Kapitulation und Ende

Weitere Erfolge, bei denen sich die mexikanischen Krieger Coyōhuēhuetzin und Tēmīlōtzin hervortaten, blieben nicht aus. So konnten sie einen Reiterangriff abwehren und dabei 53 Spanier, 4 Pferde und unzählige Soldaten der tlaxcaltekischen Hilfstruppen niedermachen. Doch dieser und ähnliche partielle Siege blieben folgenlos für die Gesamtentwicklung des Kriegsgeschehens. Die Versorgung mit Trinkwasser und Nahrung war für die Azteken in Taltilolco fast unmöglich geworden, denn sie waren vom Feind vollkommen eingeschlossen. Mit seinen zum Teil mit Kanonen bestückten zwölf Brigantinen konnte Cortés außerdem den indianischen Bootsverkehr fast ganz unterbinden. Und da die Spanier die Dammstraßen, die von Norden und Nordwesten zur Insel-Stadt Tlatilolco führten, kontrollierten, beherrschten sie auch die landgestützten Nachschubwege. Von Durst und Hunger geplagt, von der gerade überstandenen Pockenepidemie dezimiert und von vielen ehemaligen Verbündeten verlassen, kamen auch die unentwegten Kämpfer um ihren *Tlahtoāni* Quāuhtemōc schließlich zu der Einsicht, dass der Krieg verloren sei. Es war nur noch ein verzweifeltes letztes Aufbäumen, als man die mit magischer Kraft begabte Rüstung des verstorbenen Herrschers Āhuitzōtl, Quāuhtemōcs Vater, ins Kriegsgeschehen einbrachte. Auch sie wendete das Kriegsglück der Azteken nicht mehr. Nun wurden auch wieder bedrohliche Vorzeichnen gesehen: Blutfeuer, Nebelregen und wirbelndes nächtliches Feuer. Diesmal wiesen sie mit ihrer Feuer- und Blutsymbolik eindeutig auf das nahende Ende hin.

Nach einem letzten Kriegsrat mit seinen Offizieren kapitulierte Quāuhtemōc im Jahr Drei Haus, im Monat Tlaxōchimaco, am Wahrsagetag Eins Schlange. Es war nach dem christlichen Kalender der 13. August 1521, der Festtag des Heiligen Hippolyt. Quāuhtemōc legt die Waffen nieder und begibt sich in einem Boot in spanische Gefangenschaft. Cortés, Meister der symbolischen Inszenierung, lässt ihn zu sich auf das Flachdach eines der wenigen erhaltenen Paläste bringen, bietet ihm einen ehrenvollen Sitz neben sich an und befiehlt, die Kanonen zum Siegessalut abzufeuern.

Das allgemeine Chaos danach, vor allem dadurch verursacht, dass nicht alle indianischen Krieger sogleich die Waffen streckten, schildert ein anonymer tlatilolkanischer Chronist:

> Damals, als man sie gefangengenommen hatte, begann das Volk dorthin, wo es überleben konnte, abzuwandern. Bei ihrer Flucht durchsuchen die Christen alle. Sofern eine Frau noch Lumpen anhatte, mit denen sie ihre Blöße bedeckt, ziehen sie ihnen ihre Röcke aus und untersuchen ihre Körperteile, ihre Ohren, ihren Mund, ihren Unterleib, ihre Frisur [nach verstecktem Goldschmuck, B.R.]. So geht das Volk weg, indem es sich allenthalben auf andere Siedlungen verteilt, heimlich Unterschlupf in anderen Häusern findet. Es war im Jahr Drei Haus, in dem die Stadt zugrunde ging. Wir gingen im Monat des Blumenschenkens am Tag Eins Schlange zugrunde.
>
> (Annalen von Tlatilolco, Teil V, §§ 369–371)

Cortés ist zunächst am Verbleib der Schätze, vor allem des Goldes, interessiert, die er und seine Truppen während der nächtlichen Flucht am 1. Juli 1520 verloren hatten. Er lässt die gefangenen hochrangigen Azteken nach Coyōhuahcān, seinem vorläufigen Hauptquartier, bringen, um sie zu befragen. Da sie keine befriedigenden Auskünfte geben und Cortés vom königlich-spanischen Schatzmeister bedrängt wird, mehr Gold hervorzubringen, damit die stets klamme Kasse des Königs gefüllt werden könnte, werden sie gefoltert, obwohl Cortés selbst Bedenken gegen diese entwürdigende Behandlung seiner Gefangenen äußert. Quāuhtemōc verbrennt man mit glühenden Eisen die Fußsohlen. Aber auch die Folter bringt die Schätze nicht in gewünschtem Umfang zu Tage. Wenn den Azteken Beutegold in die Hände gefallen sein sollte, haben sie es sicher nicht gehortet, denn für sie waren andere Gegenstände von größerem Wert und Prestige. Auch wissen wir heute, dass viele Spanier Goldbarren auf der Flucht mit sich führten und diese entweder verloren oder wegwarfen, um schneller fliehen zu können, oder dass sie unter ihrer Last mit ihnen in den Kanälen versanken. Ein solcher Goldbarren, der offenbar mit seinem Träger im Schlamm des Kanals versunken war, wurde nämlich vor einigen Jahren bei Ausschachtungen für ein Bankgebäude wiedergefunden.

Immerhin überlebt Qāuhtemōc die peinigende Folter, während ein anderer Azteke dabei stirbt, so dass Cortés dieser Verhörmethode, die offensichtlich nicht das gewünschte Ergebnis bringt, Einhalt gebietet. So erniedrigend und qualvoll Folter und Gefangenschaft für Quāuhtemōc auch sein mochten, noch war er *Tlahtoāni* der Azteken und wurde, anders als Motēuczūma vor ihm, von ihnen auch respektiert. Cortés nahm ihn deshalb mit anderen Mitgliedern des aztekischen Hochadels auf seinen Zug nach Honduras und Hibueras mit. Dorthin brach er am 12. Oktober 1524 auf, um den abtrünnigen Gefolgsmann, Cristóbal de Olid, zur Räson zu bringen, den er kurz zuvor dorthin geschickt hatte, um diesen Landstrich in seinem Auftrag zu «befrieden». Cortés nahm die aztekischen Führer mit, um der Gefahr vorzubeugen, dass sie, in der Hauptstadt zurückgelassen, einen indianischen Aufstand organisierten. Dennoch war diese lange Abwesenheit politisch ein großer Fehler, denn während er im Süden Mexikos und in Guatemala unterwegs war, ergriffen zwar nicht die Indianer, aber seine spanischen Gegner in der Hauptstadt die Macht, und er konnte seine Autorität auch nach der Rückkehr nicht mehr voll wiederherstellen. Auf dem beschwerlichen Marsch nach Südosten kam man schließlich nach knapp vier Monaten im folgenden Frühjahr in den Staat von Ācallān («Bootsland»), der bereits im Siedlungsgebiet der Maya liegt.

Dort ruhten die Truppen in Tuxakha 20 Tage lang aus, und Quāuhtemōc begrüßte standesgemäß den örtlichen Herrscher Paxbolonacha. Beide waren in Sorge darüber, was Cortés mit ihnen vorhabe, und sie waren sich darin einig, dass er sie bald nach Spanien schicken werde. Aus diesen Gesprächen, an denen auch die gefangenen Herrscher von Tetzcuhco und Tlacōpan teilnahmen, konstruierte ein Indianer der von Cortés mitgeführten etwa 3000 Mann starken Hilfstruppen eine Verschwörung und hinterbrachte dies sogleich Cortés. Der ergriff die Gelegenheit, wenn er sie nicht vielleicht selbst provoziert oder inszeniert hatte, um Quāuhtemōc vor ein Gericht zu stellen und wegen Hochverrats zum Tode verurteilen zu lassen. Alles das, einschließlich der vorangegangenen Folter, die ein damals sowohl kirchlich wie zivilrechtlich erlaubtes Mittel zur Befragung war, geschah ganz legal. Cortés vergaß auch nicht, Quāuhtemōc vor seiner Hinrichtung von einem ihn begleitenden Merzedarier-Mönch, der schon etwas Aztekisch verstand und sprach, christlich taufen und ihm die Beichte abnehmen zu lassen, so dass auch kirchenrechtlich gegen sein Vorgehen nichts einzuwenden war. Quāuhtemōc ließ nun für die wenigen ihm verbliebenen Stunden seines noch jungen Lebens Don Fernando, möglicherweise weil Cortés, der denselben Vornamen trug, sein Taufpate wurde. Danach wurde das Urteil vollstreckt,

294　Das Reich zerbricht

ABB. 43 *Quāuhtemōc wird gehenkt.*
Diese etwas unbeholfene Kopie des verschollenen Codex Huītzilōpōchtli zeigt in der Mitte anderer Ereignisse die beiden gehenkten aztekischen Herrscher Quāuhtemōc (links) und Tētlepanquetzatzin (rechts) mit gefesselten Händen. Beide sind mit ihren hieroglyphenschriftlichen Namen identifiziert. [Codex Vaticanus A, Ausschnitt aus Blatt 89r.]

indem Quāuhtemōc und der mit ihm verurteilte *Tlahtoāni* von Tlacōpan, Tetlepanquetzatzin, an einem Wollbaum erhängt wurden (Abb. 43).

Die Gastgeber der Spanier, Chontal-Maya, haben wenige Jahre später ihre Sicht des Geschehens in einem Protokoll in ihrer eigenen Sprache niedergelegt. Es ist zugleich das einzige erhaltene Dokument in dieser Sprache. Darin schreiben sie:

> Hier nun war König Quāuhtemōc. Er war mit ihm [Cortés] aus Mexiko gekommen. Es begannen nun seine Worte zu König Paxbolonacha, den ich schon erwähnt habe: «Mein Herr und König, was die spanischen Menschen betrifft, wird der Tag der Mühen, an dem sie deine Leute töten wer-

den, kommen. Ich finde es daher gut, wenn wir sie töten. Meine Leute sind nämlich viele, und ihr seid auch viele.» So also waren die Worte des Quāuhtemōc gegenüber Paxbolonacha, dem König derer von Mactun. Er hatte die Worte des Quāuhtemōc angehört und überlegte erst, ob er wolle. Seine Gedanken waren dann so: Seine Überlegung begann damit, dass die Worte der Spanier ihm gegenüber gut waren, denn sie wollten keinen Menschen töten und keinen Menschen schlagen. Nur muss man jeden Morgen viel Honig, viele Truthühner, viel Mais und andere Mengen Essbares, Früchte nämlich, liefern. Seine Gedanken aber begannen so: Ich werde nicht zweierlei Worte, zweierlei Herzen gegenüber den Leuten aus Kastilien machen. Und danach redete er dem König Quāuhtemōc, der, wie ich schon sagte, aus Mexiko gekommen war, gut zu, weil der die Leute aus Kastilien töten wollte. Es begann nun der Bericht des Königs Paxbolonacha gegenüber dem Hauptmann vom Tal [d.i. Cortés]: «Mein Herr Hauptmann vom Tal, dieser König Quāuhtemōc, der bei dir ist, nimm dich in acht vor ihm, dass er nicht rebelliert! Er übt Verrat gegen dich, denn drei- oder viermal hat er mir gesagt, dass du getötet werden solltest.» Der Hauptmann vom Tal hörte es sich an. Und wegen dieser Worte wurde [Quāuhtemōc] ergriffen und in Fesseln gelegt. Für drei Tage wird er in Fesseln gelegt. Er wurde mit Wasser begossen [d.h. getauft]. Aber er wusste nicht, welches sein Name wurde, als Wasser auf ihn fiel. Sein Name wurde Don Juan, so wurde er benannt. Oder ihm wurde der Name Don Hernando gegeben. Nachdem ihm der Name gegeben worden war, wurde sein Hals abgeschnitten und auf einem Wollbaum beim Haus des Götterbildes Yadzan aufgepflanzt.
(Probanzas de Pablo Paxbolon)

Mit dieser unrühmlichen Siegerjustiz hat Cortés der eigenständigen politischen Führung der Azteken ein Ende gesetzt. Wenn er und seine Nachfolger jetzt noch Indianer brauchten, waren sie nur noch Erfüllungsgehilfen spanischer Aufträge.

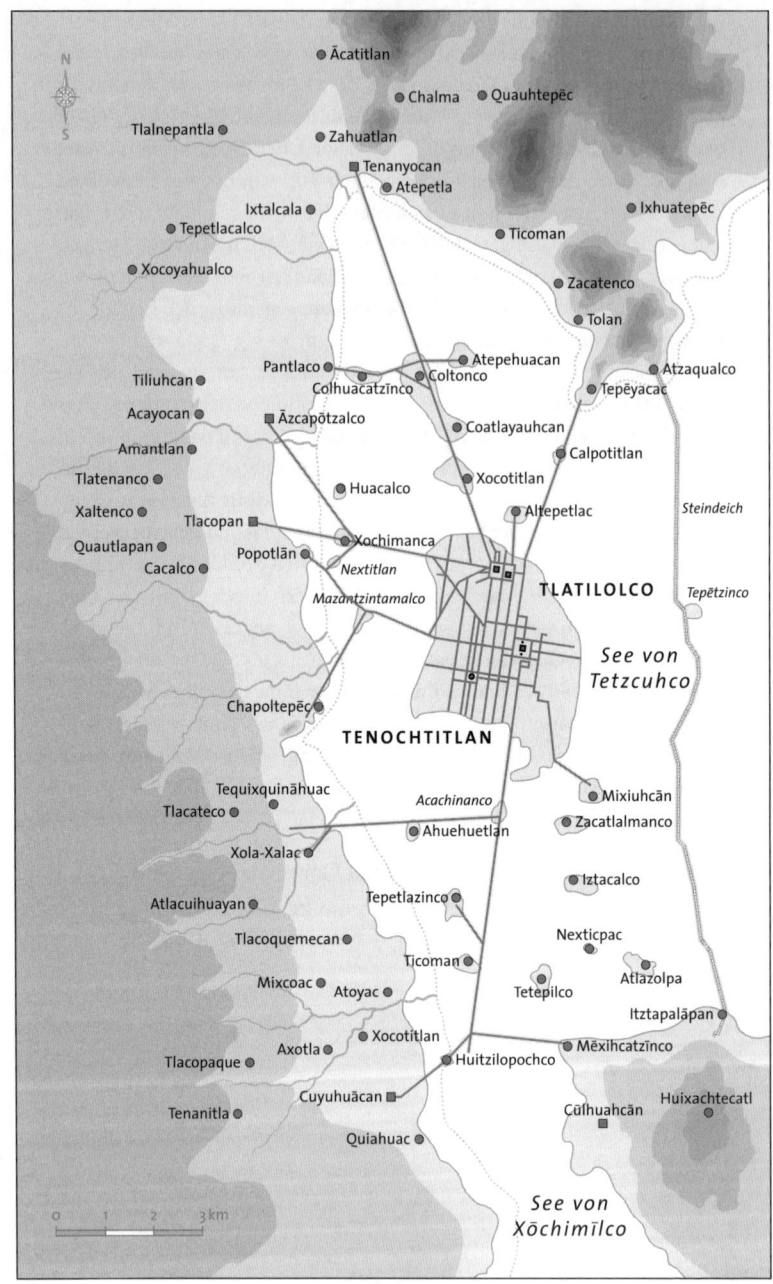

KARTE 5 Das westliche Hochtal von Mexiko

Kapitel VIII
Muster einer Herrschervita

A ma ximotlacoti ma ximotequjtili
ma itlan ximaqujti in etic
in tlamamalli in aixcoeoaliztli in aixnamjqujliztli

Oh, mögest du Sklavendienst leisten, mögest du arbeiten,
mögest du das Beschwerliche meistern,
die Traglast, das Unbequeme, das Unerträgliche.

(Sahagún, Historia General, Buch 6, Kapitel 10)

Aztekische Herrscher führten kein selbstbestimmtes oder nach Fähigkeiten und Neigungen gestaltetes Leben, sondern sie unterlagen von der Geburt bis zum Tod den strengen Regeln von Sitte und Brauch. Dienen war ihr Schicksal, wie es das im Motto zitierte Gebet ausdrückt. Zunächst genoss der Herrscher eine strenge Erziehung, die ihm Werte und Verhaltensregeln seiner zukünftigen Rolle vermittelte und in der er Hofetikette, Rhetorik und daneben auch praktisches Wissen sowie handwerkliche Fähigkeiten erlernte. Die auf ihn einwirkenden Zwänge der Ausbildung übertrafen bei weitem das Maß, das sie für andere Mitglieder der ohnehin nicht permissiven aztekischen Gesellschaft bereithielten. Daher wiederholen sich als Folge dieser strengen Erziehungsroutine Entscheidungen und Handlungen trotz unterschiedlicher Zeitumstände und Situationen und obwohl die Herrscher sicherlich sehr verschieden veranlagt waren. Aufgrund dieser Umstände scheint es möglich und sinnvoll, eine Art Mustervita eines aztekischen Herrschers zusammenzustellen, was ich in diesem Kapitel versuchen werde.

1. Kindheit und Jugend

Schon vor, während und kurz nach der Geburt wurde der zukünftige aztekische Prinz ärztlich umsorgt, wie jedes Kind von Rang und Ansehen. Die Eltern brachten ihm große emotionale Zuneigung entgegen, freuten sich und waren dankbar dafür, mit dem neuen Erdenbürger ein weiteres Glied in die Gesellschaft einzufügen. Der Vater begrüßte sein Neugeborenes mit folgenden Worten:

> Mein lieber Sohn, meine Edelsteinhalskette, meine Grünfeder, du wurdest geboren, du wurdest Mensch, du kamst zur Welt. In seine Welt hat dich unser Herr erschaffen, hat dich hervorgebracht. Der, durch den wir leben, Gott, hat dich Mensch werden lassen. Und wir, deine Mutter, wir, dein Vater, waren um dich besorgt. Und deine Tanten, Onkel und Verwandten waren um dich besorgt. Sie haben deinetwegen geweint und gebangt, als du geboren wurdest, als du Mensch auf dieser Erde wurdest. Und jetzt hast du dich ein wenig umgesehen, hast dich gestreckt, bist gewachsen, bist größer geworden. Wie ein liebes Vögelein pickst du gerade erst. Wie es kommst du gerade erst aus deiner Schale heraus. Wie es bist du nur halb bekleidet. Wie es streckst du gerade erst deinen Po und deine Flügelchen heraus. Wie es bewegst du deine Händchen, deine Beinchen, dein Köpfchen etwas. Wie es strengst du dich gerade erst an zu flattern. Möge der Schöpfer gewähren, dass wir dich nur ein, zwei Tage besitzen, diesen Schatz, diese Schmuckfeder. Dank unseres Schöpfers wirst du vielleicht auf der Welt verweilen. Bleibe, wachse in Ruhe, sei klug, vorsichtig und wende dich an unseren Schöpfer, damit er dich beschützt.
> (Olmos, «Huehuetlahtolli», nach Aztekische Chrestomathie, Text CXIII)

Mit dem Passageritus der Namengebung noch am Tag der Geburt oder wenig später war der Versuch verknüpft, durch wahrsagerische Manipulationen das Schicksal des Kindes günstig zu beeinflussen. Allerdings glaubten die Azteken an eine gewisse Prädestination, die nur wenig zu beeinflussen war. Im Falle des Adels war durch die Wahl des Namens auch eine symbolische, vielleicht sogar programmatische Anknüpfung an das Vorbild eines Onkels, Großvaters oder entfernteren Ahnen verbunden. Motēuczūma Xocoyotl trug zum Beispiel denselben Namen wie sein Urgroßvater Motēuczūma Ilhuicamīna, womit dieses bedeutenden Vorfahren gedacht werden sollte. Und er selbst nannte eines seiner zahlreichen Kinder in Gedenken an den Dynastiegründer wiederum Ācamāpīchtli. Oft wurde dem neugeborenen Prinzen auch göttlicher Beistand durch die Wahl eines religiösen Beinamens gegeben. Ilhuicamīna trug zum Beispiel noch den Beinamen Chālchiuhtlatōnac, der eine Reverenz an den Sonnengott darstellte (s. Kapitel VI).

Der Säugling wurde von seiner Mutter oder einer Amme ernährt und liebevoll umsorgt, wie es in dem in Kapitel IV zitierten Wiegenlied auf den Säugling Āhuitzōtl anklingt. Sobald das Kleinkind gehen konnte, bewegte es sich im Kreis von Spielkameraden. Aber schon mit sechs Jahren würde der heranwachsende Bub eine gesonderte höfische Erziehung in gutem Benehmen und geschliffener Rede genießen. Letzteres war eine sehr wichtige Komponente im aztekischen Gesellschaftssystem. Rang und Stellung eines Menschen drückte sich anderen gegenüber immer in entsprechend wohlgesetzter Rede aus, und der zukünftige Herrscher musste lernen, besonders kunstvoll und anmutig zu reden. Dieses Phänomen ist in extremerer Form auch vom japanischen Kaiserhof bekannt, wo die dem heranwachsenden Tennô beigebrachte Redeweise so stark von der Umgangssprache abwich, dass er sich mit einem einfachen Untertanen nicht mehr verständigen konnte. In dieser Hinsicht blieb die aztekische Kultur sprachlich integrierter und der künftige Herrscher volksnäher. Der aztekische Prinz und spätere Herrscher sprach für alle verständlich, wenn auch erkennbar eleganter als der gemeine Mann.

Zur weiteren Erziehung gab man den heranwachsenden Prinzen mit zwölf oder 13 Jahren in die Erziehungsanstalt des *Calmecac*. Hier schieden sich die Lebenswege; denn Kinder aus einfachen Familien wurden früher eingeschult und kamen nicht ins *Calmecac*, sondern in das *Tēlpōchcalli*. Die Erziehung im *Calmecac*, das nur männliche Mitglieder des höheren Adels aufnahm, war strenger als im *Tēlpōchcalli*. Einerseits diente sie der körperlichen Ertüchtigung, nämlich dem Ertragen von Erschöpfung, Hunger und körperlichen Leiden. Hierzu trugen sicher auch die von Motēuczūma berichteten jugendlichen Kampfspiele bei, die außerdem die hochgeschätzte Tapferkeit förderten. Das war in der Zielsetzung wohl nicht viel anders als in der ritterlichen Ausbildung im mittelalterlichen Europa.

Dann aber war die Erziehung im *Calmecac* vor allem auf die Verinnerlichung der Wertvorstellungen gerichtet: Religiosität, Demut, Strenge in der Beachtung und Durchsetzung von Gesetzen, Ehrlichkeit, sittlicher Lebenswandel, Autorität und Ruhe. Wie diese Werte und Verhaltensweisen dem Heranwachsenden anschaulich gemacht wurden, damit er sie verinnerliche, hat Sahagún überliefert, der sich darüber von aztekischen Adligen ins Bild setzen ließ. Sie sagten ihm:

> Der Herrscher ist wie ein dunkler, schattenspendender, dichtbelaubter Wollbaum oder wie eine Riesenzypresse. Der gute Herrscher hat Schoß, Schultern und Arme zum Tragen: Er ist's, der die Menschen auf Armen trägt, sie zu Versammlungen einberuft, und er führt sie. Er hat Befehlsgewalt, er gibt Schutz und Schirm, im Schoß und auf Armen trägt er die Menschen. Er ist der Führer, und ihm wird gehorcht. In seinen Schatten, in sein Dämmern tritt man ein. Er hat den Vorsitz über die anderen, er vertritt sie.

Und sogleich fahren sie damit fort, welche Eigenschaften ein Herrscher nicht haben sollte, nämlich:

> Der schlechte Herrscher ist wie ein wildes Tier, ein Ungeheuer, ein Dämon, ein Jaguar, ein Marderhund. Er ist berüchtigt, er ist es wert, dass man ihm aus dem Wege geht, man flieht vor seinem Angesicht. Er verdient Missachtung, keiner Aufmerksamkeit wird er gewürdigt. Er hat ein zanksüchtiges Herz, gequälten Gesichtsausdruck, zorngerötetes Gesicht. Er erregt Schrecken, er stampft auf den Boden. Furcht weckt er, Furcht verbreitet er, dass man den Tod herbeiwünscht.
> (Sahagún, Historia General, Buch 10, Kapitel 4)

Der zukünftige Herrscher war nach all diesen Lehren und den zu ihrem Verinnerlichen gebotenen Übungen moralisch und physisch gestärkt und sollte seinen zukünftigen Aufgaben gewachsen sein. Dennoch blieb es nicht aus, dass Prinzen oder Prinzessinnen z. B. ehebrecherische Beziehungen aufnahmen. Wurden sie entdeckt, folgte ohne Ansehen von Person und Rang die Todesstrafe, die meist auch Mitwisser unter dem Palastpersonal betraf. Vor allem aus dem Königshaus von Tetzcuhco, das mit den Azteken vielfach verschwägert war, sind mehrere Fälle überliefert, von denen ich einen ausführlich in Kapitel VI geschildert habe.

Für das Herrscheramt voll qualifiziert war der heranwachsende Prinz damit aber längst noch nicht. Bevor er hierfür überhaupt in Frage kam, musste er sich noch viele Jahre lang in öffentlichen Ämtern bewähren. Der belgische Forscher Michel Graulich behauptet, dass aztekische Herrschaftsaspiranten sich nach Abschluss ihrer Ausbildung im *Calmecac* in einem hohen Priesteramt bewähren mussten. Das scheint wahrscheinlich, wird aber in den Quellen nur für Āhuitzōtl und Motēuczūma ausdrücklich gesagt. Von ihnen heißt es, dass sie als *Cihuācōātl* Oberpriester von Tenochtitlan waren, bevor sie zu Herrschern gewählt wurden.

Weniger strittig ist die *Bewährung im Krieg*. Alle späteren Herrscher hatten sich zuvor durch hohe Kommandos und Kriegstaten ausgezeichnet. Andererseits wurde in diesem Lebensabschnitt auch einigen Prinzen die Karriere, die sie ins Amt des *Tlahtoāni* hätte führen können, jäh durch den Tod auf dem Schlachtfeld abgeschnitten; so geschehen mit einem Sohn Motēuczūmas namens Tlacahuepan, der 1517 im Krieg gegen Tlaxcallān gefallen ist.

Die *politische Voraussetzung* für den Zugang zum Amt des Herrschers erfüllt in der Regel nur, wer zuvor den höchsten militärischen Rang, den des ‹Generals› (*Tlācatēccatl*) bekleidet hatte. Wer in dieses Amt vorgerückt war und in der Folge politisch oder militärisch nicht versagte oder vorher starb, konnte damit rechnen, nach dem Tod des regierenden Herrschers zu seinem Nachfolger «gewählt» zu werden. Es gibt Hinweise, dass diesem Rang in der prinzlichen Laufbahn der des ‹Zeugmeisters› (*Tlacochcalcatl*) vorgeschaltet war; aber es ist nicht sicher, dass der Zeugmeister ein niederer Rang war, der auf dem Weg zum General und schließlich zum Herrscheramt zunächst durchlaufen werden musste. Von den aztekischen Herrschern waren Chīmalpopōca, Itzcōatl, Tzontecomatl (wenn wir diesen überhaupt mitzählen wollen) und Ilhuicamīna bei ihrem jeweiligen Vorgänger ‹General›, bevor sie *Tlahtoāni* wurden. Bei Tizocic ist es unsicher, da eine der beiden Quellen, die direkt Auskunft geben, nämlich der um 1600 schreibende spanische Mönch Juan de Torquemada, das Amt, das jener vor seiner Inthronisation bekleidete, nur spanisch als «*capitán general*» (Generalkapitän) bezeichnet, während eine aztekische Quelle sein Amt *Tlaillotlac* nennt, was sonst in der aztekischen Führungsspitze eine unübliche Amtsbezeichnung ist, die allerdings im Staatenbund von Chālco ein Herrschertitel war. Vielleicht war er also Statthalter im kürzlich eroberten Chālco und trug deshalb diesen Titel. Sicher ist aber gerade für Tizocic, dass er eine kontinuierliche und lange Karriere in höchsten Regierungsämtern durchlaufen hatte, obwohl er anschließend nur kurz regierte. Ähnlich unklar ist die politisch-militärische Laufbahn in ihren letzten Stufen bei Āxāyacatl. Er wird in aztekischen Quellen nur als ‹Zeugmeister› (*Tlacochcalcatl*) bezeichnet. Eine spanische Quelle nennt ihn jedoch «*capitán general*», was auf das Amt des *Tlācatēccatl* deutet. Eventuell hat er beide Ränge hintereinander durchlaufen, und die Berichte beziehen sich auf zwei verschiedene Zeitpunkte seiner Karriere. Wir sehen also, dass die Ämterfolge nur in groben Zügen geregelt war und Spielraum für individuelle Abweichungen ließ.

Die *persönliche Voraussetzung* für den Zugang zum Herrscheramt ist die Zugehörigkeit in männlicher Linie zur Dynastie. Das betraf selbstverständlich nicht den Dynastiegründer Ācamāpīchtli, der in einem übergeordneten Sinn allerdings auch als «legitim» gelten kann, da er aus der prestigeträchtigen, damals schon seit Jahrhunderten bestehenden Dynastie von Cūlhuahcān gewählt wurde. Der Unterschied zu seinen Nachfolgern ist lediglich der, dass er seine Legitimität von außen bezog, während nach ihm die interne Legitimität den Ausschlag gab. Innerhalb der Dynastie wurde möglichst eine direkte patrilineare Abfolge vom Vater auf den Sohn angestrebt. So war es beim Übergang von Ācamāpchīchtli auf Huītzilihhuitl und von Huītzilihhuitl auf Chīmalpopōca. Auch die patrilineare Nachfolge unter Überspringen einer Generation, dass also der Enkel auf den Großvater folgte, kam vor. So war es bei Āxāyacatl, der nach seinem Großvater Ilhuicamīna Herrscher wurde. Neben diesen beiden wohl bevorzugten Wahlmöglichkeiten in direkter Linie war auch die kollaterale Nachfolge möglich. Das geschah, als nach dem Tod Āxāyacatls dessen zwei Brüder Tizocic und Āhuitzōtl aufeinander folgten, wobei noch nicht einmal die Altersfolge eingehalten wurde, der zufolge Tizocic als der älteste der drei zunächst hätte herrschen müssen. Hier scheinen also nicht-genealogische Grundsätze bei der Nachfolgeregelung ausschlaggebend gewesen zu sein. Allerdings wissen wir nicht, ob Eignung, vorherige Laufbahn, Hausmacht oder persönliche Vorliebe des vorangegangenen Herrschers bei der Auswahl unter den Brüdern den Ausschlag gab. Die Kollateralität ist jedoch ansonsten nur ein subsidiäres Prinzip geblieben. Die Wahl springt in der Regel nach einmaligem kollateralem Ausweichen wieder auf die ursprüngliche Deszendenzlinie zurück. So war es beim Übergang von Itzcōātl auf Ilhuicamīna und von Āhuitzōtl auf Motēuczūma.

Der Wunsch eines Herrschers, einen Nachfolger schon zu seinen Lebzeiten zu bestimmen, war eine weitere unberechenbare Zugangsvoraussetzung für den Aspiranten. Besonders klar wurde das bei Ilhuicamīna. Mit mehreren abschreckenden Beispielen von Bürgerkriegen aufgrund ungeregelter Nachfolge in den Nachbarstaaten der Tepaneken und Acolhuahkaner vor Augen, hat er seine Nachfolge noch zu Lebzeiten geregelt, und das in ihrer letztgültigen Fassung sogar abweichend vom üblichen Erbgang. Denn er hat bestimmt, dass ihm nicht einer seiner beiden Söhne, sondern seine Enkel nachfolgen sollten. Vielleicht konnte ein amtierender Herrscher einem solchen Wunsch dadurch Nachdruck verleihen, dass er seinen Kandidaten mit dem Amt des *Tlācatēccatl* betraute, so dass auch die Amtsqualifikation vorlag, wie es Ilhuicamīna getan hat. Das spräche für eine erhebliche Bedeutung von Eignung und Erfahrung unter Zurückdrängung des rein genealogischen Prinzips bei der Herrschaftsnachfolge, und es würde auch die Willkür des Amtsinhabers beschneiden, denn der Herrscher musste bereits installierte Amtsinhaber des *Tlācatēccatl*-Amtes respektieren, war also nicht immer frei in der Besetzung dieses für die Nachfolgeregelung wichtigen Amtes. Unmündigkeit, oder anders ausgedrückt, jugendliches Alter, das es dem prospektiven Nachfolger nicht erlaubte, die herrscherlichen Aufgaben voll zu erfüllen, war anscheinend kein Hinderungsgrund für die Auswahl, wie wir es ja auch aus europäischen Dynastien kennen, wo in einem solchen Fall eine zeitweilige Regentschaft durch einen nahen Verwandten vorgesehen ist.

2. Der Tlahtoāni

Die *Wahlmöglichkeiten* für die Herrschaftsnachfolge sind durch die genannten Regeln sehr begrenzt. Spielraum besteht vor allem, wenn ein Herrscher mehrere Söhne bzw. Brüder hatte. Diesen Spielraum hat Ilhuicamīna genutzt, als er zunächst seinen jüngeren Bruder Zaca den Älteren mit dem Amt des *Tlācatēccatl* auszeichnete. Als der jedoch in Ilhuicamīnas Augen politisch versagte, weil er anstatt bei der Überschwemmungskatastrophe im Jahr 1449 die Rettungsmaßnahmen zu leiten, sich der Musik und dem Müßiggang hingab, hat Ilhuicamīna ihn töten lassen und seine Gunst seinem Sohn Iquehuac zugewendet, den er als Nachfolger des hingerichteten Zaca d. Ä. zum *Tlācatēccatl* machte. Aber auch seinen Sohn Iquehuac hat er wieder fallengelassen, ohne dass wir wissen warum.

Es war implizit öfters von «Wahl» die Rede, ohne dass ich klargelegt habe, welcher Art eine solche Wahl war, wer denn nun einen von mehreren möglichen Kandidaten wählte und wie langwierig das Verfahren sein konnte. Die Quellen sind sich darin einig, dass die aztekische Herrschaft tatsächlich ein Wahlkönigtum war, dem des Deutschen Reiches im Mittelalter und in der Neuzeit vergleichbar. Bei uns, wo eine fast 1000-jährige Tradition einen ausgezeichneten Einblick erlaubt, wird ein Prinzip besonders klar: Eine einmal in der Herrschaft etablierte Sippe (bei uns «Haus» genannt) versucht das Amt zu behalten und zu diesem Zweck notfalls sogar die Nachfolgeregelungen zu ändern. Das hat sich besonders ausgeprägt bei den Habsburgern gezeigt, die 300 Jahre lang ununterbrochen Könige und Kaiser des Deutschen Reiches stellten. Bei den Azteken mit ihrer kurzen Dynastie ist die Tendenz zwar auch vorhanden, aber nicht so ausgeprägt.

Als *Wahlgremium* kamen bei den Azteken ursprünglich alle Stammesmitglieder zusammen, wie wir es auch von einigen Schweizer Kantonen kennen. Mit dem Anwachsen der Bevölkerung und der Einrichtung einer ständischen und beruflich differenzierten Gesellschaft waren es dann nur noch der Hochadel, die Krieger und Vertreter der bürgerlichen Korporationen. Erstaunlicherweise wird in diesem Zusammenhang nie von der Kaufmannschaft gesprochen, obwohl sie in der Spätzeit des Azteken-Reiches großen Einfluss und hohes Prestige genoss. Die Wahlmänner versammelten sich im ‹Großen Palast› (*Huēi Tēcpan*), berieten sich und verabschiedeten ein einstimmiges Votum. Mit dem *Tlahtoāni* zugleich wählten sie vier weitere wichtige Amtsträger, die den zukünftigen Herrscher beraten sollten. Es waren die uns schon bekannten *Tlacochcalcatl* und *Tlācatēccatl* sowie der *Ezhuahuacatl* und der *Tlīllāncalqui*. Nach der Wahl werden zwölf hohe Würdenträger zum Kandidaten geschickt, der im ‹schwarzen Haus› (*Tlīllāncalco*) wartet, um ihn über die Entscheidung ins Bild zu setzen. Dieser Wahlmodus scheint ein so geregeltes und allgemein auch unter Aspiranten und Kandidaten anerkanntes Verfahren gewesen zu sein, dass es in der Geschichte der aztekischen Dynastie nie zu Bürgerkriegen kam, wie sie zum Beispiel die im Inka-Reich konkurrierende Thronprätendenten immer wieder gegeneinander führten und wie es auch aus dem benachbarten zentralmexikanischen Staat von Ācūlhuahcān überliefert ist.

Unter den herrschenden Zwängen und eingedenk der rigorosen Erziehung der Prinzen verwundert es nicht, dass wir von keinem Fall unbezweifelbare Kenntnis haben, ein Kandidat habe sich durch Flucht der Wahl entzogen oder nach vollzogener Wahl das ihm angetragene Amt abgelehnt. Zwar wird so etwas von Sahagún als Möglichkeit behauptet, und die Crónica X behauptet das sogar konkret von Tlācayellel, dem angeblichen Zwillingsbruder Ilhuicamīnas und späteren *Cihuācōātl*, doch ist das eine sehr zweifelhafte Information, die sehr viel später zum Zweck der Verfälschung des aztekischen Regierungssystems zu Gunsten dieses *Cihuācōātls* und seiner Nachkommen fabriziert wurde.

Die komplexe und langwierige *Einsetzung* ins Amt habe ich in Kapitel VI bei Tizocic dargestellt. Sie gliedert sich in vier Stufen, die dem global gültigen Schema der *rites de passage*, das der in Frankreich wirkende Völkerkundler Arnold van Gennep 1909 herausgearbeitet hat, entspricht. Nach van Gennep werden solche Riten vor allem beim Übergang in eine neue Lebensphase, beim Eintritt in ein öffentliches Amt und bei bedeutenden räumlichen Veränderungen von allen Völkern und Kulturen in jeweils eigenartiger Weise vorgeschrieben und gefeiert. Ihnen liegt, und das entdeckt zu haben ist das große Verdienst van Genneps, ein gleichbleibendes Schema von Trennung vom bisherigen Status oder Amt, von der als gefährlich erachteten eigentlichen Übergangsphase und von der abschließenden Angliederung an das neue Amt oder die neue Lebensrolle bzw. den neuen Aufenthaltsort zugrunde.

Die *Trennungsphase*: Der neugewählte *Tlahtoāni* tritt nur mit einem Lendenschurz bekleidet seinem Stammesgott Huītzilōpōchtli gegenüber, opfert Weihrauch und Blut und wird dann ins Zeughaus geführt, wo er sich zurückzieht. Es geschieht also zunächst eine Erniedrigung und gesellschaftliche Isolierung. In dieser Isolation erwartet er den Beginn der anschließenden öffentlichen Krönung und Inthronisation. Wiederum wird er vor Huītzilōpōchtli geführt und opfert dort. Dann folgt ein Rundgang zu anderen Tempeln, wie bei Tizocic geschildert. Diesen Rundgang schließt er am Tempel Yopico ab. Yopico ist der Tempel, an dem fremde Götter, also die Götter unterworfener Staaten, verehrt werden. Und damit, dass der neue Herrscher auch dort Gottesdienst verrichtet, zeigt er seinen Willen, diese Untertanen wie bisher mitsamt ihren Göttern in seine Herrschaft zu integrieren. Er gibt also den wichtigen aztekischen Göttern und den Göttern der unterworfenen Nationen gleichermaßen die Ehre.

Die *Angliederungsphase* wird nun in einer für die Azteken charakteristischen Weise unterbrochen und auf die Phase der Trennung zurückgeführt. Denn der neue Herrscher muss nun in einem Inthronisationskrieg beweisen, dass er der ihm vorläufig zuerkannten Würde und den militärischen Pflichten seines neuen Amtes gewachsen ist. Vermutlich wählten die kommandierenden Generäle und der Staatsrat geeignete Gegner bereits im Vorfeld der Wahl aus. Kriterien mussten sein: Geringe Entfernung von Tenochtitlan, um den Kriegszug in angemessen kurzer Zeit durchzuführen und ein Gegner, den zu besiegen hohe Wahrscheinlichkeit bestand, so dass mit einer großen Zahl der für die anschließenden Menschenopfer benötigten Gefangenen gerechnet werden konnte. Zugleich sollte der Gegner aber prestigeträchtig sein; ihn zu besiegen würde hohe internationale Anerkennung bringen. Es konnte daher kein Scheinkrieg sein, sondern ein solcher Inthronisationskrieg war eine ernsthafte und riskante militärische Angelegenheit. Wir sahen, dass die Verbindung dieser zum Teil widersprüchlichen Kriterien nicht immer gelang. Denn der Inthronisationskrieg Āhuitzōtls führte zu hohen Verlusten und brachte nur 40 Gefangene ein, war also eigentlich eine Niederlage bzw. allenfalls ein Pyrrhus-Sieg.

Nach dem erfolgreich abgeschlossenen Inthronisationskrieg folgte die endgültige Angliederung in Form der Bestätigungszeremonie für die Wahl als neuer Herrscher. Sie begann damit, dass der neue aztekische Herrscher nun seine beiden Dreibundskollegen, die Herrscher von Tlacōpan und Tetzcuhco, zeremoniell in ihren Ämtern bestätigte. Dies war eine reziproke Handlung zu der vom Herrscher von Tetzcuhco zuvor durchgeführten Krönung des aztekischen Herrschers. Damit war also das Verhältnis zwischen diesen beiden führenden Dreibundsmächten symbolisch ausgeglichen, während der dritte im Bunde, Tlacōpan, etwas im Hintergrund blieb, was seinem minderen Rang in der Allianz entsprach. Anschließend ernannte oder bestätigte der neue aztekische Herrscher alle politischen und militärischen Amtsträger. Unklar ist hier, ob er sie wirklich ernannte oder nur bestätigte, denn vier von ihnen waren bei seiner eigenen Wahl ja bereits vom Staatsrat gewählt worden und bedurften nur noch der Bestätigung. Rein regierungspraktisch wäre eine Mischform, wie wir sie auch in unserer politischen Kultur kennen, in der sich Ernennung durch den Regierungschef oder Präsidenten und Wahl durch ein Parlament oder eine Partei in vielfältiger Form ergänzen, am plausibelsten.

Den Abschluss der Einsetzung des Herrschers bildeten Menschenopfer, die als Botschaft an die Götter und Dienst für sie zu verstehen sind. Mit ihrem Umfang, also der Zahl der Geopferten, teilten die Azteken aller Welt «handgreiflich» die Macht und den Erfolg des neuen Herrschers mit. Im Rahmen unserer eigenen kulturellen Tradition vollkommen unverständlich, und daher von manchen modernen Autoren geleugnet, bleibt der dabei praktizierte Kannibalismus zu konstatieren, im Rahmen dessen dem Herrscher bestimmte bevorzugte Körperteile der Geopferten zum Verzehr vorbehalten waren. Der Wahlvorgang eines *Tlahtoāni* dauerte mit allen seinen durchzuführenden Ritualen 80 bis 100 Tage, gerechnet vom Tod des alten bis zur Einsetzung des neuen.

Der neue Herrscher hatte in seiner langen Ausbildung Werte und Verhaltensweisen verinnerlicht, die es seinen Untertanen erlaubten, sich emotional mit ihm zu identifizieren und die in populären Darstellungen kaum je thematisiert werden, weswegen ich sie hier an den Anfang stelle: Leutseligkeit und Barmherzigkeit. Lassen wir dazu Sahagúns indianische Gewährsleute zu Wort kommen:

> Der Herrscher war den Menschen gegenüber sehr gnädig, barmherzig und freundlich. Wenn er auszugehen wünschte und seines Weges ging,

und er einem armen Untertanen begegnete, der ihn grüßte, so dass der Herrscher den Gruß erwiderte, und der Gruß höflich war, wies [der Herrscher] seinen Verwalter an, dem [Untertanen] einen Lendenschurz und einen Mantel zu geben und einen Platz, wo er schlafen könne, sowie etwas zum Trinken und Mais, Bohnen und Fuchsschwanzsamen zum Essen. Und wenn eine arme Frau den Herrscher begrüßen wollte und er den Gruß erwidern wollte, erbarmte er sich ihrer ebenso und schenkte ihr eine Bluse und einen Rock und wies ihr einen Schlafplatz an und etwas zum Trinken sowie Mais, Bohnen und Fuchsschwanzsamen zum Essen.
(Sahagún, Historia General, Buch 8, Kapitel 17, § 6)

Dem umständlichen und prunkvollen Ritual der Amtseinsetzung steht eine weitere ähnlich auf Bescheidenheit bauende und mit der prunkvollen Selbstdarstellung scharf kontrastierende Konzeption des Amtes gegenüber: das Herrscheramt als Bürde. Der *Tlahtoāni* drückt sie selbst in einem Gebet aus, das er bei seiner Amtseinführung an die Gottheit Tēzcatl Īpōca richtet:

Herr, Herr des Nah und Bei: Du hast dein Herz geneigt, du hast dich meiner erbarmt; vielleicht wegen ihres Weinens, vielleicht wegen ihres Jammerns, vielleicht wegen der Dornen, vielleicht wegen der Agaven, die die alten Männer und Frauen, die schon ins Jenseits gegangen sind, sich tief ins Fleisch gestochen haben. Möge ich nicht nur mich selbst betrachten! Möge ich nicht mich hoch achten! Möge ich mich meiner Träume, meiner Traumvorstellungen nicht würdig finden! Es ist das Traggestell, es ist die Traglast auf dem Rücken, die schwer, unerträglich, untragbar ist; das große Bündel, die große Kraxe, die die Verstorbenen trugen, die schon ins Jenseits gegangen sind, und die gekommen waren, Matte und Thron zu werden.
(Sahagún, Historia General, Buch 6, Kapitel 9)

Sehr unbefriedigend sind wir darüber informiert, wie der Herrscher zu den Informationen gelangte, die er für eine sachgerechte Entscheidungsfindung und für Handlungsanweisungen brauchte. Zunächst sollten wir wissen, wer in welchen Zusammenhängen bei ihm war, um ihm zu berichten, ihn zu beraten und seine Anweisungen auszuführen oder weiterzugeben. Die problematische Person des *Cihuācōātl* Tlācayelel, die ich schon kurz erwähnte, hindert uns daran. Denn dieser angebliche Zwillingsbruder Ilhuicamīnas, der nach der Quellengruppe der «Crónica X» mehreren Herrschern als fast ausschließlicher Ratgeber diente, ja als graue Eminenz und eigentlicher Staatslenker dargestellt wird, hat vielleicht gar nicht gelebt oder doch nicht diese herausragende Stellung innegehabt. Da sich ein Großteil der Quellen, die sich über persönliche, gesellschaftliche und politische Beziehungen des Herrschers auslassen, aber auf ihn als den maßgeblichen Ratgeber beschränken, wissen wir zu wenig über die wirklichen Informationsnetzwerke um den aztekischen *Tlahtoāni*.

Institutionell hatte er in den bei seiner Einsetzung mitgewählten vier hochrangigen Staatsdienern eine Art Regierung zur Seite. In militärischen Dingen waren der *Tlācatēccatl* und der *Tlacochcalcatl* ausführende und vielleicht auch beratende Organe. In der Frühzeit der aztekischen Dynastie unter Huītzilihhuitl und Itzcōatl hatte der *Tlācatēccatl* noch etwas anders gelagerte Aufgaben, er war eine Art Innenminister. In die Aufgaben eines kommandierenden Generals ist er vielleicht erst allmählich hineingewachsen. Schließlich hat das ausdifferenzierte Rechtssystem in seinen Oberrichtern vorentscheidende Instanzen, die sich bei wichtigen Rechtsfällen sicher auch mit dem *Tlahtoāni* berieten, der ohnehin letzte Berufungsinstanz war. Ebenso dürfte die Wirtschaftsverwaltung, vor allem das Steuerwesen ein Bereich gewesen sein, für den der Herrscher auf seinen höchsten Steuerbeamten, den ‹Oberhofmeister› (*Huēi Calpixqui*) hörte. Und wer ihn bei seinen Amtsgängen begleitete oder bei Amtshandlungen unterstützte, hatte vielleicht auch nicht nur seine Befehle auszuführen, sondern gelegentlich das geneigte Ohr des *Tlahtoāni*. Doch über diese Ebene der Staatsverwaltung und -beratung wissen wir kaum etwas. Ebenso fehlt jeder Hinweis darauf, ob seine ehemaligen Lehrer in religiösen Dingen, in der Militärausbildung und in der Schulung im *Calmecac* ihm später als ältere Ratgeber weiter zur Seite standen, wie wir es von römischen und chinesischen Kaisern kennen. Die aztekische Formulierung, dass er über ‹Väter› als Berater verfügte, weist in diese Richtung.

Fachberatung durch Spezialisten scheint es jedoch bei den Azteken nur in Ansätzen gegeben zu haben. Anders ist nicht zu erklären, dass sich mehrere aztekische Herrscher an die *Tlahtoāni* von Tetzcuhco wandten, wenn es zum Beispiel um wasserbautechnische Vorhaben ging. Tetzcuhco war ohnehin in vielem kulturell differenzierter, und so mag auch dort mehr technisches Wissen mit darin kundigen Spezialisten verfügbar gewesen sein.

Nicht unterschätzen dürfen wir den uns im Politischen unwichtig oder gar kontraproduktiv erscheinenden Rat, den aztekische Herrscher von Seiten religiöser Spezialisten, von Wahrsagern und Priestern, bekamen und den sie vielleicht sogar in direktem Dialog mit der Gottheit zu empfangen meinten. Diese letztgenannte Informationsquelle nahm bei Motēuczūma einen hohen Stellenwert ein, weswegen ihn viele Historiker aus moderner europäischer Perspektive als «abergläubisch» charakterisieren.

Wann und aus welchen Motiven der *Tlahtoāni* ihm angebotenen Rat ablehnte, scheint individuell und je nach Charakter unterschiedlich gewesen zu sein. Möglicherweise hat sich mit dem Anwachsen der herrscherlichen Macht und Repräsentation auch eine zunehmende Unfähigkeit entwickelt, von außenstehenden Niederrangigeren Rat anzunehmen, wie es 1499 bei Āhuitzōtl im Zusammenhang mit dem geplanten Bau der Wasserleitung des Ācuecuexātl der Fall war, als er nacheinander zwei ihm untergebene *Tlahtoāni*, die ihm jeweils verschiedene Ratschläge bezüglich der Zweckmäßigkeit der geplanten Wasserleitung erteilt hatten, umbringen ließ.

Sicherlich war die Bestallung von hohen Amtsträgern keine ganz autonome Entscheidung des *Tlahtoāni*. Allerdings konnte er aufgrund seiner Amtsautorität durchaus selbständig handeln. Das wird vor allem in der Zurückdrängung der Nachkommen des Chīmalpopōca unter Itzcōātl deutlich. Andererseits ist diese Tendenz, legitime Prätendenten und Konkurrenten zurückzudrängen, nie ins Extrem geführt worden, was wir daran erkennen, dass Ilhuicamīna und seine Nachfolger die Söhne seines von ihm abgesetzten und hingerichteten Bruders Zaca d. Ä. nicht verfolgten. Die vorbeugende Tötung potentieller Konkurrenten, wie sie für Quāuhtēmōc und weniger deutlich auch für Motēuczūma belegt ist, deutet aber andererseits darauf hin, dass der *Tlahtoāni* befürchtete, ihm unliebsame Personen in politisch entscheidende Positionen vorgesetzt zu bekommen, sich also offenbar nicht vollständig als Herr der Personalentscheidungen fühlte und oft kein legales Mittel hatte, solche der Illoyalität verdächtige Personen in weniger drastischer Art und Weise zu neutralisieren. Vielleicht war es aber auch nur die Angst vor charismatischen Konkurrenten mit informeller Macht, die zur Eliminierung Anlass gaben. In diese Richtung deutet der von Motēuczūma verdeckt und geschickt eingefädelte Tod seines Bruders Mācuīlmalīnaltzin 1508 auf dem Schlachtfeld von Ātlīxco während eines Blumenkrieges. Motēuczūma scheint Angst vor einem Putsch Macuīlmalīnaltzins gehabt zu haben, von dem er befürchtete, er könne sein Charisma in direkte politische Aktion ummünzen.

Zur Mehrung ihrer Macht bedienten sich die aztekischen Herrscher, wie viele Dynastien der Welt, des Mediums der *Allianzbildung* durch Einheirat in andere Dynastien. Da die Azteken-Herrscher polygam waren – es gab eine Hauptfrau und viele Nebenfrauen sowie weniger legitime Konkubinatsfrauen – konnten sie durch geschickte Frauenwahl viele Allianzen bilden und jederzeit, wenn es ihnen opportun erschien, weitere schmieden. Dabei beachteten sie bei der Form der einzugehenden Bindung vor allem das Prestige der Heiratspartnerinnen. Hochrangige wurden legitime Ehefrauen der aztekischen Herrscher, niederrangige wurden Nebenfrauen und Frauen aus dem gemeinen Volk wurden Konkubinen. Vielleicht gingen sie dabei so vor, dass zunächst für eine rangmäßig ebenbürtige Ehefrau gesorgt wurde und die niederrangigen dann nach und nach hinzugenommen wurden, während sie ihren Hausstand jederzeit durch Konkubinen ergänzten. Leider geben die Quellen keine Auskunft über die Abfolge der Eheschließungen. Das Grundmuster ist aber unverkennbar: Überwiegend und vorrangig Heirat in die bedeutenden umgebenden Herrscherhäuser, gerade auch wenn man mit ihnen konkurrierte, ja sich vielleicht sogar bekriegt hatte, wie es für das Verhältnis mit Quauhnāhuac unter Huītzilihhuitl und mit Tetzcuhco in verschiedenen Epochen überliefert ist. Freilich wirkte das Mittel der Allianzbildung durch Heirat nicht immer in der gewünschten Weise. Die Vorgeschichte des Krieges zwischen Tenochtitlan und Tlatilolco zeigt das deutlich. Dort gab die Versippung der beiden Herrscherhäuser gerade den Anlass, vielleicht aber auch nur den Vorwand für den Krieg von 1469–73. Und wenn es tatsächlich so war, dass eine Heiratsallianz von vorneherein als Legitimation für späteres militärisches Eingreifen gedacht war, wirkte die Verbindung der Familie des aztekischen Herrschers mit Moquihuix von Tlatilolco über einen militärischen Schlenker eben doch im oben genannten Sinne der Machtausweitung besonders nachhaltig. Denn das Ergebnis war, wie wir sahen, die gewaltsame Vereinigung der beiden Königreiche unter aztekischer Vorherrschaft und nicht nur eine freundschaftliche Allianz bei gemeinsamen Unternehmungen gegen Dritte.

Seltener war die Wahl von Ehefrauen aus entfernten Fürstentümern, wenn sie (noch) keine unmittelbare politische Relevanz für das eigene Reich und seine Ausdehnung oder Konsolidierung hatten. Instruktiv ist hier das Eheverlangen Ilhuicamīnas gegenüber der Witwe des von ihm gerade besiegten Großkönigs Ātōnal von Cōāixtlahuacān. An eine Heiratsallianz mit diesem Herrscherhaus dachte er erst, als Cōāixtlahuacān wegen seiner Lage auf dem Weg ins südliche Zapoteken- und Mixteken-Gebiet unmittelbar in seine politische Interessensphäre eingetreten war.

Dann musste es auch gleich die Witwe des besiegten und getöteten Herrschers sein, die durch Heirat an ihn gebunden werden sollte. Ebenso war es bei der Verbindung Āhuitzōtls mit dem zapotekischen Herrscher Cocijoyetza. Nachdem Cōāixtlahuacān aus dem Weg geräumt war, waren die Zapoteken die Nächsten, die ins politische Blickfeld der Azteken gerieten. Auch gegen sie wurde zunächst gekämpft. Doch war der Widerstand der Zapoteken so hartnäckig, dass Āhuitzōtl mit ihnen eine Allianz einging, indem er Cocijoyetza seine Tochter Coyolicaltzin zur Frau gab und selbst eine Tochter des zapotekischen Herrschers heiratete. Damit erübrigten sich weitere Kriegshandlungen, freilich mit dem Verständnis, dass die Zapoteken nun Vasallen der Azteken waren.

Eine zweite Strategie beim Aufbau von Heiratsbeziehungen, die zum Teil mit der erstgenannten im Widerspruch steht, war es, die Dynastie geschlossen zu halten. Das geschah zwar nicht durch Bruder-Schwester-Inzest wie bei den Inka und einigen anderen Herrscherhäusern der Welt, aber doch durch die nächste Stufe der Verwandtenheirat, nämlich die mit Vettern oder Basen, Onkeln oder Nichten. So heiratete Motēuczūma seine Nichte, eine Tochter Āhuitzōtls, und auch sein Nachfolger Cuitlahuāc heiratete eine Nichte, nämlich Tēcuichpōtzin, eine Tochter seines Halbbruders Motēuczūma.

Beide Strategien, die Exogamie und die Endogamie, widerstritten sich im Laufe der Entwicklung im spätindianischen Zentralmexiko immer weniger. Sobald die eigene Dynastie nämlich durch Allianzbildungen schon mit allen möglichen Partnern versippt war, bildeten die Herrscherhäuser eine endogame Großfamilie eng verwandter Personen. Das war zwischen Mēxihco, Tetzcuhco, Tlacōpan, also den Staaten, die den Dreibund des aztekischen Reiches bildeten, in der Endphase ihrer Dynastien tatsächlich der Fall. Dieses Phänomen ist übrigens auch im vormodernen Europa zu beobachten.

Als die aztekischen Herrscherhäuser noch nicht versippt waren, brachte man die beiden Strategien so in Einklang, dass man zunächst eine Ehefrau aus der näheren Verwandtschaft, also aus der eigenen Dynastie, wählte und mittels einer zweiten eine Allianz mit einem fremden Herrscherhaus anknüpfte. Besonders sorgfältig befolgte Ācamāpīchtli dieses Prinzip, indem er von jedem der aztekischen Calpūlli-Führer – damals gab es noch keinen Adel – eine Tochter zur Frau nahm und dazu noch Prinzessinnen aus umliegenden Stadtstaaten, nämlich aus Cōātl Īchan und Tlacōpan.

3. Etikette und Symbole der Macht

Wenn wir die langen Listen der Kleiderordnung, der verschiedenen Trachten im religiösen Kult und in der politischen und militärischen Hierarchie lesen und die zugehörigen Bilder anschauen, beeindruckt die Fülle der Privilegien, die dem Herrscher und seiner Familie zukamen. Ausschließlich ihnen waren viele Trachtstücke und kostbare Materialien vorbehalten. Dabei fällt die Parallele mit anderen prestigeorientierten Staaten der Welt auf: In Europa ist das die Kleider- und Festordnung an den Fürstenhöfen seit der Einführung des burgundischen Hofprotokolls durch Kaiser Karl V., vor allem in seiner Fortentwicklung als erstarrte und sinnentleerte Form am barocken Hof von Versailles in Frankreich. In den Grundzügen ähnliche Kleiderordnung und Etikette bestanden auch im spät-kaiserlichen China. Als Beispiel für Zentralmexiko sei hier ein kleiner Ausschnitt aus der Kleiderordnung am tetzcuhkanischen Hof gegeben:

> Und genauso, wo immer es wertvolle Decken gibt, [waren] auch sie ihr Privileg geworden. Und wo immer es Federdecken gibt, [waren] sie ihr Privileg. Wo immer es Kaninchenfelldecken gibt, [waren] sie alle ihr Privileg. Als erstes dies: Die ballspielplatzadlerverzierten [Decken], die Entenfederdecken, die weißen Entenfederdecken; dann auch die roten Federdecken; dann auch die dunkelblauen Federdecken; dann auch die rosa Federdecken; dann auch die blaugrünen Federdecken; die mit bunten Federfransen am Rand verzierten Federdecken; dann auch die schwarzen Federdecken. Dies alles waren Privilegien der Herrscher. Niemand durfte sie nehmen, niemand durfte sie anfassen ...
> Genauso auch war alles Folgende Privileg der adligen Damen: Ihr Privileg waren die Röcke, die Blusen, die Schlafmatten, die großen Decken, nämlich die zehn Klafter langen, die acht Klafter langen, die fünf Klafter langen und die vier Klafter langen. Das alles waren Privilegien der adligen Damen und der Ehefrauen der Herrscher ...
> Und auch genauso die Felle, wo immer es sie gibt: die Raubtierfelle, die

Jaguarfelle, die Marderhundfelle, die Berglöwenfelle, die weißen Jaguarfelle, die rötlichen Jaguarfelle, die Marderfelle, die Coyotenfelle. Und das sind schon alle Felle, die es überall gibt; und sie waren ihr Privileg. Man stellte aus ihnen ihre Sessel und Matratzen her ... Und auch genauso die Sandalen, die sogenannten Prinzensandalen; alle Arten solcher Sandalen: die Ledersandalen, die Marderhundsandalen, die verzierten Sandalen, die geschlossenen Sandalen und die ganz leichten Sandalen, und die geschlossenen exotischen Sandalen und die schräggeteilt verzierten Sandalen und die Jaguarsandalen und die Kaninchenfellsandalen. Wo immer es die wertvollen Sandalen alle gibt, alle waren ihr Privileg gewesen ...
Und wie oben gesagt wurde, waren das Privilegien der Herrscher. Niemand durfte daran rühren, selbst wenn er ein Adliger war. Kein Mann rührte daran, gerade wenn er wie ein Untertan lebte und nicht wie ein adliger Mann, denn es waren Privilegien der Herrscher.
(Sahagún, Primeros Memoriales, Kapitel 3, § 14)

Eines der beständigsten, sich durch alle Herrscherviten hindurchziehenden *Rituale* ist das der Erweiterung des Haupttempels in Tenochtitlan und seiner anschließenden prunkvollen Einweihung mit Kriegsgefangenen. Der notorischste Fall war die Tempeleinweihung unter Āhuitzōtl im Jahre 1487, als nach verschiedenen Quellen zwischen 6000 und 8000 Kriegsgefangene der Zapoteken, Tzihuacoakaner und anderer Städte und Regionen geopfert wurden. Moderne Ausgrabungen haben gezeigt, dass der Haupttempel im Laufe seiner Geschichte mehrmals in größerem Umfang überbaut wurde. Die meisten dieser Überbauungen sind formell mit einer Datenplatte markiert. Demnach kann fast jedem Herrscher eine solche Haupttempelerweiterung mit anschließendem Einweihungsritual zugewiesen werden (Kapitel II). Auch die Errichtung und Einweihung kleinerer Denkmäler dienten der demonstrativen Zurschaustellung der Macht des aztekischen *Tlahtoāni*. Mühlradförmige Opfersteine für das Gladiatorenopfer, die auf der Peripherie mit den Siegen der Azteken skulptiert waren, ließen mindestens drei Herrscher aufstellen, wovon die Ilhuicamīnas und Tizocics erhalten sind und heute im Mexikanischen Nationalmuseum im Park von Chapultepēc besichtigt werden können (Kapitel VI).

4. Fürsorge und Leutseligkeit

Die Fürsorge für die Untertanen ist ein Aspekt des aztekischen Herrschertums, der zwar in den Quellen nicht sehr deutlich hervortritt, gewiss aber hochentwickelt war und sich aus der Konzeption des Amtes als einer Bürde und als Stellvertretung für die Gottheit speiste. Der große Seedeich, den Ilhuicamīna in Zusammenwirken mit dem Herrscher von Tetzcuhco, Nezahualcoyōtl, hat errichten lassen, war vermutlich das gewaltigste Bauvorhaben, das direkt der Fürsorge für die Untertanen diente (Kapitel VI). Mehrere *Wasserleitungen* zur Trinkwasserversorgung der hauptstädtischen Bevölkerung wurden unter allen Herrschern in Angriff genommen, wenn auch nicht immer erfolgreich. Auch die *Dammstraßen* und die parallel zu beiden Seiten geführten Kanäle, die die Inselhauptstadt mit dem Festland verbanden, verdienen Erwähnung. Sie waren allerdings nicht lebensnotwendig, da Menschen und Güter in Schiffen auch frei über den See hin- und her transportiert werden konnten, doch erleichterten sie den Verkehr der städtischen Bevölkerung beträchtlich.

Häufig über das Hochtal einfallende Fröste und Dürreperioden, besonders in den Jahren 1446–54, 1489–91 und 1502–6, veranlassten die Herrscher zur *Vorratshaltung* von Grundnahrungsmitteln. Es handelte sich dabei wohl ausschließlich um pflanzliche Nahrungsmittel, vor allem Mais, der sich unverarbeitet leicht speichern und lange Zeit lagern lässt (Abb. 25); außerdem wurden getrocknete Gemüsepflanzen wie Chīlli und vielleicht auch Fische eingelagert. Bei gegebenem Anlass wurden diese Vorräte an das Volk verteilt. In den Konservierungstechniken, der klimatisierten Lagerung und der schnellen Verteilung im Bedarfsfalle waren die Azteken allerdings nicht so effizient wie die Inka. Daher rührt es auch, dass wir aus Zentralmexiko immer wieder von vielen Hungertoten und von der Auswanderung Hungernder in klimatisch mildere Gegenden an die Meeresküsten und in die Tiefländer hören.

An indirekter oder *symbolischer Fürsorge* für seine Untertanen ließ es der aztekische Herrscher schon aus Staatsräson ebenfalls nicht fehlen. So oblagen ihm die Ernennung von Adligen und die Vergabe von Ländereien aus der Kriegsbeute. Beides war unter Itzcōātl die Grundlage des aztekischen Ständestaates geworden (Kapitel IV), fand aber auch noch in späterer Zeit, allerdings weniger umfassend, statt.

Auch darf nicht unterschätzt werden, dass das *Amtscharisma* des aztekischen Herrschers, vor allem in der Spätzeit, so groß war, dass schon seine Gegenwart bei Festen, Opfern und Empfängen, zum Beispiel bei solchen, die die Gilden der Fernkaufleute organisierten, den Betroffenen als große Wohltat vorkommen musste. Insofern diente der herrscherliche Prunk indirekt auch der Fürsorge des Volkes. Es wurde durch ihn beruhigt und fühlte sich geehrt, geborgen und von einem mächtigen Führer beschützt. Die Azteken sprachen von ihren Herrschern gern in einer bildlichen Metapher als einem großen Wollbaum (*Pōchōtl*), unter dessen dichter und breiter Krone das Volk Schutz findet. Selbst in unserer modernen und weitgehend rationalen Gesellschaft erleben wir Ähnliches noch in den über die Grenzen Englands hinaus geschätzten Ritualen des britischen Königshauses. Die Soziologen Max Weber und Stefan Breuer haben wiederholt auf die bedeutende Rolle des Charismas in politischen Zusammenhängen hingewiesen, und das Webersche Konzept der «charismatischen Herrschaft» lässt sich sehr gut auch auf die Azteken anwenden.

5. Genuss und Kurzweil

Ein aztekischer Herrscher musste sein Leben in vollen Zügen genießen, denn es war durch Hofetikette, religiöse und politische Rituale sehr eingeengt und meist auch kurz bemessen, sei es wegen der Risiken der Kriegsführung, sei es auch einfach aufgrund der nicht allzu hohen Lebenserwartung zu damaliger Zeit. Einem herausragenden politischen Führer mag die Hofetikette und die Machtfülle ein Strom immer wieder sich erneuernder emotionaler Befriedigung gewesen sein, so dass er nicht im gleichen Maß wie einfache Menschen auf andere Genüsse und Freuden angewiesen war. Dennoch haben alle aztekischen Herrscher sich auch allgemeinmenschliche Freuden bereiten lassen und dabei ihre hervorgehobenen Möglichkeiten voll ausgeschöpft. Als erstes ist das Grundbedürfnis nach schmackhafter und appetitlich zubereiteter Nahrung zu nennen. Der Herrscher speiste so:

> Und täglich setzte ein Mann, ein Mundschenk, dem Herrscher sein Essen vor: 2000 verschiedene Speisen: Heiße Maisfladen, weiße Teigtaschen mit Bohnen in Form einer Meeresmuschel darauf; rote Teigtaschen. Die Hauptspeise waren gerollte Maisfladen und sehr viele verschiedene Soßen; Truthahn, Wachtel, Reh, Kaninchen, Hasen, Maulwurf, Krebse, kleine Fische und große Fische. Danach alle Arten süßer Früchte. Und sobald der Herrscher zu Ende gegessen hatte, wurden alle übriggebliebenen Speisen verteilt. Die Adligen in der Stadt und die Leute aus fremden Städten aßen für sich: Die Botschafter, die Kriegsunterhändler, die Prinzen, die Richter, die Hohenpriester, die hochrangigen Offiziere, die Offiziere, die Lehrer, die Schulvorsteher, die Küster, die Priester, die Sänger, die Pagen, die Diener, die Gaukler, die verschiedenen Kunsthandwerker: Goldschmiede, Federarbeiter, Juweliere, Mosaikleger, Schuhmacher und Türkisschneider. Dann wurde dem Herrscher in seinem Haus der Kakao serviert, mit dem er seine Mahlzeit beschloss: Grüne Schokolade aus unreifem Kakao, Honig-Schokolade mit getrockneten Blütenblättern und grüner Vanille, hellrote Schokolade, orangefarbene Schokolade, rosarote

ABB. 44 *Ballspiel.*
Das I-förmige, ummauerte Spielfeld ist in vier verschieden gefärbte gemusterte Zonen geteilt. Jeweils ein Vertreter der gegnerischen Parteien steht in der breiten Endzone spielbereit. Der Spieler rechts hält den Vollgummiball in seiner Hand zum Einwurf bereit. Das schmale eigentliche Spielfeld ist an seinen vier Ecken und auf der Mittellinie mit Totenschädeln geschmückt, die im tatsächlichen Spielfeld als Plastiken in die Mauern eingelassen waren und als Flachreliefs in die Pflasterung der Spielfläche. An den beiden Seitenmauern, genau in der Mitte, sind zwei Ringe befestigt, durch die der Ball mit dem Gesäß getrieben werden muss. Als symbolische Drohung ist neben ihnen jeweils ein Feuersteinmesser abgebildet, denn das Ballspiel konnte im religiösen Ritual auch ernste Formen annehmen, indem Spieler anschließend geopfert wurden. Der stark verblasste Text erläutert auf Spanisch: «Das ist die Weise, in der die Indianer von Neuspanien Ball spielten. Jeder auf seiner Seite. Der, dem es gelang den Gegner dazu zu bringen, den Ball nicht zurückzuschlagen, gewann. Und wer den Ball mit einem anderen Körperteil als dem Gesäß, also dem Oberschenkel oder der Hand spielte, verlor. Wem es gelang, den Ball durch das *Tlachmalacatl* zu treiben, welches die Ballspielringe an beiden Seiten sind, durfte allen Zuschauern des Spiels die Kleider wegnehmen, und deshalb flohen [die Zuschauer in diesem Fall]. Man wettete in diesem Spiel auch um Sklaven, Kleidung und Federn. [Codex Tudela, Blatt 67.]

Schokolade, schwarze Schokolade und weiße Schokolade. Die Schokolade wurde in einer bemalten Kürbisschale kredenzt.

(Sahagún, Historia General, Buch 8, Kapitel 13)

Als nächstes sind sexuell-erotische Gelüste zu nennen, die mit zahlreichen Ehefrauen und Konkubinen befriedigt werden konnten, während der einfache Azteke meist monogam lebte. Zwar hatten aztekische Herrscher die Macht, sich Frauen aus dem Volk zuführen zu lassen, ohne sich um ihre eigene körperliche Attraktivität zu kümmern, sie waren aber doch so eitel, dass sie bei öffentlichen Auftritten besonders begehrenswert erscheinen wollten und ihren Körper deshalb mit wohlriechenden Salben cremten und auch das tägliche Bad nicht versäumten. Sie gaben sich aber zugleich aufgrund ihrer Erziehung nicht exzessiv außerehelichen Genüssen hin.

Langeweile, die durch die Routine des Alltagsgeschäftes entsteht, konnte man, wie übrigens auch an europäischen Fürstenhöfen, durch Gesellschaftsspiele, gelegentlich unter Beteiligung der Öffentlichkeit, besänftigt. Das Ballspiel *Ulamaliztli* (Abb. 44) und das Brettspiel *Patolli* werden hauptsächlich genannt. Bei beiden konnte man Wetten abschließen, und der Herrscher hat sie wohl auch genutzt, um von seinem Reichtum wieder etwas unter das Volk zu bringen.

Spaßmacher, die Witze und Rätsel vortrugen, und Gesangsvorführungen, eventuell mit Tanz kombiniert (Kapitel VI), boten klangliche, sprachliche und mentale Kurzweil und, wenn es dem Herrscher gefiel mitzutanzen, auch körperliche Entspannung. Akrobaten, Zwerge und Verkrüppelte verschafften seinem Geist und Auge Genuss, denn es ist ja durchaus so, dass man sich, was bei uns verpönt ist, an Monstrositäten oder den Gebrechen anderer erfreuen kann, weil man sich selbst als leidlich Gesunder im Vergleich mit ihnen körperlich überlegen fühlt.

Lustgärten befriedigten das allgemeine körperliche Erholungsbedürfnis des Herrschers. Wasserlust, Blumenbeete, große schattenspendende Bäume und bunte Vögel waren dazu besonders geeignet. Tiergehege, von den gefährlichsten und majestätischsten Raubtieren Mexikos, also Jaguaren, Pumas und Adlern, bevölkert, dienten allerdings wohl mehr der Demonstration herrscherlicher Macht auch über die belebte nicht-menschliche Natur, als dass sie zur Erholung und Entspannung einluden. Der aztekische Herrscher verfügte über einen solchen ländlichen Lustgarten in der gemäßigteren Zone von Huāxtepēc, zu dem ihn vermutlich ein ähnlicher Garten des Herrschers von Tetzcuhco am Hügel von Tetzcuhtzīnco inspiriert hatte. Leider ist keine der beiden Anlagen erhalten oder in guten Beschreibungen überliefert.

Ob die Jagd als Zeitvertreib für aztekische Herrscher eine wesentliche Rolle spielte, ist zweifelhaft. Zwar übten sie sich im Bogen- und Blasrohrschießen, doch sind keine Jagdpartien wie an europäischen Fürstenhöfen, am chinesischen Kaiserhof oder bei den südamerikanischen Inka überliefert. Es mögen dafür zwei Gründe ausschlaggebend sein: Zentralmexiko war in spätindianischer Zeit dicht besiedelt, und Großwild war dort inzwischen rar. Außerdem verfügten die Indianer nicht über Reittiere, mit denen sie schnell dem flüchtigen Wild nachsetzen konnten. Daher wären Einzel- oder Gemeinschaftsjagden kein wirklicher Genuss, da zu Fuß mühsam und in Hinblick auf die Beute wenig ertragreich.

6. Der Tod des Herrschers

Auch ein umsorgter wohlernährter Herrscher erleidet irgendwann den Tod. Aztekische Herrscher, die als Kämpfer in den Krieg zogen, setzten sich außerdem dem Risiko aus, auf dem Schlachtfeld oder später auf dem Opferstein von Gegners Hand zu fallen. Allerdings hat dieses Schicksal keinen von ihnen direkt ereilt. Vor dem Tod auf dem Schlachtfeld bewahrten sie die für ihren Schutz trainierten und abgestellten Elitetruppen. 1477 war Āxāyacatl nahe daran, im Krieg gegen Xiquipilco vom Feind getötet oder gefangengenommen zu werden. In letzterem Fall hätte er nach der Schlacht den Tod auf dem Opferstein erlitten. Er entkam dem Feind nur durch den heldenhaften Einsatz seiner Truppen, war aber bereits so schwer verwundet, dass er für den Rest seines Lebens gehbehindert blieb (Kapitel VI). Motēuczūma hingegen wurde von seinen eigenen Leuten erschlagen, weil er gemeinsame Sache mit den Spaniern zu machen schien (Kapitel VII). Und Quāuhtemōc wurde zwar nicht auf dem Schlachtfeld getötet oder gefangengenommen, jedoch hat er sich selbst den Spaniern ausgeliefert und wurde erst Jahre später nach einem inszenierten Prozess von ihnen gehenkt.

Ein anderes Todesrisiko, unberechenbarer und heimtückischer, ist das, gemeuchelt zu werden. Tizocic soll auf diese Weise von seinen eigenen Untertanen beseitigt worden sein (Kapitel VI); und bei Prinzen, also den Brüdern und Kindern der Herrscher, war diese Todesart ein besonders hohes Risiko, sobald ein Herrscherwechsel anstand. Einige von ihnen wurden im Auftrag des neuen *Tlahtoāni*, der ihre Konkurrenz fürchtete, umgebracht. Sowohl von Motēuczūma wie auch von Quāuhtemōc sind solche Morde überliefert (Kapitel VII). Man kann die Geschichte der aztekischen Herrscherfamilien aber auch anders deuten: Im Fall Tizocics ist der Meuchelmord unbewiesen und nur eine Erklärungsversuch unter anderen für seinen überraschenden Tod. Bei den Prinzenmorden unter Motēuczūma und Quāuhtemōc kann man argumentieren, dass es sich um

ABB. 45 *Totenbündel des Herrschers.*
Das reich eingekleidete Totenbündel des Herrschers ist auf seinen Mattenthron, hier ohne Darstellung seiner Rückenlehne, gesetzt. Vor ihn hat man Speise- und Trankopfer niedergelegt: Maiskrapfen und einen menschlichen Unterarm in Schalen sowie einen Becher schäumenden Kakaos. Außerdem wurden dem Toten verschiedene aus Papier gefertigte symbolische Gaben dargeboten. Dem verstorbenen Tlahtoāni zu Ehren tragen zwei Sänger ein Lied vor und begleiten sich dabei mit einer Kalebassenrassel, einem Schrapper aus Schildkrötenpanzer und Hirschgeweih und der großen Standpauke. [Codex Tudela, Blatt 55]

eine späte Fehlentwicklung unter dem Stress der spanischen Bedrohung handelte, also keine eigentlich traditionelle kulturelle Option war.

Eine letzte Todesursache liegt in der Konzeption des Herrscheramtes begründet. Je erhabener sich ein Herrscher gab und fühlte, umso tiefer war sein Fall bei Erfolglosigkeit oder bei der Bedrohung seiner Integrität und Ehre. Chīmalpopōca hat sich aus gekränkter Ehre und in Antizipation drohender Erniedrigung durch die Tepaneken selbst getötet und dazu auch seinen Sohn Teutlehuac überredet (Kapitel IV). Motēuczūma spielte seinerseits mit dem Gedanken, der Welt zu entfliehen, als er drohendes Unheil heraufziehen sah. Er hat davon dann wieder Abstand genommen und ist schließlich erst viele Jahre später in einer offenen Revolte seiner Untertanen zu Tode gekommen (Kapitel VII).

Die aztekischen Herrscher waren erhöhtem Risiko eines unnatürlichen Todes ausgesetzt: Gefallen, gemeuchelt (Tizocic?, Motēuczūma), nach verlorenem Krieg vom Sieger hingerichtet (der vordynastische Herrscher Huītzilihuitl der Ältere, Quāuhtemōc) oder Selbstentleibung aus gekränkter Ehre bzw. Verzweiflung (Chīmalpopōca) halten sich in etwa die Waage mit natürlichem Tod nach Krankheit (Cuitlahuāc), Unfall (Āhuitzōtl) oder aus Altersschwäche (Ācamāpīchtli, Huītzilihhuitl der Jüngere, Ilhuicamīna und Āxāyacatl).

War der Herrscher tot, erhielt er das in Kapitel IV geschilderte prunkvolle Begräbnis (Abb. 45). Selbst während der spanischen Eroberung haben königstreue Azteken versucht, ihrem erschlagenen *Tlahtoāni* Motēuczūma noch eine ehrenvolle Bestattung zukommen zu lassen.

> Und vier Tage nachdem [die Tapferen] den Tempel hinabgestürzt worden waren, warfen [die Spanier] Motēuczūma und Itzquauhtzin tot hinaus an das Ufer des Kanals an eine Stelle, die man Teōāyōc [‹Ort der Götterschildkröte›] nennt; denn es befand sich dort ein in Stein gearbeitetes Abbild einer Schildkröte, wie eine Schildkröte gestaltet, diese in Stein nachbildend ... Und nachdem man sie gefunden und erkannt hatte, dass es Motēuczūma und Itzquauhtzin waren, nahmen sie Motēuczūma sogleich mit den Armen auf und brachten ihn nach dem Orte, den man Copūlco nennt. Darauf legten sie ihn auf den Scheiterhaufen, darauf entzündeten sie den, steckten ihn in Brand; darauf prasselte das Feuer, gleichsam in Sprüngen aufflackernd, gleichsam in Zungen erhebt sich die Feuerflamme, gleichsam wie eine Feuergarbe steigt die Flammenzunge auf. Und der Leib Motēuczūmas riecht nach verbranntem Fleisch und stinkt beim Verbrennen.
> (Sahagún, Historia General, Buch 12, Kapitel 23)

Nach der Einäscherung fand kein öffentliches Gedenken mehr statt, und er wurde auch nicht, wie in China, als Ahne weiter verehrt. Alles was an Erinnerungskultur für ihn verblieb, waren historische Berichte in den Staatschroniken und sein steinernes Abbild am Felsen von Chapultepēc. Später wird sein Andenken möglicherweise wiederbelebt, wenn ihm zu Ehren ein Enkel oder Urenkel seinen Namen tragen wird.

KAPITEL IX
UNTER SPANISCHER VERWALTUNG (1521–1650)

Niman ye yc momacevalmaca
yn ixquich nouian altepetl ye yquac tenemactic
ye yquac nemacehualmacoc

Damals lieferte man sich als Untertanen aus,
aus jeder Stadt, von überall lieferte man sich sogleich aus,
machte man sich zu Untertanen.

(Annalen von Tlatilolco, Teil V, § 391)

1. NACHFAHREN AZTEKISCHER HERRSCHER

Wenn man um die gnadenlose Kriegsführung und die gezielte Hinrichtung indianischer Herrscher durch spanische Eroberer weiß, erstaunt es zu erfahren, dass viele ihrer Nachkommen die Kämpfe, die Pockenepidemie und die Verfolgung überlebt haben und einige von ihnen in der spanischen Kolonie sogar eine gesellschaftlich und politisch hervorgehobene Rolle spielten. Diese weitgehend unbekannte Facette indianischen Lebens in der spanischen Kolonialgesellschaft soll hier dargestellt werden.

Wie wir in Kapitel VII gehört haben, zog Cortés nach der Eroberung Tenochtitlans schon bald wieder aus Zentralmexiko weg. Sein Weg führte ihn nach Südosten über Itzamkanac, nach Ācallān, wo Quāuhtemōc 1525 hingerichtet wurde, und von dort durch den Urwald des Petén nach Tayasal im heutigen Guatemala und schließlich nach Hibueras an der Küste des heutigen Staates Honduras. Für die Führung der indianischen Hilfstruppen auf diesem beschwerlichen und gefährlichen Marsch musste gesorgt werden, und so setzte er als Nachfolger Quāuhtemōcs einen Beamten aus dessen Gefolge namens Tlahcotzin ein. Dieser starb aber noch im selben Jahr auf dem Rückweg in Nōchiztlān. Cortés ersetzte ihn durch einen weiteren Veteranen aus Quāuhtemōcs Regierung, Motelchīuhtzin (reg. 1525–1531), dessen Sohn übrigens später Dolmetscher für Aztekisch wurde und als solcher einen guten Ruf unter den Indianern genoss. Damit war zunächst einmal das Nötigste für die Führung der Indianer getan.

Zurück in Tenochtitlan und nach dem Tod Motelchīuhtzins trat zunächst ein weiterer nachrangiger Azteke das Amt des «Adlersprechers» an, wie die Indianer ihre eigene Verwaltungsspitze nannten, sofern sie nicht durch Herkunft als *Tlahtoāni* legitimiert war. Es war Pablo Xōchiquēntzin (reg. 1531–1536), ein Verdienstadliger, der in vorspanischer Zeit das ehrenvolle Amt eines Prinzenerziehers am aztekischen Hof innegehabt hatte. Auch sein Sohn, Bartolomé Xōchiquēntzin, schlug die Verwaltungslaufbahn ein. Er erreichte zwar keine Spitzenposition, wurde aber immerhin Alkalde der indianischen Verwaltung.

Mit der Konsolidierung der Kolonialverwaltung unter dem ersten Vizekönig Antonio de Mendoza, der 1534 nach Mexiko kam und im folgenden Jahr seine Regierung antrat, gewann auch die traditionale Legitimität bei der Besetzung indianischer Ämter wieder einen höheren Stellenwert. Nach Xōchiquēntzin wurden als indianische «Gobernadores», wie das Amt von den Spaniern bezeichnet wurde, daher wieder Angehörige des alten Herrscherhauses eingesetzt. Alle vier, die bis 1565 dieses Amt bekleideten, waren direkte Nachkommen vorspanischer Herrscher.

Der erste Gouverneur aus altadligem Geschlecht war Diego de Alvarado Huanitzin (reg. 1536–1539). Er war ein Enkel des Herrschers Āxāyacatl. Bis zur spanischen Machtübernahme war er *Tlahtoāni* von Ehecatepēc im nördlichen Hochtal von Mexiko gewesen, woher seine Mutter stammte. Motēuczūma selbst hatte ihn, seinen Neffen, dort eingesetzt. Der spanische Vizekönig Antonio de Mendoza hat diesen erfahrenen, nicht mehr ganz jungen Altadligen nach Tenochtitlan geholt.

Der zweite, Tehuetzquititzin (reg. 1540–1554), war ein Enkel des Herrschers Tizocic. Tizocics Sohn Tēzcatl Popōca hatte ihn mit einer Indianerin gezeugt. Daher war er ein Vetter zweiten Grades seines unmittelbaren Vorgängers und zugleich ein Neffe, ebenfalls zweiten Grades, Motēuczūmas. Tehuetzquititzin wurde nach der Eroberung christlich getauft und spanisch Diego de San Francisco genannt. Indianische Quellen nennen ihn aber oft nur mit seinem altindianischen Namen Tehuetzquititzin, ‹der Lachende›, und seine Namenshieroglyphe zeigt dementsprechend ein lachendes menschliches Gesicht. Seine Einsetzung geschah während eines Feldzuges, den die Spanier mit indianischen Hilfstruppen in Westmexiko führten. Tehuetzquititzin kommandierte als indianischer Gouverneur diese Hilfstruppen. Nach der Rückkehr nach Mexiko war es dann seine Aufgabe, eine vollständige städtische Verwaltung zu leiten und die indianischen Angelegenheiten gegenüber dem spanischen Stadtrat und der vizeköniglichen Verwaltung zu vertreten. Außerdem musste er unpopuläre Maßnahmen der spanischen Verwaltung bei seinen indianischen Mitbürgern durchsetzen, was oft schwierig war. Das Gouverneursamt hat er 14 Jahre lang bis zu seinem Tod 1554 erfolgreich ausgeübt und war damit der am längsten regierende altadlige Gouverneur. Alle seine elf Kinder aus der Ehe mit seiner Kusine Doña María sind dann allerdings auf den Status einfacher indianischer Untertanen zurückgefallen.

Keines hat mehr eine herausgehobene gesellschaftliche Stellung errungen. Um das richtig zu gewichten, muss man allerdings auch berücksichtigen, dass mehrere verheerende Masern- und Pockenseuchen die Indianer im 16. Jahrhundert trafen und die Hälfte seiner Kinder schon früh gestorben ist.

Cristóbal de Guzmán Cecēpahtic (reg. 1557–1562), der dritte Gouverneur, war ein Kind seines Vorvorgängers Diego Alvarado Huanitzin. In seine Regierungszeit fallen die aufwändigen Baumaßnahmen zum Schutz vor Überschwemmungen, für die die indianische Bevölkerung Arbeitsdienst leisten musste. Ansonsten ist nichts Bemerkenswertes aus seiner Regierungszeit zu vermelden, obwohl sie immerhin fünf Jahre währte.

Der vierte und letzte *Tlahtoāni* aus königlichen Geblüt, Luis de Santa María Nanacacipactzin (reg. 1563–1565), war ein Sohn des aztekischen Prinzen Ācamāpīchtli, eines Sohnes des Herrschers Āhuitzōtl. Folglich war er ein Vetter zweiten Grades seiner Vorgänger Huanitzin und Tehuetzquititzin und Onkel zweiten Grades seines unmittelbaren Vorgängers Cecēpahtic. Knapp ein Jahr nach seinem Dienstantritt heiratete er mit großem Prunk in einem zwei Tage dauernden Fest seine Nichte zweiten Grades, Magdalena Chīchīmēcacihuātl, Tochter des Diego de Alvarado Huanitzin. Ein anonymer Indianer schildert die Hochzeit folgendermaßen:

> Damals heiratete der Gouverneur Don Luis de Santa María. Er verheiratete sich mit einer Dame namens Doña Magdalena Chīchīmēcacihuātl, Tochter des verstorbenen Don Diego [Huanitzin]. Für sie wurde gepredigt, und sie wurden zweimal gesegnet, einmal oben und einmal unten. Beim Einzug der Dame ertönte Blasmusik in der Kirche und entlang des Weges, und sie kamen ihnen mit Blasmusik entgegen. Beim Palast angekommen, hatten sich die Kirchenleute, die Sänger, am Fuß der Treppe versammelt und sangen dort. Und als sie [in den Palast] eintraten, tanzte man zunächst den Chīchīmēcayōtl-Tanz, und dann begann man den Ātequilizcuīcatl-Tanz, und der Herrscher selbst tanzte mit. Damals auch wurde seine Pauke golden bemalt. Herrscher und Adlige aller Orte waren gekommen. Und in den Strohhütten um den Palast herum waren die Soldaten nach alter Sitte aufgestellt, und die Otōmih-Krieger tanzten zwei Nächte lang in ihren Häusern.
> (Baptista, Tagebuch, § 156)

Während seiner kurzen Amtszeit geschahen zwei Ereignisse von großer politischer Bedeutung. Im Jahr 1564 war der Vizekönig Luis de Velasco d. Ä. (Abb. 46) verstorben und wurde mit großem Pomp bestattet. Luis de

Santa María Nanacacipactzin nahm an den Feierlichkeiten als Vertreter der indianischen Untertanen teil. Und noch im selben Jahr protestierten die indianischen Bewohner Mexikos gewalttätig gegen Steuererhöhungen. Hier war es Don Luis' Aufgabe, die unpopuläre Entscheidung der spanischen Verwaltung zu erklären und durchzusetzen. Die Indianer haben ihm das nicht gedankt: Er wurde mit Steinen beworfen, und sein Andenken war später mit dem Vorwurf belastet, dass er die indianischen Interessen nicht ausreichend vertreten habe. Hierbei wurden ihm wohl auch Verfehlungen anderer Amtsträger und seiner Vorgänger angelastet, denn während seiner Amtszeit fand eine umfangreiche Untersuchung über Missbräuche der letzten 15 Jahre statt. Vielleicht spiegelt sich diese allgemeine Unzufriedenheit auch in seinem Spitznamen «*Nanacacipac*» (wörtl. ‹Pilzkrokodil›) wider, denn der indianische Chronist Chīmalpahin lässt uns wissen, dass

> … die Mexikaner ihm den Beinamen *Nanacacipac* aus Geringschätzung, als bösen Scherz gegeben hatten, weil er es zugelassen hatte, dass die Mexikaner besteuert wurden und weil er dagegen keinen Widerstand leistete … Er hat sich [in dieser Angelegenheit] den Spaniern gar nicht widersetzt, denn sie haben ihn einfach gefesselt, in Ketten gelegt und unter Hausarrest gestellt. Er besaß keine Festigkeit.
>
> (Chīmalpahin, Siebte Relation, Jahr 1565)

Nachdem er wieder frei war und sich die Lage im folgenden Jahr einigermaßen beruhigt hatte, konnte Don Luis auch für sich selbst sorgen, indem er mehrere Liegenschaften erwarb. Genießen konnte er diesen Grund- und Immobilienbesitz aber nicht mehr, denn noch im gleichen Jahr hatte er den Tod seiner Ehefrau Magdalena zu beklagen. Ob die Trauer über diesen Verlust die Ursache seines denkwürdigen und seltsamen Auftrittes war, den ein indianischer Annalist überliefert, ist zwar Spekulation, aber vorstellbar. Am 24. Mai 1565 beobachteten seine Untertanen ihn nämlich, wie er in voller traditioneller Kriegsrüstung auf seiner Dachterrasse tanzte und dabei herabstürzte:

> Heute, Donnerstag, am Abend des 24. Mai des Jahres 1565, spazierte Don Luis, der Gouverneur, schreiend und sich auf den Mund schlagend auf seiner Dachterrasse hin und her. Er trug Schwert und Schild und führte Scheingefechte vor. Dabei fiel er vom Dach. Die ganze Nach über führte er sich so auf, als sei er verrückt.
>
> (Baptista, Tagebuch § 387)

Allerdings hat Don Luis bei diesem Sturz vom Dach wohl keinen großen Schaden genommen, denn gestorben ist er zwar noch im selben Jahr, aber erst in den letzten Tagen des Dezember, und es war dabei nicht von den Folgen des Sturzes als Todesursache die Rede.

Die aztekischen Quellen vermelden mit deutlicher Geringschätzung, dass nach ihm keine Altadligen mehr dieses Amt bekleideten, und sie nennen die dann folgenden Amtsträger konsequenterweise auch nicht mehr *Tlahtoāni*, sondern benützen nur noch die spanischen Titel «*Gobernador*» (Gouverneur) oder «*Juez Gobernador*» (Richter und Gouverneur).

> Der genannte Don Luis de Santa María Nanacacipactzin war der letzte der mexikanischen tenochkanischen Prinzen. Tatsächlich waren die, die von den Spaniern zu Gouverneuren ernannt wurden und in deren Auftrag herrschen sollten, Nachkommen der neun großen Herrscher, die Mēxihco-Tenochtitlan im See, mitten im Wasser, im Zentrum des Wassers, im Röhricht, im Binsicht, dort wo der Adler sich aufrichtet, wo der Adler mit den Flügeln schlägt, wo der Adler pickt, wo die Schlange zischt, wo der Fisch fliegt, ... geherrscht haben.
> (Chīmalpahin, Siebte Relation, Jahr 1565)

Als *Juez* oder kombiniert *Juez-Gobernador* wird tatsächlich eine andere Rechtsform der Amtseinsetzung und Legitimität gekennzeichnet, als es die des traditionellen *Gobernador* aus altindianischem Herrscherhaus war. Nicht mehr die reine traditionale Erblegitimation, auch nicht der Vorschlag indianischer Bürger bringt ihn in sein Amt, sondern er wurde, wie die ersten Regenten unmittelbar nach der Eroberung, von den spanischen Behörden freihändig ernannt. Als solch ein *Juez* war interimistisch von 1554 bis 1557 zwischen den indianischen Gouverneuren Huanitzin und Cristóbal de Guzmán schon einmal ein Esteban de Guzmán aus Xōchimīlco tätig geworden, woraus sich die zeitliche Lücke in obiger Auflistung der Regierungsjahre erklärt. Mangelnde traditionale Legitimität wirkt sich vor allem darin aus, dass die hauptsächlichen indianischen Historiker und Chronisten nun kaum noch über die Gouverneure berichten, sondern Ereignisse direkt an den Amtsträgern der spanischen Kolonialverwaltung festmachen. Hierin spiegelt sich gewiss auch ein realer Machtverlust der indianischen Verwaltung wider.

Zwar hätte auf Luis de Santa María Nanacacipactzin nach dem Willen der Indianer und ihren Vorstellungen von Legitimität entsprechend dessen Sohn Don Pedro Dionisio nachfolgen sollen. Der war jedoch wegen Bigamie beziehungsweise sexuellen Beziehungen mit zwei nahen

Verwandten nicht nur für die spanische Verwaltung inakzeptabel, sondern selbst für einige indianische Amtsträger, die ihn deswegen denunzierten. Infolgedessen wurde ein nicht aus altem tenochkanischem Adel stammender Fremder, Francisco Ximénez aus Tecamachālco im benachbarten Hochtal von Tlaxcallān, nächster indianischer Gouverneur von Tenochtitlan. Er regierte nur kurz, von 1568 bis 1569.

2. Nichtregierende Mitglieder des Hochadels

Ein anderer Aspekt der Konsolidierung indianischer Angelegenheiten in der frühen Kolonialzeit war der, dass Angehörige des altindianischen Adels Gesuche über die Restituierung ihrer früheren Besitzungen und Steuereinnahmen bei der spanischen Verwaltung einreichen konnten und durchaus Gehör fanden, wenn die Ansprüche bescheiden genug waren, um leicht erfüllt zu werden. Abgesehen von unmittelbaren männlichen Nachkommen altindianischer *Tlahtoāni* hatten weibliche Kinder vorspanischer Herrscher besonders gute Chancen, denn der Aufstieg innerhalb der spanisch geprägten Gesellschaft konnte ihnen durch Eheschließung mit spanischen Eroberern gelingen, weil der Mangel an spanischstämmigen Frauen viele Spanier in den ersten Jahren der Kolonie dazu brachte, sich mit einheimischen Frauen zu vermählen. Dabei wählten sie aus Prestigegründen bevorzugt Damen aus dem Hochadel. Wenn sich eine solche aztekische Frau mit einem spanischen Eroberer oder seinem Sohn ehelich verband, konnte sie über ihn bei der örtlichen Verwaltung und am spanischen Hof frühere Privilegien, Grundbesitz und ihr Anrecht auf persönliche Dienstleistungen durch untergebene Indianer im Rahmen des Verfahrens der *Probanza de meritos* («Nachweis von Verdiensten») ihres Ehemannes vortragen. Dieses Verfahren war eigentlich zur legalen Befriedigung der Raffgier der spanischen Eroberer eingeführt worden. Wer von ihnen meinte, bei der Verteilung der Beute unter Cortés und den ersten Behörden zu kurz gekommen zu sein, reichte bei der Krone ein Memorandum ein, in dem er seine bzw., wenn er selbst nicht mehr aktiv an der Eroberung teilgenommen hatte, die Verdienste seines Vaters betonte und um Belohnung nachsuchte. War er obendrein mit einer indianischen Prinzessin verheiratet, konnte er auch eine Entschädigung für deren verlorenen vorspanischen Besitz geltend machen, wie es schon 1532 einige männliche Indianer des aztekischen Hochadels erfolgreich getan hatten. So wirkten sich die spanische Gesetzeslage und das spanische Ideal traditionaler Legitimität also auch auf die Verbesserung der Lebensumstände mancher indianischer Adliger günstig aus.

Viele solcher Gesuche gingen bei der zuständigen Behörde im spanischen Mutterland, dem Indienrat in Sevilla, ein. Die meisten waren in langjährigen Prozessen umstritten, da es immer auch Konkurrenz unter den Bittstellern gab. Denn die Beute war ja bereits verteilt, und die Nachkommen wollten sich nicht immer gütlich auf eine Teilung einlassen, um das, was sie errafft oder mühsam wieder errungen hatten, an zu kurz gekommene Verwandte oder gar Fremde abzugeben. Immerhin war die spanische Verwaltung bemüht, die Anträge objektiv zu entscheiden, wozu sie umfangreiche Zeugenvernehmungen durchführte. Das machte die Verfahren allerdings nicht eben einfacher und verzögerte sie beträchtlich. Einige dieser Restitutionsprozesse und Gesuche um Privilegien hatten aber schließlich dennoch Erfolg; darunter als einer der ersten und prominentesten der einer Tochter des Motēuczūma, die nach ihrer Taufe Doña Isabel hieß. Der spanische Adelstitel «*Doña*» kam ihr als altadeliger Aztekin jetzt zu, denn die spanische Krone erkannte den einheimischen Adel durchweg an.

Ihr wirklicher indianischer Name soll nach dem sehr viel später schreibenden Historiker Alva Īxtlīlxōchitl Miyahuaxōchitzin («Maisblüte») gewesen sein, was aber keine andere Quelle bestätigt. Sie wurde indianischerseits immer nur Tēcuichpōtzin genannt, womit ihr Rang als ‹Tochter eines Herrschers› beschrieben wird, denn nichts anderes bedeutet dieser «Name». Motēuczūma hatte sie wahrscheinlich mit einer Tochter seines Vorgängers Āhuitzōtl, also mit seiner Kusine, kurz nach 1505 gezeugt, möglicherweise auch mit einer anderen Prinzessin, die Tochter des *Tlahtoāni* von Tlacōpan war. In vorspanischer Zeit war sie selbst hintereinander mit drei hochrangigen aztekischen Adligen verheiratet gewesen: Zuerst mit Ātl Īxcatzin, ihrem Onkel mütterlicherseits, der als *Tlācatēccatl* einen der höchsten militärischen Ränge im Aztekenreich bekleidete. Dieser ihr erster Ehemann Ātl Īxcatzin fiel während der Kämpfe gegen die Spanier. Danach heiratete sie Cuitlahuāc, den Nachfolger Motēuczūmas als *Tlahtoāni* von Tenochtitlan. Auch er überlebte den Abwehrkampf gegen die Spanier nicht. Wie wir in Kapitel VII gehört haben, ist er schon 60 oder 80 Tage nach seiner Einsetzung 1520 den Pocken erlegen.

Schließlich wurde Tēcuichpōtzin nochmals verheiratet, und zwar mit dem letzten Herrscher von Tenochtitlan, Quāuhtemōc. Sie war bei dieser dritten Eheschließung immer noch sehr jung, etwa 15 Jahre alt, wie einer ihrer späteren spanischen Ehemänner berichtet. Zunächst ihre Jugend und dann auch die kurzen Ehen sind wohl die Gründe, dass sie keine gemeinsamen Kinder mit diesen drei Ehemännern hatte. Bei den Azteken waren Eheversprechen im Namen unreifer Kinder zwar üblich, gleichzeitig respektierte der zukünftige Ehemann jedoch die Jugendlichkeit seiner Braut und vollzog die Ehe in der Regel erst nach ihrer Reife.

Nachdem Tēcuichpōtzin 1521 mit ihrem letzten indianischen Ehemann den Spaniern in die Hände gefallen war und Cortés Quāuhtemōc unter dem Vorwand des Hochverrates 1525 hatte hinrichten lassen, nahm derselbe Cortés sie zur Konkubine und zeugte mit ihr die Tochter Leonor, die aber erst 1527 geboren wurde, als Cortés sich bereits wieder von ihr getrennt hatte. Tēcuichpōtzin war inzwischen christlich getauft worden und hatte dabei den Namen Isabel erhalten. Außerdem stand ihr der spanische Titel «*Doña*» zu. Cortés trennte sich wohl hauptsächlich aus gesellschaftlichen und kirchenrechtlichen Gründen so schnell wieder von ihr, denn er war seit langem mit einer in Kuba zurückgebliebenen Spanierin verheiratet und wollte seine zukünftige Karriere nicht durch ein andauerndes Konkubinat gefährden.

Daher reichte er Doña Isabel, die damals schon von ihm schwanger war, 1526 an einen seiner verdientesten Offiziere, Alonso de Grado, weiter. Er überschrieb den beiden anlässlich ihrer Eheschließung am 27. Juli 1526 großzügigerweise die Encomienda von Tacuba, wie das vorspanische Tlacōpan jetzt hieß, wahrscheinlich mit dem Hintergedanken an sein zukünftiges uneheliches Kind, für das er so indirekt sorgen konnte. Ob diese Überschreibung außerdem ein geschickter Versuch war, zugleich mögliche Ansprüche von Doña Isabel auf angestammtes Erbe mütterlicherseits vorab zu befriedigen, oder ob dieser später von Doña Isabel behauptete Anspruch erst aus der Cortésschen Schenkung heraus konstruiert wurde, ist unklar. Eine Encomienda war allerdings kein wirklicher und vor allem kein vererbbarer Besitz, sondern nur das lebenszeitlich begrenzte Anrecht des Belehnten auf Einkünfte aus der wirtschaftlichen Produktion des von der Encomienda erfassten Gebietes. Nominell blieb das Land mit seinen Bewohnern Eigentum der Krone, die nach dem Tod des Nutzers erneut darüber verfügen konnte. Alonso de Grado ist wahrscheinlich schon 1528 gestorben, und Doña Isabel, die wohl nur pro forma mit ihm verheiratet gewesen war, denn gemeinsame Kinder haben die beiden nicht gezeugt, wurde abermals Witwe und für eine neuerliche Ehe frei.

Sie heiratete wenig später Pedro Gallego. Mit ihm zeugte sie einen Sohn Juan, der den Nachnamen seiner Großmutter väterlicherseits, Andrada, annahm. Er wurde schon 1529 geboren. Jetzt versuchte Doña Isabel erstmals, um ihr Erbe und ihre Rechte auf die Encomienda-Zuweisung durch Cortés zu streiten, denn 1530 hatte die Zivilverwaltung Neuspaniens ihr die Encomienda von Tacuba aberkannt. Das geschah sehr wahrscheinlich, weil Spanier konkurrierend mit ihr einen Teil der Encomienda-Orte zugewiesen bekommen hatten.

Nach Gallegos Tod 1530 oder 1531 heiratete Doña Isabel in dritter legitimer christlicher Ehe Juan Cano de Saavedra, einen 30 Jahre alten Spanier aus Cáceres, der 1520 mit der Truppe von Pánfilo de Narváez nach Mexiko gekommen war, also nicht zu den Konquistadoren der ersten Stunde gehörte, sich aber dann Cortés angeschlossen und die folgenden Kämpfe mitgemacht hatte. Er war ein angesehenes Mitglied der kleinen spanischen Gemeinde Mexikos und bekleidete das Amt eines Festungskommandanten. Doña Isabel setzte den Kampf um ihren Besitz, von ihrem neuen Ehemann tatkräftig unterstützt, beharrlich fort. 1536 reichte das Ehepaar bei der Audiencia, dem obersten Gerichtshof in Mexiko, Klage ein, und zehn Jahre später trugen sie ihr Anliegen, das offenbar noch immer nicht befriedigend geregelt war, in einem Brief Kaiser Karl V. nochmals vor. Diesem Schreiben an ihren König war eine für die Forschung wichtige dokumentarische Anlage beigefügt, die zwar nicht im Original, aber in zwei Abschriften erhalten ist. Sie tragen heute die Namen «Origen de los mexicanos» («Ursprung der Mexikaner») und «Relación de la genealogía y linaje de los señores que han gobernado esta tierra de la Nueva España.» («Bericht über die Genealogie und Abkunft der Herren, die dieses Land Neuspanien regiert haben»). In diesem Memorandum wird die altadelige Abkunft der Doña Isabel ausführlich dokumentiert, unter gelegentlicher zweckdienlicher Verfälschung der historischen Tatsachen. Damit untermauerte das Ehepaar Cano sein Bestreben um Entschädigung und die weitere Nutzung der ihr von Cortés überschriebenen Encomienda von Tacuba. Juan Cano, ihr letzter Ehemann, überlebte seine Frau beträchtlich. Er starb erst 1572, während Doña Isabel schon 1551 hingeschieden war.

Testamentarisch hatte Doña Isabel ein Jahr vor ihrem Tod ihren Besitz, der immer noch nicht abschließend gesichert war, unter die Kinder aus ihrer zweiten und dritten christlichen Ehe aufgeteilt. Eine abschließende Regelung erfolgte erst 1577, als auch ihr letzter Ehemann, Juan

Cano, bereits seit mehreren Jahren verstorben war und die Angelegenheit jetzt in Händen der Nachkommen lag. Mit der testamentarisch verfügten Teilung unter den Andradas und Canos und einer durch Verwaltungsbeschluss von 1577 erfolgten Minderung der beanspruchbaren Rechte waren die Einkünfte aus dem verbliebenen Besitz stark geschmälert. Sie mussten außerdem unter einem halben Dutzend Erben aufgeteilt werden. Daher erging nicht lange nach Canos Tod aus ihrer Mitte ein weiteres Ersuchen an den spanischen König. Es wurde 1590 so beschieden, dass man eine Einkommenserhöhung und dauernde Sicherung für die Nachkommen der Doña Isabel und des Juan Cano in Form eines Majorates gewährte. Ein Majorat ist die Garantie von Einkünften aus bestimmten Ländereien, die der Familie auf ewig zugesprochen wird, also eine dauerhaftere Form des Einkommens als die Encomienda, die spätestens nach wenigen Generationen an die Krone zurückfiel. Auch dieses Majorat sicherte der Familie Cano «nur» etwa 150 Jahre lang ein ausreichendes Einkommen, denn mit dem Rückgang der indianischen Bevölkerung gingen auch die Einkünfte der spanischen Besitzungen zurück, die ja von der indianischen Landbevölkerung erwirtschaftet wurden. Wiederum war die spanische Krone den Nachkommen des Juan Cano und seiner Ehefrau aus dem altmexikanischen Herrscherhaus gnädig und stockte das Majorat mit einem laufenden Barzuschuss auf. Mit dieser Lebenssicherung konnten die Canos, die seit etwa 1570 in Spanien lebten, sich dem Müßiggang des spanischen Adels hingeben. Vorteilhafte Heiraten hatten zur Folge, dass ihre Nachkommen im 17. und 18. Jahrhundert als Markgrafen von Cerralvo und Benalú und als Grafen von Alcudia in die höchsten Adelsränge aufstiegen und sogar unter die «Granden» Spaniens aufgenommen wurden.

Diese Initiative und ihr Erfolg machten Schule. Und so haben andere Nachkommen des Motēuczūma den Canos mit eigenen Bittschriften nachgeeifert und sind zum Teil in eigener Person am spanischen Hof vorstellig geworden. Wegen der langen Prozessdauer und der Notwendigkeit, sich spanischer Rechtsanwälte zu bedienen, war das jedoch ein finanziell riskantes Unterfangen. Der Aufenthalt in Spanien einschließlich der Versorgung der Familie und der Prozesskosten machten sie oft schon bettelarm, bevor in ihrer Sache irgendetwas entschieden war. So erging es den Nachkommen eines Sohnes Motēuczūmas, Tlacahuepan, der den Taufnamen Don Pedro erhalten hatte. Er selbst begab sich 1567 mit seinem Sohn Don Diego Luis de Motēuczūma Ihuitl Temōc nach Spanien, um seine Angelegenheiten zu regeln. Im Wesentlichen wollte er Ansprüche auf das Erbe Motēuczūmas gegenüber der Behauptung der Doña Isabel, er sei illegitim und daher nicht erbberechtigt, verteidigen. In zweiter Linie ging es ihm darum, solche virtuellen oder tatsächlichen Rechte für seine Nachkommen zu sichern. Das bedeutete, dass er seine Ehe mit einer Kusine dispensieren lassen musste, denn nach damaligem Recht war sie wegen des nahen Verwandtschaftsgrades der Eheleute illegitim, was zur Folge hatte, dass alle Nachkommen aus dieser Verbindung vom Erbgang ausgeschlossen waren. Ein Brief des Don Diego Luis vom 18. November 1598 aus Granada in Andalusien an seine Nichten in Mexiko lässt die große Not und geringe Hoffnung auf einen positiven Ausgang der Gesuche ahnen:

> Und auch ich werde, wenn die Kälte das Land wieder verlassen hat, alle, meine Frau und meine Kinder, mitnehmen und alles tun, damit ihr glücklich werdet. Ich tue das nicht nur so, denn gar viele Prozesse bedrücken mich hier. Ach, ihr werdet es später hören, wenn ich es schreiben werde ... Ach, ihr sollt mir schreiben, die Mexikaner und die anderen Bürger, damit es mein Herz beruhigt und damit es mir Kraft gibt, damit es mich aufrichtet im Angesicht des Rates.
> (Colección de documentos de Coyocán, Nr.19)

Don Pedro selbst war kein Erfolg mehr beschieden, denn er starb schon 1570. Sein Sohn und schließlich sein Enkel, Diego Enrique de Motēuczūma, bemühten sich aber in Spanien weiter um Wiedergutmachung auch für ihre Verwandten in Mexiko. Trotz massiver Einsprüche der Canos hat auch dieser Zweig der Familie Motēuczūma schließlich wenigstens einen Prestigeerfolg errungen. Ihnen wurde der neugeschaffene Adelstitel der Grafen von Motēuczūma verliehen. Das Geschlecht besteht in Spanien noch heute, hat sich aber in der Namensschreibung zu Moctezuma vereinfacht.

Einen anderen Lebensweg schlug Don Hernando de Alvarado Tezozomoc (geb. um 1530), Nachkomme desselben Herrscherhauses, ein. Er wurde Historiker und Chronist Mexikos. Seine Mutter war eine weitere Tochter Motēuczūmas, und sein Vater, Diego de Alvarado Huanitzin, war ein Neffe Motēuczūmas sowie von 1536 bis 1539 indianischer Gouverneur von Tenochtitlan gewesen. Daher bekam er, Alvarado Tezozomoc, die Herrschaftsgeschichte Tenochtitlans aus dem Munde Berufener, wie er es etwas umständlich schreibt, erzählt, worauf er als Historiker selbstverständlich sehr stolz war:

Ich habe ihre Geschichte tatsächlich aus ihrem Munde gehört, so wie die legitimen Fürsten, die legitimen Adligen, die gelebt haben, sie ihnen erzählt haben, die hier gleich folgen ... von denen ich sie gehört habe, die ihre alten Geschichten, die ich aus ihren Berichten entnehme, genau kannten.

(Crónica Mexicayotl, § 6d)

Von Cuitlahuācs Kindern hat sein inzwischen christlich getaufter und dabei spanisch als Don Alonso benannter Sohn Āxāyacatzin – er trug gemäß Familientradition den Namen seines Großvaters – ebenfalls gewissen Ruhm erlangt. Er hat eine Geschichte der Azteken verfasst, die zwar nicht erhalten ist, die aber der tetzcuhkanische Historiker Fernando de Alva Ȋxtlīlxōchitl 100 Jahre später ausgiebig als Quelle verwendete, was er auch überliefert hat.

Eine ähnliche Berufswahl wie die beiden vorgenannten traf der aus dem Provinzadel von Chālco stammende Domingo Francisco de San Antón Muñón Chīmalpahin Quāuhtlēhuanitzin (1579 bis nach 1631). Er war eine Generation jünger als Alvarado Tezozomoc, setzte dessen Arbeit fort und übertraf sie mit seinem eigenen umfassenden Geschichtsabriss, der sich nicht mehr nur auf Mexiko beschränkte, beträchtlich. Zunächst hat Chīmalpahin eine der beiden von Alvarado Tezozomoc verfassten Abhandlungen, die «Crónica Mēxihcayōtl» («Chronik des Mexikanertums»), bis etwa ins Jahr 1600 fortgeschrieben. Mit seinem Tagebuch, das er bis 1615 geführt hat, hat er dann eine eigenständige neue Form der Geschichtsschreibung gefunden, während seine ebenso umfangreichen «Relaciónes» («Berichte»), der altindianischen Annalistik verpflichtet blieben. Chīmalpahin war nur noch ein einfacher Indianer im Dienst einer kleinen kirchlichen Privatstiftung im Stadtteil Xōluhco, an der südlichen Peripherie Tenochtitlans. Seine altadlige Abkunft brachte ihm in der kolonialen Gesellschaft anscheinend keine Privilegien mehr, und er scheint seine schriftstellerische Arbeit als Freizeitbeschäftigung neben dem Kirchendienst betrieben zu haben.

Schließlich ist auch aus dem tetzcuhkanischen Königsgeschlecht ein bedeutender indianischer Geschichtsschreiber hervorgegangen. Es ist der schon mehrfach erwähnte Don Fernando de Alva Ȋxtlīlxōchitl. Geboren 1578, war er in fünfter Generation direkter Abkömmling des vorspanischen Herrschers von Tetzcuhco, Nezahualpilli, der wenige Jahre vor Ankunft der Spanier gestorben, oder, wie manche behaupten, spurlos verschwunden war. Alva Ȋxtlīlxōchitls Mutter galt, obwohl dieser Familienzweig inzwischen über die Generationen schon zweimal mit Spaniern versippt war, als angestammte indianische Herrscherin von Tēotihuacān. Es handelte sich bei ihrem Herrschaftsgebiet um eine traditionelle von der Landwirtschaft lebende Gemeinde, nicht um die Hauptstadt des gleichnamigen altindianischen Reiches, die längst verlassen war und als sagenumwitterte Ruine auf der Gemarkung der modernen Gemeinde lag. Alva Īxtlīlxōchitl selbst war ebenso wie Chīmalpahin nicht mehr im Besitz relevanter Privilegien oder Ämter. Immerhin standen ihm aber Privatarchive des tetzcuhkanischen Adels offen, und er beherrschte sicher auch noch das angestammte Aztekische. Es ist aber zweifelhaft, ob er sein Hauptwerk, die «Geschichte der Chichimeken», und andere kleinere Schriften überhaupt noch in aztekischer Sprache geschrieben hat wie seine Vorgänger, denn sein Stil ist so idiomatisch spanisch geprägt, dass man Alva Īxtlīlxōchitl, anders als Chīmalpahin, Belesenheit in spanischer Literatur und Virtuosität im Umgang mit der spanischen Sprache zutrauen muss und er infolgedessen vielleicht selbst direkt in spanischer Sprache schrieb.

Diese vier indianischen Historiker haben von der guten Ausbildung in franziskanisch geführten Schulen Neuspaniens profitiert. Dort wurde ihnen in der frühen Kolonialzeit das Schreiben in aztekischer, lateinischer und spanischer Sprache gelehrt, und dort wurden vorzugsweise Angehörige der alteingesessenen Adelsfamilien ausgebildet. Diese gezielte Eliteausbildung geschah mit dem Hintergedanken, dass die so Ausgebildeten mit ihrer christlichen Bildung Wirkung auf die einfache indianische Bevölkerung ausüben würden, sich ebenfalls den neuen Verhältnissen anzupassen. Für die Sprösslinge altadliger Indianer wurden mit dieser Schulbildung aber auch die Grundlagen gelegt, dass sie ihre Stammesgeschichte niederschreiben konnten. Andererseits konnten sie zu herausragenden Historikern der altindianischen Zeit nur werden, wenn sie Zugang zu den Archiven ihrer ehemaligen indianischen Fürstenhäuser hatten und der Stolz auf ihre altindianische Herkunft sie zu solchem Tun motivierte. Die Kombination dieser drei Faktoren macht die historiographisch hervorgehobene Bedeutung der indianischen Geschichtsschreibung im 16. und frühen 17. Jahrhundert aus. Diese relativ eigenständige indianische Geschichtsschreibung der Kolonialzeit ist mit dem Tode Alva Īxtlīlxōchitls 1650 erloschen.

3. Heerführer und andere hochrangige Amtsträger

Außer Mitgliedern des Herrscherhauses gelangten im hochkomplexen Staat der Azteken auch andere Personen zu Positionen als Entscheidungsträger in Verwaltung, Außenpolitik und der Kriegsführung. Auch sie wurden durch die Ereignisse während der spanischen Eroberung stark dezimiert. Daher können wir nur von wenigen ihr Leben bis in die Kolonialzeit hinein verfolgen, zumal sie auch in den Chroniken und Berichten nicht so prominent genannt werden wie die Herrscher und ihre unmittelbaren Angehörigen.

Ein herausragender und legendenumwobener Militärführer war Tēmīlōtzin. Er taucht in der Überlieferung erst auf, als die Spanier sich schon fest in Tenochtitlan etabliert haben und nur noch von Tlatilolco aus organisierter indianischer Widerstand geleistet wurde. Wie wir im Vorangegangenen gehört haben, war dieser Widerstand zeitweilig allerdings sehr erfolgreich und brachte die Spanier mehrmals an den Rand einer entscheidenden Niederlage. Das ist zu großen Teilen der Tapferkeit, vielleicht auch den taktischen Fähigkeiten Tēmīlōtzins und seines engen Mitstreiters Coyōhuēhuehtzin zu verdanken. Beide waren Mitglieder des Kriegerordens der Jaguare. Möglicherweise hat sich damals Tlatilolco von Tenochtitlan, das ja längst nicht mehr souverän war, da die Spanier es besetzt hielten, losgesagt und seine ehemalige unabhängige Dynastie wiederbegründet, in der Tēmīlōtzin *Tlahtoāni* wurde. Das legt der anonyme Bericht eines Azteken nahe, den der Franziskanermissionar Sahagún überliefert, der 40 Jahre später selbst in Tlatilolco wirkte. Andere Quellen berichten hingegen übereinstimmend, dass Tēmīlōtzin «nur» *Tlācatēccatl* von Tlatilolco war und dass Quāuhtemōc politisch und militärisch über ihm stand und die letzten Entscheidungen traf. Dass die Regierungsverhältnisse in Tlatilolco alles andere als einfach waren, haben wir schon bei der Investitur Quāuhtemōcs als Gouverneur von Tlatilolco vor

Ankunft der Spanier gehört. Diese Problematik taucht nun, im Endkampf gegen die Spanier, unvermittelt wieder auf. Allerdings scheint dadurch keine Befehlsunsicherheit und kein die Kampfkraft störender innerer Konflikt auf Seiten der Azteken verursacht worden zu sein; Tēmīlōtzin, Coyōhuēhuehtzin und Quāuhtemōc kämpften koordiniert und mit übereinstimmenden Zielen. In einem Lied, das wohl die letzten Kämpfe vor der Kapitulation schildert, wird das indirekt bestätigt:

> Nimm deine Kraft zusammen und kämpfe, General Tēmīlōtzin! Kastilier und Chinampaneken nahen in Schiffen. Die Tenochkaner sind umzingelt, die Tlatilolkaner sind umzingelt. Unterdessen errichtet der General Coyōhuēhuehtzin Barrikaden. Aculhuahkaner nähern sich auf der Dammstraße von Tepēyacac. Die Tenochkaner sind umzingelt, die Tlatilolkaner sind umzingelt. Wer von den Tenochkanern sich im Kampf geopfert hat, ist schon Gefangener des erhabenen Hauptmannes, des Guzmán. Oh weh Mēxihco, o weh! Die Tenochkaner sind umzingelt, die Tlatilolkaner sind umzingelt. Aus den edlen Arkebusen rollt der Donner, rollt, und Qualm steigt hervor. Sie haben Quāuhtemōc ergriffen, und alle mexikanischen Prinzen gehen [in Gefangenschaft] über den See. Die Tenochkaner sind umzingelt, die Tlatilolkaner sind umzingelt.

(Cantares, Lied 66, Teil D)

Mehrfach gelang es Tēmīlōtzin durch mutigen Angriff, aber auch durch taktisch klugen Rückzug, den Kampf seiner Truppen gegen die Spanier unentschieden zu halten, während sein Gefährte Coyōhuēhuehtzin sogar mehrere Siege errang, von denen aber keiner die Spanier und ihre Verbündeten entscheidend schwächte. Als Quāuhtemōc schließlich zur Kapitulation entschlossen ist, sind Tēmīlōtzin und sein Sohn Āhuehuēlitoc, auch er schon ein ausgezeichneter Krieger, beim abschließenden Kriegsrat dabei. Da Tēmīlōtzins Rang und Bedeutung von den Spaniern anscheinend nicht erkannt wird, kann er sich der Kriegsgefangenschaft entziehen, indem er mit einigen anderen hochrangigen Azteken nach Quauhtitlan, einer Stadt am nordöstlichen Seeufer, flieht. Von dort kehrt Tēmīlōtzin, als die spanischen Truppen aus der Stadt abgezogen sind und sich in Coyōhuahcān niedergelassen haben, nach Tlatilolco zurück. Vermutlich versuchte er jetzt, die zerstörte Stadt wiederzuerrichten und die geflohenen Bewohner zur Rückkehr zu bewegen.

Das war dann wohl auch der Anlass, weswegen Cortés doch noch auf ihn aufmerksam wurde und ihn, als er 1524 seinen langen Feldzug nach Honduras plante, mitnahm, um keine bedeutende indianische Persönlichkeit zurückzulassen, die während seiner Abwesenheit vielleicht einen Aufstand organisieren könnte. Tēmīlōtzin wird in Itzamkanac Zeuge der Denunziation Quāuhtemōcs, dessen kurzen Prozesses und seiner Hinrichtung durch die Spanier. Er und sein Freund Ehēcatzin befürchten nun, dass auch ihnen Ähnliches bevorsteht. Daher verstecken sie sich im Pferdeverschlag eines Schiffes, das zur Rückfahrt nach Zentralmexiko bereitliegt. Cortés plante wohl, von der Küste bei Itzamkanac zunächst nach Kuba zu segeln und erst von dort nach Mexiko zurückzukehren. Sechs Tage nach der Abfahrt von Itzamkanac werden die beiden auf hoher See in ihrem Versteck entdeckt, wo sie sich unvorsichtigerweise laut unterhalten haben. Man führt sie vor Cortés, der sie durch Malintzin ausführlich befragen lässt. Anschließend wird ihnen mitgeteilt, dass sie nach Spanien gebracht werden sollen. Tēmīlōtzin deutet nun alles, was von spanischer Seite geplant ist, als Absicht, ihn und seinen Begleiter zu töten. Er kann sich nicht vorstellen, dass Cortés für die künftige Verwaltung der Indianer Neuspaniens fähige Einheimische braucht, die ihm ihre Erfahrung zur Verfügung stellen könnten. In diese Richtung zielte nämlich die Befragung durch Cortés, der sich ein Bild davon machen wollte, ob Tēmīlōtzin und Ehēcatzin für solche Aufgaben geeignet wären. Der anonyme Autor der Annalen von Tlatilolco beschreibt nur drei Jahre nach den Ereignissen das tragische Ende Tēmīlōtzins:

> Als dieses Gespräch stattfand, war das Schiff schon sechs Tage unterwegs. Dann setzt der Marqués sie zu Herrschern ein und sagt zu ihnen: «Ihr seid jetzt große Herrscher. Setzt euch!» Da setzen sich die beiden Herrscher nieder. Tēmīlōtzin erhebt sich dann plötzlich und Ehēcatzin denkt, sicher wird er den Verstand verlieren. [Tēmīlōtzin] sagt zu Ehēcatzin: «O Herrscher Ehēcatzin, wohin fahren wir? Wo befinden wir uns? Lass uns nach Hause gehen!» Ehēcatzin erwidert ihm: «Sind wir nicht gefangen, Tēmīlōtzin? Wohin sollen wir gehen, denn das Schiff ist schon 6 Tage unterwegs?» Er aber, Tēmīlōtzin, will nicht hören, dass er ihn abhält. [Ehēcatzin denkt sich:] «O dass er nicht dahin ginge, wo er hingehen will!» Sie sahen, wie er sich ins Meer stürzte. Er schwimmt nach Westen und rudert mit den Beinen. Malintzin schaut ihm bis Sonnenuntergang nach, ruft ihm hinterher und spricht zu ihm: «Wohin gehst du, Tēmīlōtzin? Kehre um, komm zurück!» Er [aber] gehorcht nicht. Vielmehr entfernt er sich und entschwindet schließlich. Niemand weiß, ob er die Küste je erreicht hat, ob ihn eine Schlange verschluckt, ob ihn ein Krokodil verzehrt oder ob ihn, den Tēmīlōtzin, die Fische aufgefressen haben.
> (Annalen von Tlatilolco, Teil I, §§ 42–44)

Tēmīlōtzins Befürchtungen bezüglich der Absichten der Spanier waren unbegründet, denn sein Gefährte Ehēcatzin wurde zwar zunächst nach Spanien gebracht, anschließend ist er aber als Gouverneur in seiner Heimatstadt Tlatilolco eingesetzt worden. Drei Jahre später, nach seinem Tod, folgte ihm in diesem Amt dann sogar Tēmīlōtzins Sohn Āhuehuēlitoc, inzwischen getauft und hispanisiert Don Juan Ahuelitoc genannt.

4. Das Volk

Die Mitte des 16. Jahrhunderts war eine bewegte Zeit. Mexiko wurde zum Ausgangspunkt zahlreicher Expeditionen in alle Richtungen: In den heutigen Südwesten der Vereinigten Staaten drang Francisco Vásquez de Coronado 1540–1542 vor. Er fand dort zwar nicht die sagenhaften sieben reichen Städte, erschloss das Gebiet der Pueblo-Indianer aber für die spätere spanische Mission und Kolonisierung. In weniger ferne Gegenden führten die kriegerischen Expeditionen gegen die schweifenden chichimekischen Stämme, die erst gegen Ende des Jahrhunderts einigermaßen befriedet werden konnten. Das gelang vor allem dank der Unterstützung durch indianische Truppen und Siedler aus Tlaxcallān. In Sümpfen und unter tropischem Regen scheiterte 1559–1560 die in Mexiko ausgerüstete Expedition des Tristán de Luna y Arellano nach La Florida, an der wiederum aztekische Hilfstruppen beteiligt waren. Dieses Scheitern und zwei zuvor schon mit ähnlich bescheidenem Erfolg durchgeführte Expeditionen nach Nordamerika, darunter die des Hernando de Soto, legten den Grundstein dafür, dass dieser Teil des Kontinentes am Golf von Mexiko heute nicht spanisch, sondern angelsächsisch geprägt ist.

1563 war Don Martín Cortés, legitimer Sohn und Nachfolger des Hernán Cortés, aus Spanien zurückgekehrt und wurde mit Pomp in Mexiko empfangen. Er kannte Mexiko allerdings kaum, da er schon als siebenjähriger Bub mit seinem Vater nach Spanien gegangen war und erst jetzt als dreißigjähriger Mann zurückkehrte. Seine Rückkehr brachte Unruhe unter die jungen Adligen in Mexiko, die unter Beteiligung des Martín Cortés und seines Halbbruders Luis sowie einiger alter Konquistadoren angeblich eine Verschwörung gegen die vizekönigliche Regierung anzettelten. Sie wurde 1566 rechtzeitig von den Behörden aufgedeckt und im Keime erstickt. Die Rädelsführer wurden hingerichtet oder zur weiteren Aburteilung nach Spanien verschifft. Ein neuer Erzbischof, Alonso de Montúfar, wurde 1564 in Mexiko festlich empfangen. Miguel López de Le-

ABB. 46 UND 47 *Der Vizekönig Luis de Velasco und der indianische Gouverneur Esteban de Guzmán im Gespräch.*
Der Vizekönig sitzt bequem in seinem Klappstuhl. Er hat das Schwert, Zeichen seiner Machtbefugnisse, gegürtet, ist aber ansonsten einfach gekleidet. Ihm gegenüber steht in gehörigem Abstand und barfuß der indianische Gouverneur, der seinerseits durch den langen Amtsstab in seiner Funktion als Vertreter der

gazpi y Gurruchátegui brach mit einer kleinen Flotte von Ācapūlco an der Pazifikküste Mexikos zu den südostasiatischen Inseln, den später so genanten Philippinen, auf, was auch vor ihm schon andere versucht hatten, von denen aber keinem die Rückkehr gelungen war. López de Legazpis Flotte aber kehrte unter der Leitung des Andrés de Urdaneta y Zerain nach über einem Jahr auf einer neu erschlossenen Route nach Mexiko zurück. Dort landeten sie am 3. Oktober 1565 an. Man erkannte in Mexiko sogleich, dass hiermit eine neue Verbindung mit lukrativen Aussichten auf Handel mit Ostasien möglich geworden war, und empfing den Leiter Urdaneta mit großen Ehren.

In Europa verabschiedete das Trientiner Konzil (1545–1563) seine kirchenreformierenden Beschlüsse. Und der Augsburger Religionsfriede (1555) zwischen Protestanten und Katholiken stabilisierte mit seinen beiden noch heute nachwirkenden Bestimmungen *cuius regio eius religio* und

indianischen Belange ausgewiesen ist. Außer seiner weißen, bereits nach spanischem Schnitt gefertigten Kleidung hat er den traditionellen indianischen Mantel (*Tilmahtli*) umgelegt und vor der Brust geknotet. Die beiden sprechen miteinander (Voluten vor beider Kopf). [Codex Osuna, Ausschnitt von der Rückseite des unnummerierten Blattes nach Blatt 465].

dem *reservatum ecclesiasticum* die konfessionellen Verhältnisse in Deutschland, hatte allerdings keinerlei Auswirkungen auf die rein katholischen Länder unter spanischer Herrschaft. Schließlich erlebte man die Abdankung (1556) und den Tod (1558) Kaiser Karls V. und die Krönung seines Sohnes als König Philipp II. von Spanien, während die österreichische Linie des Hauses Habsburg unter Ferdinand die Kaiserwürde für sich beanspruchte. Auch diese Ereignisse und politischen Verschiebungen im fernen Europa wurden in Neuspanien aufmerksam beobachtet, und ihre Wirkungen waren auch dort, freilich mit Verzögerung und nur selektiv und indirekt zu spüren.

Über diese weltpolitischen Ereignisse sollten wir nicht vergessen, dass für die einfachen Indianer in Mexiko die schiere Alltagsbewältigung mit ihren ständigen Konflikten mit spanischen Bürgern, der Kirche, der kolonialspanischen und der indianischen Verwaltung, im Vordergrund standen. In den Jahren seit 1550 scheint trotz eines kompetenten Vizekönigs die Verwaltung aus dem Ruder gelaufen zu sein und die Leidensfähigkeit ihrer Untertanen überfordert zu haben. Die Abordnung des aus Xōchimīlco stammenden Untersuchungsrichters Esteban de Guzmán zur Untersuchung der Amtsführung der indianischen Verwaltung von Tenochtitlan und eine gleichartige Maßnahme für die übergeordnete spanische Verwaltung des Vizekönigreiches waren Versuche, hier Abhilfe zu schaffen (Abb. 46).

Vor allem über die Missstände der spanischen Verwaltung und über die Maßnahmen, unter denen die Indianer besonders zu leiden hatten, möchte ich berichten. Am Montag, dem 20. September 1563, kam der spanische Visitator Jerónimo de Valderrama in der Hauptstadt Mexiko an, nachdem er zwei Monate zuvor schiffbrüchig und seiner gesamten Habe verlustig in Veracruz amerikanischen Boden betreten hatte. Er sollte die Amtsführung der Audiencia überprüfen. Im selben Jahr noch nahm er daher Beschwerden der Indianer entgegen. Sie wurden bildlich niedergelegt und buchstabenschriftlich in aztekischer Sprache erläutert und sind als «Codex Osuna» erhalten. Einige Monate nach Abschluss dieses ersten Untersuchungsganges ließ Valderrama die indianischen Beschwerdeführer nochmals nach Mexiko kommen. Ihnen wurden jetzt die bildlichen, in aztekischer Sprache kommentierten und flüchtig ins Spanische übersetzten Protokolle vorgelegt und vorgelesen. Sie mussten jetzt deren Wahrheit beeiden, und Valderrama schloss die Untersuchungen 1565 ab.

Hier seien nun die Ergebnisse der Untersuchungen Valderramas referiert, soweit sie einen Richter an der Audiencia, den Dr. Vasco de Puga, seine Ehefrau und ihren gemeinsamen Haushalt betreffen. Vasco de Puga war ein bedeutender Verwaltungsjurist. Wir verdanken ihm die erste amtliche Zusammenstellung von Gesetzen und Erlassen Neuspanien betreffend, das sogenannte «Cedulario», das er 1563 in Mexiko drucken ließ. Nun aber die indianischen Beschwerden gegen ihn: 40 Lasten Kalk zu insgesamt 20 Fanegas, die 1560 für die Renovierung seiner Stadtresidenz neben dem Kloster von Santo Domingo geliefert wurden, sind noch unbezahlt. 5110 Lasten Heu, die ebenfalls für seine Stadtresidenz bestimmt waren, sind nur zur Hälfte bezahlt worden. 4389 Lasten Heu für sein Landgut in Iztācalco sind mit 20 Kakaobohnen je Last nicht angemessen bezahlt worden, und die gleiche Menge Heu wurde nur zur Hälfte bezahlt. Wiederholte Brennholztransporte und Trinkwasserlieferungen von Coyōhuahcān nach Mēxihco und nach Tlacōpan, von 10 Männern durchgeführt, sind insgesamt unbeglichen. Die Inanspruchnahme von 4 Indianern für persönliche Dienste einmal in der Woche über mehrere Jahre hinweg und die Beschäftigung von 62 sonstigen Dienstleistenden unter einem Aufseher im persönlichen Hausdienst sind unbezahlt. 20 Adobe- und Ziegelträger mit Lasten zur Errichtung eines Gartenhauses auf Pugas Landgut sind nicht entlohnt worden. Frau Puga fordert mehrmals eine Amme an, die sie nicht bezahlt; und Dr. Puga lässt die beiden Alkalden Pedro de la Cruz Tlapaltecatl und Martín Cano obendrein zwei Tage lang ins Gefängnis werfen, weil die Amme, die sie seiner Frau vermittelt haben, schlechte Milch hat. Auch Gemüse, das Frau Puga erhalten hat, bezahlt sie nicht, weil sie mit dessen Qualität nicht zufrieden ist, und sie haut es bei dieser Gelegenheit oder ein andermal dem von ihr mit dem Einkauf beauftragten Indianer Miguel Chīchīmēcatl um die Ohren. Frau Puga packt bei einer weiteren Gelegenheit einen Alguacil an den Haaren und wirft ihn zu Boden, weil sie mit der Qualität der Apfelsinen, die er ihr bringt, nicht zufrieden ist (Abb. 48). Dr. Puga schlägt den Alguacil Miguel Chīchīmēcatl zweimal nieder, so dass jener bewusstlos zu Boden fällt. Dr. Puga legt die beiden Alkalden Miguel Sánchez und Melchor Diez drei Tage lang in den Stock; Dr. Puga legt den *Alguacil* Francisco Pehua sieben Tage in den Stock; Dr. Puga legt den *Alguacil* Antón Tepalto sieben Tage lang in den Stock und belegt ihn mit einer Geldstrafe von zwei Pesos; Dr. Puga legt den Alkalden und «*Indio Principal*» Melchior Diez abermals und nun sogar für acht Tage in den Stock. Der Dolmetscher des Dr. Puga hält sich den indianischen *Alguacil* Lázaro Martín als Burschen.

Wie jede Verwaltungskontrolle hat auch eine Visitation im Auftrag der spanischen Krone den Zweck, Missstände aufzudecken und dann durch Änderungen etwas zu verbessern. Was tat der Visitator Valderrama nach dieser Bestandsaufnahme, zu der sicherlich auch die Anhörung der beschuldigten spanischen Amtsträger, also in unserem Fall des Dr. Puga, gehörte, um dem übergeordneten Staatsinteresse zu dienen? Valderrama überredete, so schildert es der Verwaltungsjurist Alonso de Zurita, oder zwang drei der sechs Oidoren, nämlich Puga, Villalobos und Villanueva, zum Rücktritt. Der unbekannte Chronist des «Codex Aubin» und Chīmalpahin sagen uns, wann und wie das geschah:

> Am 2. Januar des Jahres 1566, einem Mittwoch, haben sie den Oidoren Doktor Puga u. a. die Amtsstäbe weggenommen. [Und:] Sie gingen alle nach Kastilien.

Das heißt, man hat sie in einem symbolischen Akt ihrer Ämter enthoben und nach Spanien geschickt, wo sie sich vor dem Indienrat zu verantworten hatten. Es ist dokumentarisch nicht überliefert, ob und gegebenenfalls wie die beschwerdeführenden Indianer entschädigt wurden. Eine Entschädigung wäre angebracht gewesen, da einige Beschwerdepunkte offensichtlich anerkannt wurden, denn sonst wäre wohl kaum eine Amtsenthebung des Dr. Puga und seiner beiden Kollegen erfolgt, und dem Dr. Puga wäre nicht noch eine Geldstrafe auferlegt worden.

Die einfachen indianischen Bürger konnten auch von ihrer eigenen Verwaltung, gegen die sie ebenfalls geklagt hatten, kaum mit Wiedergutmachung rechnen. In diesem Fall wohl einfach deshalb, weil die indianische Verwaltung ihrerseits von den übergeordneten spanischen Beamten finanziell ausgesogen wurde. Und auch die unrechtmäßigen Dienstleistungen, die sie von ihren Untergebenen verlangten, waren oft Notmaßnahmen, um die von ihnen selbst seitens der Spanier erpressten Dienste und Abgaben zu erbringen. Folglich sammelten indianische Amtsträger kaum Kapital oder Realvermögen an, aus dem Entschädigungen hätten geleistet werden können. Wie so oft in stratifizierten Gesellschaften ist auch im mehrschichtigen Gefüge der mexikanischen Kolonialgesellschaft der Angehörige der untersten, produzierenden Schicht, der einfache Indianer also, der Leidtragende, Ausgebeutete, der trotz eines nominell für alle gleich geltenden Rechtssystems am wenigsten geschützt ist.

Ich möchte noch eine kurze Betrachtung des kolonialspanischen Rechtssystems und der Verwaltungspraxis unter sozialökonomischem Blickwinkel anschließen: Es gab immer wieder Streit zwischen Amtsträgern der spanischen Krone einerseits, der indianischen Verwaltung als zwischengeschalteter Ebene andererseits und drittens den abhängig Beschäftigten dieser Staatsrepräsentanten, also den Indianern, Negern, Mestizen, Mulatten und einfachen spanischen Bürgern. Die Konflikte resultieren zu einem guten Teil aus der unangemessen niedrigen Besoldung der Beamten und ihrer im damaligen Ständestaat unumgänglichen Repräsentationspflicht. Spanische Verwaltungsbeamte waren deswegen, selbst wenn sie nicht besonders geldgierig oder skrupellos waren, stets versucht, für Dienstleistungen und Waren nicht oder nicht angemessen zu bezahlen. Es wurde in diesbezüglichen Streitfällen von den spanischen Gerichten deshalb vermutlich meist pragmatisch und nicht streng nach Gesetz entschieden, so dass eine Entschädigung wohl selten und wohl auch nie in der von den Klägern geforderten und durch Zeugenaussagen nachgewie-

ABB. 48 *Frau Puga misshandelt einen indianischen Alguacil.*
Der aztekische Text zur bildlichen Beschwerde erläutert diese so: ‹Die Ehefrau des Dr. Puga hat auch noch den [indianischen] Polizisten Miguel Chīchīmēcatl geschlagen, weil ihr die beiden Apfelsinen, die er ihr gebracht hat, nicht zusagen.› Frau Puga mit langen blonden Haaren und in ein knallrotes Gewand gekleidet, ergreift den Indianer an den Haaren und wirft ihn zu Boden. [Codex Osuna, Ausschnitt aus Blatt 474v.]

senen Höhe erfolgte. So mag es auch in diesem Fall gewesen sein. Allerdings waren Indianer von den Unterprivilegierten noch am besten gestellt. Rassistische Vorurteile ihnen gegenüber gab es nicht, ganz im Gegensatz zu den Negersklaven bzw. den Freigelassenen oder geflohenen Negern, die immer wieder massive Übergriffe zu erdulden hatten, weil die Spanier ihnen einfach alles Schlechte und Gemeine zutrauten. Und selbst Europäern ging es eventuell schlechter als Indianern, wenn sie Protestanten oder heimlich praktizierende Juden waren und nicht sogleich ihrem häretischen Glauben abschworen. Ihnen drohten Enteignung, Gefängnisstrafen und eventuell sogar die Hinrichtung nach einem öffentlichen Inquisitionsprozess.

Epilog
Nachruhm der aztekischen Dynastie

Tovt ainsi qu'vn haut & eminent edifice, tant plus il est esleué, faict vn plus grād, plus lourd & plus desolé soubre-saut, dés qu'il vient à boule-uerser: aussi tant plus haut sont montés les Princes, sils viennent à tresbucher, c'est alors qu'ils font plus piteux & plus horrible esclat que s'ils n'eussent esté niché si haut. L'experience iustifiera de mō dire, & notamment le present discours, qui representera vn abbregé de l'estat de la magnificence & richesse de ce Roy, qui fut en fin tellement des-appointé de fortune, que, reduit sous la calamité d'vne prison, il fut assomé à coups de pierres par ses propres subiets.

Ebenso wie ein hohes und herausragendes Gebäude und um so hervorgehobener es ist, einen um so größeren, schwereren und verzweifelteren Sturz macht es, wenn es umgestoßen wird. Wenn Prinzen ebenso hoch aufgestiegen sind, bevor sie straucheln, erregen sie danach viel größeres Mitleid und erzeugen einen schrecklicheren Knall, als wenn sie nicht so hoch oben gesessen hätten. Die Erfahrung wird mein Urteil bestätigen und insbesondere die folgende Abhandlung, die eine abgekürzte Darstellung des Zustandes, des Ansehens und des Reichtums dieses Königs geben wird, der schließlich so vom Glück verlassen wurde, dass er sogar noch im Unglück der Gefangenschaft von Steinwürfen seiner eigenen Untertanen getötet wurde.

(Thevet, *Les vrais pourtraits*, Kapitel 142, Blatt 644r-v.)

Die letzte Ehre, die Bürger und Staat, einschließlich der Repräsentanten anderer zentralmexikanischer Fürstentümer, dem verstorbenen *Tlahtoāni* gaben, war die prunkvolle Einäscherung mit begleitenden Riten und Ansprachen. Ich habe sie in Kapitel VI.5 für Āxāyacatl ausführlich geschildert. Gewiss haben solche Totenfeiern lange im kulturellen Gedächtnis der Azteken nachgewirkt. Anders ist nicht zu erklären, dass wir so viele Berichte über die Einäscherungen und Trauerfeiern aztekischer Herrscher haben. Ansonsten bleibt die offizielle Erinnerung an den verstorbenen *Tlahtoāni* in den Staatschroniken als einfache Todesmeldung mit Darstellung seines Totenbündels auf dem Mattenthron erhalten. Öffentliche Grabmonumente wurden dem toten Herrscher hingegen nicht errichtet, und auch einen individuellen erinnernden Toten- und Ahnenkult praktizierten die Azteken nicht. Immerhin gab es aber am Felsen von Chapultepēc lebensgroße Bildnisse, auf denen sich seit Ilhuicamīna fast alle Herrscher hatten porträtieren lassen. Der einfache Mensch aus dem Volk konnte sie dort bewundern und sich, wenn er als Wanderer oder Pilger an diesem Ort vorbeikam, ihre Taten ins Gedächtnis rufen. Herrscherporträts dieser Art waren keine Erfindung der Azteken, denn auch im Nachbarstaat von Tetzcuhco gab es sie. Und selbst in grauer Vorzeit hatten schon die Olmeken große Kopfskulpturen ihrer Herrscher öffentlich aufgestellt. Verglichen mit der Allgegenwart von Herrscherbildnissen in Altägypten oder im Römischen Reich sind dies jedoch bescheidene und einmalige Denkmäler. Die aztekische Auffassung vom Herrschertum kontrastiert mit frühen Staaten in anderen Weltregionen auch dadurch, dass keinerlei Ansätze für einen Grab- und Ahnenkult mit entsprechenden Prunkbauten zu erkennen sind und keine Gedenkrituale zelebriert wurden. Adressaten für Gebete sind stets die Götter, nicht die Ahnen, und in den Tempeln wurden nur Götter verehrt. Dort wurden also auch keine Herrscherbildnisse aufgestellt. Selbst die Bestattung der Asche des verstorbenen Herrschers in einer bescheidenen Stein- oder Tonkiste erfolgte zwar auf dem Gelände des Haupttempels, doch markierte anschließend kein Gedenkstein das Grab.

Erst im 19. Jahrhundert, als auch Mexiko am europäischen historiographischen Aufschwung teilnahm, begann man, mit überlebensgroßen Statuen, Reliefs und Gedenktafeln an verschiedenen Orten der Stadt Mexiko der letzten aztekischen Herrscher zu gedenken. Im späten 19. Jahr-

356 Epilog

hundert wählte das damals sehr nach Europa ausgerichtete und eine Modernisierungswelle erlebende Mexiko den Paseo de la Reforma, eine Nachbildung der Champs Elisées in Paris, um solche Skulpturen oder auch abstrakte Monumente in Erinnerung an einige aztekische Herrscher aufzustellen. An der Kreuzung der beiden größten Straßen des modernen Mexiko, der Avenida de los Insurgentes und dem Paseo de la Reforma, ist ein solches Monumentalbauwerk für Cuitlahuāc errichtet. Allerdings wird es kaum als solches wahrgenommen, da es von den mehrspurigen Autostraßen und einem Kreisverkehr begrenzt wird und Fußgänger nicht zum Nähertreten einlädt. Auch Quāuhtemōcs wird am Paseo de la Reforma mit einem eher bescheidenen Denkmal gedacht. Alle diese Denkmäler werden von der Bevölkerung zwar kaum beachtet, potentiell bleiben sie aber Erinnerungszeichen ihrer vorspanischen Geschichte.

Motēuczūma

In Mexiko und in gewissem Maße auch im Mutterland Spanien und im übrigen Europa blieb Motēuczūma als herausragende tragische Gestalt im Kampf gegen die Spanier in lebhafter Erinnerung. Dazu beigetragen hat die immer wieder neugeschriebene «Geschichte der Eroberung». Das beginnt mit Hernán Cortés' Hauskaplan López de Gómara, dessen zweibändiges Werk «Das siegreiche Spanien» (*Hispania Victrix*) schon 1552 in Zaragoza veröffentlicht wurde und in den folgenden Jahren noch mehrmals an anderen Orten, bis die Zensur weitere Drucke verbot. Man nahm nicht etwa Anstoß an der Schilderung altaztekischer Zustände im ersten Band, sondern es gefiel den königlichen Zensoren nicht, dass der Eroberer Cortés so glänzend dargestellt wurde. Die Tradition spanischer Eroberungsgeschichten nimmt mit diesem Buch seinen Anfang und reicht dann bis ins 20. Jahrhundert, in dem der bedeutende Schriftsteller Salvador de Madariaga in seinen beiden Romanen «Das Herz von Jade» (*El corazón de Jade*) und «Hernán Cortés» das Thema erneut literarisch geformt hat.

Auch die Entschädigungsprozesse und der Teilerfolg von Nachkommen Motēuczūmas bei der Vergabe von Adelstiteln trugen dazu bei, den Namen und damit auch die Erinnerung an seine früheren Träger am Leben zu erhalten. Das mit Motēuczūmas Namen verknüpfte Prestige führte dazu, dass Indianer, die auch diesen Namen trugen, ihn bewahrten und nicht durch einen spanischen ersetzten. Beim Aufschlagen eines Telefonbuches Mexikos begegnen einem noch heute viele hundert Moctezumas, was selbstverständlich nichts darüber aussagt, ob sie nun wirklich Nachkommen des letzten vorspanischen Tlahtoāni sind, denn auch andere Indianer trugen in vorspanischer Zeit diesen Namen. Daher ist sich selbst der berühmte Ausgräber des Haupttempels von Tenochtitlan, Eduardo Matos Moctezuma, seiner Abstammung vom aztekischen Tlahtoāni nicht sicher. Hingegen lebt in Spanien das Geschlecht der Grafen von Moctezuma fort, das seine Abstammung unzweifelhaft auf den aztekischen Herrscher dieses Namens zurückführen kann.

Für andere europäische Länder hat der Frankfurter Verleger Theodor de Bry seit Ende des 16. Jahrhunderts mit seinen opulent illustrierten Sammelbänden über Amerika, die er in deutscher, niederländischer, französischer und lateinischer Sprache verlegte und sehr erfolgreich auf den Buchmessen und durch seine Agenten in ganz Europa verkaufte, zur Kenntnis über die Eroberung Mexikos und die mexikanischen Herrscher beigetragen. De Brys Darstellung der Gräueltaten der Spanier entspringt einer bewusst vorgetragenen politischen Haltung des niederländischen Protestantismus gegenüber dem katholischen Spanien, mit dem die Niederlande in einen langen Freiheitskampf verwickelt waren.

> Wie nun die Spanier sahen / dass sie ihrer Hoffnung der grossen Reichthumb waren betrogen / wurden sie hefftig vber die Bürger ergrimmet vnd erbittert / namen den mehrer theil gefangen / peinigten vnd marterten sie mit Fultern vnd andern erschrecklichen Instrumenten ganz jämmerlich / dass sie ihnen sollten anzeigen / wo sie das Gold vnd Kleinoter vergraben hetten.
> (Bry, America, Buch 5, S.69 der Ausgabe von 1590)

Die Polemik, aber sicher auch die sorgfältige Illustrierung mit Stichen, hat de Brys Werk bei den Zeitgenossen hohe Beachtung und bleibendes Interesse verschafft, und es wird auch heute noch nachgedruckt.

Erstaunlich ist es, Motēuczūma schon im Jahr 1584, also gut ein Jahrzehnt vor de Bry, unter die 150 berühmtesten Personen der Weltgeschichte eingereiht und mit einem Porträt gewürdigt zu finden. Das unternahm der französische Kosmograph André Thevet in seinem Buch, aus dem ich die einleitenden Sätze im Motto zitiert habe. Thevet bediente sich für sein Porträt Motēuczūmas einer altmexikanischen Bilderhandschrift, die französische Piraten vierzig Jahre zuvor einer spanischen Flotte abgenommen hatten und die ihm als königlichem Kosmographen am Hofe Franz' I. zugänglich war. Seine biographischen Informationen hat Thevet der zwar von der Zensur verbotenen, aber dennoch in Europa weiter zirkulierenden Eroberungsgeschichte des López de Gómara entnommen.

Motēuczūmas Ruhm verbreitete sich infolge solcher einflussreicher Veröffentlichungen rasch in ganz Mitteleuropa. Selbst in dem entlegenen Städtchen Weimar finden wir ihn unter fünfzig anderen berühmten Männern der Weltgeschichte mit einer Büste in einer Mauernische des Parks von Schloss Großkomsdorf porträtiert (Abb. 49). Johann Theodor von Mortaigne, ein General des Dreißigjährigen Krieges, hatte den Park 1668 erworben, und die Büsten wurden wohl wenig später aufgestellt. Es ist gut möglich, dass er sich von Thevets Porträt- und Biographiesammlung berühmter Personen der Weltgeschichte dazu hat anregen lassen.

Die Rezeptionsgeschichte Motēuczūmas in Mexiko und darüber hinaus im südlichen Mesoamerika hat wohl schon in vorspanischer Zeit bei der bodenständigen bäuerlichen Bevölkerung legendäre Formen und Überhöhungen erlebt. So taucht in indianischen Quellen der frühen Kolonialzeit bei den Quiché sein Name gelegentlich nicht als Repräsentant eines bestimmten Herrschers dieses Namens, sondern als generalisierter Begriff und als Personifizierung des mächtigen Reiches der Azteken auf. In den Bergen nordwestlich der aztekischen Hauptstadt lebt sein Name bei der dortigen Otomih-Bevölkerung als indianische Gottheit sogar bis heute fort.

Schon früh in der Kolonialzeit ist Motēuczūma auch im gebildeten städtischen Milieu zum Synonym für indianische Herrscher Mexikos schlechthin geworden, ganz ähnlich, wie sich der Name des Römers Gaius Julius Caesar zum Titel «Kaiser» wandelte. Das begann mit dem Buch eines entfernten Nachkommen dieses aztekischen Herrschers, namens Diego Luis de Montezuma, das dieser «Corona mexicana; ó historia de los nueve Motezumas» titulierte und im 17. Jahrhundert veröffentlichte. Die damit in Europa begründete Tendenz, Motēuczūmas Namen als Synonym für indianisches Herrschertum zu verallgemeinern, hat dazu beigetragen, dass Theaterschriftsteller Motēuczūma gerne in ihren Bearbeitungen des Themas der Eroberung Mexikos in den Vordergrund stellten. Antonio Vivaldi hat das 1733 als erster für das Musiktheater aufgegriffen, und bald danach schrieb Carl Heinrich Graun eine Oper «Montezuma». Kein Geringerer als der Preußen-König Friedrich der Große hat dazu 1755 das Libretto verfasst. Mexiko und sein Herrscher Motēuczūma waren damit für mittel- und südeuropäische Bühnen ent-

ABB. 49 *Büste Motēuczūmas im Park von Schloss Großkomsdorf in Weimar.* [Photo I. Gareis.]

deckt. Vor allem in Italien nahm dieses Thema einen beachtlichen Aufschwung. Dort folgten im 18. Jahrhundert noch zwei weitere Bearbeitungen, von denen die des Gian Francesco Mayo, 1765 in Turin uraufgeführt, besonders beliebt wurde. In Paris griff der ebenfalls aus Italien stammende Opernlibrettist Gaspare Luigi Pacifico Spontini das Thema um 1800 erneut auf. Er nannte seine Oper allerdings eurozentrisch «Fernando Cortez oder die Eroberung Mexikos». Sie wurde zur Verherrlichung Napoléons 1809 in Paris uraufgeführt. Als Spontini nach dem Sturz des Kaisers aus Frankreich fliehen musste, arbeitete er die Oper um und inszenierte sie in Berlin erneut erfolgreich. Für die Berliner Erstaufführung 1814 hat der berühmte Architekt Karl-Friedrich Schinkel das Bühnenbild entworfen, das sehr klassizistisch und etwas ägyptisierend ausgefallen ist und wenig mit Alt-Mexiko zu tun hat (Abb. 50). Immerhin aber sind das von Schinkel mehrfach aufgegriffene Schlangenmotiv und der Doppeltempel auf einem Pyramidenstumpf mit steiler hinaufführender Treppe Zitate aus früheren Illustrationen über Mexiko, die sich letztlich ihrerseits aus den mündlichen Berichten der Eroberer speisen.

Schließlich wurde die Thematik von Motēuczūma und Cortés im ausgehenden 20. und beginnenden 21. Jahrhundert wieder zum beliebten

ABB. 50 *Bühnenbild von Karl-Friedrich Schinkel zur Oper «Fernando Cortez oder die Eroberung Mexikos».* Das zentrale Monument der Szene ist eine indianische Gottheit auf einem Sockel, die in den ausgestreckten Händen vier Schlangen hält. Sie wird von zwei Jaguaren flankiert. Der von hohen Mauern umschlossene Hof weist Doppeltore und schlanke runde Türme auf, deren ansonsten glatte Mauern mit Totenschädeln besetzt sind. Im Hintergrund erstreckt sich das durch eine Mauer und aufgesetzte Metallgitter abgeschirmte Tempelgelände mit dem hochaufragenden Pyramidenstumpf, den zwei Tempelzellen krönen. Die Treppe zum Tempel und die Tempelplattform sind von Feuern illuminiert. [Bankmann 1982]

Opernstoff, und das jetzt auch in anderen als den drei bisher erwähnten Ländern: Roger Sessions aus den USA, Wolfgang Rihm aus Deutschland und der Italiener Lorenzo Ferrero, der einen Auftrag für die tschechische Hauptstadt Prag ausführte, haben diese neuen Opern komponiert.

Quāuhtemōc

Auch der letzte aztekische Herrscher Quāuhtemōc ist im kulturellen Gedächtnis Mexikos verankert geblieben, allerdings nicht wie Motēuczūma in der einfachen bäuerlichen Bevölkerung, sondern nur im gebildeten Milieu der Städte. Quāuhtemōc und Motēuczūma werden geradezu als charakterliche und schicksalshafte Antipoden dargestellt. Quāuhtemōc würdigt man in der Geschichtsschreibung und im heutigen politischen Diskurs Mexikos nach seinen Leistungen während des kurzen, heroischen Abwehrkampfes gegen die Spanier, wie man ja auch Motēuczūmas Leben auf die zwei Jahre der Eroberungszeit bis zu seinem Tod 1520 verkürzt hat. Man attestiert Quāuhtemōc Tapferkeit und eisernen Widerstandswillen. Obwohl kaum etwas von seinem Charakter, von seinem Verhalten und seinem Aussehen bekannt ist, stilisieren ihn Künstler in seinem Heimatland Mexiko in bewusstem Gegensatz zum siegreichen und fast zwanzig Jahre älteren Spanier Cortés als tragischen jugendlichen Helden. Ein junger Mann von ebenmäßiger Gestalt mit klaren strengen Gesichtszügen, dem Bild ähnlich, das wir uns von Achill, dem Helden im Kampf der Griechen gegen Troja, machen, der aber anders als Quāuhtemōc den Tod auf dem Schlachtfeld fand. Für einen tragischen Helden eignet sich Quāuhtemōc ideal, denn in Gefangenschaft wurde er auf Befehl des Cortés, der von ihm Goldschätze erpressen wollte, gefoltert und einige Jahre später nach einem Scheinprozess gehenkt.

Quāuhtemōc ist aber aus einem weiteren Grund der beliebteste vorspanische *Tlahtoāni*: er ist bestens geeignet für die Projektion von Gefühlen. Er ist zwar eine historische Gestalt, aber es ist so wenig und nichts Detailliertes über ihn bekannt, dass sich seine Gestalt unschwer mit beliebigem Inhalt anreichern und zu der jeweils gewünschten verehrungswürdigen historischen Person formen lässt. Antje Gunsenheimer, die über diesen Aspekt der Verehrung vorspanischer indianischer «Helden» geforscht hat, bezeichnet solche Gestalten treffend als (fast) leere Hüllen, die beliebig gefüllt und dann politisch instrumentalisiert werden. Die Bewunderung, Verklärung und das Mitgefühl, die man Quāuhtemōc entgegenbringt, führten auch dazu, dass Eltern heute gelegentlich ihre männlichen Kinder *Cuauhtémoc* (so die hispanisierte Schreibung) nennen. Ein 1934 geborener bedeutender mexikanischer Politiker und Präsidentschaftskandidat von 1988 hieß zum Beispiel Cuauhtémoc Cárdenas Solórzano. Als Sohn des früheren Präsidenten Lázaro Cárdenas war die Wahl seines Vornamens sicher auch eine politische Aussage. Und politisch motiviert sind auch die zahlreichen anderen modernen Namensvertreter dieses aztekischen *Tlahtoāni*: Zwei Städte heißen nach ihm; eine schmucke Dreimast-Bark, die der mexikanischen Marine als Segelschulschiff dient, trägt ebenfalls seinen Namen; eine Bierbrauerei nennt sich «Cervecería Cuauhtémoc» usw.

Ganz anders geht man in Mexiko heute mit Motēuczūma um. Entweder charakterisiert man ihn als Versager und Weichling, oder man stilisiert ihn als einen Indianer, dessen abergläubisches Verhalten für einen westlich geprägten modernen Menschen nicht nachvollziehbar ist. Und es fällt bestimmt keinem Mexikaner ein, sein Kind auf den Rufnamen Motēuczūma taufen zu lassen.

So fügt es sich für den modernen Mexikaner, der ein oberflächliches Interesse an der kulturellen Tradition seines Landes hat, dass er für jede Urteilsvariante, von der Verklärung der indianischen Vergangenheit im Falle Quāuhtemōcs bis zum Beweis der Überlegenheit des modernen Lebens, das durch die erobernden Spanier und das Versagen Motēcuzūmas symbolisiert wird, eine Ikone vorfindet.

Etwas differenzierter ist das populärwissenschaftliche Bild, das in den nicht direkt betroffenen Ländern Amerikas und Europas gezeichnet wird. Hier sind es zwar auch im Rahmen der immer wieder dramatisch nacherzählten Eroberungsgeschichte Motēcuzūma und Quāuhtemōc, die in erster Linie beachtet werden. Dafür ist Eduard Stuckens zweibändiger Roman, «Die weißen Götter», 1918–22 erstmals veröffentlicht, ein bleibendes, auch literarisch hochstehendes Zeugnis. Neben diesen beiden finden auch andere indianische Protagonisten Beachtung. Dem Herrscher Ilhuicamīna hat die nordamerikanische Schriftstellerin Frances Gillmor das Roman-Geschichtsbuch ‹Der König tanzte auf dem Marktplatz› («The King Danced in the Marketplace») gewidmet. Und Nezahualcoyōtl, der etwa zur Zeit Ilhuicamīnas in Tetzcuhco regierte, wird ebenfalls gelegentlich schriftstellerisch gewürdigt. Das ist sogar in Deutschland schon Mitte des 19. Jahrhunderts geschehen, als Auszüge aus der Geschichte Tetzcuhcos ins Deutsche übersetzt wurden. Dennoch ist die Populärwissenschaft hier und andernorts weit davon entfernt, allen Herrschern der Azteken gleichermaßen die ihnen gebührende Aufmerksamkeit zu schenken.

Die aztekische Dynastie hat 265 Jahre lang geherrscht: von der Niederlassung in Chapultepēc um etwa 1300 bis zum Tod des letzten Gouverneurs aus ihrem Hause im Jahr 1565. Wenn wir die strengeren Maßstäbe der offiziellen indianischen Geschichtsschreibung anlegen, dauerte ihre selbstbestimmte Königsherrschaft allerdings nur etwa 150 Jahre: von der Wahl Ācamāpīchtlis zum ersten *Tlahtoāni* im Jahre 1376 bis zur Kapitulation Quāuhtemōcs gegenüber den Spaniern am 13. August 1521. Für eines der bedeutendsten Reiche der Weltgeschichte ist das eine sehr kurze Zeitspanne, und es ist daher auch etwas Besonderes, dass dieses kurzlebige Reich eine so hohe und nie versiegende Beachtung in der gebildeten Welt findet.

Anhang

Quellen- und Literaturverzeichnis

Alle im Text genannten und durch Zitate oder Abbildungen verwendeten Quellen sind hier aufgeführt.

Acosta, José de: Historia natural y moral de las Indias. Herausgegeben von Edmundo O'Gorman. México 1985. [Es gibt auch andere Ausgaben, z. B. Madrid: Ediciones Atlas 1954.]

Alva Ixtlilxochitl, Fernando de: Obras históricas. 2 Bände. México: Universidad Nacional Autónoma de México 1975–1977. [Wichtig ist vor allem seine «Historia Chichimeca» in Band 1. Zitiert daraus in V.3.]

Alvarado Tezozómoc, Hernando de: Crónica mexicana. Herausgegeben von Manuel Orozco y Berra. México 1878. [Unverändert nachgedruckt vom Verlag Porrúa 1975; s. auch Dyckerhoff 1970.]

Alvarado Tezozómoc, Hernando de: [Gefangenschaft und Flucht des Moteuczuma Ilhuicamina.] Handschrift in Band 374, Teil III der British and Foreign Bible Society. [In aztekischer Sprache mit deutscher Übersetzung auch in: Aztekische Chrestomathie, o. Nr. Zitiert daraus in VI.1.]

Alvarado Tezozómoc, Hernando de: [Tlatilolco]. Handschrift in Band 374, Teil III der British and Foreign Bible Society. [In aztekischer Sprache. Zitiert daraus in VI.5.]

Annalen des Juan Miguel. In: Aztekische Chrestomathie, Nr. CXXI. [In aztekischer Sprache mit deutscher Übersetzung].

Aubin, Codex: Walter Lehmann, Gerdt Kutscher und Günter Vollmer (Hg.), Geschichte der Azteken. Der Codex Aubin und verwandte Dokumente. (= Quellenwerke zur alten Geschichte Amerikas, 13). Mit schwarz-weißem Faksimile im Anhang. Berlin: Gebr. Mann Verlag 1981. [In aztekischer und deutscher Sprache mit schwarzweißen Reproduktionen der im Original farbigen Abbildungen. Zitiert daraus in III.3, IX.4.]

Aztekische Chrestomathie. Sammlung aztekischer Texte mit deutschen Übersetzungen. [Ein Verzeichnis ist über die Homepage des Instituts für Altamerikanistik und Ethnologie der Universität Bonn (IAE) zugänglich oder kann über briese@uni-bonn.de bezogen werden. Zitiert daraus in: II. Motto (Brief des Juan Pedro de Buenaventura an Bernardino de Sahagún), VIII.1 (Andrés de Olmos, Huehuetlahtolli), IX.2 (Documentos de Coyoacán, Nr.19.)]

Bankmann, Ulf: Der Haupttempel von Mexiko-Tenochtitlan im Bühnenbild Karl Friedrich Schinkels. In: mexicon, 4, S. 38–42. Berlin: von Flemming 1982. [Daraus Abb. 50.]

Baptista, Juan: Tagebuch. Herausgegeben von Luis Reyes García unter dem Titel «¿Como te confundes? ¿Acaso no somos conquistados? Anales de Juan Bautista». México: Centro de Investigaciones y Estudios Superiores en Antropología Social / Biblioteca Lorenzo Boturini. Insigne y Nacional Basílica de Guadalupe 2001. [Zitiert daraus in IX.1.]

Barlow, Robert H.: Obras [d.s. Gesammelte Abhandlungen]. Herausgegeben von Jesús Monjarás-Ruiz u.a. 7 Bände. México: Instituto Nacional de Antropología/Universidad de las Américas 1987–1999. [Zahlreiche Einzelstudien aus den 1940er Jahren zur altmexikanischen Geschichte sind hier zusammengestellt und in spanischer Sprache neu herausgegeben worden.]

Borbonicus, Codex: Paris: Editions Loubat 1899 [Farbfaksimile herausgegeben von E. Hamy]; Graz: Akademische Druck- und Verlagsanstalt 1974. [Farbfaksimile mit separatem Kommentarband von Karl Anton Nowotny und Jacqueline de Durand Forest. Daraus Abb. 42]

Breuer, Stefan: Der archaische Staat. Zur Soziologie charismatischer Herrschaft. 233 S. Berlin: Dietrich Reimer Verlag 1990.

Brito Sansores, William: Cuauhtémoc murió en la zona maya. Mérida de Yucatán: Instituto Yucateco de Antropología e Historia 1971.

Bry, Theodor de : Amerika. München: Konrad Kölbl 1970 [Schwarz-weiße Faksimileausgabe nach Editionen der Jahre 1593–1603 neu zusammengestellt. Eine andere moderne Ausgabe ist in Berlin beim Verlag Casablanca erschienen. Dort sind alle Abbildungen aus den verschiedenen Ausgaben Frankfurt am Main 1590–1632 in späterer Kolorierung wiedergegeben. Zitiert daraus im Epilog.]

Bujok, Elke: Die frühe Sammeltätigkeit der Wittelsbacher. In: Claudius Müller (Hg.), Exotische Welten, S.21–52. Dettelbach: Verlag J.H. Röll 2007

Buschmann, Eduard und Wilhelm von Humboldt: Wörterbuch der mexicanischen Sprache. Herausgegeben von Manfred Ringmacher. 1034 S. Paderborn: Ferdinand Schöningh Verlag 2000 [Das Wörterbuch war bereits im 19. Jahrhundert vollendet, aber damals nicht veröffentlicht worden.]

Cantares Mexicanos. Verschiedene Editionen, so vor allem von Leonhard Schultze Jena 1957 [Aztekisch mit deutscher Übersetzung], von Angel María Garibay Kintana, 2 Bände, México: Universidad Nacional Autónoma de México 1965–1968 [Aztekisch mit spanischer Übersetzung]; von John Bierhorst, 2 Bände, Stanford: Stanford University Press 1985 [Aztekisch mit englischer Übersetzung] und von José G. Moreno de Alba und Miguel León Portilla México: Instituto de Investigaciones Bibliográficas / Universidad Nacional Autónoma de México 1994 [Faksimile der Handschrift]. Ich verwende die Nummerierung der

Quellen- und Literaturverzeichnis 369

Lieder nach der Ausgabe von Bierhorst. [Zitiert daraus in II.2, Motto; VI.4, VI.5, VI.12, IX.3.]

Carrasco, Pedro: Social organization of Ancient Mexico. In: Handbook of Middle American Indians, 10, S. 349–375. Austin: University of Texas Press 1971

Caso, Alfonso: Los calendários prehispánicos. México: Universidad Nacional Autónoma de México 1967. [Auf S. 86–88 der Brief des Pedro de San Buenaventura an Bernardino de Sahagún. Zitiert daraus in II. Motto.]

Castillo, Cristóbal del: Historia de la venida de los mexicanos y otros pueblos e historia de la conquista. Herausgegeben von Federico Navarrete Linares. México: Instituto Nacional de Antropología e Historia 1991. [Dieselbe Ausgabe wurde mit ergänztem Vorwort vom Verlag CONACULTA, México 2001 nachgedruckt. Zitiert daraus in VII.5].

Cervantes de Salazar, Francisco : Crónica de la Nueva España. 2 Bände. Madrid: Ediciones Atlas 1971. [Zitiert daraus in VII.6.]

Chimalpahin, Domingo: Relaciones y Diario. Herausgegeben von Rafael Tena. 3 Bände. México: Consejo Nacional para la Cultura y las Artes 1998–2001. [Zahlreiche Einzel- und Teileditionen, darunter vor allem die von Rémi Siméon von 1889 (Aztekisch und Französisch); Günter Zimmermann, 2 Bände, 1963–5 (Aztekisch); Walter Lehmann und Gerdt Kutscher 1958 (Aztekisch und Deutsch) und Elke Ruhnau, 2 Bände, 2001 (Aztekisch und Deutsch). Zitiert daraus in I.2, VI.7, VI.16, IX.1, IX.4.]

Chimalpahin, Domingo: Historia o Chronica y Calendario Mexicana (HCCM). In: Codex Chimalpahin, 1, S.178–219. London and Norman: University of Oklahoma Press 1997. [Zitiert daraus in IV. Motto.]

Cortés, Hernán: Cartas de Relación (d.s. Rechenschaftsberichte). México: Porrúa 1971. [Für eine deutsche Übersetzung des fünften Rechenschaftsberichtes s. auch Termer 1941. Zitiert daraus in VII.3, VII.4, VII.6.]

Coyoacán, Colección de Documentos de : Herausgegeben von Pedro Carrasco und Jesús Monjarás Ruiz. 2 Bände. México: Instituto Nacional de Antropología e Historia 1976–1978. [Zitiert daraus in IX.2.]

Crónica Mexicayotl. Herausgegeben, kommentiert und ins Deutsche übersetzt von Berthold Riese. (= Collectanea Instituti Anthropos, 44). Sankt Augustin: Academia Verlag 2004. [Zitiert daraus in II.3, Motto; III.2; III.3, Motto; III.4, III.5; IV.4, VI.3, IX.2.]

Deuel, Leo: Kulturen vor Kolumbus. Das Abenteuer Archäologie in Lateinamerika. München: C.H. Beck ²1979. [Zitiert daraus in II.4.]

Díaz del Castillo, Bernal: Historia verdadera de la conquista de la Nueva España. México: Porrúa 1974. [Zitiert daraus in VII.4.]

Dibble, Charles E.: Codex en Cruz. Salt Lake City: University of Utah Press 1981.

Discursos en Mexicano. Alltagsleben am Hof von Tetzcoco in vorspanischer und frühkolonialer Zeit. Herausgegeben und ins Deutsche übersetzt von Eike Hinz. Berlin: von Flemming 1987. [Zitiert daraus in IV.2, VI.2, VI.15.]

Anhang

Disselhoff, Hans Dietrich: Cortés in Mexiko. (= Janus-Bücher. Berichte zur Weltgeschichte, 2). München: Verlag R. Oldenbourg 1957.

Durán, Diego: Historia de las Indias de Nueva España e Islas de Tierra Firme. 2 Bände. México: Porrúa 1967. [Zitiert daraus in IV.3.]

Dyckerhoff, Ursula: Die «Cronica Mexicana» des Hernando Alvarado Tezozomoc. (= Hamburger Reihe zur Kultur- und Sprachwissenschaft, 7). Hamburg und München: Klaus Renner in Kommission 1970.

Eggebrecht, Arne (Hg.): Glanz und Untergang des Alten Mexiko. Die Azteken und ihre Vorläufer. 2 Bände. Mainz: Philipp von Zabern 1986. [Daraus Abb. 11.]

Fagan, Brian M.: Die ersten Indianer. Das Abenteuer der Besiedlung Amerikas. München: C.H. Beck 1990. [Daraus Karte 1.]

Fernández de Oviedo y Valdés, Gonzalo: Historia general y natural de las indias. Mehrere Bände. Madrid: Ediciones Atlas 1959. [Band IV, S.260 enthält ein Interview mit Juan Cano.]

García Granados, Rafael: Diccionario biográfico de historia antigua de Méjico. 3 Bände. Méjico 1952–53. [Ausführlichstes biographisches Lexikon zu Personen der vorspanischen Geschichte mit genauen Quellenangaben im ersten und zweiten Band; weniger ausführlich sind im dritten Band frühkoloniale Indianer erfasst und in Quellen nachgewiesen.]

Gareis, Iris: Indianische Grüße aus Kromersdorf. In: Festschrift zum 85. Geburtstag von Laszlo Vajda, Beitrag VII. München 2008. [Daraus Abb. 49.]

Garibay, Angel María (Hg.): Teogonía e historia de los mexicanos. Tres opúsculos del siglo XVI. México: Porrúa ³1973. [Darin die beiden anonymen Werke «Historia de los mexicanos por sus pinturas» und «Histoyre du Mechique» (aus dem Französischen ins Spanische zurückübersetzt) und der «Tratado de los dioses y ritos de la gentilidad» des Pedro Ponce. Eine neuere Ausgabe hat Rafael Tena, 2002 veranstaltet.]

Gennep, Arnold van: Übergangsriten (Les rites de passage). Frankfurt am Main: Campus Verlag und Paris: Editions de la Maison des Sciences de l'Homme 1999. [Erstveröffentlichung in französischer Sprache 1909.]

Gillmor, Frances: The King Danced in the Marketplace. Salt Lake City: University of Utah Press 1977. [Eine erzählende Synthese des Lebens von Ilhuicamīna, weitgehend der Quellengruppe der Crónica X folgend.]

Graulich, Michel : Montezuma ou l'apogée et la chute de l'empire aztèque. Paris: Fayard 1994 [Vgl. Krickeberg 1952 und Haberland 1978.].

Gruzinski, Serge: Die Azteken. Kurze Blüte einer Hochkultur. Ravensburg: Ravensburger Buchverlag Otto Maier 1992. [Ein sehr gut bebilderter, mit vielen Quellenauszügen dokumentierter Abriss der aztekischen Kultur und Geschichte; ursprünglich 1988 auf Französisch veröffentlicht.]

Haberland, Wolfgang: Moctezuma II. (Montezuma). In: Die Großen der Weltgeschichte, 4, S.614–630. Zürich: Kindler 1978. [Haberland vertritt die These eines eher politisch als religiös motivierten und handelnden Herrschers.]

Hartau, Claudine: Hernando Cortés (= rowohlts monographie 1090). Reinbek bei Hamburg: Rowohlt Taschenbuch Verlag 1994. [Sehr gut dokumentierte detailreiche Darstellung.]

Hicks, Frederic: «Flowery war» in Aztec history. In: American Ethnologist, 6, Heft 1, S. 87–92. 1979

Historia de los mexicanos por sus pinturas. [Verschiedene Editionen, s. Garibay Kintana, ³1973 und Tena, 2002. Zitiert daraus in VI.9.]

Historia Tolteca-Chichimeca. Herausgegeben von Paul Kirchhoff. México 1976. [Farbfaksimile, Transkription und spanische Übersetzung. Daraus Abb. 9.]

Horcasitas, Fernando: Náhuatl práctico. 98 S. México: Universidad Nacional Autónoma de México 1992. [Eine knappe, leicht verständliche Einführung in die aztekische Sprache.]

Huitzilopochtli, Codex. [Rekonstruktion aus den erhaltenen Derviaten in «Codex Telleriano Remensis» und «Codex Vaticanus A».]

Humboldt, Wilhelm von: Mexicanische Grammatik. Herausgegeben von Manfred Ringmacher. Paderborn: Ferdinand Schöningh Verlag 1994.

Karttunen, Frances: An Analytical Dictionary of Nahuatl. Austin: University of Texas Press 1983. [Nachdrucke nach 1991 sind bei der University of Oklahoma Press, Norman erschienen.]

Karttunen, Frances: Between Worlds. Interpreters, Guides, and Survivers. New Brunswick: Rutgers University 1994. [Kapitel 1 enthält einen Abriss des Lebens der indianischen Dolmetscherin Malinche.]

Kaufman, Terrence Scott: Idiomas de Mesoamérica. Guatemala: Editorial «José Pineda Ibarra» 1974.

Köhler, Ulrich: Vasallen des linkshändigen Kriegers im Kolibrigewand. Über Weltbild, Religion und Staat der Azteken. (= Ethnologische Studien, 39). Münster: Lit 2009. [Zusammenstellung von Aufsätzen aus den Jahren 1973–2003.]

Krickeberg, Walter: Moctezuma II. In: Saeculum, 3, S.255–276. Freiburg im Breisgau 1952 [Vgl. Haberland 1978 und Graulich 1994.]

Krickeberg, Walter: Felsplastik und Felsskulptur bei den Kulturvölkern Amerikas. 2 Bände. Berlin: Dietrich Reimer Verlag 1949–1969. [Sehr gut dokumentiert; in den Interpretationen oft spekulativ. Daraus Abb. 4.]

Krickeberg, Walter: Altmexikanische Kulturen. Berlin: Safari Verlag 1956. [Mit zahlreichen schwarz-weißen und einigen farbigen Abbildungen, einer Zeittafel und einem Register.]

León-Portilla, Miguel: Trece poetas del mundo azteca. México: SEP/SETENTAS 1967. [Spanische Übersetzung aus den Cantares Mexicanos mit Biographien der Dichter. S. auch Schultze Jena 1957.]

León-Portilla, Miguel: Rückkehr der Götter. Leipzig: Köhler und Amelang 1964. [Zusammenstellung indianischer Berichte über die spanische Eroberung, die für diese Ausgabe aus dem Spanischen ins Deutsche übersetzt worden sind.]

Leyenda de los Soles : Herausgegeben und aus dem Aztekischen übersetzt von Berthold Riese als «Aztekische Schöpfungs- und Stammesgeschichte». Münster: Lit Verlag 2007.

Libro de la Vida que los indios antiguamente hazian. Verschiedene Editionen, vor allem: Berkeley 1903; Roma 1904; México 1947; Graz: Akademische Druck- und Verlagsanstalt. (Mit einem Beiheft von Ferdinand Anders); Berkeley 1983. [Daraus Abb. 45.]

Libellus de Medicinalibus Indorum Herbis. México: Instituto Mexicano del Seguro Social 1964. [Daraus Abb. 29.]

Lobo Lasso de la Vega, Gabriel: Mexicana. Madrid: Ediciones Atlas 1970.

López de Meneses, Amanda: Tecuichpochtzin. Hija de Moteczuma. In: Revista de Indias, 1, Nr. 31–32, S.471–495. Madrid 1948.

Madariaga, Salvador de: Hernán Cortés. Madrid: Espasa Calpe 1975. [Deutsche Übersetzung nach einer englischen Fassung: Stuttgart: Deutsche Verlagsanstalt 1956.]

Madariaga, Salvador de: El corazón de piedra verde. Madrid: Espasa Calpe. [Das Buch enthält die drei eigenständigen Erzählungen «Los fantasmas», «Los dioses sanguinários» und «Fé sin blasfemia».]

Marcus, Joyce: Aztec military campaign against the Zapotecs: The documentary evidence. In: Kent V. Flannery und Joyce Marcus (Hg.), The Cloud People, S.314– 318. New York 1983. [Unkritische Zusammenstellung von Quellenberichten.]

Martyr von Anghiera, Peter: Acht Dekaden über die neue Welt. (Aus dem Lateinischen) ins Deutsche übertragen und kommentiert von Hans Klinghöfer. 2 Bände, nebst Kartenbeilagen. Darmstadt: Wissenschaftliche Buchgesellschaft 1972–1973. [Die frühsten Berichte über die Eroberung Mexikos.]

Mendoza, Colección: Verschiedene Editionen, vor allem: Galindo y Villa (Hg.), México 1925; James Cooper Clark (Hg.), 2 Bände. London: 1938; Frances F. Berdan und Patricia Rieff Anawalt (Hg.), 4 Bände. Berkeley: University of California Press 1992. [Zitiert daraus in VI.11; daraus Abb. 12, 13, 14, 15, 16, 18, 21, 26, 27, 32, 36, 38, 39.]

Molina, Alonso de: Vocabulario de la lengua mexicana. México 1571; neu herausgegeben von Julio Platzman. 326 S. Leipzig: B.G. Teubner 1880 [Faksimile-Nachdruck der Ausgabe México 1571.]

Montezuma, Diego Luis de: Corona mexicana; ó historia de los nueve Motezumas. Herausgegeben von Lucas de la Torre. Madrid 1914.

Muñoz Camargo, Diego: Descripción de la ciudad y provincia de Tlaxcala de las Indias y del Mar Océano para el buen gobierno y ennoblecimiento dellas. México: Universidad Nacional Autónoma de México 1981. [Unpaginierte Faksimile-Ausgabe der Handschrift MS 242 der Sammlung Hunter in der Universitätsbibliothek Glasgow, Schottland.]

Olmos, Andrés de: Arte de la lengua mexicana. Herausgegeben von Rémi Siméon. Paris 1875. [Darin enthalten sind auch die «Huehuetlatolli» genannten Erziehungsreden. Zitiert daraus in Kapitel VIII.1.]

Orígen de los mexicanos. Herausgegeben von Joaquín García Icazbalceta in: Nueva colección de documentos inéditos para la historia de México. Band 3, S.281–307. México 1891.

Osuna, Codex: Teilveröffentlichungen als «Pintura del gobernador, alcaldes y regidores de México», Madrid: Manuel G. Hernández 1878; 2 Bände, Madrid: Gobierno del Estado 1976. [Weitere zum Codex Osuna gehörige Dokumente sind 1947 in Mexiko veröffentlicht worden. Zitiert daraus in V. Motto; Abb. 20, 46, 47, 48.]

Pasztory, Esther: Aztec Art. 335 S. New York: Harry N. Abrams 1983.

Pérez-Rocha, Emma: Privilegios en lucha. La información de doña Isabel Moctezuma. México: Instituto Nacional de Antropología e Historia 1998.

Pérez Rocha, Emma und Rafael Tena: La nobleza indígena del centro de México después de la conquista. México: Instituto Nacional de Antropología e Historia 2000.

Pfandl, Ludwig: Philip II. Gemälde eines Lebens und einer Zeit. München: Callwey 1938.

Pomar, Juan Bautista: Relación de Tezcoco (siglo XVI). Herausgegeben von Joaquín García Icazbalceta. México 1891. [Faksimile-Nachdruck, México 1975.]

Prem, Hanns J.: Die Azteken. Geschichte, Kultur, Religion. München: C.H. Beck 1996. [Gutes genealogisches Diagramm der Dynastien von Tenochtitlan, Tlatilolco und Tetzcuhco auf S. 24–25.]

Prem, Hanns J.: Geschichte Alt-Amerikas. (= Oldenbourgs Grundriß der Geschichte, 23). München: R. Oldenbourg Verlag ²2008. [Ausgezeichneter Überblick und Literaturführer.]

Prem, Hanns J.: Manual de la antigua cronología mexicana. Inkl. CD mit einem Programm zum Berechnen von Kalenderangaben. México: Miguel Angel Porrúa 2008.

Probanzas de Pablo Paxbolon. In: France V. Scholes und Ralph L. Roys, The Maya Chontal Indians of Acalan-Tixchel, Washington, D.C.: Carnegie Institution of Washington 1948. [Faksimile des Originals im Archivo General de Indias, Audiencia de México, Legajo 138, Sevilla, in Chontal-Maya-Sprache zwischen den Seiten 367 und 368. Zitiert daraus in VII.7.]

Quauhtinchan, El Libro de los Guardianes y Gobernadores de. Herausgegeben von Constantino Medina Lima. México: Centro de Investigaciones y Estudios Superiores 1995. [Umfasst die Jahre 1519–1640. Zitiert daraus in VII.3.]

Quauhtitlan, Annalen von. Herausgegeben und ins Deutsche übertragen von Walter Lehmann in: idem «Die Geschichte der Königreiche von Colhuacan und Mexico» (= Quellenwerke zur alten Geschichte Amerikas, 1). Berlin 1938, ²1974. [Zitiert daraus in I.2, IV.4, V.1, VI. Motto, VI.4, VI.8; Tabelle 1 nach der Einleitung des Herausgebers W. Lehmann.]

Relación de la genealogía ... Herausgegeben von Joaquín García Icazbalceta in: Nuevos documentos inéditos para la historia de México, 3, S.263–281. México 1891.

Anhang

Relaciones Geográficas del Siglo XVI. René Acuña (Hg.). 8 Bände. México: Universidad Nacional Autónoma de México 1985–1986.

Riese, Berthold: Ethnographische Dokumente aus Neuspanien im Umfeld der Codex Magliabechi-Gruppe. (= Acta Humboldtiana, 10). Wiesbaden: Franz Steiner Verlag 1986.

Riese, Berthold: Machu Picchu. (= C.H. Beck Wissen in der Beck'schen Reihe, 2341). München: C.H. Beck 2004.

Riese, Berthold: Aztekische Schöpfungs- und Stammesgeschichte. Münster: Lit Verlag 2007 [Edition und deutsche Übersetzung der «Leyenda de los Soles».]

Sahagún, Bernardino de: Historia General de la Nueva España. 3 Bände. México o. J. [Farb-Faksimile; außer dieser grundlegenden Ausgabe gibt es zahlreiche weitere Editionen und Übersetzungen; für deutsche Leser am besten zugänglich sind die Teileditionen von Seler, 1927 und Schultze Jena, 1950 und 1952. Zitiert daraus in I. Motto, I.2, III.4, IV.2, V.4, VI.13, VI.14, VII. Motto, VII.2, VII.3, VII.6, VIII. Motto, VIII.1, VIII.2, VIII.3, VIII.5, VIII.6; daraus Abb. 40.]

Sahagún, Bernardino de: Primeros Memoriales. Herausgegeben von Francisco del Paso y Troncoso, Madrid: 1905 und Norman: University of Oklahoma Press 1993. [Zitiert daraus in Kapitel VI.9, VIII.3, daraus Abb. 24.]

San Buenaventura, Juan Pedro de: Brief an Bernardino de Sahagún. [Zugänglich in: Caso 1967 und Aztekische Chrestomathie, Nr. 127. Zitiert daraus in II. Motto.]

Schilling, Elisabeth: Die «schwimmenden Gärten» von Xochimilco. (= Schriften des Geographischen Instituts der Universität [Kiel], IX, 3). Kiel 1939.

Schultze Jena, Leonhard: Wahrsagerei, Himmelskunde und Kalender der alten Azteken. (= Quellenwerke zur alten Geschichte Amerikas aufgezeichnet in den Sprachen der Eingeborenen, 4). [D.i. eine Teiledition der Historia General des Bernardino de Sahagún.] Stuttgart: W. Kohlhammer Verlag 1950.

Schultze Jena, Leonhard: Gliederung des alt-aztekischen Volks in Familie, Stand und Beruf. (= Quellenwerke zur alten Geschichte Amerikas aufgezeichnet in den Sprachen der Eingeborenen, 5). [D.i. eine Teiledition der Historia General des Bernardino de Sahagún.] Stuttgart: W. Kohlhammer Verlag 1952.

Schultze Jena, Leonhard: Altaztekische Gesänge (= Quellenwerke zur alten Geschichte Amerikas, 6). Stuttgart: W. Kohlhammer Verlag 1957 [D.s. die sogenannten «Cantares Mexicanos». Andere Editionen sind von Garibay Kintana 1965–1968 und von Bierhorst 1985 herausgegeben worden; eine Faksimile-Ausgabe, herausgegeben von Moreno de Alba und León-Portilla ist 1994 in Mexiko erschienen.]

Seler, Eduard: Gesammelte Abhandlungen zur amerikanischen Sprach- und Altertumskunde. 6 Bände. Berlin 1902–1923. [Nachdruck mit neuem, von Ferdinand Anders besorgtem Registerband: Graz: Akademische Druck- und Verlagsanstalt 1960–1967.]

Seler, Eduard: Einige Kapitel aus dem Geschichtswerk des Fray Bernardino de Sahagun. Herausgegeben von Caecilie Seler-Sachs, Walter Lehmann und Walter Krickeberg. 574 S. Stuttgart: Strecker und Schröder 1927.

Quellen- und Literaturverzeichnis **375**

Siméon, Rémi: Dictionaire de la langue nahuatl ou mexicaine. Paris: Imprimerie Nationale 1885. [Nachdruck: Graz: Akademische Druck- und Verlagsanstalt 1963. Vgl. Molina 1571, Karttunen 1983 und Buschmann und Humboldt 2000.]
Stucken, Eduard: Die weißen Götter. Ein Roman. 2 Bände. Berlin und Wien: Paul Zsolnay Verlag 1934. [Erstausgabe 1919–22, außerdem zahlreiche Nachdrucke.]
Suárez de Peralta, Juan: Tratado del descubrimiento de las indias. México: Consejo Nacional de Fomento Educativo 1990.
Suetonius Tranquillius, Gaius: Caesarenleben. (= Kröners Taschenausgabe, 130). Stuttgart: Alfred Kröner Verlag 1957.
Telleriano-Remensis, Codex. Herausgegeben von Eloise Quiñones Keber. Austin: University of Texas Press 1995. [Farbfaksimile und Kommentar. Daraus Abb. 7]
Tena, Rafael: Mitos e historias de los antiguos nahuas (= Cien textos fundamentales para el mejor conocimiento de México. o. Nr.). México: Consejo Nacional para la Cultura y las Artes 2002. [Darin sind auf S. 15–114 die «Historia de los mexicanos por sus pinturas» und auf S. 115–168 die «Histoire du Mechique» enthalten. Eine frühere Ausgabe dieser beiden Quellen hat Garibay ³1973 beim Verlag Porrúa herausgebracht.]
Termer, Franz: Durch Urwälder und Sümpfe Mitttelamerikas. Der fünfte Bericht des Hernán Cortés an Kaiser Karl V. (= Iberoamerikanische Studien des Ibero-Amerikanischen Instituts Hamburg, 15). Nebst Karte im Anhang. Hamburg: Verlag Conrad Behre 1941. [Vgl. Cortés 1971.]
Thevet, André: Les vrais pourtraits et vies des hommes illustres. 2 Bände. Paris 1584. [Faksimile-Nachdruck: Delmar: Schloar's Facsimile, Reprint 1973. Zitiert daraus in Epilog, Motto.]
Tira de la Peregrinación. Verschiedene Teileditionen, darunter: herausgegeben von Joaquín Galarza und Krystyna Magdalena Libura. México: Ediciones Tecolote 1999 und herausgegeben von Marcela Alfarez del Castillo, México o. J. [Es gibt keine vollständige Faksimile-Edition dieser wichtigen Bilderhandschrift. Daraus Abb. 10.]
Tlatilolco, Annalen von. Ernst Mengin (Hg.), Unos anales históricos de la nación mexicana (= Baessler Archiv, 22, Hefte 2–3). 168 S. Berlin: Dietrich Reimer Verlag 1939. [Aztekisch und Deutsch. Die deutsche Übersetzung ist nicht sehr zuverlässig. Zitiert daraus in II.3, III. Motto, VII.3, VII.7, IX.Motto, IX.3.]
Tlaxcala, Lienzo de: Verschiedene Ausgaben, darunter: Alfredo Chavero (Hg.), México 1892 und Artes de México, 51/52, México 1964. [Daraus Abb.41.]
Torquemada, Juan de: Monarquía indiana. De los veinte y un libros rituales y monarquía indiana, con el origen y guerras de los indios occidentales, de sus poblazones, descubrimiento, conquista, conversión y otras cosas maravillosas de la mesma tierra. Herausgegeben von Miguel León-Portilla. 7 Bände: México: Universidad Nacional Autónoma de México 1975–1983. [Die von Torquemada selbst besorgte Erstausgabe war 1615 in Sevilla erschienen; eine nach der Original-Handschrift korrigierte zweite Ausgabe ist 1723 in Madrid veröffentlicht

worden; diese zweite ist die Grundlage der Ausgabe von 1975-83. Zitiert daraus in V.2, VI.11.]

Townsend, Richard E.: The Aztecs. London: Thames and Hudson 1992. [Daraus Abb. 5.]

Tschohl, Peter: Kritische Untersuchungen zur spätindianischen Geschichte Südost-Mexikos. Teil I: Die aztekische Ausdehnung nach den aztekischen Quellen und die Probleme ihrer Bearbeitung. Hamburg: Verlag des Verfassers 1964.

Tudela, Codex: Unpaginierte Faksimile-Ausgabe, o. O. (Madrid?), o. J. (um 1980). [Daraus Abb. 28, 44.]

Umberger, Emily: Aztec sculptures, hieroglyphs, and history. New York: Columbia University [Unveröffentlichte Dissertation von 1981.]

Vaticanus A, Codex. Herausgegeben von Franz Ehrle, Roma 1900; Graz: Akademische Druck- und Verlagsanstalt 1979. [Verkleinertes Farbfaksimile.]

Vindobonensis Mexicanus Primus, Codex. Herausgegeben von Otto Adelhofer, Graz: Akademische Druck- und Verlagsanstalt 1963. [Farbfaksimile mit einem Begleitheft. Daraus Abb. 3]

Xolotl, Codex. Charles E. Dibble (Hg.), (= Publicaciones del Instituto de Historia, Primera Série, 22) México : Universidad Nacional Autónoma de México 1951. [Schwarz-weißes Faksimile mit Kommentar. Daraus Abb. 17.]

ZEITTAFEL 1064-1650

Nican momachihotian
yn ixiuhtlapohualtzin totecuiyo Dios
y cexiuhtica mochiuhtiuh
yn huel mellahuac nica momachotian

Hier ist die Jahreszählung
unseres Herrgottes Dios aufgezeichnet;
jährlich wird es geschehen;
was hier verzeichnet wird, ist sehr korrekt.

(Annalen des Juan Miguel, Jahr 1519)

Die Zeittafel ist aus der Sicht der Azteken gestaltet. Daher beziehen sich die Epochenüberschriften auf die für Azteken wichtigen Personen und Ereignisse, und es sind nur solche außermexikanischen Ereignisse aufgeführt, die spürbaren Einfluss auf das indianische Mexiko hatten bzw. in indianischen Quellen erwähnt werden. Abfolge und Daten bis zur Niederlassung in Chapultepēc sind unsicher. Auch für die spätere, chronologisch gesicherte Zeit können trotz der grundsätzlich genauen Datierung von Ereignissen immer noch Schwankungen von ein bis zwei Jahren gegenüber anderen Autoren auftreten. Das hat seinen Grund in der Ungenauigkeit der Korrelation indianischer und christlicher Jahre. Für die vorspanische Zeit habe ich mich hauptsächlich auf die besonders authentischen aztekischsprachigen Quellensammlungen der Annalen von Quauhtitlan und der historischen Schriften des Domingo Chimalpahin gestützt.

Anhang

AUF DER WANDERUNG

1064	Die Azteken brechen in Aztlān auf.
1065	Kurzer Aufenthalt der Azteken in Quahuitl Ītzintlān.
1091	Erste Neufeuerbohrung in Acahualtzīnco. Die Azteken halten sich in Tōllān auf. Dort stirbt ihr Anführer Quāuhtli Quetzqui.
VOR 1100	Untergang des Reiches von Tōllān.
1125	Beginn der Dynastie von Cūlhuahcān.
1143	Die Azteken halten sich in Cōātepēc in der Nähe Tōllāns auf. Dort stirbt ihr Kulturheros Huītziltōn, der danach als Huītzilōpōchtli vergöttert wird. Dort zweite Neufeuerbohrung.
1144	Die Azteken halten sich in Tōllān auf.
1153	Die Azteken halten sich in Quauhtitlan auf.
1167	Der Anführer der Azteken Acacihtli stirbt. Cītlalitzin wird neuer Anführer.
1186	Die Azteken erreichen Tepēyacac.
1189	Die Azteken halten sich in Pantitlan auf.
1195	In Apazco dritte Neufeuerbohrung.
UM 1230	Geburt Huītzilihhuitl des Älteren.
UM 1240	Chālchiuhtlahtōnac herrscht in Cūlhuahcān.
1243	Die Azteken erreichen Tecpayōcān.
1247	In Tecpayōcān vierte Neufeuerbohrung.
1278	Huītzilihhuitl d. Ä. wird Anführer der Azteken.

SESSHAFTIGKEIT IN CHAPULTEPĒC ETC.

1279	Erste Niederlassung der Azteken in Chapultepēc.
1285	Die Teōtenāncah besiegen die Azteken in Chapultepēc.
1292–93	Die Azteken werden von den Culhuahkanern, Azcapotzalkanern, Xochimilkaner und Coyohuahkanern bekriegt, umzingelt und nach Tīzaāpan / Cōntitlan umgesiedelt.
1295	Sieg der Azteken über Xōchimīlco im Auftrag der Culhuahkaner.
1299	Die Azteken werden von den Culhuahkanern, Azcapotzalkanern, Xochimilkanern und Coyohuahkanern bekriegt, besiegt und aus Tizaāpan vertrieben, nachdem sie die Tochter des Herrschers Achitometl von Cūlhuahcān geschunden haben. Ihr Anführer

Zeittafel 379

Huītzilihhuitl d. Ä. und zwei seiner Töchter werden in Gefangenschaft geführt und geopfert. Die unterlegenen Azteken fliehen nach Ahcolco Ācatzīntitlan (alias: Mēxihcatzīnco) und wandern schließlich weiter nach Nexticpac, Iztācalco und Mixiuhcān. Ihr neuer Anführer wird Tenoch. Die fünfte Neufeuerbohrung kann wegen des Krieges und anschließender Flucht nicht stattfinden.

1307 Tod des Herrschers von Cūlhuahcān Coxcoxtli. Ācamāpīchtli der Ältere wird dort Tlahtoāni.

VORDYNASTISCHE SESSHAFTIGKEIT IN TENOCHTITLAN

1325 Auffindung und Gründung Tenochtitlans.
1335 Ācamāpīchtli der Jüngere wird als Sohn der Ātotoztli und des Ōpōchtli Īzquitēcatl in Cūlhuahcān geboren.
1336 Ermordung Ācamāpīchtlis d. Ä. von Cūlhuahcān. In seiner Nachfolge wird Achitometl Tlahtoāni.
1337 Die Tlatilolkaner lassen sich auf Inseln im See nieder.
1347 Flucht Ācamāpīchtlis d. J. mit seiner Ziehmutter nach Cōātl Īchan.
Cūlhuahcān verliert seine Selbständigkeit.
1349 Übersiedlung Ācamāpīchtlis d. J. von Cōātl Īchan nach Tenochtitlan.
1351 In Chīmalhuahcān sechste Neufeuerbohrung.
1353 Ausbruch des Popōcatepētl.
1369 Die Azteken erobern Tenānyūcān. Ihr Anführer Tenoch stirbt.

ĀCAMĀPĪCHTLI, TLAHTOĀNI

1376 Ācamāpīchtli d. J. wird Tlahtoāni von Tenochtitlan. Tezozomoc wird Tlahtoāni von Āzcapōtzalco. Blumenkrieg der Azteken gegen Chālco.
1377 Frost im Hochtal von Mexiko. Geburt Huītzilihhuitls des Jüngeren.
1378 Ācamāpīchtli d. J. erobert Xōchimīlco und Chīmalhuāhcān.
1379 Quaquapitzāhuac, ein Sohn des Tezozomoc von Azcapōtzalco, wird Tlahtoāni von Tlatilolco.
CA. 1380 Geburt Chīmalpopōcas.

Anhang

1381	Die Azteken erobern Mizquic.
CA. 1382	Geburt Itzcōātls als illegitimes Kind des Ācamāpīchtli d. J.
1387	Tod Ācamāpīchtlis d. J.
1388–90	Adlersprecher herrschen in Tenochtitlan.
1390	Die Azteken erobern Cuitlahuāc.

Huītzilihhuitl, Tlahtoāni

1391	Huītzilihhuitl d. J. wird Tlahtoāni von Tenochtitlan. Aus diesem Anlass wird der Haupttempel von Tenochtitlan mit Gefangenen aus Cuitlahuāc eingeweiht.
1395	Sieg der Azteken über Xāltocān.
CA. 1395	Krieg der Azteken gegen Quauhnāhuac.
CA. 1396	Geburt Ilhuicamīnas als Sohn des Huītzilihhuitl d. J.
1399	Krieg der Azteken gegen Chālco. Der aztekische Tlācatēccatl Quāuhtlecōātzin fällt.
CA. 1400	Erstmaliger Import von Kakao nach Zentralmexiko.
1402	Geburt Nezahualcoyōtls von Tetzcuhco.
1403	Siebte Neufeuerbohrung der Azteken. Von jetzt an auf dem Huixachtēcatl bei Itztapalāpan. Sieg der Azteken über Quauhximalpan.
1404	Chīmalpopōca wird Tlācatēccatl bei Huītzilihhuitl d. J.
1407–08	Krieg der Azteken gegen Chālco.
1410	Māxtla wird von seinem Vater Tezozomoc als tepanekischer Statthalter in Coyōhuahcān eingesetzt. Īxtlīlxōchitl d. Ä. wird Tlahtoāni von Āculhuahcān.
1412	Sieg der Azteken über Tequīxquiac. Tod Quaquapitzāhuacs von Tlatilolco. Tlahcateōtzin wird Tlahtoāni von Tlatilolco.
1414–18	Gemeinsam mit Tlatilolco und im Auftrag von Āzcapōtzalco Krieg Tenochtitlans gegen Tetzcuhco.
1415	Tod des Tlahtoāni von Tenochtitlan, Huītzilihhuitl d. J.

Chīmalpopōca, Tlahtoāni

1415	Inthronisation Chīmalpopōcas als Tlahtoāni von Tenochtitlan.
1418	Tod Īxtlīlxōchitls von Tetzcuhco. Die Tepaneken erobern Tetzcuhco.
UM 1420	Chalkaner überfallen aztekische Boote und zerstören sie.
1424	Vollendung des Haupttempels von Tenochtitlan.

Zeittafel 381

1425	Vergeblicher Versuch des Baus einer Wasserleitung von Chapultepēc nach Tenochtitlan.
1426	Tod des Tlahtoāni von Āzcapōtzalco Tezozomoc. Sein Sohn Māxtla usurpiert die Herrschaft dort. Tod Chīmalpopōcas.

Itzcōātl, Tlahtoāni

1427	Itzcōātl wird Tlahtoāni von Tenochtitlan. Als Tlācatēccatl steht ihm Ilhuicamīna zur Seite.
1427 O. 1428	Tlahcateōtzin von Tlatilolco wird von den Tepaneken ermordet. Höhepunkt des Tepanekenkrieges.
1428	Itzcōātl rettet den tetzcuhkanischen Kronprätendenten Nezahualcoyōtl vor den Mordabsichten der Tepaneken.
1428–30	Gefangenschaft Ilhuicamīnas in Huexōtzīnco und Chālco. Befreiungskampf der Tetzcuhkaner und Azteken gegen Āzcapōtzalco.
1429	Eroberung Āzcapōtzalcos durch die Verbündeten Tetzcuhkaner und Azteken.
CA. 1430	Gründung des Dreibundes von Tenochtitlan, Tetzcuhco und Tlacōpan.
1431	Tod Māxtlas in Tlachco und damit Ende der tepanekischen Dynastie von Āzcapōtzalco. Krieg der Azteken gegen Tlatilolco und Tötung des dortigen Tlahtoāni Quāuhtlahtoā.
1433	Inthronisation Nezahualcoyōtls als Tlahtoāni von Tetzcuhco.
1438	Landverteilung an die im Tepaneken-Krieg siegreichen Azteken.
1439	Vollendung einer Überbauung des Haupttempels in Tenochtitlan.
CA. 1440	Geburt Tizocics. Tod Itzcōātls.

Ilhuicamīna, Tlahtoāni

1440	Inthronisation Ilhuicamīnas als Tlahtoāni von Tenochtitlan.
CA. 1441	Geburt Āhuitzōtls.
1441	Krieg der Azteken gegen Chālco. Einweihung einer Überbauung des Haupttempels in Tenochtitlan.
1442	Die Azteken erobern Ōztūmān.

Anhang

CA. 1445	Geburt Āxāyacatls.
1446	Gescheiterter Angriff der Azteken auf Chālco. Erneute Haupttempelüberbauung in Tenochtitlan.
1446–54	Feuerregen, Fröste, Überschwemmungen, Heuschreckenplage und infolgedessen Missernten und Hungersnot.
1455	Abermaliger gescheiterter Angriff der Azteken auf Chālco. Achte Neufeuerbohrung.
1455–56	Ergiebige Regen lassen die Nahrungspflanzen wieder wachsen und beenden die Hungersnot.
1456	Ein neuer Opferstein wird in Tenochtitlan aufgestellt.
1456–58	Krieg der Azteken gegen Cōāixtlāhuacān. Der Großkönig von Cōāixtlāhuacān, Ātōnal, wird getötet, seine Frau als Statthalterin eingesetzt.
1463	Sieg der Azteken über Cuetlaxtlān.
1465	Geburt Nezahualpillis als Sohn Nezahualcoyōtls von Tetzcuhco. Krieg der Azteken gegen die Cuextecah (Huaxteken) unter maßgeblichem Kommando Tizocics. Der Bau einer Wasserleitung von Chapultepēc nach Tenochtitlan kann nunmehr erfolgreich ausgeführt werden. Endgültiger Sieg der Azteken über den Staatenbund von Chālco.
1466	Ein Grenzkanal zwischen Tenochtitlan und Tlatilolco wird angelegt. Die Azteken erobern Tepēyacac und Quauhtinchan im Hochtal von Tlaxcallān.
CA. 1467	Geburt Motēuczūmas als Kind des Āxāyacatl.
CA. 1468	Quāuhtlahtoā stirbt, und Moquihuix wird als sein Nachfolger Tlahtoāni in Tlatilolco.
1469	Tod des Tlahtoāni von Tenochtitlan, Ilhuicamīna.

ĀXĀYACATL, TLAHTOĀNI

1469	Āxāyacatl wird Tlahtoāni von Tenochtitlan, sein Bruder Tizocic wird unter ihm Tlācatēccatl. Blumenkrieg des Dreibundes gegen Huexōtzīnco und Ātlīxco.
1469–73	Krieg Tenochtitlans gegen Tlatilolco, der mit dem Sieg Tenochtitlans und dem Tod des dortigen Tlahtoāni Moquihuix endet.
1470	Erfolgreicher Abschluss des noch unter Ilhuicamīna begonnenen Krieges der Azteken gegen die Cuextecah und Totonacah. Chīmalpopōca wird Tlahtoāni von Tlacōpan. Geburt Cuitlahuācs d. J. Eroberung Tōlluhcāns

Zeittafel 383

durch die Azteken und damit verbunden Umsiedlungen. Krieg Tenochtitlans gegen Michhuahcān. Die Azteken werden bei Taximaroa besiegt und müssen sich zurückziehen.

1472	Der Tlahtoāni von Tetzcuhco, Nezahualcoyōtl, stirbt. Sein Sohn Nezahualpilli folgt ihm nach.
1474–75	Krieg der Azteken gegen die Mātlatzīncah in Tōlluhcān.
1474	Tod des Tlahtoāni von Tlacōpan, Totoquihuaztli. In Zentralmexiko sichtbare Sonnenfinsternis. Āxāyacatl wird im Krieg gegen Mazāhuahcān aus den Händen der Gegner befreit.
1475	Erdbeben in Zentralmexiko mit Bergstürzen und umfangreichen Schäden an den Häusern.
1477	Āxāyacatl lässt Xīhuitl Temōc, den Tlahtoāni von Xōchimīlco, umbringen.
1478	Eine weitere Wasserleitung wird vom Festland nach Tenochtitlan gebaut. Zunächst Niederlage der Azteken gegen Xiquipilco; schwere Verwundung Āxāyacatls durch Tlīlcuetzpalin. Später Sieg und Siegesfeier.
1479	Chalkanische Gesangs- und Tanzdarbietung am Hofe Āxāyacatls. In Zentralmexiko sichtbare Sonnenfinsternis.
1480	Hungersnot in Huēi Chiyappan.
1481	Cuitlahuāc d. Ä. wird Tlahtoāni von Itztapalāpan. Āxāyacatl lässt sein Bildnis in den Felsen von Chapultepēc skulpieren. Tod Āxāyacatls.

Tizocic, Tlahtoāni

1481	Inthronisationsfeldzug nach Mētztitlan und Inthronisation Tizocics als Tlahtoāni von Mēxihco.
1482?–1518	Der Zapoteke Cocijoyetza herrscht in Tehuantepēc.
1482–87	Abermalige Haupttempelüberbauung in Tenochtitlan.
1483	Krieg der Azteken gegen Huexōtzīnco.
1484	Feldzug gegen Chiyappan unter Āhuitzōtl als kommandierendem General.

Āhuitzōtl, Tlahtoāni

1486	Tod des Tlahtoāni von Tenochtitlan, Tizocic, und Inthronisation Āhuitzōtls.
1487	Einweihung der unter Tizocic unvollendet gebliebenen Überbauung des Haupttempels von Tenochtitlan.
1489	Das Gespenst Moyohualihtoā erscheint. Erdbeben in Zentralmexiko.
1490	Tod des Tlahtoāni von Tlacōpan, Chīmalpopōca.
1490–92	Frost, Heuschreckenplage und Hungersnot.
1492	Sonnenfinsternis. Bergsturz mit Überschwemmungen.
1494	Motēuczūma verwaltet als Tlācatēccatl Ehēcatepēc.
VOR 1496	Niederlage der Azteken gegen die Zapoteken von Tehuantepēc in der Schlacht am Berg Giengola.
1496	Sonnenfinsternis und Erdbeben.
CA. 1496	Friedensschluss der Azteken mit den Zapoteken durch interdynastische Heirat.
1498	Aztekischer Einfall in das Hochtal von Tlaxcallān und Niederlage auf dem Schlachtfeld von Ātlīxco. Hinrichtung der ehebrecherischen aztekischen Prinzessin Chālchiuhnenetzin in Tetzcuhco.
1499	Überschwemmung Tenochtitlans durch den Ācuecuexātl. Beim Versuch, den Wassermassen zu entkommen, verletzt sich Āhuitzōtl schwer am Kopf.
CA. 1500	Geburt des nachmaligen Tlahtoāni von Tenochtitlan, Quāuhtemōc.
1500	Sieg der Azteken über Xaltepēc.
1501	Āhuitzōtl lässt sich am Fels von Chapultepēc skultpieren.
1502	Tod Āhuitzōtls.

Motēuczūma, Tlahtoāni

1502, 14.4.	Motēuczūma wird am Wahrsagetag 9 Hirsch, dem 7. Tag des Monats Tōzoztōntli, Tlahtoāni von Mēxihco. Ihm steht als Tlācatēccatl Mācuīlmalīnaltzin zur Seite.
1502–04	Hungersnot in Zentralmexiko.
1502	Blumenkrieg. Der Tlācateccatl Mācuīlmalīnaltzin fällt. Feldzug der Azteken in Huaxacac.
1503	Errichtung eines Quetzalcōātl-Tempels in Tenochtitlan.
1504	Der im Vorjahr errichtete Quetzalcōātl-Tempel wird vom Blitz getroffen und brennt ab. Errichtung eines Tempels für Piltzintēuctli. Feldzug der Azteken gegen Tlaxcallān.

Zeittafel 385

1505–07	Erneuter Feldzug der Azteken in Huaxacac.
CA. 1506	Geburt der nachmaligen Doña Isabel Tēcuichpōtzin als Tochter Motēuczūmas.
1507	Neunte Neufeuerbohrung der Azteken. Krieg gegen die Mixteken.
1508	Sonnenfinsternis. Blumenkrieg und Niederlage der Azteken in Ātlīxco. Aztekischer Vorstoß nach Tehuantepēc.
1508–12	Weitere Blumenkriege.
1509	Eine Gesandtschaft aus Tenochtitlan erreicht das Königreich der Cakchiquel im Hochland von Guatemala. Beginn unheilvoller Vorzeichen.
1514	Der Rohling für einen Opferstein versinkt beim Transport nach Tenochtitlan.
1515	Quāuhtemōc wird Statthalter von Tlatilolco. Flucht der gegen Tlaxcallān unterlegenen Huexotzinkaner nach Tenochtitlan, wo sie Asyl erhalten.
1516	Tod des Tlahtoāni von Āculhuahcān Nezahualpilli. Cacama wird neuer Tlahtoāni.
1517	Krieg der Azteken gegen Tlaxcallān.
1518, JUNI	Juan de Grijalva taucht an der Küste von Veracruz auf.
1519, 21.4.	Hernán Cortés landet an der Küste von Veracruz.
1519,16.–18.10.	Die Spanier richten ein Massaker in Cholūllān an.
1519, SEPT.	Cortés kommt nach Tlaxcallān.
1519, ANFANG NOV.	Cuitlahuāc d. J. beherbergt Cortés und seine Truppen in Itztapalāpan.
1519, 8.11.	Erstes Zusammentreffen Motēuczūmas mit Cortés in Xōluhco am Südrand von Tenochtitlan.
1519, 14.11.	Cortés nimmt Motēuczūma in Geiselhaft.
1520, 10.5.	Cortés verlässt Tenochtitlan und zieht an die Küste, um sich des Konkurrenten Pánfilo de Narváez zu erwehren.
1520, ENDE MAI	Pedro de Alvarado, interimistischer Kommandeur der spanischen Truppen in Tenochtitlan, veranlasst das Niedermetzeln von 700–1000 das Toxcatl-Fest feiernden Azteken.
1520, 24.6.	Cortés kehrt mit Verstärkung von der Küste nach Tenochtitlan zurück.
1520, 27.6.	Motēuczūma will beschwichtigend zu den kämpfenden Azteken sprechen und wird von einem Stein am Kopf getroffen.
1520, 29.6.	Motēuczūma stirbt an den Folgen seiner Kopfwunde.

Anhang

1520, 30.6./1.7.	Nächtliche Flucht der Spanier aus Tenochtitlan («Noche Triste»).
1520, 14.7.	Schlacht von Otōmpan, in der sich die Spanier endgültig der sie verfolgenden Azteken erwehren und sich nach Tlaxcallān absetzen können.

CUITLAHUĀC, TLAHTOĀNI

1520, AUGUST	Cuitlahuāc wird Tlahtoāni von Mēxihco.
1520–1	Pockenseuche in Zentralmexiko.
1520, 3.12.	Cuitlahuāc stirbt an den Pocken.

QUĀUHTEMŌC, TLAHTOĀNI

1521, FEBR.	Quāuhtemōc wird im Monat Izcali Tlahtoāni von Mēxihco.
1521, APRIL	Quāuhtemōc lässt mehrere Söhne Motēuczūmas ermorden.
1521, JUNI	Quāuhtemōc räumt Tenochtitlan und kämpft nur noch von Tlatilolco aus gegen die Spanier.
1521, 30.6.	Aztekischer Sieg gegen die Spanier und anschließende Opferung der gefangenen Spanier.
1521, 13.8.	Quāuhtemōc kapituliert gegenüber Cortés und wird von ihm nach Ācachinānco und Coyōhuahcān verbracht, wo er und andere zentralmexikanische Herrscher in Eisen gelegt und gefoltert werden.
1523	Die zerstörte Stadt Mexiko wird wiederaufgebaut und Hauptstadt der spanischen Kolonie Neuspanien («Nueva España»).
1524	Ankunft von zwölf Franziskanermönchen («doze frayles») in Mexiko.
1524, 12.10.	Fortführung Quāuhtemōcs und anderer hochrangiger Gefangener nach Hibueras als Begleitung der Cortésschen Expedition zur Bestrafung des meuternden Unterkommandeurs Cristóbal de Olid.
1525, 28.2.	Quāuhtemōc wird von Cortés in Huēi Mollān wegen Verrats gehenkt, ebenso Tētlepanquetzatzin, Tlahtoāni von Tlacōpan, und Cōānacotzin, Tlahtoāni von Aculhuahcān.
1525	Tēmīlōtzin, ein führender tlatilolkanischer General, ertrinkt auf der Überfahrt nach Kuba (?) im karibischen Meer.

Juan Velázquez Tlahcotzin, Gobernador

1525 Juan Velázquez Tlahcotzin wird Gouverneur der Indianer von Tenochtitlan; er stirbt noch im selben Jahr in Nōchiztlān vor der Rückkehr nach Tenochtitlan.

Andrés de Tapia Motelchīuhtzin, Gobernador

1525 Andrés de Tapia Motelchīuhtzin wird Gouverneur der Indianer von Tenochtitlan.
1526 Motelchīuhtzin kehrt im Gefolge des Cortés nach Tenochtitlan zurück. Isabel Tēcuichpōtzin heiratet Alonso Grado. Hernando Cortés Īxtlīlxōchitzin wird Tlahtoāni von Tetzcuhco.
1528–30 Herrschaft der ersten spanischen Audiencia von Mexiko unter Nuño Beltrán de Guzmán.
1528 Ankunft des ersten Bischofs und späteren Erzbischofs von Mexiko, Juan de Zumárraga. Tod des Alonso Grado.
1528–30 Cortés hält sich in Spanien auf.
1529 Cortés wird vom spanischen König zum Markgrafen vom Tal von Oaxaca ernannt und als Generalkapitän von Neuspanien wiedereingesetzt. Der Franziskanermönch Bernardino de Sahagún kommt nach Mexiko.
1529–31 Indianische Hilfstruppen begleiten Nuño Beltrán de Guzmán auf seinem Eroberungszug nach Cūlhuahcān (alias: Culiacán), dem späteren Nueva Galicia.
1530, Juli Cortés kehrt nach Mexiko zurück.
1530/31 Tod Pedro Gallegos.
ca. 1531 Isabel Tēcuichpōtzin heiratet Juan Cano.
1531 Erscheinung des Halleyschen Kometen.
1531–35 Herrschaft der zweiten Audiencia von Mexiko unter dem Präsidenten Sebastián Ramírez de Fuenleal.
1531–32 Masern- («Sarampión») und Pockenseuche in Zentralmexiko.
1531 Tod des Motelchīuhtzin in Aztatlān auf einem Feldzug der Spanier nach Nordwestmexiko.

388 Anhang

Pablo Xōchiquēntzin, Gobernador

1531	Pablo Xōchiquēntzin wird Quāuhtlahtoāni (indianischer Gouverneur) in Tenochtitlan.
1532	Geburt des legitimen Sohnes des Hernán Cortés, Martín Cortés. Tod des Tlahtoāni von Tetzcuhco, Hernando Cortés Ixtlīlxōchitzin.
1533	Erdbeben in Zentralmexiko.
1534	Ankunft des ersten Vizekönigs, Antonio de Mendoza.
1535–50	Regierung des Vizekönigs Antonio de Mendoza.
1536	Tod des Pablo Xōchiquēntzin.

Diego de Alvarado Huanitzin, Gobernador

1536	Diego de Alvarado Huanitzin wird indianischer Gouverneur in Tenochtitlan; Eröffnung des Colegio de Santa Cruz in Tlatilolco für Kinder des indianischen Adels.
1539	Tod des Huanitzin; Inquisitionsprozess gegen den Kaziken von Tetzcuhco, Carlos Ōmetōchtzin und anschließende Hinrichtung desselben.
1539–42	Expedition des Francisco Vázquez de Coronado nach Nordmexiko (Xōchipillān). Aztekische Hilfstruppen begleiten das spanische Expeditionsheer dorthin im sogenannten Mixton-Krieg.

Diego de San Francisco Tehuetzquititzin, Gobernador

1540	Cortés geht nach Spanien. Ein Komet erscheint am Himmel. Umfangreiches Haustiersterben in Mexiko.
1540–54	Diego de San Francisco Tehuetzquititzin ist indianischer Gouverneur in Tenochtitlan.
1541	Feldzug nach Nordmexiko unter dem Kommando des Vizekönigs Antonio de Mendoza.
1541–45	Dürre, Hungersnöte und Seuche in Zentralmexiko.
1548	Tod des Erzbischofs von Mexiko Juan de Zumárraga.
1550–64	Regierung des Vizekönigs Luis de Velasco d. Ä.
1550–97	Chichimeken-Krieg zur Befriedung des mexikanischen Nordens.
1551	Tod der Isabel Tēcuichpōtzin. Gründung der Universität in Mexiko.

1553	Überschwemmung der Stadt Mexiko.
1554	Seuche in Zentralmexiko. Tod des Diego de San Francisco Tehuetzquititzin.

ESTEBAN DE GUZMÁN, JUEZ

1554–57	Esteban de Guzmán ist indianischer «Juez» von Tenochtitlan.
1555	Provinzialkonzil in Mexiko.

CRISTÓBAL DE GUZMÁN CECĒPAHTIC, GOBERNADOR

1557–62	Cristóbal de Guzmán Cecēpahtic ist indianischer Gouverneur von Tenochtitlan.
1557–59	Heuschreckenplage.
1558, 21.9.	Tod Kaiser Karls V. Die Nachricht erreicht Mexiko erst im folgenden Jahr.
1559	Errichtung eines Denkmals («Tumulo imperial») für Karl V. in Mexiko.
1559–60	Gescheiterte Expedition des Tristán de Luna y Arellano nach La Florida unter Beteiligung aztekischer Hilfstruppen.
1560	Esteban de Guzmán aus Xōchimīlco überprüft die indianische Amtsführung als «Juez».
1562	Tod der indianischen Gouverneure von Tenochtitlan, Cecēpahtic, und von Tlatiloco, Diego de Mendoza.

LUIS DE SANTA MARÍA NANACACIPAC, GOBERNADOR

1563	Luis de Santa María Nanacacipac wird indianischer Gouverneur in Tenochtitlan. Martín Cortés, legitimer Sohn des Hernán Cortés und zweiter Markgraf vom Tal, kehrt nach langer Abwesenheit nach Mexiko zurück.
1563, 20.9.	Jerónimo de Valderrama kommt als Visitator nach Mexiko.
1564	Tod des Vizekönigs Luis de Velasco d. Ä. Unruhen in Mexiko wegen Steuerfestsetzung. Ankunft des Erzbischofs Alonso de Montúfar in Mexiko.
1564–66	Die Audiencia von Mexiko unter den Oidoren Francisco Ceynos, Vasco de Puga und Pedro Villalobos regiert Neuspanien.

1565, 24.5.	Nanacacipac tanzt auf dem Flachdach seines Hauses.
1565	Rückkehr der Flotte von den Philippinen unter Andrés de Urdaneta.
1565, DEZ.	Tod des Gouverneurs von Tenochtitlan, Nanacacipac.

[KEIN INDIANISCHER GOBERNADOR ODER JUEZ IN TENOCHTITLAN]

1566–67	Gastón de Peralta, Marqués de Falces, Vizekönig
1566	Eine vermeintliche Verschwörung junger spanischer Adliger in Mexiko, unter Beteiligung von Martín Cortés und seines Halbbruders Luis Cortés, wird aufgedeckt; Hinrichtung der Brüder Alonso und Gil González Dávila; Deportation der Cortés-Brüder nach Spanien. Jerónimo de Valderrama kehrt nach Spanien zurück.
1567	Diego Luis de Motēuczūma geht nach Spanien.
1567–68	Interimistische Regierung Neuspaniens unter den Visitatoren Luis Carrillo und Alonso Muñoz.

FRANCISCO XIMÉNEZ, GOBERNADOR

1568–73	Francisco Ximénez aus Tecamachālco amtiert als indianischer Gouverneur von Tenochtitlan.
1568–80	Martín Enríquez de Almansa regiert als Vizekönig von Neuspanien.
1568–1614	Juden und Morisken werden in Spanien verfolgt und zum Teil vertrieben.
1571	Einführung der Inquisition in Mexiko.
1571, 7.10.	Sieg der Heiligen Liga unter dem Oberbefehl des Juan d'Austria über die osmanische (türkische) Flotte im Golf von Korinth bei Lepanto (Mittelmeer).
1572	Tod des Juan Cano, Witwer der Isabel Tēcuichpōtzin, des Missionars Pedro de Gante und des Erzbischofs Alonso de Montúfar.
1573	Francisco Ximénez beendet seine Amtszeit als Gouverneur und kehrt nach Tecamachālco zurück.

Antonio Valeriano der Ältere, Juez-Gobernador

1573–99	Antonio Valeriano d. Ä. amtiert in Tenochtitlan als indianischer Richter und Gouverneur.
1574	Öffentlicher Inquisitionsprozess («Auto de Fé») in Mexiko.
1575	Öffentlicher Inquisitionsprozess («Auto de Fé») in Mexiko.
1576–81	Seuche in Mexiko.
1578	Geburt des nachmaligen Historikers Fernando de Alva Ixtlīlxōchitl.
1579	Geburt des nachmaligen Historikers Domingo Francisco de San Antón Muñón Chīmalpahin Quāuhtlehuanitzin. Hungersnot in Zentralmexiko.
1580–1640	Personalunion zwischen Spanien und Portugal.
1580–83	Lorenzo Xuárez de Mendoza, Conde de la Coruña, ist Vizekönig von Neuspanien.
1580	Leichte Überschwemmung der Stadt Mexiko.
1583	Pedro Farfán regiert Neuspanien als Präsident der Audiencia von Mexiko.
1583–85	Der Erzbischof Pedro Moya de Contreras regiert Mexiko als Vizekönig von Neuspanien.
1585–90	Alvaro Manrique de Zúniga, Marqués de Villamanrique, regiert Neuspanien als Vizekönig.
1588, Juli–August	Niederlage der spanischen Seestreitkräfte («Armada») gegen England.
1590	Tod des Franziskanermissionars Bernardino de Sahagún. Öffentlicher Inquisitionsprozess («Auto de Fé») in Mexiko.
1590–95	Luis de Velasco d. J. regiert Mexiko als Vizekönig von Neuspanien.
1590–1600	Tlaxcaltekische Familien ziehen nach Nordmexiko, um im chichimekischen Gebiet zu siedeln.
1592	Der Indianer Domingo Chimalpahin tritt in den Dienst der Kirche von San Antonio Abad in Xōluhco, einem südlichen Vorort Mexikos. Die Tlaxcalteken erleiden eine Niederlage gegen die Chichimeken.
1592–97	Heuschreckenplage, starke Regenfälle, Überschwemmung, Frost, Dürre, Masern-Seuche in Zentral-Mexiko.
1595–1603	Gaspar de Zúñiga y Acevedo, Conde de Monterrey, regiert Mexiko als Vizekönig von Neuspanien.
1595	Juan Martín geht dem altersschwachen indianischen Gouverneur und Richter von Tenochtitlan, Antonio Valeriano d. Ä., zur Hand.
1596, 8.12.	Öffentlicher Inquisitionsprozess («Auto de Fé») in Mexiko.

Jerónimo López, Juez-Gobernador

1599	Jerónimo López wird Richter und Gouverneur von Tenochtitlan. Philipp II. stirbt in San Lorenzo de El Escorial in der Nähe von Madrid. Sein Sohn Philipp III. wird spanischer König.
1601, 25.3.	Öffentlicher Inquisitionsprozess («Auto de Fé») in Mexiko.
1603–07	Juan de Mendoza y Luna, Marqués de Montesclaros, regiert Mexiko als Vizekönig von Neuspanien.
1603	Öffentlicher Inquisitionsprozess («Auto de Fé») in Mexiko.
1604	Tod des Antonio Valeriano d. Ä.; Tod des Diego Luis de Motēuczūma (Moctezuma).
1604–07	Überschwemmungen nach heftigen Regenfällen; Schutzmaßnahmen dagegen.
1606	Kongregationen, d.s. lokale Umsiedlungsmaßnahmen, in Zentralmexiko. Seuche in Tlaxcallān.
1607	Erscheinen des Halleyschen Kometen. Der Vizekönig Juan de Mendoza y Luna geht nach Peru.
1607–11	Luis de Velasco d. J. regiert Neuspanien zum zweiten Mal als Vizekönig.
1608	Jerónimo López stirbt.

Juan Bautista, Juez-Gobernador

1608	Juan Bautista wird Richter und Gouverneur in Tenochtitlan. Kanalarbeiten im nördlichen Hochtal.
1609	Pockenseuche in Mexiko; Kanalarbeiten.
1610	Abschluss des Kirchenbaus in Santiago Tlatilolco unter dem Franziskanermönch Juan de Torquemada. Rodrigo de Vivero kehrt von den Philippinen nach Mexiko zurück.
1611–12	Erzbischof García Guerra regiert Mexiko als Vizekönig von Neuspanien.
1612	Interimistisch leitet der Präsident der Audiencia, Pedro de Otálora, das Vizekönigkreich Neuspanien. In Mexiko sichtbare totale Sonnenfinsternis.
1612–21	Diego Fernández de Córdoba, Marqués de Guadalcázar, regiert Mexiko als Vizekönig von Neuspanien.
1612	Masernseuche in Tlaxcallān.
1619	Komet (nicht der Halleysche!).
1619–21	Frost, Dürre und Hungersnot in Zentralmexiko.

1621	Interimistisch leitet der Präsident der Audiencia, Pedro de Vergara y Gabiria, das Vizekönigreich Neuspanien.
1621-4	Diego Carrillo de Mendoza y Pimentel, Marqués de Gelves y Conde de Priego, regiert Mexiko als Vizekönig von Neuspanien.
1621	Überschwemmung im Hochtal von Mexiko.

ANTONIO VALERIANO DER JÜNGERE, JUEZ-GOBERNADOR

1622	Tod des jesuitischen Historikers Juan de Tovar.
1624, 1.1.	Tod des Franziskanermissionars Juan de Torquemada.
1624	Auseinandersetzung zwischen Vizekönig und Erzbischof; infolgedessen Bürgerunruhen; abermals leitet der Präsident der Audiencia, Pedro de Vergara y Gabiria, interimistisch das Vizekönigreich; Dürre.
1624-35	Rodrigo Pacheco Osorio, Marqués de Cerralvo regiert Mexiko als Vizekönig von Neuspanien.
1625	Der Engländer Thomas Gage hält sich in Mexiko auf.
1625, 8.3.	Totale, in Zentralmexiko sichtbare Sonnenfinsternis.
1626-27	Kleinere Überschwemmungen im Hochtal von Mexiko.
1627	Politische Unruhen in Mexiko wegen Teuerung.
1629-34	Überschwemmungen von Mexiko, Seuchen und Hungersnot.
1632	Starkes Erdbeben in Tlaxcallān; in Zentralmexiko sichtbare Sonnenfinsternis; Seuche.
1635	Öffentlicher Inquisitionsprozess («Auto de Fé») in Mexiko.
1635-40	Lope Díez de Armendáriz, Marqués de Cadereyta, ist Vizekönig von Neuspanien.
1635	Austrocknung des Sees im Tal von Mexiko.
1638	Erdbeben in Zentralmexiko.
1639-43	Kälteeinbruch, Dürre, Hungersnot und Masern-Seuche in Zentralmexiko.
1640-42	Diego López Pacheco Cabrera y Bobadilla, Marqués de Villena y Duque de Escalona, Grande de España, regiert Mexiko als Vizekönig von Neuspanien.
1640	Portugal wird wieder von Spanien unabhängig.
1642	Juan de Palafox y Mendoza regiert Mexiko als Vizekönig von Neuspanien.
1642-48	García Sarmiento de Sotomayor, Conde de Salvatierra y Marqués de Sobroso, ist Vizekönig von Neuspanien.
1646	Pocken-Epidemie und Erdbeben in Zentralmexiko.
1647	Überschwemmung im Hochtal von Mexiko.

1648–49	Bischof Marcos de Torres y Rueda regiert als Gouverneur das Vizekönigreich Neuspanien.
1649–50	Der Präsident der Audiencia, Mathias de Peralta, leitet interimistisch das Vizekönigreich Neuspanien.
1649, APRIL	Öffentlicher Inquisitionsprozess («Auto de Fé») in Mexiko.
1650–53	Luis Enríquez de Guzmán, Conde de Alba de Liste y Marqués de Villaflor, regiert Mexiko als Vizekönig von Neuspanien.
1650, 25.10.	Tod des mestizischen Historikers Fernando de Alva Ixtlīlxōchitl.

Register

ZT = Einträge in der Zeittafel

A

Aberglaube: V.4; VII.4; VIII.2
Abschlussfest: IV.2
Abschreckung: V.2
Absolutismus: V.4
Abstammungstafel: Abb. 31
Ācachinānco (ein auf der Wanderung besuchter Ort im Hochtal v. Mexiko): VI.13; ZT: 1521
Acacihtli (Anführer der Azteken auf der Wanderung, †1167): ZT: 1167
Acahualtzīnco (Ort in Zentralmexiko): ZT: 1091
Ācallān (Gegend am Golf v. Mexiko): VII.7; IX.1
Ācamāpīchtli (um 1500, Prinz v. Tenochtitlan): IX.1.
– der Ältere (Tlahtoāni v. Cūlhuahcān, †1336): IV.1; ZT / 1307, 1336.
– der Jüngere (*1335; erster Tlahtoāni v. Tenochtitlan; †1387): II.4; IV.1; IV.3; IV.4; V.1; VIII.1; VIII.2; VIII.6; Epilog, ZT: 1335, 1347, 1349, 1376, 1378, ca. 1382, 1387; Abb. 13, 18
Ācapūlco (Hafenstadt an der Pazifikküste Mexikos): IX.4
Ācatitlan (Stadt im Hochtal v. Mexiko, heute: Santa Cecilia Acatitlán): VI.2.
Ācatl («Rohr», Kalendertag): II.1; IV.2.
Ācatzīntitlan (Ort in Zentralmexiko): ZT: 1299
Achill (mythischer alt-griech. Held): Epilog
Acht Hirsch Jaguartatze (*1063, mixtek. Herrscher †1115): Abb. 3

Achitometl (Tlahtoāni v. Cūlhuahcān, lebte um 1300): III.3; III.4; IV.1; ZT: 1299, 1336
Ācōlmiztli (Beiname Nezahualcoyōtls): VI.2 (Zitat).
Acosta, José de (*1539/40, span. Jesuit u. Historiker, †1600): II.3
Ācuecuexātl (Trinkwasserquellen nahe des Westufers des Sees v. Mexiko): IV.2; VI.16; VI.17; VIII.1; VIII.2; IX.1; ZT: 1499; Abb. 37
Ācūlhuahcān (Staat im Hochtal v. Mexiko): I.2; II.2; II.3; VI.9; ZT: 1410, 1516, 1525, 28.2.; Abb. 24.
Aculhuahkaner (Einwohner des Staates v. Ācūlhuahcān): I,2; IV.1; VI.1, Zitat; VIII.1, VIII.2
Adel: V.4; VI.9; VIII.1; VIII.2 .-sfamilie: VII.6. -sschule: VII.1. **Adliger**: VII.4; VIII.3
Adler (azt. *Quāuhtli*): III.5; V.2; VII.6; VIII.5; Abb. 12, 30. **-gefäß** (azt. *Quāuhxicalli*): III.4. **-haus** (azt. *Qāuhcalli*): V.2. **-krieger**: III.4; V.2; Abb. 19. **-leute**: III.4. **-saugrohr**: III.4 (Zitat). **-schale**: III.4 (Zitat); VII.3. **-sprecher** (azt. *Quāuhtlahtoh*): IX.1; ZT: 1388-90
Adobe (luftgetrockneter Lehmziegel»): IX.4
Ägypten: II.4
Ärztin (azt. *tīcitl*): IV.2
Ätiologie: VI.6; VII.4
Afrika: I.2
Agave (taxonomisch: Agave atrovirens).

-maske: Abb. 2, 42. -blattspitze: VI.6.
-dorn: VII.2. -papier: II.3. -saft: VI.6.
-wein (azt. *octli*): II.1. -wurm:
(taxonomisch: Cossus redtenbachi u.
Aegale hesperiaris): VI.6
Ahcolco (Ort in Zentralmexiko): III.5;
ZT: 1299
Ahne/Ahnenkult: III.2; VII.3; VIII.6;
Epilog
Ahuatecolotl (Tier): Abb. 29
Āhuehuēlitoc, Juan (Gouverneur v.
Tlatilolco, lebte um 1525): IX.3
Āhuitzōtl (Molch): VI.4
– (*ca. 1441; Tlahtoāni v. Tenochtitlan,
†1502): II.4; V.2; VI.4; VI.5; VI.8; VI.12;
VI.13; VI.15; VI.16; VI.17; VII.1; VII.3;
VII.6;VII.7; VIII.1; VIII.2; VIII.3; VIII.4;
VIII.6; IX.1; IX.2; ZT: ca. 1441, 1484,
1486, 1499, 1501, 1502; Abb. 34, 35, 37
Akrobat: VIII.3
Alaska: I,2
Albrecht V (*1528, Herzog v. Bayern;
†1579): II.3
Alcudia, Graf v.: IX.2
Alguacil (span. Verwaltungsbeamter):
IX.4
– **Mayor** (span. Verwaltungsbeamter):
VII.6 (Zitat)
Alkalde (span. Verwaltungsamt): IX.1;
IX.4
Alkohol: IV.2
Allianz(bildung): V.2; V.4; VIII.2
Almosen: III.4
Altadliger IX.1
Altägypten VI.2; Epilog
Altamerika VI.4
Altar II.4 (Zitat); III.2 (Bildbeschreibung)
Alte Welt: I.2; II.4
Altersfolge VIII.1
Altersruhestand: IV.2. -stufe IV.2
Altertümer II.4
Altes Testament III.2
Altgriechisch II.2. -e Tragödie II.3
Altmexiko V.2
Altsteinzeit I.2

Alva Īxtlīlxōchitl, Fernando de (*1578,
kolonialzeitl. Geschichtsschreiber,
†1650): Vorwort. II.3; IV.1; V.1; V.3
(Zitat u. Text); VI.9; VI.15; VI.17; VII.1;
IX.2; ZT: 1578, 1650
Alvarado, Pedro de (*1486, Konquistador, †1541): VII.4; VII.6; VII.7
(Zitat); ZT: 1520
– **Huanitzin, Diego de** (indian.
Gouverneur v. Tenochtitlan, †1541):
IX.1; IX.2; ZT: 1536, 1539
– **Tezozomoc, Hernando de** (*um 1530,
indian. Historker, †um 1609): II.3; VI.1
(Text u. Zitat); VI.5 (Zitat); VI.8; IX.2
Ameisenblume (azt. *Azcaxōchitl*, Frau,
lebte um 1299): II.2
Amerika I.1; I.; VII.3; Epilog
Amme: IV.1; VIII.1: IX.4
Amtscharisma: V.4; VIII.4. -einsetzung:
VIII.2
Amtsträger: IX.3
Ānahuac (unbestimmte Bezeichnung
für das Kernland der Azteken oder
für Küstenregionen am Pazifik bzw.
am Golf v. Mexiko): VI.3
Analogieschluss: VI.6
Anekdote: II.3
Annalen: II.3; V.1
– **v. Quauhtitlan**: I.2 (Zitat); IV.4; V.1
– **v. Tlatilolco**: II.3; IV.4; VII.3; VII.7; IX.3
Annalistik: IX.2
Andrada (span. Familie): IX.2
Angliederungsphase: VIII.2
Ansteckung: VI.6
Antikisieren: II.4
Antillen (Inselgruppe der Karibik): VII.3
Apazco (Ort in Zentralmexiko):
ZT: 1195
Appellationsgericht: Abb. 39
Apfelsine: IX.4
Apoala, Baum in: III.2; Abb. 3
Aquädukt: VI.3, VI.16, VII.1; VIII.3;
Abb. 37
Archäologie: I.2; II.4; VI.8
Archaische Epoche (Jäger): I.2.

Register   397

Archetyp (Begriff der Tiefenpsychologie): I.2; III.2
Archiv: II.3; V.4; IX.2
Arktischer Jäger: I.2
Armbrust (europ. Fernwaffe): VII.6 (Zitat)
Arroganz der Macht: VI.8; VI.12
Arzt (azt. Tīcitl): VI.6
Asche: VI.8; Epilog
Asien: I.2
Asyl: ZT: 1515
Ātamalquāliztli (azt. Fest): II.1
Ātēmpanecatl (azt. Amtstitel): VI.13
Atelizcuīcatl (Tanz): IX.1
Ātemoztli (azt. Monat): II.1
Ātēzcahuacān (Stadt in Zentralmexiko): IX.2; IX.4
Ā(tl) (‹Wasser›): VI.5
Ātl Cahualo (azt. Monat): II.1
Atlatl (‹Speerschleuder›): V.2
Ātl Īxcatzin (Bruder Quāuhtemōcs u. Tlācatēccatl unter ihm, †um 1520): IX.2
Ātlīxco (Stadt im Hochtal v. Tlaxcallān): V.2; VI.8; VI.9; VI.15; VII.1; VII.6; VIII.2; VIII.6; ZT: 1469, 1498, 1508
Ātonal (Huēi Tlahtoāni v. Cōāixtlāhuacān, †1458): VI.4; VIII.2; ZT: 1456–8; Abb. 26
Ātotoztli (Mutter Ācamāpīchtlis d.J., lebte um 1335): IV.1; VI.4; VI.9; ZT: 1335
– (Tochter Ilhuicamīnas): VI.5
Ātzaqualco (Stadtteil v. Tenochtitlan): II.4; III.5
Augsburger Religionsfriede: IX.4
Audiencia (oberster Gerichtshof u. Regierung Neuspaniens): IX.2; IX.4; ZT: 1428–30, 1531–5, 1583, 1624, 1649–50
Aufstand: VII.7
Augenzeuge: VII.1
Aurora: VII.2 (Zitat)
Augustiner (christl. Mönchsorden): II.4
Ausgrabung: II.3
Australien: I.2

Austria, Juan d' (*1547, Feldherr, †1578): ZT: 1571
Auswanderung: VI.3
Auszeichnung: VI.7
Auto de Fé (Kirchenprozess): ZT: 1574, 1575, 1590, 1596, 1601, 1603, 1635, 1649
Avocado (taxonomisch: Persea americana; azt.: Ahuacatl; eine Baumfrucht): I.2; VI.6
Āxāyaca (Sohn des Moquihuix u. der Chālchiuhnenetzin, lebte um 1473): VI.5.
Āxāyacatl (*um 1445; Tlahtoāni v. Tenochtitlan, †1481): II.4; V.2; VI.4; VI.5; VI.7; VI.8; VI.9; VI.10; VI.12; VI.14; VI.15; VI.17; VII.1; VII.3; VII.6; VIII.1; VIII.4; VIII.6; IX.1; Epilog; ZT: 1481, ca.1445, ca.1467, 1469, 1474, 1477, 1478, 1479; Abb. 4, 27
–, Alonso (kolonialzeitl. Geschichtsschreiber, † um 1540): II.3; IX.2
Āyauhcihuātl (‹Regenbogenfrau›, Prinzessin v. Āzcapōtzalco, Mutter Chīmalpopōcas, lebte um 1420): IV.4
Ayoquantzin der Ältere (chalkan. Fürst, lebte um 1450): VI.7
Ayohtlān (Küstengegend): VI.13; VII.2; VII.4
Āzcapōtzalco (Stadt am Westufer des Sees v. Tetzcuhco): II.3; III.3; IV.1; IV.3; IV.4; V.1; V.2; V.3; VI.1; VI.3;VI.13; VI.5; ZT: 1376, 1379, 1414–18, 1426, 1428–30, 1429, 1431. Azcapotzalkaner (Einwohner v. Āzcapōtzalco):
ZT: 1292–3, 1299
– (Siedlung im Hochland v. Tōllucān): V.2.
Āzcaxōchitl (‹Ameisenblume›, Frau, lebte um 1299): II.2; III.3
Aztatlān (Gegend in Nordwest-Mexiko): ZT: 1531
Azteken: I.2; II.1; II.2; II.3; III.1; III.2; III.3; III.4; III.5; IV.1; IV.2; IV.3; IV.4; V.1; V.2; V.3; V.4; VI.1; VI.2; VI.3; VI.5; VI.6; VI.8; VI.9; VI.12; VI.14; VI,15; VI.17;

Anhang

VII.1; VII.2; VII.3; VII.4; VII.5; VII.6; VII.7;VIII.1; VIII.2; VIII.3; VIII.4; VIII.5; VIII.6; IX.2; IX.3; Epilog; ZT: 1065ff.
Aztekische Dynastie: V.1; Epilog.
– **Geschichtsschreibung**: V.1.
– **Herrscher(haus)**: II.2; VII.1; VII.4; VIII.6. – **Krieger**: V.4. – **Kultur**: VII.1.
– **Prinzen**: IV.4. – **Quellen**: V.1.
– **Reichsgeschichte**: IV.4. – **Sprache**: II.2; II.3; III.1; IV.1; VI.2; VI.5; VII.1; VII.2; VII.5; IX.1; IX.4
Aztlān (mythische Herkunftsregion der Azteken): III.2; IV.4; ZT: 1064

B

Babylon (Stadt u. Reich im Zweistromland): II.3
Bad/ Baden: III.2; VI.6
Badiano, Juan (*um 1484, indian. Autor, † nach 1550): VI.6
Bahamas (Inseln der Karibik): VII.3
Ballspiel (azt. *Tlachtli*): VI.9; VI.13; VIII.5; VI.5; Abb. 44. **-platz** (azt. *Tlachco*): Abb. 24
Bankgebäude: VII.7
Bankmann, Ulf (*1936, dt. Altamerikanist): Vorwort
Baptista, Juan (lebte um 1560): IX.1 (Zitat)
Barmherzigkeit: VIII.2
Barock: VIII.3
Barsch (Fischart): V.1
Baumaßnahme: VII.1
Baumstamm: VI.3
Baumwoll(e), -faden: I,2; IV.2. **-hemd/ -panzer** (azt. *Ichcahuīpīlli*): III.3; V.2
Bauopfer: II.4
Bauvorhaben: VII.1
Bautista, Juan (indian. Juez-Gobernador v. Tenochtitlan, lebte um 1610): ZT: 1608
Befreiungskrieg: V.2
Beichte: VII.7
Beijing (Hauptstadt Chinas): II.4

Beklagter: Abb. 39
Beltrán de Guzmán, Núño (*um 1490, Konquistador, †1544): ZT: 1528-30, 1528-31, 1529-31
Benalú, Markgraf v.: IX.2
Begräbnis: VI.9; VIII.4
Berater: VIII.2
Bergkristall: VII.1
Bericht(erstatter): VII.2, VII.3
Beringia (ehemalige Landbrücke zwischen Asien u. Amerika): I.2; Karte 2
Bernstein/ -lippenpflock: VI.1; VII.1
Beschwerde: IX.4
Bestattung: IV.2
Bestrafungskrieg: V.2
Bewaffnung: V.2
Bewährung im Krieg: VIII.1
Bierhorst, John (*1936, nordamerikan. Literaturwissenschaftler): II.3
Bilder(hand)schrift: II.3; III.1;III.2; III.3; IV.4; VI.1; VI.4; VI.9. VI.12; VII.1, VII.6; Abb. 3
– **v. Coyōhuahcān**: IV.1
Bildnis: VI.8; Epilog
Bildzeichen: II.3
Binsendickicht: III.5
Biotop: VII.1
Bisexuell: VI.14
Bismarck, Otto v. (*1815, Dt. Reichskanzler, †1898): V.4
Blasinstrument: VII.3 (Zitat). **-musik**: IX.1
Blasrohr (Jagdwaffe): IV.2; VI.2; VIII.5
Blitz: VII.2
Blume (azt. *Xōchitl*): VI.12; VI.13; VII.3. **-nbeet**: VIII.3.
Blumenkrieg (azt. *Xōchiyaoyōtl*): V.2; VII.1; VII.6; ZT: 1376, 1469, 1508, 1509-12. **-sgegner**: V.2; VI.8; VI.9; VI.12; VII.1; VIII.6; ZT: 1469, 1508, 1509-12.
Blumenschenken (azt. *Tlaxōchimaco*): VII.7 (Zitat)

Bluse (azt. Huīpīlli): IV.2; VI.6; VIII.2
Blut (azt. Eztli): VII.3; VIII.2. -orgie:
  VI.12. -sturz: VI.11
Bluthund: VII.3.
Bluterkrankheit: VII.6.
Bodenfund (Begriff der Archäologie):
  III.1
Bogen (Waffe): IV. -schießen: VIII.3
Bohne (taxonomisch: Phaeseolus spp.):
  I,2; II.1; VI.6
Boot/ -sverkehr: III.3; VII.7; Abb. 41
Botanischer Garten: VII.1
Bote: VI.8
Brache: II.1
Brandpfeil (azt. Tlemītl): V.2
Bräutigam/ Braut: IV.2; Abb. 14
Brautschau: IV.4
Brettspiel: VIII.3
Brigantine (span. Schiffstyp): VII.7
British and Foreign Bible Society: IV.1
Brunnen: VII.1
Bry, Theodor de (*1528, Frankfurter
  Verleger, †1598): Epilog
Buch (azt. Āmatl, Āmoxtli)/ -kultur: II.3
Buchstabenschrift: II.3
Buckliger: VI.8
Bücherverbrennung: V.4
Bündnispartner: V.3.
Bündnispolitik: VI.5
Bürgerkrieg: VIII.1; VIII.2
Bullock, William (*um 1773, engl.
  Kaufmann u. Reisender, † nach 1843):
  II.4
Burgundisches Hofprotokoll: VIII.3
Buschmann, Johann Karl Eduard
  (*1805; Berliner Sprachforscher,
  †1880): II.2; III.1

C

Cacama (Tlahtoāni v. Tetzcuhco, †1520):
  VII.6; ZT: 1516
Cáceres (Stadt in Spanien): IX.2
Caesar, Gaius Julius (*100 v.Chr.,
  altröm. Politiker, † 44 v.Chr.): VI.4;
  Epilog

Cahuilla (Indianersprache
  Südkaliforniens): III.1
Cakchiquel (Indianersprache u. Fürsten-
  tum in Guatemala): VII.4; ZT: 1510
Caligula (eigentl. Gaius Caesar
  Augustus Germanicus; *12, röm.
  Kaiser, †41): VII.2
Calli (‹Haus›): II.1.
Callimanyān (Ort im Hochtal v.
  Tōluhcān): VI.5
Calmecac (Schulform u. ihr Gebäude):
  III.4 (Zitat); IV.2; VI.2; VII.1; VIII.1;
  VIII.2
Calpixqui (‹Verwalter›): V.2
Calpūlalpan (Ort im Hochtal v.
  Tlaxcallān): VI.2
Calpūlli (Siedlungsverband): IV.3; V.2;
  VI.2;VIII.2
Campeche (Stadt am gleichnamigen
  Golf): ZT: 1517
Cano (de Saavedra), Juan (*um 1510,
  Konquistador, Festungskommandant
  in Tenochtitlan, †1572): IX.2; ZT:
  ca.1530, 1572
Cano, Martín (lebte um 1560): IX.4
Cantares Mexicanos (azt. Liederhand-
  schrift): II.3; IV.3; VI.4; VI.5 (Zitat);
  VI.12 (Zitat)
Capitán General (höchster Militärrang
  der kolonialspan. Verwaltung): VIII.1
Cárdenas, Cuauhtémoc (*1934,
  mexikan. Politiker im 20. Jh.):
  Epilog
Carlos, (*1545, Don, span. Prinz, †1568):
  VII.6
Carochi, Horacio (*1586, span.
  Jesuiten-Missionar u. Sprachforscher,
  †1666): II.2
Carrillo, Luis (Visitator): ZT: 1567–68
– de Mendoza y Pimentel, Diego
  (Vizekönig v. Neuspanien, †1631): ZT:
  1621–24
Castillo, Cristóbal de (*1524?, kolonial-
  zeitl. azt. Historiker, †1604?): VII.5
Caxitl (‹Schale›): IV.2

Cecēpahtic →Guzmán Cecēpahtic, Cristóbal de
Cedulario (Sammlung königl.-span. Erlasse): IX.4
Cella: VI.2; VI,12
Cerralvo, Markgraf v.: IX.2 →Pacheco de Osorio, Rodrigo
Cervantes de Salazar, Francisco (*1514?, kolonialspan. Chronist, †1575): VII.6
Ceynos, Francisco (Oidor): ZT: 1564–66
Chālchiuhnenetzin (Tochter Ilhuicamīnas, Schwester Āxāyacatls u. Ehefrau des Moquihuix, lebte um 1470): II.2, VI.5; VI.15
– (Tochter des azt. Tlahtoāni Āxāyacatl; † um 1498, hingerichtet): ZT: 1498
Chālchiuhtlahtōnac (lebte um 1240, Herrscher v. Cūlhuahcān): VI.1; ZT: ca. 1240
– (Beiname → Ilhuicamīnas): VIII.1
Chālchiuhtlīcuē (azt. Göttin): IV.2; VI.4
Chālco (Städtebund im Hochtal v. Mexiko): II.3; IV.3; IV.4; V.2; VI.1, VI.2; VI.5, VI.8; VI.9; VIII.1; IX.2; ZT: 1376, 1399, 1428–30, 1441, 1446, 1455; Abb. 22. **-Krieg**: VI.3; ZT: 14070–8, 1441, 1465.
Chalkaner (*Chālcah,* Einwohner v. Chālco): III.2; IV.4; VI.1; VI.7; ZT: 1376, 1399, um 1420, 1428–30, 1441, 1446, 1455, 1465
Champs Elisées (Straße in Paris): Epilog
Chapala, See v. (See in West-Mexiko): III.2
Chapulin («Heuschrecke»): VI.
Chapultepēc («Heuschreckenberg», Hügel in der Nähe der Stadt Mexiko): II.1; II.3; II.4; III.3; IV.4; VI.3; VI.4; VI.5; VI.8; VI,16; VI.17; VII.1; VII.2; VIII.3; VIII.6; Epilog; ZT: 1279, 1285, 1425, 1465, 1481, 1501
Charisma/ -tische Herrschaft: IV.4; V.4; VIII.2; VIII.3
Charnay, Désiré (*1828, franz. Archäologe, †1915): II.4

Chiapas (südl. Bundesstaat Mexikos): I.1; I.2; VII.1
Chichicha (Herrscher v. Michhuahcān): VI.5
Chīchīmēcacihuātl, Magdalena (†1565): IX.1.
Chīchīmēcatl («Chichimeke»): III.2
Chīchīmēcatl, Miguel (indian. Alguacil, lebte um 1560): IX.4; Abb. 48
Chīchīmēcayōtl-**Tanz**: IX.1
Chichimeken (indian. Volk): I.2; III.3; ZT: 1592. **-Krieg**: ZT: 1550–97
Chicōmōztōc («sieben Höhlen», mythischer Ursprungsort): III.2; Abb. 9
Chililico (azt. Gott): III.4
Chīlli (indian. «Pfeffer», taxonomisch: Capsicum annuum): IV.3; VI.6; VI.14; VIII.3
Chīlmōlli («Pfeffertunke»): IV.2
Chīmalācalli («Kriegskanu»): V.2
Chīmalaxōch (Tochter Huītzilihuitl d.Ä., †1299): III.3
Chīmalhuahcān (Stadt im Hochtal v. Mexiko): ZT: 1351, 1378
Chīmalli-**Stein**: Abb. 4
Chīmalpahin, Domingo (*1579, azt. Chronist, † nach 1631): I.2 (Zitat); II.3; III.2; IV.1; IV.2; VI.7 (Zitat u. Text); IX.1 (Zitat u. Text); IX.2; IX.4; ZT: 1579, 1592, 1593
Chīmalpopōca (*um 1390, Tlahtoāni v. Tenochtitlan, †1426): II.4; IV.4; V.1; V.4; VI.3; VI.7; VIII.1; VIII.2; VIII.4; VIII.6; ZT: ca. 1380, 1404, 1415, 1426; Abb. 16, 17
– (Tlahtoāni v. Tlacōpan, †1490): II.4; VI.5; VI.9; ZT: 1470, 1490
China: I.2; IV.2; V.2; V.4; VIII.3; VIII.6.
Chinese: VI.3. **Chinesischer Kaiser**: VIII.2
Chināmpa (indian. Feldbautechnik): VI.3; VI.6
Chiyappan (Region im Norden des Hochtals v. Mexiko): VI.9; VI.12; ZT: 1484

Register **401**

Chocho-Popolucah (Sammelbezeichnung für fremdsprachige Völker): VI.4
Cholera (Seuche): VI.6
Cholūllān (heute: Cholula; Stadt im Hochtal v. Tlaxcallān): VI.2; VI.8; VII.3; ZT: 1519
Chontal-Maya (Stammesgruppe der Maya): VII.7
Chor: II.3
Christ: VII.6 (Zitat). **Christentum**: VI.2. **Christliche Moral**: VI.8
Chronik: II.3; IX.3; → Crónika.
Chronisten: II.3; III.1; V.1; VII.3; VII.6; VII.7; IX.1
Cihuācōātl (‹weibl. Schlange›, polit. Amt): II.2; II.3; V.2; VI.9; VIII.1; VIII.2
Cihuāilhuitl (azt. Monat): II.1
Cihuānenemitl (Fürst v. Cuitlahuāc, †1473): VI.5
Cihuāpahtli (‹Frauenmedizin›): IV.2
Cillān (Ort): VI.9; Abb. 32
Cincalco (‹Maishaus›, Höhle im Hügel v. Chapultepēc): VI.4; VII.2
Cipactli (‹Krokodil›, Kalendertag): II.1; IV.2
Cītlalitzin (Anführer der Azteken auf der Wanderung): ZT: 1167
Clemens VII (*1478, Papst, †1534): II.3
Clovis-Mensch (vorgeschichtl. Kultur): I.2
Cōāilhuitl (azt. Monat): II.1
Cōāixtlāhuacān (Hauptstadt einer Herrschaft in Huaxacac): V.2; VI.4; VI.5; VIII.2; ZT: 1456–58; Abb. 26
Cōānacotzin (Tlahtoāni v. Tetzcuhco, †1525); ZT: 1525
Cōātepāntli (‹Schlangenmauer›, Einfriedung v. Tempelbezirken): II.4; VI.2
Cōātepēc (‹Schlangenberg›, mythischer Ort bei Tollān): III.2; ZT: 1143
Cōātl (‹Schlange›): V.1; Abb. 11
– **Īchan** (Stadt im Staat v. Āculhuahcān): IV.1; IV.3; VIII.2; ZT: 1347, 1349
– **Īcuē** (azt. Göttin) III.2

Cocijoyetza (zapotek. Herrscher in Tehuantepēc, reg. ca.1482–1518): VIII.2; ZT: 1482–1518
Codex Aubin (kolonialzeitl. Bilderhandschrift): III.3; VIII.6; IX.4
– **Azcatitlan** (kolonialzeitl. Bilderhandschrift): III.2
– **Borbonicus** (altindian. Bilderhandschrift): VII.6; Abb. 42
– **Huitzilopochtli** (kolonialzeitl. Bilderhandschrift): II.3; VI.12; Abb. 43
– **Osuna** (kolonialzeitl. bebilderte Prozessakten): IX.4
– **Telleriano-Remensis** (kolonialzeitl. Bilderhandschrift): II.3; VI.12
– **Tudela** (kolonialzeitl. Bilderhandschrift): Abb. 44
– **Vaticanus A** (kolonialzeitl. Bilderhandschrift): II.3; Abb. 43
– **Vindobonensis Mexicanus Primus** (vorspan. mixtek. Bilderhandschrift): II.3; Abb. 3
– **Xolotl** (kolonialzeitl. Bilderhandschrift): IV.4
Colección Mendoza (kolonialzeitl. Bilderhandschrift): V.2;VI.11 (Zitat); Abb. 12, 18
Colegio de Santa Cruz Tlatilolco (Schule für indian. Adlige in der Kolonialzeit): ZT: 1536
Conquistador → Konquistador, → Eroberer
Cōntitlan (Ort im Hochtal v. Mexiko): III.3; ZT: 1292–93
Copōlco (Ort in Tenochtitlan): VII.4; VIII.4
Cora (nordwestmexikan. Indianersprache): III.1
Cortés, Hernán (*1485, span. Eroberer Mexikos, †1547): II.3; II.4; III.1; V.2; VII.3; VII.4; VII.6; VII.7; VIII.3 (Text u. Zitat); IX.1; IX.2; IX.3; IX.4; Epilog; ZT: 1519, 1520, 1521, 1524, 1525, 1526, 1528–30, 1529, 1430, 1532, 1540, 1563; Abb. 5, 41

402 Anhang

–, **Luis** (*1525; Sohn des Hernán Cortés): IX.4; ZT: 1566
–, **Martín** (*1532; Sohn u. Erbe des Hernán Cortés): IX.4; ZT: 1532, 1563, 1566
– **Īxtlīlxōchitzin, Hernando** (Tlahtoāni v. Tetzcuhco, † 1532): ZT: 1526, 1532
Costa Rica (Land in Zentralamerika): I.2
Coxcoxtli, (Tlahtoāni v. Cūlhuahcān,†1307): III.3; IV.1; ZT: 1307
Coyōhuahcān (Stadt im Südlichen Hochtal v. Mexiko; heute: Coyoacán): IV.1; V.1; V.3; VI.16; VII.7; IX.3; IX.4; ZT: 1410, 1521; Abb. 5. **Coyohuahkaner** (Einwohner v. Coyōhuahcān): ZT: 1292–93, 1299
Coyōhuēhuehtzin (azt. Krieger): VII.6; VII.7; IX.3
Coyolicaltzin (Tochter Āhuitzōtls, lebte um 1500): VIII.2
Coyolli (‹Schelle›): Abb. 6
Coyolxauhqui (azt. Göttin): II.4; III.2; Abb. 6
Cozcateke: III.4 (Zitat)
Cōzcatl (‹Halskette› als Schmuck): VI.9
Coztic Tēnzacatetl (‹goldener Lippenpflock›): VII.1; Abb. 38
Crónica Mexicayotl (kolonialzeitl. azt. Chronik): VI.3 (Zitat); IX.2 (Zitat)
– **X** (rekonstruiertes Geschichtswerk in azt. Sprache): II.3; IV.3; VI.8; VI.9; VII.4; VIII.2
– **X-Kreis**: II.3; IV.4; VI.9
Cruz, Martín de la (indian. Arzt, lebte um 1552): VI.6
– **Tlapaltēcatl, Pedro de la** (indian. Alkalde, lebte um 1560): IX.4
Cuecuex (legendärer Zauberer): VI.16
Cuēitl (‹Rock›): IV.2
Cuepōpan (Stadtteil v. Tenochtitlan): II.4; III.5; VI.9
Cuernavaca →Quauhnāhuac
Cuetlaxtlān: VI.1; VI.12; ZT: 1463
Cuextecah (‹Volk der Huaxteken›): ZT: 1465, 1470

Cuezcōmaixtlāhuacān (befestigter Ort in Zentral-Mexiko): V.2
Cuīcacalli (‹Gesangshaus›): III.4; IV.2.
Cuicuilco (prähistor. Siedlung im Hochtal v. Mexiko): I.2
Cuitlahuāc (Ort im südl. Hochtal v. Mexiko): II.3; IV.3; VI.5; VII.5; VIII.6; ZT: 1390, 1391
– **der Ältere** (Tlahtoāni v. Itztapalāpan, lebte um 1480): VII.5; VIII.6; ZT: 1481
– **der Jüngere** (*ca.1470 , Tlahtoāni v. Tenochtitlan, †1520): II.3; VII.1; VII.3; VII.5; VII.6; VIII.2; VIII.4; VIII.5; VIII.6; IX.2;Epilog; ZT: 1470, 1519, 1520
Cuitlahuācah (Einwohner v. Cuitlahuāc): III.2
Cūlhuahcān (Stadt im südl. Hochtal v. Mexiko): I.2; III.3; III.4; III.5; IV.1; IV.3; IV.4; V.2; VI.4; VI.5; VIII.1; ZT: 1125, ca. 1240, 1299; Abb. 12. **Culhuahkaner** (Einwohner v. Cūlhuahcān 1) : III.3; III.4; III.5; IV.4; ZT: 1292–93, 1295; 1297, 1299, 1307, 1335, 1336, 1347
– (Gegend der kolonialzeitlichen Provinz Nueva Galicia im Norden Mexikos): ZT: 1529–31

D

Dachkamm: Abb. 23
Dachterrasse: VII.4 (Zitat)
Dammstraße: II.4; VI.4; VII.3; VII.5; VII.7; VIII.1; VIII.3; VIII.4; VIII.5; Abb. 5, 41
Dampfbad(ehaus) (azt. *Temāzcalli*): IV.2; VI.6; Abb. 28
Danzante (‹Tänzer›): I.2; Abb. 1
Datenplatte: II.4; IV.3; VI.10; VI.16; VIII.3; Abb. 8
Daunenfeder: IV.4
Decke (azt. *Tilmahtli*): IV.2; VI.5; VIII.3
Deich: VI.3; VIII.3
Demut: VIII.1
Denkmal: Epilog
Depot: II.4

Deutsche Sprache: II.2
Deutscher: II.2
Deutsches Reich/Deutschland: V.4;
VIII.2. II.3; II.4; IX.4; Epilog
Deszendenz: VIII.1
Devise: III.3
Diagnostik: VI.6
Díaz, Porfirio (*1830, mexikan.
Präsident u. Diktator, †1915): II.4
Díaz del Castillo, Bernal (*1492/3,
Soldat in Cortés› Truppe, †1581):
VII.4; VIII.5 (Zitat u. Text)
Dienstpflicht (azt. Cōātequitl): IV.2
Díez, Melchior (Indianer, lebte um
1560): IX.4
– de Amendáriz, Lope (*1575, Vizekönig
v. Neuspanien, † um 1640): ZT: 1635–40
Dionisio, Pedro (indian. Adliger,
lebte um 1565): IX.1
Diphterie (Krankheit): VI.6
Discursos en Mexicano (kolonialzeitl.
azt. Quelle): IV.1 (Zitat); IV.2 (Zitat);
VI.3 (Zitat)
Documentos de Coyoacán (Sammlung
kolonialzeitl. Verwaltungsdoku-
mente): IX.2
Dolmetscher (azt. Nāhuatlahtoh): IX.1;
IX.4
Dominanz(ritual): VI.7, VI.8
Dominikaner (christl. Orden): II.4
Donner: VII.2 (Zitat)
Doppeltempel: II.4; VI.12
Doze Frayles (‹Zwölf Mönche›, gemeint
ist eine Gruppe v. Franziskanern):
ZT: 1524
Dreibund: V.2; V.3; V.4; VI.8; VI.9; VI.12;
VI.16; VIII.2; VII.6; ZT, ca. 1430, 1469;
Abb. 20, 39
Dreiperiodenschema: I,2
Drillbohrer: III.5
Druckwasserleitung: VI.3
Dürre: VIII.3; ZT: 1541–45, 1592–97,
1624
Durán, Diego (*1538?, span. Missionar u.
Historiker, †1588): II.3; IV.1; V.2

Dyckerhoff, Ursula (*1930, dt. Meso-
amerikanistin, †2004): VI.8
Dynastie: I.2; II.2; III.3; IV.1; IV.3; IV.4;
V.4; VI.9; VII.1; VII.4 (azt. D.); VII.6;
VII.7; VIII.1; VIII.2; Epilog (azt. D.).
-gründer: VIII.1
Dysenterie (Krankheit): VI.6; VI.9

E
Edda (altnord. Epensammlung): II.3
Edelmetall: VII.3
Edelstein: IV.4. -halskette: VIII.1.
-püppchen (azt. Chālchiuhnenetzin,
Eigenname): II.2
Ehe: IV.2. -bruch: VIII.1. -frau: VIII.2.
-versprechen: IX.2
Ehēcatepēc (Stadt am Nordrand der
zentralmexikan. Seen): III.2; VI.9;
IX.1. ZT: 1494; Abb. 32
Ehēcatl Īquauhpechco (Stadt): VI.9
Ehēcatzin (Tlatilolkaner): IX.3
Eigennamen: II.2; IV.22
Einäscherung/Einbalsamierung: VI.8;
Epilog
Einbaum: II.4
Einwanderer: I.2
Einweihungsritual: VI.12
Eisen (azt. Tepuztli): VII.3 (Zitat)
Eiskappe: VI.3
Elitetruppe: VIII.4
Encomienda (kolonialspan. Form des
Lehens): IX.2
Endogamie: VIII.2
England: II.3; II.4; VIII.3; ZT: 1588
Enklave: VI.9
Enríquez de Almansa, Martín (*1610,
Vizekönig v. Neuspanien, †1660?):
ZT: 1568–1580
Enríquez de Guzmán, Luis (*um 1605,
Vizekönig v. Neuspanien, † nach 1661):
ZT: 1650–53
Ente: IV.4; VI.5. -nfederndecke: VIII.3
Entschädigung: IX.4
Erbfolge/-gang: VI.4, VIII.1, XI.2
Erbkrankheit: VII.6

Erbprinz: VII.6
Erdbeben: VII.1; II.4; ZT: 1475, 1489,
  1496, 1533,1632, 1638, 1646
Erdmännchen: VII.2
Ereignisgeschichte: III.3
Erkältungskrankheit: VI.6
Ernährung: VI.6
Eroberer (Konquistador): VII.1; VII.2;
  VIII.4; IX.1
Eroberung: Vorwort; II.3; II.4; III.5; IV.3;
  IV.4; V.2; VI.5; VI.10; VI.13; VII.5;
  VIII.4; IX.1; IX.2; IX.3; Abb. 4. -skrieg:
  V.2; VI.1; VII.1. -sliste: II.3. -splan: VII.
  -szeit: Epilog
Erotik: VI.14
Erziehung: VIII.1; VIII.2
Eschatologisch: VII.4
Escorial, El →San Lorenzo de El Escorial
Eskimo (Bewohner der amerikan.
  Arktis): I.2
Essen: VIII.3
Ethik: IV.2
Ethnohistorik/ethnohistorisch: II.3
Etikette: VIII.3
Etymologie: II.2
Etzalquāliztli (azt. Monat): II.1
Europa: V.2; V.4; VI.6; VI.7; VI.14; VII.1;
  VIII.2; IX.4. Epilog. Europäer: I.2; II.3;
  VI.6; VII.1; VII.3. Europäische
  Sprachen: VII.1
Exogamie: VIII.2
Expansion: V.3
Expedition: IX.4
Ezhuahuacatl (azt. Amtsträger): V.2; VIII.2

F

Fabeltier: V.1
Fackelholzbündel: VII.6
Fänger: III.4
Fanega (span. Hohlmaß v. etwa
  55 Litern): IX.4
Farfán, Pedro (Präsident der Audiencia
  v. Mexiko, lebte um 1583): ZT: 1583
Fasten (azt. Nezahua): VI.8
Feder (azt. Ihhuitl): III.4; IV.4; VII.3

(Zitat). -decke: VIII.3; VIII.8.
  -schlange (azt. Quetzalcōātl): II.4;
  Abb. 37. -schmuck: VII.3 (Zitat)
Feest, Christian (österreich. Amerika-
  nist): Vorwort
Fegen: VI.6
Feind (azt. Yāōtl): VIII.4
Feldzeichen: V.2
Feldzug: IX.1
Felsbild, -skulptur: II.3
Fernández de Córdoba, Diego (*1578,
  Vizekönig v. Neuspanien, †1630):
  ZT: 1612–21
–, Francisco (span. Entdecker, †1517/8):
  VII.3
Fernhandel: II.3; VI.13; II.1; VI.5.
  -skaufleute: V.1, V.2; V.4; VI.13; VII.4;
  VIII.3; Abb. 36
Fest: II.1; III.4; VI.7. -kreis/-zyklus: II.1
Festung: V.2
Feudalstaat: V.4
Feuer (azt. Tletl): II.1; IV.2; VII.1; VII.2;
  VII.3. -bohrer (Gerät): Abb. 42;
  (Sternbild): VII.2. -brett: III.5. -gott:
  VII.2. -löffel (azt. Tlemāitl): III.4.
  -opfer: III.4. -rohr: VIII.3 (Zitat).
  -säule: VII.2. -schlange: II.4.
  -steinmesser: III.4; Abb. 44
Feuerland: I.2
Ficus-Baum (azt. Āmaquahuitl): II.3
Fisch (azt. Michin): V.1; VI.6; VIII.3; IX.1
Flamme: VII.2
Fleischwunde: VI.6
Florida, La (Halbinsel v. Nordamerika):
  IX.4; ZT: 1559–1560
Flotte: IX.4
Flucht: III.5; VII.7
Foetus: IV.2; VI.6
Folklore: VII.2
Folter: VII.7
Frankreich: II.3; II.4; IV.2; V.2; VI.4;
  VIII.2; VIII.3
Franz I. (König v. Frankreich): Epilog
Franziskanermissionar/ -mönch: II.4;
  IV.3; VII.2; VII.4; VII.6; ZT: 1524, 1529

Register 405

Freigelassener: IX.4
Freiheitskampf: Epilog
Freizeitpark: VII.1
Freudenmädchen (azt. *Āhuiani*): VI.14
Friedenspolitik: VI.5
Friedrich der Große (*1712, König v. Preußen, †1786): Epilog
Frobenius, Leo (*1873, dt. Ethnologe, †1938): I.1
Frosch: II.4
Frost: VI.3; VI.6; VIII.3; ZT: 1377, 1446–54, 1490–92, 1592–97
Fruchtwechsel: II.1
Früher Staat: Epilog
Frühformativum: I,2
Frühmensch: I,2
Frühzapoteke: I,2
Fuchsschwanz (taxonomisch: Amaranthus leucocarpus, azt. *Huāuhtli*): IV.2; VI.6. -samen: VIII.2
Fürsorge: VIII.3
Fürst: VI.8. -enhaus: IX.2. -entum: VII.1. -genealogie: V.3
Fußspur: I.2; Abb. 9, 42

G
Gästehaus: II.4
Gage, Thomas (*1597, engl. Geistlicher, †1656): ZT: 1625
Gallego, Pedro (†1530/1): IX.2; ZT: 1530/31
Gamio, Manuel (*1883, mexikan. Archäologe, †1960): II.4
Gante, Pedro de (*um 1480, span. Missionar, †1572): ZT: 1572
García Granados, Rafael (*1893, mexikan. Historiker, †1955): VI.12
García Icazbalceta, Joaquín (*1825, mexikan. Historiker, †1894): II.3
Gareis, Iris (*1953, dt. Altamerikanistin): Vorwort; Abb. 49
Garnison: V.2; VI.4; VI.5; VI.16; VII.1
Garten: VI.6; VII.1. -wirtschaft: IV.2; VII.1
Gast: VI.8

Gebäudekomplex: VII.1
Gebet: VIII.2
Gebrechen: VIII.3
Geburt: IV.2; VIII; VIII.1. -shilfe: IV.2; VI.6
Gedächtnis: VI.8
Gedenken: VIII.4
Gedenkstein, -tafel: VI.12; Epilog
Gefangene: III.3; III.4 (Zitat); V.2; VI.12; VII.1; VIII.2. -nbesitzer: III.4.
Gefangenschaft: VII.7 (Zitat)
Gefängnis: VI.1; IX.4; Abb. 17
Geisel: VII.4, VII.5; VII.6. -haft: VII.6; ZT: 1519
Geisterlied: II.3
Geisteskrankheit: VII.6
Geländegewinn: V.2
Geldstrafe: IX.4
Gelübde: VII.4
Gemeindehaus (azt. *Calpūlli*): III.4
Gemeinfreier (azt. *Mācēhualli*): V.2
Gemüsegarten: II.4
Genealogie (azt. *Tlācamecayōtl*): II.3
General: VI.3; VIII.1
Generalkapitän (Capitán General, hoher span. Militärrang): VIII.1; ZT: 1529
Gennep, Arnold van (*1873, in Frankreich wirkender Ethnologe, †1957): II.1; IV.2; V.2, VIII.1, VIII.2
Geopferter: III.4; VIII.2
Gerben: VI.6
Gericht: IX.4. -sbarkeit: VI.13. -sgebäude: Abb. 39
Gesang: IV.2; VI.3; VI.4; VI.7; VI.8; VIII.3; ZT: 1479
Geschenk: VI.7
Geschichte der Chichimeken (kolonialzeitl. Geschichtsabriss): IX.2
Geschichtsfälschung: VI.4. -schreiber: IV.1. -schreibung: III.5; IV.1; V.1; V.4; VI.11; IX.2; Epilog. -tradition/ -überlieferung: III.4; IV.1. -wissenschaft: Vorwort
Geschlechtsreife: IV.2. -trieb: VI.14
Gesichtsmaske: Abb. 11

Gespenst: Abb. 42
Gesundheit: VI.6; VI.8
Gewalt: V.2
Gewölbe, echtes: VI.3
Giengola (Berg am Isthmus v. Tehuantepēc): ZT: vor 1596
Gilde: VI.13; VIII.3; ZT: 1496
Gilgamesch (altmesopotam. Epos u. sein Held): II.3
Gilllmor, Frances (*1903, US-amerikan. Schriftstellerin, †1993): II.3; Epilog
Gladiatorenopfer: VIII.3
Glaubensvorstellung: VII.1
Gleichgeschlechtliche Liebe: VI.14
Gobernador →Gouverneur
Götterbild: VI.2; VII.4
Götterschmuck/ -tracht: III.4
Götterspeise: VII.3
Götterversammlung: VII.1
Götze: VII.3 (Zitat); VII.6 (Zitat)
Gold: VI.1; VI.9; VI.13; VII.3; VII.7.
 -**barren**: VII.7. -**bearbeitung**: IV.2.
 -**beute**: VII.6
Golf v. Korinth: ZT: 1571
 – v. **Mexiko**: VI.4
 – v. **Tehuantepēc**: I,1; ZT: 1496, 1508
González d'Avila, Alonso u. Gil (Brüder, Konquistadoren, †1566, hingerichtet); ZT: 1566.
Gott: III.3; III.4; VII.1; VII.3; VIII.2; Epilog. -**esdienst**: VIII.2. -**esträger** (azt. *Teōmāmā*): IV.3. -**heit**: VII.2; VII.4
Gouverneur (span. Gobernador): IV.4; V.1;VI.3; VII.7; IX.1; IX.3; Epilog; ZT: 1525ff.
Grab: VI.14; Epilog. -**kammer**: IV.2.
 -**kult**: Epilog. -**monument**: Epilog
Grado, Alonso de (†1528?): IX.2; ZT: 1526, 1528
Gräbner, Fritz (*1877, dt. Ethnologe, †1934): I.1
Granada (Stadt in Spanien): IX.2
Grande (span. Adelsrang): IX.2
Grasballen: VI.12
Grauer, Harald (dt. Theologe): Vorwort

Graulich, Michel (*1944, belg. Religionsforscher): VIII.1
Graun, Carl Heinrich (*1703/4, Komponist, †1759): Epilog
Grenze: V.3; VI.5. **Grenzfrage**: VI.8.
Grenzkanal: VI.5; ZT: 1466
Grieche: VI.6; Epilog. -**nland**: VI.8
Grijalva, Juan de (*1490, Entdecker, †1527): VII.3; ZT: 1518
Groß-Cūlhuahcān (mythischer Ort): III.2; III.3
Großes Herrenfest (azt. *Tēcuilhuitl*): VII.5
Großfamilie: VIII.2
Großkönig: VIII.2
Großwild: VIII.3
Großkomsdorf (Schloss mit Park in Weimar): Epilog; Abb. 49
Grünedelstein (azt. *Xihuitl*): VI.5
Grünfeder (Kosename): VIII.1
Grundbesitz: IX.2
Grundnahrungsmittel: VIII.3
Guanahani (Insel der Bahamas-Gruppe): VII.3
Guatemala (azt. *Quauhtemallān*): I.1; I.2; VII.1; VII.4; IX.1; ZT: 1510
Guerra, García (*1545, Erzbischof u. Vizekönig v. Mexiko, †1612): ZT: 1611–12
Gummi (azt. *Ulli*): VI (Motto), VI.5
Gunsenheimer, Antje (*1967, dt. Mesoamerikanistin): Epilog
Gutes Benehmen: VIII.1
Guzmán, Esteban de (indian. Juez in Tenochtitlan, †1562): IX.1; IX.4; ZT: 1554–57, 1560; Abb. 46
 – **Cecēpahtic, Cristóbal de** (*ca. 1590, indian. Gouverneur v. Tenochtitlan, †1562): IX.1; ZT: 1557–62

H
Haberland, Wolfgang (*1922, dt. Altamerikanist): VII.4
Habsburger (dt. Herrschergeschlecht): IV.3; V.4; VII.6; VIII.2

Halleyscher Komet: ZT: 1531, 1607
Halskette: VII.3 (Zitat)
Handel/-sreise: VI.13. -ware: VII.3 (Zitat)
Handschuh: VII.3 (Zitat)
Häuserkampf: VII.6
Hauptbericht: II.3
Hauptfrau: VIII.2
Hauptmann vom Tal (span. «Marqués del Valle», d.i. Hernán Cortés): VII.7.
Hauptstadt: III.5; VI.12; VII.1; VII.2; VII.3; VII.6
Hauptpalast: VII.1
Haupttempel: II.4, VI.2; VI.3; VI.10, VI.12; VII.1; VII.6; VII.7; VIII.3; Epilog; ZT: 1391, 1424, 1439, 1441, 1482–7, 1487; Abb. 7, 8. -bezirk: II.4; VI.2; VI.8; VII.4. -einweihung: VIII.3. -erweiterung: VIII.3. -überbauung: ZT: 1439, 1441, 1446, 1447, 1482–7, 1487
Hausmacht: VIII.1
Haustier: VI.6
Hauswirtschaft: IV.2
Haut: III.4. -besitzer (azt. *Xīpemeh*): III.4; Abb. 11
Hebamme (azt. *Ticitl*): IV.2
Hedzmek (Übergangsritus der yukatek. Maya): IV.2
Heer: V.1; V.2; VI.5. -führer: IV.4; VI.3; IX.3
Heidelberg: II.4
Heilige Liga (polit. Bündnis europ. Mächte gegen die Osmanen): ZT: 1571
Heirat: IV.2; VIII.2; Abb. 14. -sallianz: VIII.2. -sbeziehung: VIII.2. -spolitik: IV.3. -sverbindung: IV.1. -svermittler: IV.2; Abb. 14
Heischegang: III.4
Heilkunde/ -mittel: VI.6
Heldendichtung/ -gedicht/ -lied: II.3
Helm (Teil der Rüstung): VII.3 (Zitat)
Herdfeuer: II.1, II.4, IV.2; Abb. 14
Hernández de Córdoba, Francisco →Fernández de Córdoba
Herr der Nacht: IV.2

Herr des Nah und Bei (azt. *Tloqueh Nāhuaqueh*, Gott): V.3; VIII.2
Herrschaft: IV.4; V.3; VI.12; VII.1; VIII.2; IX.2. -santritt: VI.1. -sdauer: III.5. V.4. -snachfolge: VIII.2
Herrscher: I.2; II.1; II.4; III.2; III.3; IV.1; IV.2; IV.4; V.1; V.2; V.3; V.4; VI.1; VI.2; VI.3;VI.4; VI.7; VI.8; VI.9; VI.11; VI.12; VI.14; VI.16; VI.17; VII.1; VII.2; VII.3; VII.4; VII.6; VII.7; VIII; VIII.1; VIII.2; VIII.3;VIII.4; IX.1; IX.2; IX.3; Epilog; Abb. 18, 40, 43. -amt: II.3; VIII.1; VIII.2; VIII.4. -bildnis: Epilog. -einsetzung/ -wahl: VI.9, VI.12, VIII.2. -familie/ -haus: II.3; IV.2; IV.3; IV.4; VI.9; V.3; VII.1; VII.4; VII.6; VIII.2; IX.1; IX.3. -liche Selbstdarstellung: VIII.1. -matte: VI.12. -name: V.1. -palast: VII.1. -portrait: Epilog. -privileg: VI.9. -titel: VIII.1. -tum: Epilog. -vita: VIII.3
Herz: III.4 (Zitat); V.1; VI.6; VI.12; Abb. 11. -blume: VII.3 (Zitat). -opfer: III.4; V.1; VI.2; VI.12; Abb. 1. -seele: VI.6. -extraktion: VI.5.
– des Himmels: VII.2
Heu: IX.4
Heuschrecke (azt. *Chapulin*): VI.6. -nberg (azt. Chapultepēc): II.3; III.3. -nplage: ZT: 1446–54, 1490–2, 1557–59, 1592–97
Hibueras (Landschaft in Zentralamerika): VII.7; IX.1; ZT: 1524
Hierolgyphenschrift: III.5
Hildebrandslied (althochdt. Heldenlied): II.3
Hilfstruppe: VII.6; VII.7; IX.1
Himmelskunde: IV.2
Himmelsrichtung: III.4; IV.2
Hinrichtung: VI.15
Hinterindien: VI.13
Hintersasse: V.4
Hinz, Eike (*1945; dt. Aztekenforscher): V.2
Hippolyt (Heiliger): VII.7

Hirnseele: VI.6
Hirsch (azt. *Mazātl*): IV.2 (Zitat); VII.2; VII.3 (Zitat). **-geweih**: Abb. 45.
-leder: II.3
Hispaniola (Insel der Karibik): VIII.3
Historia de los Mexicanos por sus Pinturas (kolonialzeitl. Handschrift): II.3; VI.12
Historiker/ Historiograph: III.1; V.2; V.3; V.4; VI.12; VII.1; VIII.2; IX.1; IX.2
Hochadel: V.4; VII.7; VIII.2; IX.1; IX.2
Hochbrücke: VI.3
Hochkultur: I.2
Hochtal v. Mexiko: I.2; V.4; VI.13; VII.3; Abb. 5
– **v. Tlaxcallān**: VII.2, IX.1; ZT: 1498
– **v. Tōlucān**: VII.1
Hochverrat: VII.7; IX.2
Hochwasser: VIII.3
Hochzeit: IX.1
Höflichkeit: Abb. 18
Höhle: I.2; III.2; III.4; VI.17; VII.2; Abb. 9
Hof: VI.7. **-etikette/ -zeremoniell**: VI.7; VI.12; VII.3; VIII.3; VIII.5. **-zwerg**: VI.5; VI.8
Hojeda, Alonso de (*um 1466, span. Entdecker, †1516?): VII.3
Holzklotz: III.4 (Zitat)
Holzpfahl: VI.3
Holzschwert: III.4 (Zitat); V.2
Homerische Epen: V.2
Homosexualität: VI.7
Honduras (Gegend in Zentralamerika): VII.7; IX.1; IX.3
Honig: VI.13; VII.7
Hopi (Indianervolk im Südwesten der USA.): III.1
Horcasitas, Fernando (*1925, mexikan. Sprachforscher, †1980): II.1
Huanitzin →Alvarado Huanitzin, Diego de
Huāuhtli («Fuchsschwanz»): IV.2
Huaxacac (heute: Oaxaca, Landschaft in Südost-Mexiko): V.2; VI.5; ZT: 1503, 1505–7

Huaxteken (azt. Cuextecah, indian. Volk Mesoamerikas): VI.3; VI.9; VI.14;VII.3; ZT: 1465
Huāxtepēc (Ort in Zentralmexiko): V.2; VII.1; VIII.5
Huēhueh («alt»): VII.1
– **Motēuczūma** (*1396, Tlahtoāni v. Tenochtitlan, †1469): VI.1
→Ilhuicamīna
– **Tezozomoctzin** (Prinz v. Tenochtitlan): VI.5
Huēhuētl («Fellpauke»): Abb. 30
Huēi Calpixqui («Obermagazinverwalter»): VIII.2.
Huēi Chiyappan (Region nördlich des Hochtals v. Mexiko): ZT: 1480
Huēi Cūlhuahcān («Groß-Cūlhuahcān», mythischer Ort): III.2
Huēi Mollān (Gegend an der Küste des Golfs v. Mexiko): ZT: 1525
Huēi Miccāilhuitl (azt. Monat): II.1
Huēi Pachtli (azt. Monat): II.1
Huēi Tēcpan («Regierungspalast»): VIII.2
Huēi Tēcuilhuitl (azt. Monat): II.1
Huēi Tōzoztli (azt. Monat): II.1, Tabelle 2
Huemac (legendärer Herrscher der Tolteken): I.2; VI.4; VI.14; VII.2
Huexōtlah (Stadt in Āculhuahcān): V.2
Huexōtzīnco (Stadt im Hochtal v. Tlaxcallān): V.2; VI.8; VI.12; VII.1; ZT: 1428–30, 1469, 1483.
Huexōtzīncah («Einwohner v. Huexōtzīnco», Huexotzinkaner): III.2; VII.1; ZT: 1515
Huichol (Indianervolk in Nordwestmexiko): III.1
Huīpīlli («Bluse»): IV.2
Huitzauhqui («Kriegskeule»): V.2
Huītzilihhuitl (Tetzcuhkaner, lebte um 1565): VI.15
– **der Ältere** (*ca. 1230, vordynastischer Stammesführer der Azteken, †1299): III.3; IV.4; VI.4; VIII.6; ZT: ca.1230, 1278, 1299
– **der Jüngere** (*1377, Tlahtoāni v.

Tenochtitlan, †1415): IV.3; IV.4; V.1;
VI.1; VIII.1; VIII.2; VIII.4; VIII.6;
ZT: 1377, 1391, 1396, 1401, 1404, 1415;
Abb. 15, 16, 18
Huītzillān (Stadtteil v. Tenochtitlan):
VII.3.
Huītzillatzin (Tlahtoāni v.
Huītzilōpōchco, †1499): VI.15
Huītzilin (‹Kolibri›): IV.4
Huītzilōpōchco (Stadt im südlichen
Hochtal v. Mexiko): II.3; V.3; VI.5; VI.16
Huītzilōpōchtli (Stammesgott der
Azteken): II.4; III.2, III.4; III.5; IV.3;
IV.4; VI.1; VI.2; VI.9; VI.12; VII.1;
VII.2; VIII.2; ZT: 1143; Abb. 10, 22, 42.
-Tempel: VI.9; VII.1; VII.2; Abb. 42
Huītziltōn (azt. Kulturheros): ZT: 1143
Huitznāhuac Teōhuahtzin (azt.
Priester): VI.2
– Tēuctli (azt. Heerführer): VI.5
Huixachtēcatl (Berg bei Itztapalāpan):
II.1; VII.1; ZT: 1403; Abb. 42
Huiztlān (Ort im heutigen Chiapas):
VII.1
Humboldt, Wilhelm v. (*1767, Preuß.
Staatsmann u. Sprachwissenschaftler,
†1835): II.2; III.1
Hund (azt. Itzcuīntli): VI.6; VII.3
Hunger: VIII.1. -jahr: VI.3. -snot: VI.6;
ZT: 1446–54, 1455–6, 1480, 1490–2,
1502–4, 1541–5, 1579, 1619–21, 1629–34,
1639–43. -tod: VI.3; VI.6; VIII.3

I

Ichcahuīpīlli (‹Baumwollpanzer›): V.2
Ihīyōtl (‹Atem›): VI.6
Ihhuitl (‹Feder›): IV.4
Ilancuēitl (Frau, lebte um 1320): IV.1,3
Ilhuicamīna (*um 1396, Tlahtoāni v.
Tenochtitlan, †1469): II.3; II.4; IV.4; V.2;
VI.1; VI.2; VI.3; VI.4; VI.5; VI.7; VI.8;
VI.9; VI.10; VI.11; VI.12; VI.17; VII.1;
VII.4; VIII.1; VIII.2; VIII.3; VIII.4; VIII.6;
Epilog; ZT: ca.1396, 1427, 1428–30, 1440,
1469, 1470; Abb. 4, 21, 22, 33

Ilhuicatl (‹Himmel›): VI.1
Ilias (altgriech. Epos): II.3
Illegitim: IX.2
Immunabwehr: VI.6
Indianer: I.2; VII.2; IX.1; IX.2; IX.4
Indianische Sicht: Vorwort
Indien: VI.14. -rat (span. Verwaltungs-
behörde): IX.4
Infektion: VI.6
Ingenieurswesen: VI.3
Inka / -reich: III.2; VIII.2; VIII.5
Inquisitionsprozess (span. Auto de fé):
ZT: 1539, 1571, 1574, 1575, 1590, 1596,
1601, 1603, 1635, 1649
Insignie: VII.1
Instrumentalmusik: IV.2
Interregnum: IV.1; IV.4
Inthronisation: IV.3; V.1; VI.12; VI.13;
VII.1; VIII.1; VIII.2. -skrieg: V.2; VI.2;
VIII.2
Investitur: IV.1; V.3; VII.6
Inzest: IV.1; VIII.2
Īpalnemoāni (azt. Gott): IV.2 (Zitat)
Iquehuac (Sohn Ilhuicamīnas): VI.3;
VI.4; VIII.2
Isabel, Doña (indian. Name Tēcuich-
pōtzin, *um 1506, †1551): IX.2
Italienische Sprache: II.3
Itzamkanac (Hautstadt eines indian.
Fürstentums): IX.1; IX.3
Itzcōātl (*um 1382, Tlahtoāni v.
Tenochtitlan, †1440): II.4; IV.4; V.1;
V.3; V.4; VI.1; VI.4; VI.5; VI.9; VII.3;
VII.6; VIII.1; VIII.2; VIII.3; VIII.6;
ZT: ca. 1382, 1427, 1428, 1440;
Abb. 18, 31
Itzquauhtzin (Statthalter v. Tlatilolco,
†1520): VII.4; VII.6; VII.7; VIII.6
Itztapalāpan (Stadt im südlich Hochtal
v. Mexiko): II.1; V; VI.9; VII.1; VII.3;
VII.6; ZT: 1403, 1481, 1519
Ītz(tli) (‹Obsidian-Klinge›, ‹Messer›):
V.1; Abb. 18
Itzyōcān (Ort in Südost-Mexiko): VI.13
Īxtlīltōn (azt. Gott): III.4

Īxtlīlxōchitl (Tlahtoāni v. Āculhuahcān,
†1418): IV.4; V.1; ZT: 1363, 1410, 1418
Izabal, Golf v.: I.1
Izcali (azt. Monat): II.1; III.4; IV.2;
ZT: 1521
Iztācalco (Ort in Zentralmexiko): IX.4;
ZT: 1299
Iztāctepētl (Vulkan in Zentralmexiko):
VII.3

J

Jade(schmuck): VI.1; VI.5
Jaecklein, Klaus (*1940, dt. Ethnologe):
II.3
Jagd(partie): VIII.5
Jaguar: III.4; VIII.1; VIII.5.
– als Kriegerorden: III.4; V.2; IX.3;
Abb. 30
Jahresband: III.5. Jahresbindung/
-kalender: II.1. Jahresname: II.1
Japan: V.2; VIII.1
Jefferson, Thomas (*1743, US-amerikan.
Präsident, †1826): II.4
Johanna (*1479, Königin v. Spanien,
†1555): VII.6
Jude: III.2; ZT: 1568–1614
Juez/ -Gobernador (kolonialspan. Amt
der indian. Verwaltung): IX.1;
ZT: 1573ff.
Jungsteinzeit (Epoche der Vorge-
schichte): I.2
Justinian (*482, röm. Kaiser, †565): VI.4

K

Kakao(trunk): IV.2; IV.4; VI.1; VI.13;
VII.1; VIII.5; ZT: ca. 1400; Abb. 45.
-blume: VII.3 (Zitat). -bohne: IX.4
Kaktus: III.5; Abb. 12
Kalebassenrassel: Abb. 45
Kalender: II.1; VII.1. -datum: VI.8.
-mechanik: VII.1. -priester: VI.6.
-schema: III.5. -stein: II.4 (Zitat).
-zeichen: IV.2
Kalk: VI.6
Kampfspiel: VII.1

Kanal: II.3; V.3; VI.6; VI.16; VII.1; VII.4;
VII.5; VII.7; VIII.3; VIII.5; Abb. 41
Kaninchen (azt. *Tōchtli*): IV.2; VII.6.
-fell(decke): VI.9; VIII.3
Kannibale/ Kannibalismus: Vorwort;
VI.6; VIII.2
Kanone: VII.3; VII.7
Kapitän (meist ist H. Cortés gemeint):
VII.3 (Zitat)
Kapitulation: Epilog
Karibische Inseln: VII.3. Karibisches
Meer:VII.3; ZT: 1525
Karl V. (*1500, röm. Kaiser u. als Karl I.
span. König, †1558): VII.3; VII.4; VII.6;
VIII.3; IX.2; IX.4; ZT: 1558
Karttunen, Frances (finn. Sprach-
forscherin): II.2
Kastengesellschaft: V.4
Kastilien (Königreich in Spanien): VII.7
(Zitat).
Kastilier: VII.3 (Zitat)
Kataster: II.3
Kathedrale: II.4
Katastrophe: VI.6
Katholik: IX.4
Kaufleute/ Kaufmannschaft: II.1; VI.13;
VIII.2
Kebsweib: VI.14
Kiefernzweig: VI.2
Kind: IV.2. -bett: IV.2
Kläger/ -in: IX.4; Abb. 39
Klagelied: II.3; VI.5
Klappstuhl: Abb. 46
Klassengesellschaft: V.4
Kleidung: VI.7. Kleiderordnung: V.4;
VI.14; VIII.3
Kleinkind: III.5; IV.2
Knochen: IV.2. -blume: VI.6.
-bruch: VI.6. -dolch: VI.12
Koalition: V.1
Köhler, Ulrich (*1937, dt. Amerikanist):
Vorwort
Königreich: VIII.2. Königs- u.
Eroberungsliste: II.3; VII.1.
Königshaus: VIII.1; VIII.3.

Königsherrschaft/ -tum: IV.4; V.4;
Epilog.
Königssterben (azt. *Tlahtocamicoac*):
IV.4; V.1
Körperliche Ertüchtigung: VIII.1
Körperlichkeit: VI.14; VIII.3
Körperschmuck: IV.2
Kolibri (azt. *Huītzilin*; taxonomisch zum Genus Trochilidae): IV.4
Kolonialherrschaft: II.4. Kolonialverwaltung: IX.1. Kolonialzeit: II.3; V.2; V.3; VI.1; VI.2; VI.5; VI.8; VI.15; VII.1; VII.6; IX.2; IX.3
Kolumbus, Christoph (*1451, «Entdecker» Amerikas, †1506): I.2; VII.3
Komet: ZT: 1619.
Kommandierender General: IV.4; V.1; VI.3; VIII.2
Kommissionshandel/ -ware: VI.13
Kongregation: ZT: 1606
Konkubinat: IX.4.; Konkubine: IV.3; IV.4; VI.5; VI.7; VI.14; VIII.2; VIII.3; VIII.5
Konquistador («Eroberer»): VII.3; IX.2
Konstantinopel (Stadt am Bosporus): II.4
Kontaktmagie: IV.2
Kopfhaus: VII.3 (Zitat). -skulptur: Epilog. -verletzung: VI.17
Korregent: Abb. 39
Korrelation: II.3
Kosmogonie: VII.1; Abb. 30
Kosmograph: Epilog
Kranich: IV.3; VII.2
Krankheit: VI.6
Kraxe: VIII.2
Krebs: VIII.3
Kreidewasser →*Tīzaāpan*
Kreuzzug: V.2
Krickeberg, Walter (*1885, dt. Indianerforscher, †1962): II.3
Krieg: III.3; IV.1; IV.2; IV.3; IV.4; V.2; VI.5; VI.15; VII.1; VII.6; VII.7; VIII.2, VIII.4; ZT: 1470, 1471. -sdienst: VI.6. -seinbaum: V.2. -serfolg: III.3.
-sführung: V.2; VII.1; VIII.3; IX.1; IX.3.
-sgefangener: V.2; VII.1; VIII.3.
-sgegner: VI.12. -sgesang: II.3.
-geschehen: VII.7. -sgott: VI.1.
-handwerk: VII.6. -sherr: VI.4.
-skabinett: V.2; Abb. 39. -skeule: V.2.
-srat: V.2; VII.7. -sruf: IV.2.
-sverletzung: VI.8. -swesen: IV.4; V.2.
-sziel: V.2. -szug: VI.12, VIII.2
Krieger: IV.2; V.2; V.4; VI.2; VI.8; VII.1; VII.3, VII.4; VIII.2; Abb. 19.
-orden: V.2, VII.6 IX.3; Abb. 30.
Krönung: VIII.2
Krokodil (azt. *Cipactli*): II.4
Kronprinz: V.2
Krüppel: VII.1
Kuba (Insel der Karibik): I,1; VII.3, IX.2; ZT: 1525
Künstler: VI.7
Kürbis (taxonomisch: Cucurbita spp.): I,2; II.1; III.4 (Zitat); VI.6
Kult: VII.1. -gerät: VI.2; VII.3.
-stätte: Epilog
Kulturareal: I.1; I.2; VI.13. Kulturelles Gedächtnis: II.3; Epilog.
Kulturheros: II.3. Kulturkreis: I.1
Kundschafter: III.5
Kunsthandwerk: IV.2; VI.3; VI.2
Kunstwerk: II.4
Kupferaxt: IV.1
Kupplerin: VI.14
Kurzweil: VII.1

L

Landarbeiter: V.4
Landbesitz: V.4. -dokument: V.4.
Landmarke: V.3. Landverteilung/ -zuweisung-: V.4; ZT: 1438
Langeweile: VIII.3
Lanze: V.2; VII.2; VII.3 (Zitat); VII.6 (Zitat)
Lateinamerika: VII.2
Latein(ische Sprache): II.1; VI.6; VII.1
Launey, Michel (*1942, franz. Linguist): II.2

Register **411**

Lebensabschnitt: IV.2.
Lebenserwartung: VIII.3.
Lebenslauf: IV.2; Diagramm 1.
Lebenswandel: VIII.
Lebensmittel: VI.3. **-konservierung**: VIII.3. **-reserve**: VI.3. **-mittelseil**: III.4 (Zitat)
Lebensseele: VI.6
Leber: VI.6
Leder: VII.3 (Zitat)
Legitimer Krieg: V.2
Legitimität: IV.4; VIII.1; IX.1, IX.2
Lehen: V.3
Lehmfußboden: VI.6
Leibmassage: VI.6
Leichenbündel: VI.8
Leichnam: IV.2; VI.8
Lendenschurz / -tuch (azt. *Māxtlatl*): III.2; IV.2; VI.6; VI.13; VI.14; VIII.2
León y Gama, Antonio de (*1735, mexikan. Astronom, †1802): II.4
Leonor (*1527, Tochter des Hernán Cortés u. der Tēcuichpōtzin): IX.2
Leopold I. (*1640, dt. Kaiser, †1705): II.3
Lepanto (Ort am Mittelmeer): ZT: 1571
Lepra (ansteckende Krankheit): VI.6
Leuthoff, Hiob (Äthiopist): II.3
Leutseligkeit: VIII.2; VIII.3
Libellus de medicinalium herbis (kolonialzeitl. Kräuterbuch): VI.6
Liebestollheit: VI.14
Liederhandschrift: II.3; VI.12
Lienzo (‹Leintuch›, altindian. Dokumententyp in Mesoamerika): V.3
Libro de los Guardianes y Gobernadores de Quauhtinchan (kolonialzeitl. Chronik): VII.3 (Zitat)
Lingam (Skulptur eines Phallus im Hinduismus): VI.14
Lippenpflock: VI.9; VII.1; Abb. 38
Llorona, La (Gestalt der mexikan. Folklore): VII.2
López, Jerónimo (Juez-Gobernador v. Tenochtitlan): ZT: 1599

– **de Gómara, Francisco** (*1511, span. Historiker, †1566?): Epilog
– **de Legaspi y Gurruchátegui, Miguel** (*1502, Seefahrer, †1572): IX.4
– **Pacheco Cabrera y Bobadilla, Diego** (*1599, Vizekönig v. Neuspanien, †1653): ZT: 1640–42
Lorenzana, Francisco Antonio (*1722, Erzbischof u. Vizekönig v. Mexiko, †1804): VII.1
Ludwigsburg (Stadt in Württemberg): IV.2
Luiseño (südkaliforn. Indianersprache): III.1
Luna y Arellano, Tristán de (*1519, Entdecker, †1571): IX.4; ZT: 1559–1560
Lustgarten: VIII.3

M
Mācēhualli (‹Untertan›): V.2; V.4
Māchīmaleh (Sohn Ilhuicamīnas, lebte um 1460): VI.4
Machtpolitiker: IV.4. **Machtverlust**: IX.1
Mactun (Ort im Maya-Gebiet): VII.7
Mācuīlmalīnaltzin (†1503 oder 1508, Bruder des Motēuczūma): VIII.2; ZT: 1502, 1503
Mācuīltotēc (azt. Gott): VII.6 (Zitat)
Mācuīlxōchitl (azt. Gott): III.4
Madariaga, Salvador de (*1886, span. Schriftsteller, †1978): Epilog
Madrid (Hauptstadt Spaniens seit 1561): ZT: 1599
Mahlzeit: IV.2
Mais (taxonomisch: Zea mays L.): I,2; II.1; IV.3 (Zitat); VI.3; VI.6; VII.7 (Zitat). **-fladen** (azt. *Tlaxcalli*): IV.2; VIII.3. **-krapfen** (azt. *Tamalli*): IV.2. **-speicher**: VI.5, Abb. 25, 42, 45
Māitl (‹Hand›): IV.1
Majorat (kolonialspan. Form des Lehens): IX.2
Malacatl (‹Spindel›): IV.2
Malerei: VI.14
Malīnalcah (Volk v. Malīnalco): III.2

Register **413**

Malīnalco (azt. Felstempel): II.3
Malīnalxōch (Frau, †1299): III.2
Malintzin (*um 1500, indian. Dolmetscherin, †1527?): IX.3
Mammut: I.2
Manoel der Glückliche (reg. 1495–1521 als König v. Portugal): II.3
Manöver: VII.1
Manrique de Zúñiga, Alvaro (Vizekönig v. Neuspanien, †1590): ZT: 1585–90
Māquahuitl (‹Schwert›): V.2
Māquahuitzoctli (‹Keule›): V.2
Marderhund: VIII.1
María, Doña (Ehefrau des Diego de San Francisco Tehuetzquititzin, lebte um 1540): IX.1
Maria Theresia (*1717, dt. Kaiserin, †1780): IV.3; VIII.2
Markt: VI.13; VII.3. **-handel**: VI.5; VI.13. **-tag**: II.1. **-wesen**: VI.5
Marqués (d.i. der Titel des Hernán Cortés): IX.3
Martín, Juan (lebte um 1590): ZT: 1596
–, **Lázaro** (lebte um 1560): IX.4
Masern (Seuche): VI.6; ZT: 1531–32, 1592–97, 1612, 1639–43
Maske: Abb. 42
Maß: VI.6
Mātemecatl (‹Armreif›): VI.9
Mātlatzīncah / Mātlatzīnco / Matlatzinkaner: I.2; III.2; V.2; VI.9,10; VII.1; VIII.4; ZT: 1474–75; Abb. 32
Matos Moctezuma, Eduardo (*1940, mexikan. Archäologe): II.4; Epilog
Matte: VII.3; Abb. 14. **-nthron**: Epilog
Mātzopetztli (‹Armreif›): VI.9
Maximilian (*1832, Kaiser v. Mexiko, †1867, hingerichtet): II.4
Māxtla (Tlahtoāni v. Āzcapōtzalco, †1431): II.2; IV.4; V.1; V.4; VI.5; ZT: 1410, 1426, 1431
Māxtlatl (‹Lendentuch›): IV.2; VI.9
Māxtlatōn (Tlahtoāni v. Tlachco, lebte um 1484): VI.11

Maya (indian. Volk): I.2; II.3; VI.1; VI.14; VII.7. **-Hieroglyphenschrift**: II.2
Mayahuel (azt. Göttin): III.4
Māyehqueh (‹Hintersasse›): V.4
Mazāhuah(cān) (Stadtstaat): VI.12: ZT: 1474
Mazātl (Tlahtoāni v. Xiuhcōāc): VI.12
Mazātlān: VI.9
Mazātzin (Chichimeke in Chapultepēc, lebte um 1195): III.3
Medici, Giulio de' (*1478, Papst, †1534): II.3
– **Ippolito de'** (*1511, Kardinal, †1535): II.3
Megafauna: I.2
Memoiren: VII.4
Memorandum: IX.2
Mendoza, Antonio de (*1490, Erster Vizekönig v. Neuspanien, †1552): IX.1; ZT: 1534, 1535–50, 1541
–, **Diego de** (indian. Gouverneur v. Tlatilolco, †1562): ZT: 1562
–, **y Luna, Juan de** (*1571, Vizekönig v. Neuspanien, †1628): ZT: 1571–1628, 1603–7
Menschenhaar: VI.6. **Menschenhaut**: III.4; Abb. 11. **Menschenopfer**: V.2; VI.12; VIII.2. **Menschenschinden** (azt. *Tlācaxīpēhualiztli*): III.4
Merzedarier (kath. Orden): VII.7
Mesoamerika (indian. Kulturareal: I.1, I.2; VI.5; VI.13; Karte 1
Mesolithikum (vorgeschichtl. Epoche): I.2
Messer (azt. *Tecpatl*): V.2
Mestize (Mischling zwischen Indianer u. Europäer): IX.4
Metalltechnologie: VI.5
Meteor: VII.2
Metepēc (Ort): VI.5; VI.7
Mētztitlan (unabhängiger Staat im Norden des Hochtals v. Mexiko): II.3; VI.9; ZT: 1481
Mētztli (‹Mond›, ‹Monat›): II.1
Meuchelmord: VIII.4
Mēxihcatl (‹Mexikaner›): II.2

Mēxihcatl Teōhuahtzin (hoher Priesterrang): VI.2;
Mēxihcatzīnco (Ort in Zentralmexiko): ZT: 1299.
Mēxihco(-Tenochtitlan) (Hauptstadt der Azteken seit 1473): II.2; IX.1
Mexikaner: I.2; II.3; II.3; III.3; III.4; III.5; IV.1; V.3; VI.4; VI.5; VI.15; VII.2; VII.3; VII.5; VII.6; IX.1; Epilog; Abb. 20. **Mexikanertum**: VI.1
Mexikanistik: II.3
Mexiko (Land): I.2; II.3; II.4; III.2; III.3; IV.3; IV.4; VI.1; VI.3; VI.6; VI.9; VI.11; VII.2; VII.3; VII.6; VII.7; VIII.2; IX.2; IX.3, IX.4; Epilog
– (Stadt): I.2; II.2; II.4; IV.1; VI.8; IX.2, IX.4; Epilog
Miccāilhuitl (azt. Monat): II.1
Miccāohtli (‹Straße der Toten›): I.2
Miccāomitl (‹Totengebein›): V.2
Michhuahcān (indian. Staat in Westmexiko): II.3; VI.5; VI.12; ZT: 1470. **Michhuahkaner** (Bewohner v. Michhuahcān): I.2; III.2
Mīcōmitl (‹Pfeilköcher›): V.2
Militärführer/-ung: VI.8; VII.4, IX.2.
Militärgesellschaft: V.2. **Militärgouverneur**: V.2. **Militärverwaltung**: VII.1. **Militärischer Rang**: V.2.
Militärlaufbahn: VI.11. **Militärstrategie**: VI.5; VI.8
Mīlli (‹Maisfeld›):
Mīna (‹schießen›): VI.1
Mīnacachalli (‹Speer›): V.2
Miquietlān: VI.9
Missernte: VI.3
Missionare: II.2
Mississippi-Kultur (vorgeschichtl. Kultur in Nordamerika): II.4
Mītl (‹Pfeil›): V.2
Mittelalter: VIII.2
Mittelamerika: I.1; VII.3
Mitternacht: VII.2
Mittlere Steinzeit (Vorgeschichtsepoche): I.2

Mīxiquipilli (‹Pfeilköcher›): V.2
Mixiuhcān (Ort im Hochtal v. Mexiko): ZT: 1299
Mixquic/Mizquic (Ort im Hochtal v. Mexiko): IV.3; ZT: 1381
Mixtēcah: VII.1. **Mixteke**: I.2; II.3; III.2; IV.2; VI.4; VII.2; VIII.2; Abb. 3; ZT: 1507. **Mixtekisches Fürstentum**: VII.1
Mixton-Krieg: ZT: 1539–42.
Miyāhuaxihuitl (Prinzessin v. Quauhnāhuac, Mutter Chīmalpopōcas, lebte um 1410): IV.4
– (Mutter Chimalpopōcas): IV.4
– (Tochter Motēuczūmas): IX.2
Mobilität: V.2
Moche-Indianer (Volk an der nordperuan. Pazifikküste): VI.14
Moctezuma, Grafen v. (span. Adelsgeschlecht): Epilog
Mönch: VII.3 (Zitat)
Molch: VI.12
Molina, Alonso de (*1513/4, franziskan. Missionar u. Sprachforscher, †1579): II.1
Monat(sname): II.1
Monogamie: IV.2
Monstrosität: VIII.3
Montanosa Tomentosa (Heilpflanze): VI.6
Montezuma (Verballhornung v. Motēuczūma): II.4 (Zitat); VII.1
–, **Diego Luis de** (Nachkomme Motēuczūmas in der fünften Generation, Jesuit, † nach 1680): Epilog
Montúfar, Alonso de (*1489, Erzbischof v. Mexiko, †1572): IX.4; ZT: 1564, 1572
Moquihuix (Tlahtoāni v. Tlatilolco, †1473): II.4; VI.5; VI.9; VI.1; VI.15; VIII.2; ZT: 1468, 1469–73, 1473
Moral: IV.2
Mord: V.1, VIII.4
Morelos (mexikan. Bundesstaat): VII.1
Morgenstern: VI.8
Morgenröte: VIII.2 (Zitat)

Moriske (arabischstämmige Bevölkerung in Spanien): ZT: 1568–1614
Mortaigne, Johann Theodor (General): Epilog
Moschee (gemeint: azt. Tempel): VII.3 (Zitat)
Motelchīuhtzin (†1531): IX.1; ZT: 1525–26, 1531
Motēuczūma (*ca. 1467, Tlahtoāni v. Tenochtitlan, †1520):Vorwort; II.2; II.4; III.4; V.2; VI.1; VI.4; VI.12; VI.17; VII.1; VII.2; VII.3; VII.4; VII.5; VII.6; VII.7; VIII.1; VIII.2; VIII.4; VIII.5; VIII.6; IX.1; XI.2; Epilog; ZT: ca. 1467, 1494, 1502, ca. 1506, 1519, 1520, 1521; Abb. 38, 39, 49; (Beiname Ilhuicamīna): VI.1
–, Diego Enrique de (lebte um 1600): IX.2
–, Pedro de (Sohn Motēuczūmas, *vor 1520, †1570): IX.2
– Ihuitl Temōc, Diego Luis de (*vor 1550, †1607): IX.2; ZT: 1567, 1607
Moya de Contreras, Perdo (*1527, Erzbischof, Vizekönig v. Mexiko, †1591): ZT: 1583–1585
Moyohualihtoā (Gespenst, das nachts spricht): ZT: 1489
Mōyōtlān (Stadtteil v. Tenochtitlan): II.4; III.5
Mundschenk: VIII.3
Münze: II.4
Mulatte (Mischling zwischen Neger u. Indianer): IX.4
Muñoz, Alonso (Visitator): ZT: 1567–68
– Camargo, Diego (*um 1529, mexikan. Historiker, †1599): II.3
Muschelhorn: VI.2
Museo del Templo Mayor: II.4
Musik: III.4; VI.13
Mythos: I.2; VII.2; VII.4

N

Nabelschnur: IV.2
Nacacipac (Nanacacipac): IX.1; →Santa María
Nachfolger: VIII.1.
Nachgeburt: IV.2
Nadel: VI.6
Nahrungsmittelversorgung: VI.3.
Nahrungsmittelzubereitung: IV.2
Nāhualōztōmecatl («Tarnkaufmann»): V.2
Namengebung: VIII.1.
Namensshieroglyphe: IV.4; VI.1
Nanacacipac, Luis de Santa María: IX.1; →Santa María
Nanahuatl (azt. Gott): VII.1
Napoléon Bonaparte (*1769, franz. Heerführer u. Politiker, †1821): II.4; VI.4; Epilog
Narváez, Pánfilo de (*um 1470, span. Eroberer, †1528): VII.4; VII.6; IX.2; ZT: 1520
Nase: III.3. -nspitze: VI.6
Naturkatastrophe: VI.3; VI.4; VI.6
Neapel (Stadt u. Königreich in Italien): II.4
Nebenfrau: VIII.2
Necētōchhuiā («man vereinskaninigt sich», Metapher für ‹Hunger leiden›): VI.3
Neger: IX.4; -sklave: VII.6; IX.4
Nēmontēmi (fünf letzte Tage des azt. Jahres): II.1
Nenetl («Püppchen», «weibliche Scham»)
Neolithikum: I.2
Netotonacahuiā («man vertotonakt sich», Metapher für ‹Hunger leiden›): VI.3
Neue Welt (Aliasbezeichnung für Amerika): III.1
Neufeuer(bohrung)/ -zeremonie: II.1; III.5; VI.2; VII.1; VII.6; ZT: 1091, 1143, 1195, 1247, 1299, 1351, 1403, 1455, 1507; Abb. 12, 42. -berg: VII.6
Neugeborener: IV.2; VIII.1
Neuspanien (span. Nueva España): I. 2; II.3; IX.2, IX.3; Epilog; ZT: 1523, 1635–40, 1640–42, 1642, 1648–49, 1649–50, 1650–53
New Mexico (span. Nuevo México): III.1
Nextēnco (Ort): VI.12

Anhang

Nexticpac (Ort in Zentralmexiko):
ZT: 1299
Nextonquilpa (Ort): VI.1
Nezahualcoyōtl (*1402, Tlahtoāni v.
 Tetzcuhco, †1472): V.1; V.3; VI.3; VI.4;
 VI.5; VI.9; VIII.3; VIII.4; Epilog;
 ZT: 1402, 1428, 1433, 1465, 1472; Abb. 17
Nezahualpilli (*1465, Tlahtoāni v.
 Tetzcuhco, †1515): VI.9; VI.15; VI.16;
 VII.2; VII.4; IX.2; ZT: 1465, 1472,
 1516
Nibelungenlied (altdt. Heldengedicht):
 II.3
Niederlande: Epilog
Nigromantie: VII.2
Noche Triste (‹traurige Nacht›): VII.5;
 VIII.5; VII.6; ZT: 1520; Abb. 41
Nōchiztlān (Stadt in Zentralmexiko):
 IX.1; ZT: 1525
Nohnohuiyantzin (azt. Dichter): VI.12
Nonohualco (Ort in Zentralmexiko):
 VI.9
***Nopal*-Kaktusblatt**: VI.14
Nordamerika: I.1; I.2; IX.4
Nordasien: I.2
Nordeuropa: II.3
Nordlicht: VII.2
Nordmexiko: III.1; ZT: 1541, 1550–97
Nordwestmexiko: ZT: 1531
Novize: VI.2
Nürnberg: Abb. 5
Nueva España (‹Neuspanien›): I,2; II.4;
 →Neuspanien
Nueva Galicia (‹Neugalizien› nördliche
 Provinz Neuspaniens): ZT: 1529–31

O

Oaxaca (azt.: *Huaxacac*, Landschaft in
 Südost-Mexiko): I.2; VII.1; Abb. 3
Oberherr(schaft): I.2; III.3; IV.1; IV.3;
 IV.4.; V.3; VI.1
Obermagazinverwalter (azt. *Huēi
 calpixqui*): VII.6; VIII.2
Oberpriester: VII.1; VII.6; VII.7; VIII.1
Oberschenkel: III.4

Obsidian: III.4; IV.4; VI.6. **-klinge** (azt.
 Ītztli): V.2; Abb. 18. **-schwert**: Abb. 42
Ōcēlōtl (‹Jaguar›): V.2. **Ōcēlōcactli**
 (‹Jaguarfellsandale›): VI.9
Ochpānaliztli (azt. Monat): II.1; VI.6;
 VII.6
Octli (‹Agavewein›): II.1; IV.2; VI.6
Odyssee (altgriech. Epos): II.3
Öffentliches Amt: VIII.1
Österreich: IV.2; IV.3; VI.13; VIII.2
Offizier: V.2; VII.1; VII.7
Ohr: III.3. **-läppchen**: IV.2
Oidor (hoher span. Verwaltungsbeamter): IX.4; ZT: 1564–66
Olid, Cristóbal de (*1487, Konquistador,
 †1525): VII.7; ZT: 1524
Olmeke/n: I.2; Epilog
Olympische Spiele: II.4
Ōmetōchtzin, Carlos (Tetzcuhkaner,
 †1539): ZT: 1539
Oper: Epilog
Opfer(ung): II.4; IV.2; VII.1; VIII.3.
 -depot: I.2; II. **-fest**: V.2. **-gabe**: II.4;
 III,4; VI.13; VII.4. **-gefangener**: VI.9;
 VI.12. **-instrument**: II.4; VI.8.
 -kammer: II.4. **-krieger**: III.4.
 -kult: VI.12. **-priester**: III.4 (Zitat);
 VI.12. **-ritual**: Abb. 1. **-sklave**: V.2;
 VII.6 (Zitat). **-stein**: II.4 (Zitat); III.4
 (Zitat); IV.4; V.2; VI.1; VI.2; VI.9; VI.10;
 VI.12; VII.1; VIII.3; VIII.4; ZT: 1456,
 1514; Abb. 22. **-tod**: IV.4; VII.6 (Zitat)
Ōpōchtli Īzquitēcatl (Vater
 Ācamāpīchtlis d.J., lebte um 1325):
 IV.1; ZT: 1335
Opossum-Schwanz: IV.2; VI.6
Orgie: IV.2
Orígen de los Mexicanos (kolonialzeitl.
 Denkschrift): II.3; IX.2
Ortshieroglyphe: VI.12
Ortsname: II.2
Ostafrika: VI.13
Ostasien: I.2
Otálora, Pedro de (Präsident der
 Audiencia v. Mexiko): ZT: 1612

Register **417**

Otōmitl (pl. Otōmih, Volk in Zentralmexiko): I.2; V.2; VI.9; VI.12.
-Krieger: V.2; IX.1
Otōmpan (Stadt im Hochtal v. Mexiko): VII.5; ZT: 1520, 14.7
Otōncōātl (lokaler Fürst in Zentralmexiko): VII.5
Ozean: VII.3; VII.4
Ozomahtli (‹Affe›): IV.2
Ozomahtzintēuctli (lebte um 1380, Tlahtoāni v. Quauhnāhuac): IV.4
Ōztōmēcah (‹Fernkaufleute›): V.2; VI.13
Ōztūmān (Ort in Zentralmexiko): V.2; ZT: 1442

P

Pacheco de Osorio, Rodrigo (*ca. 1565, Vizekönig v. Neuspanien, †1652): ZT: 1624–35
Pachtli (azt. Monat): II.1
Paläoindianische Epoche: I.2
Paläolithikum: I.2
Palafox y Mendoza, Juan de (*1600, Bischof u. Vizekönig v. Neuspanien, †1659): ZT: 1642
Palast/ -bau: II.4; IV.4; VI.15; VII.1 VII.3; VII,4; VII.6; VII.7; IX.1; Abb. 39.
-personal: VIII.1
Panamá (Gegend in Zentralamerika): I.1; I.2
Pānquetzaliztli (azt. Monat): II.1; VI.13; Abb. 42
Pantitlan (Ort in Zentralmexiko): ZT: 1189.
Papagei: I.2
Papantzin Oxomoco (Ehefrau Cuitlahuācs d.J., lebte um 1520): VII.6
Papier: II.3. **-fahne**: VI.1; VI.12
Papst: IV.4; VI.6
Paradies: IV.2
Parasit: VI.6
Paris: II.3; II.4; Epilog
Paso de Cortés (Passhöhe in Zentralmexiko): VII.3
Passageritus: IV.2; VIII.2

Pasztory, Esther (US-amerikan. Kunsthistorikerin): II.4
Pate: II.1; IV.2
Pathologie: VI.6
Patolli (Brettspiel): VIII.5
Patrilineare Abfolge: V.4. **Patrilinearität**: VIII.1
Patrimonium: V.4
Pátzcuaro (Stadt u. See in Michhuahcān): III.2
Pauke (azt. *Huēhuētl*): VII.3 (Zitat); IX.1; Abb. 30
Paxbolonacha (König eines Maya-Fürstentums, lebte um 1525): VII.7
Pazifik(küste)/ Pazifischer Ozean: I.2; III.1
Pehua, Francisco (Indianer, lebte um 1560): IX.4
Penis: VI.6; VI.14
Peralta, Gastón de (*1510, Vizekönig v. Neuspanien, †1587): ZT: 1566–1567
–, **Mathias de** (Vizekönig v. Neuspanien): ZT: 1649–50
Personenname: II.2
Peru: III.2; ZT: 1607
Peso (span. Währungseinheit): IX.4
Pest: VI.6
Petlatl (‹geflochtene Matte›): IV.2
Pflanzendomestikation: I.2
Pfeffertunke (azt. *chīlmōlli*): IV.2
Pfeil (azt. *Mītl*): IV.2; IV.4; V.2.
-köcher (azt. *Mīcōmitl, Mīxiquipilli*): V.2
Pferd: VI.2; VII.3; VII.5; VII.6; VII.7; IX.1
Phallus: VI.14
Philipp II. (*1527, span. König, †1599): ZT: 1599
Philipp III. (*1578, span. König, †1621): ZT: 1599
Philippinen (südostasiat. Inselgruppe): IX.4; ZT: 1565
Pilger: Epilog. **-stätte**: VI.2
Pillāhuānaliztli (‹Besäufnis der Kinder›, azt. Fest): IV.2
Pilli (‹Kind›, ‹Adliger›): V.4
Piltzintēuctli (azt. Gott): ZT: 1505

Pilz: VI.13
Pīqui (‹zusammenpressen›): IV.1
Pōchōtl →Wollbaum
Pōchtēcah (‹Kaufleute›): VI.13
Pocken: VI.6; VII.7; VIII.6, IX.2; ZT.
 -epidemie/-seuche: VII.7; ZT: 1520–1, 1531–32, 1646
Pōctlān (Stadt): VI.1
Pohpolūcah (Volk der ‹Stotterer›): I.2
Politische Geschichte: II.3
Polygynie: IV.2; VIII.2
Pomar, Juan Bautista (*um 1535, Chronist, †1590): II.3
Pompeji (Stadt des Römischen Reiches): II.4
Pont du Gard (röm. Aquädukt in Süd-Frankreich): VI.3
Popōcatepētl (Tätiger Vulkan in Zentralmexiko): VI.3; ZT: 1353
Porfiriat (Regierungszeit des mexikan. Diktators Porfirio Díaz): II.4
Porträtkopf: I.2
Portugal: ZT: 1580–1640; 1640
Posttraumatische Medizin: VI.6
Prädestination: VIII.1
Prager, Christian (*1970, Schweizer Maya-Forscher): Vorwort
Prem, Hanns J. (*1941, dt. Altamerikanist): Vorwort
Prestige: IV.2; V.1; V.2; V,4; VI.8; VII.1; VII.7; VIII.2; VIII.3, IX.2; Epilog;
 -güter: VI.13
Preußen (dt. Staat): Epilog
Priapendarstellung: VI.14
Priester: II.1; III.4; IV.4; VI.2; VI.12; VIII.2; Abb. 24, 42. **-amt**: VIII.1.
 -beruf: VI.2. **-nachwuchs**: VI.2.
 -schaft: VI.2; VI.12. **-zögling**: VI.2
Primogenitur: VI.9; VIII.2
Prinz: IV.4; V.2; VII.1; VII.7; VIII.1; VIII.2.
 -enerzieher: IX.1. **-essin**: III.4; IV.4;
 V.1; VI.1; VI.15; VII.1; VII.6; VII.7;
 VIII.1; VIII.2; IX.2
Privileg: IV.2; V.4; VI.9; VI.12; VIII.3; IX.1; IX.2

Probanza de Méritos: IX.2
Prostituierte: VI.14
Protestant: IX.4. **Protestantismus**: Epilog
Provinz: V.2
Prozession: VII.1
Prunk: VIII.3
Psychologie: VII.2
Pubertät: IV.2
Puerto Rico (Insel der Großen Antillen): VII.3
Puga (Ehefrau des Vasco de Puga): IX.4; Abb. 48
Puga, Vasco de (span. Oidor an der Audiencia v. Mexiko, †1576): IX.4; ZT: 1564–66
Puma (Raubtier): VIII.5
Puppe: VI.15
Pyramide: I.2; VI.2. **-nstumpf**: Abb. 23
Pyrrhus-Sieg: VIII.2

Q

Quachic (Kriegerrang): V.2
Quāchpāntli (‹Standarte›): V.2
Quahuecatitlan (Ort): VI.5
Quahuitl Ēhua (azt. Monat): II.1
Quahuitl Ītzintlān (Ort): III.2; ZT: 1065; Abb. 10
Qualpopōca (lebte 1520): VII.6 (Zitat)
Quaquacuiltin: III.4
Quaquapitzahuac (Tlahtoāni v. Tlatilolco, †1412): ZT: 1379, 1412
Quatlecōātzin (†1399): ZT: 1399
Quāuhcalco (Stadtteil v. Āzcapōtzalco): IV.4
Quauhcalli (‹Holzhaus›, ‹Gefängnis›): V.2
Quāuhcalli (Versammlungshaus v. Kriegern): V.2
Quauhchīmalli (‹Holzschild›): V.2
Quauhnāhuac (Stadt in Zentralmexiko, heute: Cuernavaca): IV.3; IV.4; V.2; VI.2; VI.8; VIII.2; ZT: ca. 1395; Abb. 4
Quauhnochtēuctli (Rang): V.2
Quauhololli (‹Holzkeule›): V.2
Quāuhpilli (‹Verdienstadliger›): V.4

Register   419

Quauhquechollān (Ort im Hochland v. Tlaxcallān): V.2; VII.6
Quāuhtemōc (*um 1501, Tlahtoāni v. Tenochtitlan, †1525): Vorwort; VII.5; VII.6; VII.7; VIII.2, VIII.4; VIII.6; VIII.7; IX.1; IX.2; IX.3; Epilog; ZT: ca.1501, 1515, 1521, 1524, 1525; Abb. 43
Quauhtimallān (heute: Guatemala): VII.1
Quāuhtinchan (Stadt im Hochland v. Tlaxcallān): VI.5; VII.3; ZT: 1466
Quauhtitlan (Stadt am westl. Rand des Hochtals v. Mexiko): III.2; IV.4; V.1; VI.5; VI.3; IX.3; ZT: 1153
– Annalen v.: I,2 (Zitat); VI.1 (Zitat)
Quauhtlah (Stadt in Zentralmexiko): VII.1
Quāuhtlahtoā (Tlahtoāni v. Tlatilolco, †1431): ZT: 1431
Quāuhtlahtoāni (‹Adlersprecher›): V.2; ZT: 1531
Quāuhtlecōātzin (Tlācatēccatl bei Huītzilihhuitl): IV.4; ZT: 1399
Quāuhtli (‹Adler›): IV.2; V.2
Quāuhtli Quetzqui (legendärer Anführer der Azteken): ZT: 1091
Quāuhxīcalco (‹Adlerschale›): III.4; VI.2
Quauhximalpan (Stadt in Zentralmexiko): ZT: 1403
Quāuhyacatl (Tlahtoāni v. Huītzilōpōchco, †1473): VI.5
Quechōlli (azt. Monat): II.1; VII.6
Quelle (Wasser): VI.3; VI.16; Quellwasser: VI.6.
– (literarisch): I.2; II.3; II.4; III.1; III.2; III.5; IV.1; IV.2; IV.3; IV.4; V.1; V.2; V.4; VI.1; VI.2; VI.5; VI.7; VI.8; VI.9; VI.11; VI.12; VI.14; VI.15; VII.1; VII.2; VII.3; VII.6; VIII.1, VIII.2; VIII.3; IX.1; IX.3.
-nbericht: VII.4; VII.6. -nforschung: II.3. -ngruppe: II.3; VIII. -interpretation: II.3 -nkunde: II.3. -nkritik: II.3
Quetzalāyātzin (älterer Bruder Māxtlas v. Āzcapōtzalco): V.1

Quetzalcōātl (azt. Gott): Vorwort; I.2; III.4; IV.4; V.1; VI.8; VI.9; VII.3.
-Tempel: VII.1; ZT: 1504, 1505.
-Feder: III.4. -Vogel: I.2; VI.9
– (toltekischer König): VII.4
– (Priester): VI.2
Quetzalhuah (azt. Krieger, lebte um 1473): VI.5
Quetzaltecolōtl: VI.1
Quetzaltepēc (Ort): V.2
Quiché (Volk im Hochland v. Guatemala): VII.4

R
Rachsucht: VI.8
Rätsel: VIII.3
Räucherlöffel: VI.1
Räucherpriester: VI.2
Rauchopfer: VI.12
Ramírez de Fuenleal, Sebastián (*ca. 1490, Präsident der Audiencia v. Nueva España, †1547): ZT: 1531-35
Rang-/-stufe/-system: V.2; V.4
Ratgeber: VIII.2
Rationalisierung: VII.2
Raubtier: VIII.3
Rauchender Spiegel (azt. Tezcatl Īpōca, Gott): VI.1
Rassismus: IX.4
Rebellion: IV.4; V.2; VI.5; VII.1
Rechtsanwalt: Abb. 39
Rechtsfall: VIII.2
Rechtspflege: VII.1
Rechtssystem: VIII.2
Rede: IV.2
Regengott: VI.4
Regenzeit: II.1
Regierungsamt: VIII.1
Regierungsantritt/-ende/-wechsel/-zeit: II.1; IV.3. Regierungsarbeit: VII.2
Regierungsgebäude: Abb. 39.
-spalast: II.4; Abb. 39
Regierungssystem: VIII.2
Reibstein: VI.5

Reich: V.4; VI.8; VII.1. **-schronik**: IV.4.
-sgründung: II.3.
– der Azteken: V.2; VI.4; VI.9; VI.12; VI.13; VI.14; VII.2
Reichtum: VIII.3
Reiherfeder: III.4
Reinlichkeit: VI.14
Reiterei: VII.6. **-angriff**: VII.7
Relación de la Genealogía (kolonialzeitl. Denkschrift): II.3; IX.2
Relaciones Geográficas (kolonialspan. statist. Erhebungen): II.3
Renaissance: II.4; VII.4
Residenz: VII.1
Restitution: IX.2
Rhetorik: IV.2; VIII
Rheuma: VI.6
Richter u. Gouverneur (span. *juezgobernador*, kolonialzeitl. Verwaltungsamt): IX.1
Riese: I.2
Riten/Rituale: II.3; II.4; VII.1; VIII.3.
Rites de Passage (‹Übergangsriten›): II.1; II.2; IV.2; VIII.1
Rock (azt. *Cuēitl*): IV.2; VI.6; VI.14; VIII.2
Röhricht: III.5
Rom: II.3; II.4; VI.6; Epilog. **Römer**: VI.3. **-zeit**: I.2. **Römischer Herrscher**: VIII.2
Romances de la Nueva España (altmexikan. Liederhandschrift): II.3
Rosenwasser: VI.8
Rückenkraxe: VI.13
Rüstung: VII.7
Ruhestand: II.1; IV.2
Rundschild: III.5; V.2; VI.1; VI.12; VI.13
Russland: V.2

S

Sachsen-Weimar-Eisenach, Johann Georg v. (*1634, Herzog, †1686): II.3
Sack: III.3
Sänfte: IV.2
Sänger: VI.7
Säugling: VIII.1

Sahagún, Bernardino de (*1499, span. Missionar, †1590): I, Motto, 2 (Zitat); II.3; III.4 (Zitat u. Text); IV.2 (Zitat u. Text); IV.3; V.2; V.4 (Zitat); VI.2; VI.6; VI.13 (Zitat); VI.14 (Zitat); VII.2; VII.6; VII.7; VIII (Motto); VIII.1 (Zitat u. Text); VIII.2 (Zitat u. Text); VIII.3 (Zitat); (Zitat); VIII.5 (Zitat), IX.3; ZT: 1529, 1590
Sakralbau: II.4
Salamanca (Stadt in Spanien): VII.3
Salbe: VIII.3
San Antón Muñón →Chimalpahin
San Antonio Abad (Kirche in Mexiko-Stadt): ZT: 1592
San Buenaventura, Juan Pedro de (lebte um 1560): II, Motto
San Francisco Tehuetzquititzin, Diego de (indian. Gouverneur v. Tenochtitlan, †1554): IX.1; ZT: 1540–54, 1554
San José Mogote (archäolog. Fundort in Oaxaca): Abb. 1
San Lorenzo de El Escorial (königl. Kloster in Zentralspanien): ZT: 1599
San Lorenzo Tenochtitlán (Stadt der Olmeken): I.2
San Pablo (Ort in Mexiko): I.2
Sánchez, Miguel (Indianer, lebte um 1560): IX.4
Sandale: VIII.3; Abb. 6
Santa Cecilia Acatitlan (Ort im Hochtal v. Mexiko): VI.2
Santa María Nanacacipac, Luis de (indian. Gouverneur v. Tenochtitlan, †1565): IX.1; ZT: 1563, 1565
Santiago Tlatilolco (Stadtteil Mexikos): ZT: 1610
Santo Domingo, Kloster v.: IX.4
Sarampión-Seuche (span. ‹Masern›): ZT: 1531–33
Sarmiento de Sotomayor, García (*1642, Vizekönig v. Neuspanien, †1648): ZT: 1642–48
Schädelgerüst/ Schädelstätte (azt. *Tzompāntli*): VI.2; VII.3; Abb. 24

Register **421**

Schalttag: II.1
Scham (Körperregion): VI.14
Schatz: VII.7
Scheinkampf: VI.5
Scheiterhaufen: IV.2; VI.8; VIII.4
Schichtstruktur: V.4
Schiff: VIII.3
Schild: III.4; IV.2; VI.5
Schilfmatte/ -rohr: IV.2; VI.5, VI.6; Abb. 39
Schinden (d.h. ‹Haut abziehen›): III.4 (Zitat); VI.6
Schinkel, Karl Friedrich (*1781, Architekt, †1841): Epilog; Abb. 50
Schlachtfeld: IV.2; V.2; VIII.4
Schlange (azt. Cōātl): II.4; V.1; IX.1. -nbiss: VI.6. -nmauer (azt. Cōātepantli): VI.2. -tanz: VII.4; -nwasser: III.3
Schmetterling: VI.8
Schmidt, Wilhelm (*1868, dt. Völkerkundler, †1954): I.1
Schmuckfeder: VI.13. Schmuckstein: IV.2. Schmuckvogel: I.2
Schneckenhorn: III.4
Schönberg, Nikolaus v. (*1472, als Kardinal «Capuanus», †1532): II.3
Schöpfer: VIII.1
Schöpfrad: VI.3
Schokolade: VIII.3
Schrapper: Abb. 45
Schule: IV.2; VI.3. -ntlassung: IV.2. Schüler: IV.2
Schuh: VII.3 (Zitat)
Schulterdecke (azt. Tilmahtli): VI.6
Schwangere: IV.2; Abb. 2, 42.
Schwangerschaft: IV.1; IV.2; VI.6.
Schwängerung: IV.4
Schweden: II.3
Schwarzes Kloster (Gebäude in Tenochtitlan): VII.2
Schweiz: II.4; VIII.2
Schwert (Angriffswaffe): IV.2, IX.1
Schwimmender Garten: VI.6
See v. Tetzcuhco: III.3; IV.4; VI.4; VII.2

Seedeich: VI.3
Seele (azt.Tēyōlia): VI.6; VI.8
Seil: III.4
Selbstbild: Vorwort
Selbstdarstellung: VII.1
Selbstkasteiung: II.4; Abb. 35
Selbstmord: IV.4; V.1. -attentäter: V.2
Seler, Eduard (*1849, dt. Amerikanist, †1922): II.4
Señor Natural: VII.6
Sessel: VIII.3
Seuche: Vorwort; VI.6; VII.6; ZT: 1541–45, 1554, 1576–81, 1606, 1629–34, 1632, 1639–43, 1646
Sevilla (Stadt in Spanien): II.3; VII.3; IX.3
Sexualität: VI.14; VI.5; VI.7; VI.1.
Sexualmoral: IV.2; VI.14.
Sexualverhalten: VI.14
Sexualverkehr: IV.2
Sibirien (Region in Nordasien): I.2
Sieben Höhlen (azt. Chicōmōztōc): III.2
Sieg/Sieger: V.1; V.3; V.4. -justiz: VII.7
Silber: VII.3
Siméon, Rémi (*1827, franz. Sprachforscher, †1890): II.2
Sippenhaftung: V.4
Sklave/Sklavin: III.4; IV.4; V.1; V.2; V.4; VI.3; VI.8; VI.13; Abb. 44. -nhändler: VI.13. -nmarkt: V.2; V.3; VI.13.
Sklaverei: VI.6
Skorpion: IV.4 (Zitat)
Skulptur: II.4
Soldat: III.4; V.2
Sonne (azt. Tōnatiuh): III.4 (Zitat); IV.2; VII.2 (Zitat); VII.1. -naufgang: VII.2 (Zitat). -nblume: VII.3 (Zitat). -nfinsternis: ZT: 1474, 1479, 1496, 1492, 1508, 1612, 1625, 1632. -ngott: II.1; VI.8; VIII.1. -njahr: II.1. -nkalender: II.1. -nuntergang: VII.2 (Zitat)
Soto, Hernando de (*1496, span. Eroberer, †1542): IX.4
Späher: VII.3
Spätformativum (vorgeschichtl. Epoche): I,2

Spanien: Vorwort; II.3; VII.2; IX.2; IX.4;
ZT: 1528–30, 1540, 1566, 1567, 1568–1614,
1580–1640, 1566, 1640. Spanier: II.3; V.2;
V.3; VI.1; VI.2; VI.6; VI.9; VII.1; VII.2;
VII.3; VII.4; VII.5; VII.6; VII.7; VIII.4;
VIII.5; IX.1; IX.2; IX.3; IX.4; ZT: 1519,
1520, 1521; Epilog; Abb. 41
Spanische/r Adel: IX. – Eroberer/-ung:
II.1; V.1; VII.1; VII.4; VII.6; IX.2. – Hof:
IX.2. – Kolonialzeit: V.3; VII.1.
– Krone: IX.2; IX.4. – Mönche: VII.2.
– Sprache: II.2; V.3; VII.1, IX.2, IX.4.
– Verwaltung: IX.2
Spaßmacher: VI.8
Speer (azt. *Tlacochtli, Mītl, Mīnacachalli*);
-schleuder (azt. *Atlatl*): I.2; V.2
Spiegel: VII.2
Spindel/ Spinnen/ Spinnerin/
Spinnwirtel: IV.2; VII.3 (Zitat)
Spion: V.2
Spirulina Geitlerii (Salzwasseralge): VI.6
Spontini, Gaspare Luigi Pacifico
(*1774, Opernlibretist, †1851): Epilog
Spottgesang: VI.5
Sprache/ -familie/ -wissenschaftler:
III.1
Staat: V.4. -schronik: IV.4; VIII.4; Epilog.
-slenkung: V.4. -srat: IV.2; VI.8; VII.6.
-sreligion: VII.1. -sverwaltung: V.4
Stadtbezirk: VII.1. Stadtstaat: VII.1.
Stadtteil: III.5; IV.4; VI.5
Ständegesellschaft/ -staat: V.4; IX.4;
VIII.3
Stamm/ -esabteilung: III.2. -esführer:
III.1; III.2; III.5; Abb. 12. -esgeschichte:
IX.2. -esgott: III.2; III.4; III.5; IV.4;
VI.1; VII.2; VII.4; VIII.2; Abb. 10.
-esgruppe: III.5. -esmitglied: VIII.2.
-essage: I.2. -esüberlieferung: III.2.
-esverband: I.2; II.2
Standpauke: Abb. 45
Statthalter: V.1; VII.3; VII.4; VII.6;
ZT: 1410, 1456–58, 1515
Statussymbol: IV.3
Steinbruch: I.2; VII.1

Steindeich: VI.3
Steinkaktus (azt. *Tenochtli*): III.5
Steinkiste: II.4; IV.2; VI.8; Epilog
Steinschleuder: IV.2; V.2
Steinschneider: IV.2
Stern: VII.2 (Zitat); Abb. 40. -bild: VII.2
(Zitat)
Steuer: IV.2; IV.3 (Zitat); VI.5.
-befreiung: VI.3. -einnahme: V.3; V.4;
VI.5. -erhöhung: IX.1. -liste: V.2.
-pflicht: II,1. -termin: II.1
Stock (Fessel): IX.4
Strafe: VIII.1. -expedition: VI.5
Straße der Toten (azt. *Miccāohtli*): I.2
Streifenmachen (Teil des Opferrituals):
III.4
Streitmacht: VI.5
Strohsessel (azt. *Icpalli*): VI.8
Stucken, Eduard (*1865, dt. Orientalist
u. Schriftsteller, †1936): Epilog
Stufenpyramide: VI.2
Sturzbach: VI.3
Südamerika: I.2; VI.5; VII.3
Südasien: I.2
Südfrankreich: VI.3
Südkalifornien: III.1
Südmexiko: V.3
Südostasiatische Inseln: I.2
Südsee: I.2
Suetonius Tranquillius, Gaius (*um 70,
röm. Schriftsteller, †140): VII.2
Sumpfzypresse (taxonomisch:
Taxodium): III.2
Syphilis (Krankheit): VI.6

T

Tabak: VI.13. -blume: VII.3 (Zitat)
Tagesname: II.1
Tal v. Tlaxcallān: VIII.6
Tamalli («Maiskrapfen»): IV.2
Tamapachco (Ort): VI.9
Tamazollān (Ort): VI.1
Tamoanchan (Ort im Jenseits): I.2
Tanz: IV.2; VI.3; VI.7; VI.8; VI.13; VI.17;
VIII.3, IX.1; ZT: 1479

Tapia Motelchīuhtzin, Andrés de → Motelchīuhtzin
Tapferkeit: VIII.1
Tarahumara (Indianervolk in Nordwest-Mexiko): III.1
Tarasken (= Michhuahkaner): VI.5.
-Krieg: VI.8
Tarn-Oztomeke (azt. *Nahualōztōmecatl*): V.2
Taufe: IV.2. Taufpate: VII.7
Taxco (Stadt in Zentralmexiko) →Tlachco
Taximaroa (Ort): ZT: 1470
Tayasal (Maya-Stadt im Petén): IX.1
Tecamachālco (Stadt im Hochtal v. Tlaxcallān): IX.1; ZT: 1568-73, 1573
Tecaxic (Stadt): VI.9; Abb. 32
Techcatl («Opferstein»): VI.2
Techolatla (Herrscher v. Itztapalāpan, lebte um 1485): VI.11
Tecoac (Ort im Staat v. Tlaxcallān): VII.3
Tecocohuatzin (Tlahtoāni v. Quauhtitlan): V.1
Teconal (Tlatilolkaner, †1473?): VI.5
Tecpan Tlayacac (Ort an der mexikan. Golfküste): VII.3
Tecpatl («Feuerstein», Kalendertag): II.1; V.2
Tecpayōcān (Ort in Zentralmexiko): ZT: 1243, 1247
Tēcuichpotzin (alias Isabel, *um 1506, †1551): VI.2; VIII.2, IX.2; ZT: um 1506, 1526, ca. 1530, 1551, 1572
Tēcuilhuitōntli (azt. Monat): Tabelle 2
Tehuacān (Stadt in Zentralmexiko): I.2
Tehuantepēc (Gegend in Südost-Mexiko): VI.12; VII.1; ZT: 1482-1518, vor 1496, 1508
Tehuetzquititzin → San Francisco Tehuetzquititzin, Diego de
Teigtasche (azt. *Tamalli*): IV.2, VIII.3
Tēlpōchcalli («Jungmännerhaus»): IV.2; VI.2; VIII.1
Tēlpōchtlahtoh (Vorstand einer Erziehungsanstalt): IV.2

Temalacatl («Spinnwirtel»): IV.2
Tematlatl («Schleuder»): V.2
Temāzcalli («Dampfbadehaus»): IV.2; VI.6
Tēmīlōtēuctli («Tempelverwalter»): VI.2
Tēmīlōtzin: (Tlatilolkan. Krieger, †1525): II.3, VII.6; VII.7; IX.3; ZT: 1525
Tempel: II.1; II.4; III.5; IV.2; VI.2; VI.13; VIII.2; Epilog; Abb. 23, 42. -anlage: VII.1. -architektur: VI.13. -aufbauten: VI.2. -bau: VI.12. -bezirk: V.2; VI.2; Abb. 24. -einweihung: VI.12; VIII.3. -erneuerung: VI.11. -erweiterung: VI.9; VII.1; -fest: III.4. -modell: VI.2. -neubau: VII.1, -plattform: VI.12. -pyramide: V.2; VI.5; Abb. 42
Tenānco (Ort in Zentralmexiko): VI.1; VI.5
Tenānyūcān (heute: Tenayuca, Stadt im Hochtal v. Mexiko): III.5; VI.2; ZT: 1369; Abb. 12
Tennô (japanischer Kaiser»): VIII.1
Tenoch (vordynast. Anführer der Azteken): III.5; ZT: 1299, 1396; Abb. 12
Tenochtitlan (Hauptstadt der Azteken): II.2; II.3; II.4; III.5; IV.1; IV.2; IV.3, IV.4; V.1; V.2; V.3; VI.1; VI.2; VI.3; VI.4; VI.5; VI.9; VI.12; VI.13; VI.16; VII.1; VII.2; VII.4; VII.5; VII.6; VII.7; VIII.1; VIII.2; VIII.3; VIII.6; IX.1; IX.2; IX.3; ZT: 1325, 1349, 1376, 1388-90, 1391, 1414-8, 1415, 1424, 1425, 1427, ca. 1430, 1439, 1440, 1441, 1446, 1447, 1456, 1465, 1466, 1469, 1469-73, 1470, 1478, 1481, 1482-87, 1486-7, 1499, 1501, 1504, 1510, 1514, 1515, 1520, 1521, 1525, 1531, 1536, 1540-54, 1554-57, 1557-62, 1599, 1563, 1565, Dezember, 1568-73; 1573-77; Abb. 5, 7, 8, 12, 24, 39, 41. Tenochkaner (Bewohner v. Tenochtitlan): IV.4; VI.5
Teōātl («Ozean»): VII.3
Teōāyōc («göttlicher Schildkröten-Ort»): VIII.6
Teōcalhueyacān (Ort in Zentralmexiko): VI.5

Teōcuitlanacochtli («goldener Ohrring»): VI.9
Teōhuah (hochrangiger Priester): VI.2
Teōpan («Gotteshaus», Stadtteil v. Tenochtitlan): II.4; III.5
Teōpantzolco (Tempel bei Quauhnāhuac): VI.2
Teōtenancah (Volk): ZT: 1285
Teōtihuahcān (Ort in Zentralmexiko): I.2; II.2; II.3; II.4; VI.13, VII.1; IX.2
Teōtitlan (Ort in Südostmexiko): VI.1
Teōtl Ēhuac →Teutlehuac
Tepalto, Antonio (lebte um 1560): IX.4
Tēpan Teōhuahtzin (hochrangiger Priester): VI.2
Tepaneke (*Tepanecah*, Volk): III.2; III.5; IV.1; IV.3; IV.4; V.1; V.2; V.3; V.4; VI.1; VI.4; VI.5; VI.7; VI.12;VIII.1; VIII.4; ZT: 1418, 1427/8, 1428. **-nhauptstadt:** V.2. **-nkrieg:** V.3; V.4; ZT: 1427–28, 1438. **-nreich:** IV.4
Tepanekische Dynastie: ZT: 1431. **– Herrschaft:** V.4
Tepanohuahyān («Tepanekenland»): VI.1
Tepēāpūlco (Stadt im Staat v. Āculhuahcān): II.3; V.2; VI.2; Abb. 24
Tepēcōātzin (adliger Tlatilolkaner): VI.5
Tepēmaxalco (Ort): VI.5
Tepēilhuitl (azt. Monat): II.1
Tepētzīnco (Felsinsel im See östlich v. Mexiko-Stadt): VI.1; VI.3; VI.4
Tepexpan (archäolog. Fundort im Hochtal v. Mexiko): I.2
Tepēyacac (Ort im Hochtal v. Mexiko): II.4; VI.5; ZT: 1186
– (Ort im Hochtal v. *Tlaxcallān*): ZT: 1466
Tepolomitzin (lebte um 1428): VI.1
Tepopochtli (azt. Monat): II.1
Tepoztēco (Tempelanlage im heutigen Bundesstaat Morelos): VI.2
Tepoztlān (Stadt in Zentralmexiko): VI.2
Tepuztōpīlli («Lanze mit Eisenspitze»): V.2
Tequihua (Kriegerrang): V.2

Tequīxquiac (Ort in Zentralmexiko): IV.4; ZT: 1412
Terra, Helmut de (*1900, dt. Geologe, †1981): I.2
Territorialgewinn: VII.1
Territorialherrschaft: VI.5
Terror: V.1
Tētlepanquetzatzin (Tlahtoāni v. Tlacōpan, †1525): VII.7; ZT: 1525; Abb. 43
Tetzcuhco (Stadt am östl. Ufer des nach ihr benannten Sees in Zentralmexiko): I,2; II.2; II.3; II.4; IV.2; IV.3; IV.4; V.1; V.2; V.3; VI.1; VI.2; VI.3; VI.4; VI.5; VI.16; VII.1; VII.4; VII.6; VIII.1; VIII.2; VIII.3; VIII.7; Epilog; ZT: 1363, 1402, 1414–18, 1418, ca.1430, 1433, 1465, 1472, 1498, 1526, 1532, 1539; Abb. 20, 24, 39. **Tetzcuhkaner** (Bewohner v. Tetzcuhco): VI:5; ZT: 1428–30, 1429
Tetzcuhtzīnco (Parkanlage oberhalb der Stadt Tetzcuhco): II.3; V.2; VIII.5
Tētzihuatl (Mutter Chīmalpopōcas): IV.4
Tetzilacatitlan (Schlucht): VI.1
Tetzitzillin (Feldherr v. Cūlhuahcān, lebte um 1243): III.3
Teufel: III.4 (Zitat)
Tēuctlahuacatzin/ Tēutlehuac (recte: Teōtl Ēhuac?, Sohn Chīmalpopōcas, † um 1428): IV.4; VIII.6
Tēuctli («Herr»): V.4
Textile Technik: IV.2
Textli («Mehl»): II.2
Tēxtli («Schwager»): II.2
Tēyōlia («Lebensseele»): VI.6
Tezapotitlan (Ort): VI.12
Tēzcatl («Spiegel»)
– **Īpōca** («Rauchender Spiegel», azt. Gott): IV; VI.1; VI.2; VIII.2; Abb. 16, 22
– **Popōca** (Sohn Tizocics, lebte um 1490): IX.1
Tezozomoc (Tlahtoāni v. Āzcapōtzalco, †1426): IV.3; IV.4; V.1; V.4; ZT: 1376, 1379, 1410, 1426

– **der Ältere** (Prinz v. Tenochtitlan, lebte um 1420): VI.5; VI.9
Therapie: VI.6
Thevet, André (*1504, franz. Kosmograph, †1592): Epilog (Motto u. Text)
Thron: IV.1,VII.3 (Zitat); VII.4; VIII.2; Abb. 40. **-erbe:** VII.6. **-folge:** VII.6. **-prätendent:** V.2, VII.3;VIII.2
Tīcitl («Ärztin», ‹Arzt›, ‹Hebamme›): IV.2
Tilantongo (Stadt in Huaxacac): Abb. 3
Tilmahtli (Decke als Kleidungsstück): IV.2; Abb. 46
Tira de la Peregrinación (altmexikan. Bilderhandschrift): III.2
Tititl (azt. Monat): II.1
Titlācahuan (azt. Gott): V.2
Tiyacapan (Eigenname für Frauen): IV.2
Tīzaāpan (‹Kreidewasser›, Vorort v. Cūlhuahcān): III.4; ZT: 1297, 1299
Tizocic (*ca. 1440, Tlahtoāni v. Tenochtitlan, †1486): II.4; III.4; IV.4; VI.1; VI.4; VI.5; VI.9; VI.10; VI.11; VI.12; VI.17; VII.1; VII.3VII.6; VIII.2; VIII.3; VIII.4;VIII.6; IX.1; ZT: 1440, 1465, 1469, 1481, 1486; Abb. 31, 32, 33, 35
Tlacahuepan (azt. Gott) III.4
– (Sohn Motēuczūmas, †1517): VIII.1; IX.2
Tlācatēccān (dem Huītzilōpōchtli geweihter Tempel in Tenochtitlan): VII.2
Tlācatēccatl (hohes Regierungsamt): IV.4; V.1; V.2; V.4; VI.1; VI.3; VI.5; VI.11; VI.12; VI.13; VII.6; VIII.1; VIII.2; VIII.6; IX.2; ZT: 1399, 1404, 1427, 1469, 1494, 1502, 1503
Tlācatēcco (Schule in Āculhuacān): VI.2
Tlācatēuctli (hohes Regierungsamt): V.2
Tlācaxīpehualiztli (‹Menschenschinden›, azt. Monat): II.1, III.4
Tlācayelel (*um 1396, in seiner Existenz umstrittener azt. Politiker, †1469): II.3; VIII.2
Tlachco (Stadt in Zentralmexiko, heute: Taxco): V.1; VI.2; VI.11; ZT: 1431

– (‹Ballspielplatz›): VI.2
Tlachmalacatl (‹Ballspielplatzring›): VIII.5; Abb. 44
Tlacochcalcatl (Regierungsamt): IV.4; V.2; V.4; VI.5; VI.12; VI.13; VII.1; VII.4; VII.6; VII.7; VIII.1; VIII.2
Tlacochcalco (chalkanische Stadt): V.2; VI.1; VIII.2
Tlacochtli (‹Pfeil›): V.2
Tlacohtli (‹Sklave›): V.4
Tlacōpan (heute: Tacuba, Stadt u. Staat am westlichen Ufer des Sees v. Tetzcuhco): II.4; IV.2; IV.3; V.2; V.3; VI.3; VI.5; VI.9; VII.2; VII.5; VII.7; VIII.2; VIII.3; IX.4; ZT: ca.1430, 1470, 1474, 1490, 1525; Abb. 20, 39, 41
Tiliuhcān (Teilherrschaft v. Tlacōpan): IV.4
Tlacotepēc (Ort): VI.5; VI.9
Tlahcateōtzin (Tlahtoāni v. Tlatilolco, †1427/8): IV.4; VI.5; ZT: 1412, 1427/8
Tlahco Yehua (Eigenname): IV.2
Tlahcotzin («das mittlere v. mehreren Kindern»): IX.1. →Velázquez Tlahcotzin, Juan
Tlahtocamicoac (‹Königssterben›): → Königssterben
Tlahtoāni (‹Sprecher›, Titel des azt. Herrschers): IV.3; IV.4; V.1; V.2; V.4; VI.4; VI.5; VI.9; VI.12; VI.13; VI.14; VII.1; VII.3; VII.6; VII.7; VIII.1; VIII.2; VIII.4; VIII.7; IX.1; IX.2, IX.3; Epilog; ZT: 1307, 1336, 1363, 1376, 1379, 1391, 1410, 1412, 1426, 1431, 1415, 1427, 1433, 1440, ca. 1468, 1469, 1469–73, 1470, 1472, 1473, 1474, 1477, 1481, 1486, ca. 1501, 1502, 1516, 1520, 1521, 1525, 1526; Abb. 20, 39, 45
Tlahtolātl (†1473): VI.5
Tlahuitolli (‹Bogen› als Waffe): V.2
Tlahxilacalli (‹Stadtquartier›): II.4
Tlaillotlac(atl) (Amt): VI.9; VIII.1
Tlālchitōnatiuh (‹untergehende Sonne›, Beiname Tīzocics): VI.9
Tlālcocomocco (Ort): ZT: 1424

Tlālmanalco (Ort im Hochtal v. Mexiko): VI.7
Tlāloc/ Tlāloqueh (azt. Götter): IV.3; VI.4; VI.12; VI.17
Tlāloc Tlamacazqui (Priesterrang): VI.2
Tlamacazqui Cuīcani (Priesteramt): VI.2
Tlamacaztequihua (Kriegsdienst leistender Priester): VI.2
Tlamacaztli (‹Priester›): VI.2. Tlamacaztli *Īyecahuan* (Priesteramt): VI.2.
Tlamacaztōntli (‹Priesterzögling›): VI.2
Tlapaltecatl, Pedro de la Cruz (indian. Alkalde): IX.4
Tlapan (Ort): VI.9; Abb. 32
Tlatilolco (Nachbarstadt Tenochtitlans): II.3; II.4; IV.3; IV.4; VI.1; VI.2; VI.9; VI.12; VI.13; VI.14; VII.4; VII.5; VII.6; VII.7; VIII.2; IX.3;ZT: 1412, 1414–18, 1427/ 8, 1431, 1466, 1468, 1536, 1562, 1515, 1521, Juni, 1469–73; -Krieg: VI.5. -Regierung: IX.3. Tlatilolkaner: III.5; IV.1; VI.5; ZT: 1337
Tlatlauhquitepēc (Ort): VI.5
Tlatzontectli (‹Pfeil›): V.2
Tlaxcallān (Staat u. Stadt im gleichnamigen Hochtal, heute: Tlaxcala): II.3; V.2; VI.2; VI.4; VI.5; VI.8; VI.9; VI.12; VII.1; VII.3; VII.4; VII.5; VII.6; ZT: 1505, 1515, 1517, 1520, 14.7.3., 1606, 1612, 1632. Tlaxcalteke: VI.12; VII.3; ZT: 1591–92
Tlaxōchimaco (‹Blumenschenken, ›azt. Monat): II.1; VII.7
Tlemītl (‹Brandpfeil›): V.2
Tlenamacac (‹Räucherpriester›): VI.2
Tlīlcuetzpalin (alias Tlīlātl, lebte um 1478): VI.5; ZT: 1478
Tlīllāncalco (Gebäude in Tenochtitlan): VIII.2 *Tlīllāncalqui* (Hoher Amtsträger): V.2; VIII.2
Tloqueh Nāhuaqueh (azt. Gott): IV.2 (Zitat)
Tocenchan (‹unser gemeinsames Haus›, mythischer Ort): IV.2 (Zitat)
Tōchpan (Ort): VI.5

Tōchtepēc (azt. Garnisonsstadt): V.2; VI.1
Tōchtlān (Ort im Gebiet der Huaxteken): V.2; VI.12
Tōchtli (‹Kaninchen›, Kalendertag): II.1
Tod: VIII.1; VIII.4. – auf dem Schlachtfeld: VIII. -esdatum: VI.8. -esmeldung: Epilog. -esstrafe: VIII.1. -esursache: VIII.4
Töpferei: I,2
Tohuenio (Sagengestalt aus toltek. Zeit): VI.14
Tōllān (voraztek. Stadt in Zentralmexiko): I.2; II.2; II.3; II.4; III.2; IV.4; VII.4; ZT: 1091, vor 1100, 1143, 1144
Tolteke (voraztek. Volk in Zentralmexiko): I.2; II.2; III.2; IV.1; VI.14; VII.4; Abb. 41. -nkanal (Schifffahrtskanal in Tenochtitlan): VII.5; Abb. 41. -nreich: VII.2
Tōllāntzīnco (Ort): V.2
Tōltitlan (Ort): II.3; VI.5
Tōlluhcān (Stadt im östl. Nachbartal v. Mexiko, heute: Toluca): V.2; VI.5; VI.10; VII.1; ZT: 1470, 1474–75. –, Tal v.: V.2
Tomate (taxonomisch: Lycopersicon spp.): I,2; VI.6
Tōnalli (‹Tag›, ‹Schicksal›): IV.2; VI.6
Tōnalli Īmoquetzayān (Stadt): VI.9; Abb. 32
Tōnalpōhualli (‹Tageszählung›): II.1; II.4; IV.2
Tōnalpōuhqui (‹Wahrsager›): IV.2
Tōnatiuh (‹Sonne›): II.1; III.4
– (Spitzname für Pedro de →Alvarado): VII.4
Tonplastik: VI.14. Tonschale: IV.2
Torquemada, Juan de (*um 1545, Franziskanermönch u. Historiker, †1624): II.3; II.4; V.2;VI.5; VI.9; VI.12; VII.6; VIII.1; ZT: 1610, 1624
Torres y Rueda, Marcos de (*1588, Gouverneur v. Mexiko, †1649): ZT: 1648–1649

Totēc Tlamacazqui (Priesterrang): VI.2
Tote: IV.2. -nbündel: IV.2. -nbild: Epilog; Abb. 45. -nfeier: IV.2, V.1; VI.8, VIII.4; Epilog. -nfolge: IV.2. -ngedenken: IV.2. -ngesang: VI.8. -nkult: Epilog. -nrede: IV.2; VI.8. -nschädel: Abb. 6, 44.
Toteoci Teuctli Tequachcauhtli (Herrscher v. Chālco, lebte um 1430): VI.1
Totonaken (*Totonacah*) (Volk an der mexikan. Golfküste): VI.3; VII.3; ZT: 1470
Totoquihuaztli (Tlahtoāni v. Tlacōpan, †1474): V.2, VI.9; ZT: 1474
Tovar, Juan de (*1543, kolonialspan. jesuitischer Historiker, †1623): II.3; ZT: 1622
Toxcatl (azt. Monat): II.1; VII.4; ZT: 1520
Toxihco (‹an unserem Bauchnabel›): VI.9; Abb. 32
Tōzoztli (azt. Monat): III.4
Tōzoztōntli (azt. Monat): II.1; III.4; ZT: 1502
Tracht: VIII.3
Traditionale Herrschaft: IV.4
Traggestell (= Kraxe): VIII.2
Tragödie, altgriechische: II.3; VI.5
Trance: VI.13
Transvestit: VI.14
Trauerfeier: Epilog
Traum: VI.6; VI.13; VII.2. -bild/ -gebilde: II.3; VII.3 (Zitat). -deuter: VI.6
Trennungsphase: VIII.2
Tribut: V.2; VI.1. -einnahme: V.2; V.3. -provinz: VI.4; -verwalter: V.2
Triebregulierung: VI.14
Trientiner Konzil: IX.4
Trinkschokolade: VI.13
Trinkwasser(leitung): IV.4; VI.6,16; VII.1; VII.7; VIII.3
Trockenmauer: V.3
Trogon (Vogel): I.2

Troja (Stadt in Kleinasien): Epilog. -nischer Krieg: II.3
Trommel: IV.2; VI.3; VI.7. Trommler: VI.7
Truppe: V.2
Truthuhn: VI.6; VII.7 (Zitat)
Tschohl, Peter (*1935, dt. Azteken-Forscher, †2007): II.3
Türkis-Diadem (azt. *Xiuhhuitzolli*): VI.1; VII.1; Abb. 20, 38.
Türkis-Kolibri: VI.9
Tutelargottheit: II.1
Tūtūtepēc (Herrschaft in Südost-Mexiko): VI.9
Tuxakha (Ort im Maya-Gebiet): VII.7
Tyrann: V.4
Tzicuil-Gefäß (Dreifuß-Trinkschale): IV.2
Tzihuacōāc (Ort): VI.12; VIII.3
Tzihuacxōchitl (Mutter Chīmalpopōcas): IV.4
Tzinācantlān (‹Fledermausort›): VII.1
Tzitzimitl (Gespenst): II.1; Abb. 2, 42
Tzohtzomahtzin (Tlahtoāni v. Coyōhuahcan, † um 1499): VI.16
Tzomolco (Stadtteil v. Tenochtitlan): VII.2
Tzompān/ *Tzompāntli* (‹Schädelstätte›): VI.2
Tzontecomatl: VIII.1
Tzonyōcān (Ort): VI.15
Tzōtzopāztli (‹Webholz›): IV.2
Tzumpānco (Ort im Hochtal v. Mexiko): III.2

U

Übergangsritus: II.1; IV.2; VI.2; VI.8
Übergangsstadium: IV.2
Überlieferung: I.2; II.3
Überschwemmung: VI.3; VII.1; VIII.2; ZT: 1446–54, 1492, 1553, 1580, 1592–97, 1604–07, 1621, 1626–27, 1629–34, 1647
Uhde, Carl (*1792, dt. Kaufmann u. Altertümersammler, †1856): II.4
Ulamaliztli (‹Gummiballspiel›): VIII.5
Umgangssprache: VIII.1

Umsiedlung: V.2; ZT: 1471
Umweltproblem: VI.3
Unheil: VII.2
Universität: II.4; ZT: 1551
Unruhe: ZT: 1464
Untertan: III.4; VII.1; VII.2; VIII.3
Unterwelt: IV.2
Urdaneta y Zeraín, Andrés de (*1498, Seefahrer, †1568): IX.4; ZT: 1565
Urheberrecht: VI.7
Urin: VI.6
Ursprungsort: III.2; III.3
Usurpation: V.1
Utah (Bundesstaat in den USA): III.1
Ute-Indianer: III.1.
Utoazteken (Vorfahren der Azteken): III.1. **Utoaztekische Sprache** (Vorform der azt. Sprache): III.1

V

Valderrama, Jerónimo de (Visitator, †1569): IX.4; ZT: 1563, 1566, 1596
Valeriano der Ältere, Antonio (*1531, indian. Juez-Gobernador v. Tenochtitlan, †1604): ZT: 1573–1599, 1596, 1604
Vanille (trop. Gewürzpflanze der Gattung der Orchidaceae): VIII.3
Vasall: VII.6 (Zitat)
Vázquez de Coronado, Francisco (*um 1510, Entdecker, †1554): ZT: 1539–42
Velasco der Ältere, Luis de (*1511, Vizekönig v. Neuspanien, †1564): XI.4; ZT: 1539–42, 1550–64, 1564; Abb. 46
– **der Jüngere, Luis de** (*1539, Vizekönig v. Neuspanien, †1617): IX.1; ZT: 1590–95, 1607–11
Velázquez (de Cuellar), Diego (*1465, Gouverneur v. Kuba, †1524): VII.3
– **Tlahcotzin, Juan** (indian. Gouverneur v. Tenochtitlan, †1525): ZT: 1525
Veracruz (Stadt): VII.3; IX.4.
– (mexikan. Bundesstaat): I.2; II.3.
   Küste v. –: ZT: 1518, 1519

Verbündeter (der Azteken): VII.1; VII.3; VII.6
Verdienstadliger (azt. *Quāuhpilli*): V.4; IX.1
Verdienstfest: II.1; V.4; VI.13
Vereinigte Staaten v. Amerika: III.1
Vergara y Gabiria, Pedro (Präsident der Audiencia v. Mexiko): ZT: 1621, 1624
Vergöttlichung: I.2
Verkrüppelter: VIII.3
Verrat: VII.7 (Zitat)
Versailles (Stadt in Frankreich): VIII.3
Verschwörung: VII.7
Versalzung: VI.3
Verwachsener: VII.1
Verwandtenheirat: VII.6; VIII.2; IX.1
Verwandtschaft: VIII.2
Vespucci, Amerigo (*1451, Seefahrer, †1512): VII.3
Vignette (Form der Buchillustration): II.3
Villalobos, Pedro (span. Oidor, lebte um 1566): IX.4; ZT: 1564–66
Villanueva (span. Oidor, lebte um 1566): IX.4
Virusgrippe: VI.6
Vischer, Lukas (*1780, Kaufmann, †1840): II.4; Abb. 11
Visitator: IX.4; ZT: 1563, 1567–68
Vivero y Velasco, Rodrigo de (Neffe des Vizekönigs Luis de Velasco, *1564, Interimsgouverneur auf den Philippinen, †1636): ZT: 1610
Vizekönig: I.2; VII.1; IX.1; IX.4; ZT: 1534, 1535–50, 1541, 1550–64, 1564, 1566–67, 1568–80, 1583–85, 1585–90, 1590–95, 1595–1603, 1603–07, 1607–11, 1611–12, 1612–21, 1621–24, 1624, 1624–35, 1635–40, 1640–42, 1642, 1642–48, 1648–49, 1650–53. **-reich**: ZT: 1647–50
Völkerkundler: IV.2; VIII.2
Vogel: VIII.3. **-netz**: VII.2 (Zitat)
Vollgummiball: Abb. 44
Vor-Clovis-Mensch: I.2
Vorderer Orient: I.2
Vordynastisch: IV.4

Vorratshaltung: VIII.3; VIII.4
Vorzeichen: VII.2; VII.7; ZT: 1510; Abb. 40. -glaube: VII.2
Vulkan: VI.; VII.1; VII.3

W
Wachtel (Vogel): III.4
Waffe: I.2; V.1, IX.1. -nkammer: V.2. -nstillstand: VII.4
Wagner, Richard (*1813, dt. Theaterdichter u. -komponist, †1883): II.3
Wahl: VIII.2. -gremium: VIII.2. -königtum: V.4; VII.6; VIII.2. -modus: V.4; VIII.2
Wahrsager(ei): II.1; IV.2; VI.6; VII.2; VII.4; VIII.2. Wahrsagebuch: II.3. Wahrsagekalender: II.1; IV.2. Wahrsagepriester: IV.2. Wahrsagezyklus: II.1
Wandersage: III.2; III.3. Wanderung: II.1; III.2
Wandgemälde: II.3
Wassergöttin: IV.2; VI.4
Wasserhose: VII.2
Wasserkrapfenessen (azt *Ātamalquaāliztli*, Fest): II.1
Wasserkrug: VII.2 (Zitat)
Wasserkunst: VII.1; Abb. 37
Wasserleitung: VI.3; VI.16; VIII.2, VIII.4; VIII.8; ZT: 1425, 1465, 1478
Wassersnot: VI.3; ZT: 1425, 1465, 1478
Wasserspiegel: VI.3
Weben/ Weberin/ Webschwert: IV.2
Weber, Max (*1864, dt. Soziologe, †1920): IV.4; VIII.4
Wechselgesang: VI.5
Weihrauch: VIII.2
Weimar: II.3; Epilog; Abb. 49
Wein: III.4; IV.2. -trinken: IV.2
Weltbild: Vorwort
Weltflucht: VII.2; VII.4
Weltgeschichte: Epilog
Weltherrschaft: Vorwort
Weltzeitalter: VII.1; Abb. 30
Westeuropa: I,2

Westmexiko: I.1; IX.1
Wette: VIII.3
Whittaker, Gordon (*1951, Altamerikanist): Vorwort
Widmanstetter, Johann Albrecht (*1506, Gelehrter, †1557): II.3
Wiedergutmachung: IX.4
Wiegenlied: VI.12; VIII.1
Wien (Hauptstadt Österreichs): II.3
Wikinger (nordeurop. Volk): I.2
Winckelmann, Johann Joachim (*1717, dt. Archäologe, †1768): II.4
Wirtschaftsgut: VII.1
Witwenverbrennung: IV.2
Witz: VIII.3
Woche: II.1
Wöchnerin: IV.2
Wörterbuch: II.2
Wollbaum (Ceiba bombax, azt. *pōchōtl*): VII.7; VIII.4
Würfeln: VI.13
Wüstengürtel: I.1
Wurfbrett (azt. *Atlatl*)/ -speer: VI.13

X
Xaltepēc (Stadt): ZT: 1500
Xāltocān (Stadt im nördl. Hochtal v. Mexiko): III.2; III.3; ZT: 1395.
Xāltocānmekaner (Einwohner von Xaltocān): V.1
Xāyacatl («Maske»): Abb. 27
Xīcalanco (Gegend am Golf v. Mexiko): VI.13
Xihuitl (›Jahr‹): II.1
Xīhuitl Temōc (Sohn Chīmalpopōcas): IV.4
– (Tlahtoāni v. Xōchimīlco, †1477): V.1; VI.5; ZT: 1477
Xihuitzolli (Türkisdiadem azt. Herrscher): VI.9; VII.1
Xīlōmanaliztli (azt. Monat): II.1
Xīlōmantzin (Tlahtoāni v. Cūlhuahcān, †1473): VI.5
Xīlōpehualiztli (azt. Monat): II.1
Xīlōtlaxcalqualōyān (azt. Monat): II.1

Ximénez, Francisco (Indianer aus Tecamachālco, Juez-Gobernador v. Tenochtitlan, †1573): IX.1; ZT: 1568–73, 1573
Ximohuayān (Ort): IV.2 (Zitat)
Xīpe Totēc (azt. Gott): III.4; VI.9; Abb. 11. **Xīpe-Tempel**: III.4
Xīpemeh (‹Hautbesitzer›): III.4
Xiquipilco (Ort in Zentralmexiko): VI.5; VI.7; ZT: 1478. **Xiquipilkaner**: VI.5; VI.7
Xitle-Vulkan (Berg am Südrand des Hochtals v. Mexiko): I.2
Xiuhahmōlli (Lotion gegen Haarausfall): Abb. 29
Xiuhayatl (türkisfarbener Mantel): VI.9
Xiuhcōāc (‹Türkisschlangenort›): VI.12
Xiuhcōātl (‹Türkisschlange›): II.4
Xiuhmolpilli (‹Jahresbindung›): II.1
Xiuhtēuctli (azt. Gott) : VII.2
Xiuhtzolli (‹Türkisdiadem›): Abb. 38
Xōchicuēitl (teztcuhkan. Prinzessin): VII.1
Xōchimīlco (Stadt in Zentralmexiko): III.3; IV.3; V.2; VI.1; VI.5; IX.1; ZT: 1295, 1378, 1477, 1560. **Xōchimīlcah** (Einwohner v. Xōchimīlco): III.2. **Xōchimīlkaner**: III.3; ZT: 1292–3, 1299, 1477, 1560
Xōchipillān (Gegend in Nordmexiko): ZT: 1539–42
Xōchiquēntzin, **Bartolomé** (†1606): IX.1
–, **Pablo** (Verdienstadliger, Gouverneur v. Tenochtitlan, †1536): IX.1; ZT: 1531, 1536
Xōchitl (‹Blume›):II.1; IV.2. **Xōchiyāōyōtl** (‹Blumenkrieg›): V.2
Xōchiyetla (Stadt): VI.9
Xoconōchco (Stadt, später: Soconusco): VII.1
Xocotl Hualahci (azt. Monat): II.1
Xocotl Huetzi (azt. Monat): II.1
Xōcoyōtl (‹jüngerer›): IV.2; VII.1; Abb. 38

Xōluhco (südl. Stadtteil v. Tenochtitlan): VIII.3; VIII.6, IX.2; ZT: 1519, 1592; Abb. 37
Xōpancuīcatl (‹Frühlingslied›): V.3
Xuárez de Mendoza, Lorenzo (*ca. 1518, Vizekönig v. Neuspanien, †1583): ZT: 1580–83

Y
Yacaxihuitl (‹Türkisnasenschmuck›): VI.9
Yadzan (Götterbild der Chontal-Maya): VII.7 (Zitat)
Yancuitlān (Stadt in Südost-Mexiko): VI.9; Abb. 32
Yāōchīmalli (‹Kriegsschild›): V.2
Yāōquizqui (‹Soldat›): V.2
Yāōtl (‹Krieger›): IV.2
Yāōyōtl (‹Krieg›): V.2
Yohualcihuātl (azt. Gott): IV.2
Yohuallāhuān (azt. Priester): III.4 (Zitat)
Yohualli (‹Nacht›, azt. Gott): IV.4; VI.1.
Yohualtēuctli (azt. Gott): IV.2
Yōlloquantzin (Gouverneur v. Tlatilolco): VII.6; VII.7
Yopi (Gott): VI.1; Abb. 22. **-Tempel**: ZT: 1424
– **Huēhuētl** (Sohn Āxāyacatls, Herrscher v. Xōchimīlco): VI.5
Yopico (Tempel in Tenochtitlan): III.4; VI.9; VIII.2
– (Staat in Zentralmexiko): VI.9
Yukatan (Halbinsel im südl. Mexiko): I.1; I.2; VII.3

Z
Zacatzin der Ältere (Bruder Ilhuicamīnas, †1449): VI.3; VIII.2
Zacapan (Ort in Tenochtitlan): III.4
Zapoteken (Volk in Südost-Mexiko): IV.2; VI.4; VII.1; VIII.2; VIII.3; ZT, 1482?–1518; vor 1496
Zaragoza (Stadt in Spanien): Epilog
Zarenfamilie: VII.6

Register 431

Zauber: VII.2. **-arzt**: VI.6. **-er**: IV.4;
 VI.16; VII.3. **-in**: III.2. **-märchen**: VII.2
Zensor/ Zensur: Epilog
Zentralamerika: I.1; VI.13
Zentralmexiko: I.2; II.3; II.4; III.1; III.2;
 IV.2; V.1; V.3; V.4; VI.5; VI.6; VI.9;
 VI.12; VI.13; VII.1; VII.6; VIII.2; VIII.3;
 ZT: 1531–2, 1554, 1579, 1625, 1632,
 1639–43, 1646. **Zentralmexikanisches
 Hochland**: II.1
Zeughaus (azt. *Tlacochcalco*): V.2; VII.2;
 VII.6; VIII.2
Zeugmeister (azt. *Tlacochcalcatl*): VI.12;
 VII.1; VIII.1
Zivilbau: VII.1
Zocatlamiyāhuatl (Tochter eines vordynast. Anführers der Azteken, Mutter Huītzilihhuitls): IV.4
Zoologischer Garten: VII.1
Zoquiāpan (Stadtteil v. Tenochtitlan): II.4
Zūma («zürnen»): VI.1
Zumárraga, Juan de (*1468, Bischof v.
 Mexiko, †1548): ZT: 1528, 1548
Zúñiga y Acevedo, Gaspar de (*1560,
 Vizekönig v. Neuspanien, †1606):
 ZT: 1595–1603
Zurita, Alonso de (*1512?, span.
 Verwaltungsbeamter, †1585?): IX.4
Zweiter Weltkrieg: V.2
Zweiundfünfzig-Jahreszyklus: II.1
Zwerg: VII.1; VIII.3
Zyklizität: II.1